PPP
模式构建与运作实务

徐玉德 ◎ 著

■ PPP Model Construction and
Operation Practice

北京大学出版社
PEKING UNIVERSITY PRESS

图书在版编目(CIP)数据

PPP 模式构建与运作实务/徐玉德著.—北京:北京大学出版社,2018.12
ISBN 978-7-301-30075-6

Ⅰ.①P… Ⅱ.①徐… Ⅲ.①政府投资—合作—社会资本—研究—中国 Ⅳ.①F832.48②F124.7

中国版本图书馆 CIP 数据核字(2018)第 264302 号

书　　　名	PPP 模式构建与运作实务 PPP MOSHI GOUJIAN YU YUNZUO SHIWU
著作责任者	徐玉德　著
责任编辑	任京雪　徐　冰
标准书号	ISBN 978-7-301-30075-6
出版发行	北京大学出版社
地　　　址	北京市海淀区成府路 205 号　100871
网　　　址	http://www.pup.cn
微信公众号	北京大学经管书苑(pupembook)
电子信箱	em@pup.cn　　QQ: 552063295
电　　　话	邮购部 010-62752015　发行部 010-62750672　编辑部 010-62752926
印　刷　者	三河市博文印刷有限公司
经　销　者	新华书店
	730 毫米×1020 毫米　16 开本　23 印张　389 千字 2018 年 12 月第 1 版　2018 年 12 月第 1 次印刷
定　　　价	58.00 元

未经许可,不得以任何方式复制或抄袭本书之部分或全部内容。
版权所有,侵权必究
举报电话: 010-62752024　电子信箱: fd@pup.pku.edu.cn
图书如有印装质量问题,请与出版部联系,电话: 010-62756370

前　言

改革开放,从中华人民共和国的砥砺奋进中走来,这场改变中国命运的伟大革命推动中国实现了从"赶上时代"到"引领时代"的历史性跨越。四十载改革开放大潮叠起,在古老而辽阔的华夏大地上激荡出响彻世界的中国之声,让中国巍然屹立在世界的东方。当前,中国经济发展呈现出万象更新的新时代风貌,中国经济正由高速增长阶段向高质量发展阶段迈进,传统的由政府主导的基础设施建设投融资模式面临巨大挑战,与社会资本建立利益共享、风险分担的长期合作关系,是增强公共产品和服务供给能力、提高供给效率的必然选择,也是凝聚力量同心共筑中国梦的应有之义。十八届三中全会通过的《中共中央关于全面深化改革若干重大问题的决定》提出:"允许社会资本通过特许经营等方式参与城市基础设施投资和运营。"随后,《中华人民共和国国民经济和社会发展第十三个五年规划纲要》再次明确:"进一步放宽基础设施、公用事业等领域的市场准入限制,采取特许经营、政府购买服务等政府和社会合作模式,鼓励社会资本参与投资建设运营。"PPP(政府和社会资本合作)模式通过在基础设施和公共服务领域建立起政府和社会资本的长期合作关系,使社会资本平等地参与公共服务供给的市场化、社会化创新发展机制,以实现政府转变职能,提升资源配置效率。因此,立足中国特色社会主义伟大实践和中国基本国情,总结和借鉴国内外实践经验,加快推广运用PPP模式,不仅有利于整合政府和社会资本对优化供给结构的关键性作用,而且对于加快建立现代财政制度、推进国家治理体系和治理能力现代化意义重大、影响深远。

本书从中国PPP兴起和发展切入,系统地阐述了PPP的理论内涵、秩序架构、运作流程与模式以及项目融资模式与结构安排,重点剖析了PPP项目的财务测算与评价、项目风险分担与收益分配、项目评估与监管、会计与税务处理等问题,并结合国际经验和国内实践对中国PPP项目推广现状进行了反思。全书注重理论与实务相结合、综合性与专业性相结合、普适化与可视化相结合,力图对理论研究者、监督管理者和项目参与者提供有益借鉴和参考。本书的特色主要体现在以下三个方面:

一是对 PPP 秩序架构及模式分类进行了系统梳理。PPP 的本质在于政府资源与市场资源在数量、禀赋上的优势互补,充分发挥政府部门与社会资本各自的优势。从各国和国际组织对 PPP 的理解来看,PPP 有广义和狭义之分。广义的 PPP 泛指公共部门与私人部门为提供公共产品或服务而建立的各种合作关系;狭义的 PPP 可以理解为一系列公私合作项目融资模式的总称。本书对 PPP 项目各类交易模式的实施过程、特点等进行了深入分析,并辅之以流程图示和实例进行解析,增强了可读性,为 PPP 项目参与各方交易模式选择提供了指导。

二是对 PPP 项目会计处理问题进行了深入的研究和探讨。目前中国缺乏 PPP 项目会计确认、计量、报告等相关规范,社会资本方缺乏具体的会计核算规范,利益相关方尤其是政府难以客观了解和有效监督 PPP 项目的现状。作者在借鉴 IFRIC(国际财务报告解释委员会)运营方、IPSASB(国际公共部门会计准则委员会)授予方会计处理的基础上,结合英国、美国以及欧盟 PPP 项目会计处理经验,提出了中国应以"控制"为基础,结合 PPP 项目付费模式综合制定授予方和运营方的会计处理规范。对于具体的会计核算,作者在对金融资产、无形资产和混合资产三类资产属性适用范围分析的基础上,结合 PPP 项目各阶段提出了无形资产模式业务特征,详细列示了主要交易与事项会计处理方式、增加 PPP 项目会计核算透明度、减少受托责任模糊性、提高财政资金使用效率等解决方案,为项目参与各方的具体会计实务提供了借鉴。

三是在全面总结和梳理国际 PPP 项目发展经验的基础上,对中国 PPP 项目的发展实践进行了反思。PPP 项目从 20 世纪 90 年代开始在西方流行,目前已在全球范围内被广泛使用,并日益成为各国政府实现经济目标、提升公共基础设施服务水平及效率的核心理念和措施。PPP 模式在中国仍处于不断探索和发展完善阶段,促进 PPP 模式的可持续发展,既要借鉴国外的发展经验,也要总结中国 PPP 实践中的经验和教训。作者系统地梳理了欧洲、澳大利亚、美国、日本等国家和地区 PPP 模式的发展历程,总结出了完善法律体系保障、完善会计核算与信息披露、规范管理机构设置、规范风险管理机制以及创新融资工具等经验启示,最后结合中国 PPP 模式发展的历程,分析了 PPP 模式现实发展中存在的问题并提出了深入推进 PPP 项目可持续健康发展的相关政策建议。

"合则强,孤则弱"。PPP 模式拥有坚实的理论基础和广阔的发展前景。在供给侧结构性改革深入推进的宏观背景下,立足中国 PPP 的发展实践,借鉴国际 PPP 项目发展经验,本书在对 PPP 秩序架构及模式分类进行系统梳理的基础上,对 PPP 项目会计处理问题深入的研究和探讨,有助于推动理论与实践接轨,将宏观顶层设计落到微观主体实处。关于 PPP 模式的理论研究与实践工作,应聆听时代声音、承担时代使命,在中华民族伟大复兴的历史关键时刻,朝着"两个一百年"奋斗目标砥砺前行、步履铿锵!

目录 contents

第1章　PPP的兴起、秩序建构与模式分类 ····· 001
1.1　PPP的兴起、发展及积极影响 ····· 001
1.2　PPP的理论内涵与秩序建构 ····· 007
1.3　PPP的模式分类及依据 ····· 021

第2章　PPP项目交易结构设计与模式运作 ····· 028
2.1　PPP项目利益相关方及交易结构 ····· 028
2.2　PPP项目合同关系及其设计 ····· 040
2.3　PPP项目的决策依据与模式运作 ····· 048

第3章　PPP项目融资模式与结构安排 ····· 066
3.1　PPP项目融资模式与工具选择 ····· 066
3.2　不同付费模式下PPP项目的融资选择 ····· 087
3.3　PPP项目全生命周期融资安排 ····· 090

第4章　PPP项目的财务测算与评价 ····· 098
4.1　PPP项目财务评价及应用场景 ····· 098
4.2　政府方财务评价测算的流程及主要内容 ····· 106
4.3　社会资本方财务测算的流程及主要内容 ····· 116

第5章　PPP项目的风险管理与收益分配 ····· 138
5.1　PPP项目风险管理的目标、流程与方法 ····· 138

5.2 PPP 项目风险的认知、识别与评估 ·········· 145
5.3 PPP 项目的风险管理与应对策略 ············ 159
5.4 基于风险分担的 PPP 项目收益分配 ·········· 170

第 6 章　PPP 项目的资产权属与会计核算 ············ 177
6.1 PPP 项目中的资产权属及其确认 ············ 177
6.2 国际组织关于 PPP 项目的会计处理 ·········· 183
6.3 主要国家关于 PPP 项目的会计处理 ·········· 190
6.4 中国关于 PPP 项目的会计处理与信息披露 ······ 201

第 7 章　PPP 项目的定价、绩效评价与监管 ·········· 237
7.1 PPP 项目的定价与调整机制 ··············· 237
7.2 PPP 项目的绩效评价及实施 ··············· 254
7.3 PPP 项目的监管 ······················· 266

第 8 章　主要国家或地区 PPP 发展的基本经验 ········ 276
8.1 相关法律法规或制度规范提供良好保障 ········ 276
8.2 税收优惠政策推动 PPP 深入发展 ············ 282
8.3 金融创新与国际多边合作助推 PPP ··········· 288
8.4 会计核算及相关信息披露确保"如实反映" ······ 297
8.5 健全的监管体系确保 PPP 有序运转 ·········· 299

第 9 章　中国 PPP 模式发展状况分析与现实反思 ······ 306
9.1 中国 PPP 模式的历史演进与发展状况 ········· 306
9.2 中国 PPP 模式发展面临的问题及制约因素分析 ··· 319
9.3 新形势下推进中国 PPP 模式发展的建议 ······· 337

主要参考文献 ·································· 349

后　　记 ···································· 359

第1章 PPP的兴起、秩序建构与模式分类

现代意义上的PPP(Public Private Partnership,又称公私合营或公私合作)发源于20世纪90年代的英国,是对传统意义上应由政府负责并主导的社会公共服务体系的补充或替代,目前已在全球范围内被广泛应用于公共管理的各个领域。中国自十八届三中全会提出"允许社会资本通过特许经营等方式参与城市基础设施投资和运营"的改革方向后,PPP及与之密切相关的特许经营模式迅速受到财政部、国家发改委、各级地方政府和社会各界的高度关注和重视,PPP模式在中国迎来一个前所未有的发展机遇。

1.1 PPP的兴起、发展及积极影响

1.1.1 PPP全球兴起的背景与动因

PPP是特定历史环境和全球政治经济环境的产物。几百年前的欧洲国家已通过授予公路养护人"收费特许权",由政府和私人部门共同提供公共服务。当时,英国部分商人联合设立信托性质的公司,向私人借钱维修公路,然后设卡收费并以此作为还款的来源。现代意义上的PPP出现于20世纪90年代初的英国、加拿大等国。20世纪90年代初,英国政府率先提出PFI(Private Finance Initiative,私人融资活动或民间主动融资)模式,支持私人部门在特许经营期内通过"政府付费"的方式投资公共产品。PPP模式发展历程见图1-1。

从历史发展进程来看,推行PPP的直接动因是"政府包办公共服务"的财政压力和低效率,发达国家普遍将PPP作为缓解财政压力、提高公共服务效率的一次变革。第二次世界大战结束之前,西方各国在凯恩斯经济理论的支撑下,将国家在经济发展中的作用发挥到极致,长期奉行以财政政策支持国家基

图 1-1　PPP 模式发展历程

资料来源：根据相关文献资料整理。

础设施建设的发展模式。20 世纪 70 年代以来，伴随着经济的快速发展和经济形势的不断变化，西方各国基础设施建设的需求增长，以国家财政资金拨款为主导的财政政策已无法支撑庞大的基础设施建设投资。20 世纪 80 年代，英国撒切尔夫人、美国里根总统上台后，英美等国意识到大规模国有化的经济模式并不能持续稳定地驱动战后经济的发展，最终英国建立起以价格机制为核心的自由市场机制，对公共设施进行大规模民营化改造，甚至鼓励将基础设施完全交由市场运作。由此，英国、美国、加拿大等西方各国开始改变原有政策，放宽对基础设施的垄断管制，引入私营资本，建立了政府与民间之间的竞争机制。PPP 模式的应用使得基础设施建设及其相关行业不断发展，极大地促进西方各国的经济增长。

2008 年金融危机后，西方许多国家的财政状况持续恶化，长期以来的高福利制度致使财政赤字逐步扩大，人口老龄化趋势进一步加重各国政府公共服务的支出比例，基础设施供给不足等问题突出。在 PPP 模式下，私人部门的参与在一定程度上弥补了政府的各种不足尤其是资金缺口，且有助于提高项目的运营效率。但由此也可能引致许多问题。例如，政府过于依赖或信任私人部门的风险承担能力，向私人部门不适当地转嫁风险；以追求利润最大化为主要目标的私人部门有可能借机向公共部门索取高价以提高风险收益，从而推高公共产品价格，进而影响社会公众利益甚至难以保障其公益性。然而，此时再返回传统的主要依靠政府投资公共基础设施建设的模式也不现实。为此各国深刻反思基础设施建设投资的"过度私有化"并积极探索创新 PPP 模式。2012 年，英国政府总结以往 PFI 的不足,颁布"PPP 新路径"(以下简称"PF2")。PF2 充分利用 PPP 的关键优点,在吸收私人融资专长的基础上,政府参股投入部分资本金,并致力于形成消除浪费、改进效率的有效机制,从而化解 PFI 模式的问题,更好地保护公共利益。

1.1.2 发达国家及中国 PPP 发展的总体状况

过去二十多年来,PPP 在全球范围内发展迅速。世界银行对 138 个发展中国家(地区)的统计显示,1990—2014 年各国(地区)PPP 发展经历了两次高峰时期。20 世纪 90 年代到 2000 年,拉丁美洲和加勒比海地区以及中亚和太平洋地区的 PPP 发展最为迅速,进入首次高峰期。2000—2014 年,南亚和欧洲地区 PPP 的扩张速度明显超过中亚和太平洋地区(具体见表 1-1)。拉丁美洲和加勒比海地区在经历了 2000—2005 年的低潮之后也再次提速扩张。

表 1-1　2000—2014 年各国 PPP 投资占公共投资比例

国家	PPP 占公共投资的比例	国家	PPP 占公共投资的比例
英国	10%—13%	墨西哥	15%
澳大利亚	10%—15%	芬兰	10%—15%
韩国	5%—10%	卢森堡	5%—10%
德国	3%—5%	南非	3%—5%
挪威	3%—5%	西班牙	3%—5%
加拿大	1%—3%	意大利	1%—3%
新西兰	1%—3%	捷克	0%—1%

资料来源:根据联合资信相关研究资料整理。

英国是最早采用 PPP 模式的国家,PPP 市场也最发达。20 世纪 90 年代中后期,英国 PPP 模式进入蓬勃发展阶段,截至 2015 年一季度,英国的 PFI/PF2 项目达 722 个,涉及总投资额 577 亿英镑。在交通基础设施领域,1990—2006 年英国 PPP 项目的融资规模高达 500 亿美元。美国的经济规模是英国经济规模的 6 倍多,但同期美国 PPP 项目的融资规模仅有 10 亿美元。2006 年以后,欧洲 PPP 市场呈现出多样化趋势,英国 PPP 投资无论是项目数还是资本总额都出现下滑态势,但仍然是欧洲最大的 PPP 市场。

2008 年全球金融危机以来,英国以外的欧洲大陆国家的 PPP 市场也较为活跃,主要集中在交通运输业基础设施领域。加拿大 PPP 国家委员会发表的白皮书指出,加拿大是全球PPP最佳实践的主要国家。数据显示,截至2014年,加拿大PPP项目总数为206个,投资金额达630亿加元。澳大利亚在基础设施建设领域运用PPP模式始于20世纪80年代,目前也已成为世界上PPP应用体系最为成熟的国家之一,主要集中在住房、医疗、交通以及国防领域。据澳大利亚政府公布的最新数据,自引入PPP模式以来到2012年,澳大利亚共有PPP项目127个,合同金额超过760亿美元,其中维多利亚州PPP模式的应用最多、最成熟,其次是新南威尔士州和昆士兰州。

中低收入国家PPP的发展从20世纪90年代起步,后期项目数量和投资规模均逐渐发展壮大。截至2015年上半年,其总项目数为7 012个,投资金额达25 429亿美元。对比图1-2中的数据可以发现,2015年上半年PPP项目总投资金额已经接近2014年的3/4,中低收入国家PPP模式的发展有所升温。与发达国家不同的是,中低收入国家通信领域的PPP项目占比较高,交通运输和水利设施领域占比平稳发展但相对较小,这与中低收入国家发展水平较低,对通信和能源等公共物品要求较高有关。

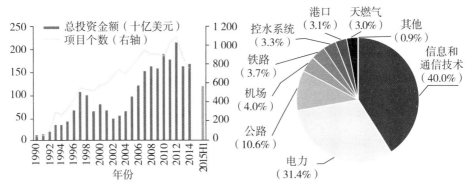

图1-2 中低收入国家PPP发展情况及PPP项目分布

资料来源:平安证券研究所研究报告。

从世界范围来看,未来全球基础设施需求缺口大,供需失衡压力呈上升趋势。根据麦肯锡的测算,2030年之前公共投资年均缺口巨大,公共设施的年均需求缺口估计达1.5万亿美元。波士顿咨询测算的全球公共产品的年均需求缺口在1.3万亿美元左右,全球经济不景气,公共设施的需求缺口上升,公共财政面临巨大的压力,未来PPP仍将在降低财政负担等方面发挥重要作用,且主要需求集中在公路、能源、水利等领域,这些领域具有一定的盈利能力,具备吸引私人部门投资的条件。但是,需要注意的是,PPP在各国公共投资中的比例较小,且仅在能更好地实现物有所值的情况下方可使用。在PPP运用较为成熟的英国、澳大利亚等国家,PPP占公共投资的比例也不超过15%。比如,澳大利亚约有50%的基础设施由私营部门交付,但通过PPP方式提供的仅占约10%—15%。

改革开放以来尤其是进入21世纪,中国经济飞速发展,公众对公共基础设施建设的需求不断增加,从而导致有限的财政资金投入与公共需求之间的矛盾在不断加深。2016年,中国《国民经济和社会发展第十三个五年规划纲要》(以下简称"十三五"规划)进一步明确指出:"进一步放宽基础设施、公用事业等领域的市场准入限制,采取特许经营、政府购买服务等政府和社会合作模式,鼓励社会资本参与投资建设运营。"作为政府部门与私人部门合作来提供公共产品或服务的一种新模式,中国式PPP日趋成熟,成效初显。截至2018年3月底,全国范围内公布中标的PPP项目投资金额已达10.45万亿元,PPP市场正式突破十万亿元大关,PPP市场仍然呈现出较快的增长趋势。中国的PPP项目涉及公共交通、公用设施和社会公共服务等三大领域,包括公路、地铁、桥梁、隧道、保障性安居工程、污水及垃圾处理设施等。目前PPP已经逐渐成为一种使用范围更广的融资模式,并逐渐成为中国政府转变职能、打破垄断,让社会资本平等参与公共服务供给的市场化、社会化创新发展的机制。

1.1.3 PPP对经济社会发展的积极影响

1. 有效调配社会资源,缓解政府财政约束

公共基础设施往往投资规模巨大,PPP的本质在于将原有由地方政府融资平台投资基础设施建设的模式转变为由企业和社会资本的合营平台共同投资基础设施建设。PPP模式下政府无须一次性拿出巨额资金,因而可以在一定程度上缓解财政约束。从资产负债表的角度来看,PPP模式下私人部门承担项目的大部分融资,政府将部分债务转移至私人部门,满足基础设施建设项目的潜在需求;从现金流量表的角度来看,PPP模式下社会资本代替政府进行前期投入,政府仅需要在项目完工后开始支付且在长期范围内分摊需支付的金额,短期内缓解了政府财政的现金流状况;从利润表的角度来看,PPP模式消除了传统模式下政府可能承担的超支成本和工期延误成本,锁定了政府在项目中的收益,政府预算支出的可控性也会相应提高(见图1-3)。

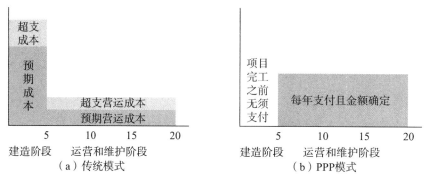

图 1-3 传统模式和 PPP 模式下政府现金流出

资料来源:平安证券研究所研究报告。

2. 优化风险分担,降低项目整体成本

PPP 项目的合同约定成本主要由建设成本、运营成本、维修和翻新成本、管理成本及留存风险等构成。PPP 模式下,基于风险共担、利益共享的伙伴关系,私人部门承担建造、运营和维护的相关风险,公共部门仅需承担政策风险;政府公共部门与民营企业等社会资本共同对项目运行的整个周期负责,社会资本通常自项目建设前期即参与进来,且能更有效率地投资建设管理方法与技术引入项目,有效实现对项目建设与运行的控制,从而缩短项目建设周期,降低项目建设投资的风险和项目运作的整体成本。2000 年,英国财政部的一份报告指出,抽查的 29 个 PPP 项目要比公共部门独立承担的项目成本减少 17%,2003 年英国国防 PPP 项目比传统采购方式节约成本 5%—40%。

3. 增加公共产品供给,提高公共服务质量

公共产品消费或使用上的非竞争性和受益上的非排他性,决定了政府成为必然的供给主体。但只要有助于实现社会福利最大化,政府无须且不可能进行"包揽式"供给。公共基础设施建设的传统模式下,政府或其公共部门通常会临时组织专门的工作团队负责项目的设计与建设等,项目建设完成后移交给政府相关部门运营或使用。临时组建的项目工作团队由于缺乏相关专业知识和项目运作经验往往无力控制项目成本,也难以保证建设质量,有时甚至会因经验不足而导致公共基础设施建设项目失败,资源浪费与效率低下问题突出。PPP 模式允许并鼓励社会资本参与公共产品或服务供给,通过政府和社会资本间的平等、自愿合作,可以在减轻或缓解政府初期建设财政资金压力和投资风险的前提下,提高公共基础设施供给水平和质量;社会资本也有动机充分利用基础

设施的各种商业机会追求投资回报最大化,从而有助于弥补公共基础设施建设资金需求与地方政府财政资金供给能力之间的缺口。

4. 提高项目运行效率和成功率,促进经济增长与产业协同发展

PPP模式突破了以往政府与私人部门的分工边界,通过整合公私双方优势,把政府的政策意图、社会目标和私人部门的运营效率、竞争压力基于"合作共赢"有效统一起来,充分提高了公共产品或服务的供给效率。艾伦咨询集团(Allen Consulting Group)调查报告指出,传统项目的完工进度比计划平均推迟23.5%,而PPP项目的完工进度比计划平均提前3.4%,而且传统模式下项目越大,工程进度延期的程度通常越高。英国审计署(国家审计委员会)2003年的统计结果表明,传统模式下,只有30%的项目按进度计划完成,27%的项目支出在预算之内;而在PFI模式下,能按进度计划完成的项目占76%左右,支出控制在预算之内的项目占78%左右。私人部门负责项目运营、维护比政府融资平台公司直接运营、维护更有效率。另外,公共基础设施建设项目整个过程通常需要咨询、法律、金融、建筑、物业管理等各个行业的密切配合,PPP即是一种能促进多个产业或行业协同发展的公共产品提供模式,因而有助于促进多个产业或行业与经济增长的协同发展。

1.2 PPP的理论内涵与秩序建构

1.2.1 PPP的内涵与理论基础

1.2.1.1 PPP的内涵及特点

PPP模式主要适用于政府负有提供责任又适宜市场化运作的公共服务、基础设施类项目。从各国和国际组织对PPP模式的理解来看,PPP有广义和狭义之分。狭义的PPP是指公共部门和私人部门合作的一系列项目融资模式的统称,更加侧重公共部门和私人部门合作项目的运作模式、投融资职能分配和项目监控评估等。广义的PPP泛指政府部门与社会资本为提供公共产品或服务而建立的各种公私合作经营模式。目前各国和不同国际机构对PPP还没有一个公认的界定,对PPP的定义尚存在一定差异(见表1-2)。

表 1-2　各国或机构对 PPP 的定义

序号	国家或机构名称		定义
1	联合国开发计划署（UNDP）		PPP 是指政府、营利性企业和非营利性企业基于某个项目而形成的项目合作关系,合作各方据此可以达到比预期单独行动更有利的结果,参与合作各方共同承担责任和融资风险,包括租赁和特许经营,但不包括服务和管理合同
2	联合国训练研究所		PPP 涵盖了不同社会系统倡导者之间的所有制度化合作方式,目的是解决当地或区域内的某些复杂问题。包含两层含义,一是为满足公共产品需要而建立的公共和私人倡导者之间的各种合作关系;二是为满足公共产品需要,公私部门建立伙伴关系进行的大型公共项目的实施
3	欧盟委员会		PPP 是指公共部门和私人部门之间的一种合作关系,目的是提供传统上由公共部门提供的公共项目或服务
4	英国	财政部	PPP 是指公共部门和私人部门为共同利益的一种长期合作模式,主要包括三方面内容:可以完全或部分私有化,PFI,与私营企业共同提供公共服务
		PPP 委员会	定义与联合国训练研究所基本一致
5	加拿大 PPP 国家委员会		PPP 是公共部门和私人部门之间的一种合作经营关系,建立在双方各自经验的基础上,通过适当的资源分配、风险分担和利益共享机制,满足事先清晰界定的公共需求
6	澳大利亚基础设施发展委员会		PPP 是公共部门和私人部门合作,双方有义务为服务的提供尽最大努力。私营部门主要负责设计、建设、运营、维修、融资、风险管理;公共部门主要负责计划的制定和规划,并提供核心业务的消费保护
7	美国 PPP 国家委员会		PPP 是介于外包和私有化之间并结合二者特点的一种公共产品提供方式,它充分利用私人资源进行设计、建设、投资、经营和维护公共基础设施,并提供相关服务以有效满足公共需求

(续表)

序号	国家或机构名称		定义
8	中国	财政部PPP中心	PPP模式是在基础设施及公共服务领域建立的一种长期合作关系。通常由社会资本承担设计、建设、运营、维护等大部分工作,并通过"使用者付费"及必要的"政府付费"获得合理投资回报;政府部门负责基础设施及公共服务价格和质量监管,以保证公共利益最大化
9		国家发改委	PPP模式是政府为增强公共产品和服务供给能力、提高供给效率,通过特许经营、购买服务、股权合作等方式,与社会资本建立的利益共享、风险分担及长期合作关系

注:中国财政部在《关于推广运用政府和社会资本合作模式有关问题的通知》(财金〔2014〕76号)中,界定了中国PPP模式下政府和社会资本在合作中的职责分工及盈利回报模式。国家发改委的定义体现在《国家发展改革委关于开展政府和社会资本合作的指导意见》(发改投资〔2014〕2724号)中,主推的是属于特许经营的PPP,范围相对较小。

资料来源:根据相关文献资料中各国或机构关于PPP的定义整理。

尽管各国或机构关于PPP的界定有所差别,但各方基本上达成共识的是,PPP是一种公共服务提供模式和项目管理方式的变革,而非单纯的融资工具的创新。与普通项目相比,PPP项目具有以下特点:

第一,是基于基础设施和公共服务领域的合作。这是判断是否是PPP项目的关键点。一个项目是否是PPP项目,重要标准就在于是否包括基础设施和公共服务。基础设施包括公路、铁路、港口、机场、城市轨道交通、供水、供暖、燃气、污水及垃圾处理等;公共服务主要包括环境保护、大气污染治理、教育培训、公共医疗卫生、养老服务、住房保障等。如果不包括基础设施和公共服务,就不属于PPP项目,如政府和社会资本在商业化领域的合作项目。

第二,期限相对较长。与普通项目不同,PPP项目通常需要二三十年或更长的时间才能完成。私营合作者的参与程度越高,合同期越长。在项目合作初期,投入成本较高,运营风险较大;合同到期后,政府部门将获得资产,并且将服务转包给其他服务提供商或者继续委托给原私营合作者。PPP项目是基于政府和社会资本双方数十年的合作契约,跨越若干届政府,对制度环境的要求非常高,需要在法律保障、机制等方面进行一系列的制度设计,尤其是需要政府建立动态调整的收费定价或补贴、隐性担保等机制。

第三,具有复杂多样性。PPP项目中政府部门、企业、金融机构、社会中介等参与者众多,利益关系错综复杂,各参与者对项目的期望和利益诉求不同,各种不确定性因素也会对参与者产生不同影响。政府公共部门代表公众追求的是公平,私人部门追求的是效率和收益,社会公众则希望得到更多物美价廉的公共产品或服务。在长期的合作过程中,通货膨胀、汇率、宏观经济周期等因素都有可能影响项目运作。而且不同时期需要选择适宜的PPP模式。例如,存量基础设施更多采用TOT(移交—经营—移交)模式,新建基础设施一般采用BOT(建设—经营—转让)模式。这就要求在PPP项目立项时,必须做好前期准备工作,否则后续会引致一系列问题与矛盾。

第四,是一种管理模式而非单纯的融资模式。PPP是以项目本身为主体的一种新型管理模式,项目公司的资产和政府针对该项目所给予的有限承诺为项目贷款提供了强有力的安全保障,项目经营过程中获得的直接收益和政府对项目扶持的补助或缺口补贴是项目偿还贷款的重要资金来源。所有PPP项目的实施,都由一个SPV(特殊目的实体)作为执行机构,负责PPP项目的资金筹集、运营管理等,融资只是PPP的一部分而非全部。在政府公共部门与私人部门的合作过程中,通过引入市场竞争机制,拥有较为先进的技术水平和项目管理经验者最终胜出,全程参与项目的启动、计划、实施、运行和维护等过程,并将企业高效率的管理水平和技术设备应用到公共服务或设施的投资建设中来,进而实现对基础设施从确认到建设运营全过程的有效控制,降低项目参与各方的建设投资风险,缩短项目的建设周期,降低项目的建设与运行成本,提高运营效率,有效保障项目参与各方的利益。

1.2.1.2 PPP的核心:伙伴关系、风险分担与利益均衡

1. 伙伴关系

遵守契约是私人部门与政府公共部门合作的基础。PPP模式中的伙伴关系具体体现在:所有个体都要分享项目的风险和收益;每个合伙人被授予分享净收益的权利,完全取决于合伙人在项目中投资了多少,而获得相同收益的合约通常不会被提供;合伙人共同对所有的债务、义务和承诺承担无限责任,包括损失和由不正当行为带来的伤害,或者忽视了的对第三方的潜在债务或义务;合伙人在项目决策中拥有相同的权力;所有合伙人都对项目拥有产权等。在项目具体合作过程中,私人部门在公共设施的设计、融资、建设和运营过程中对公共部门提供帮助与服务,政府并不是把项目融资、建设、运营的所有责任全部转移给私人投资者,而是通过责任风险分担和控制权分配的方式发挥各自的能力

与作用,这样的合作关系更好地替代了传统由政府供给公共基础设施和服务的方式,既可以发挥私人部门在技术经验、管理方式等方面的优势,降低项目风险,又可以充分发挥政府的作用,让政府参与项目并对项目进行监督,实现一种优势互补、协同合作的效果。这要求参与方必须具有契约精神,通过合同来约束双方的风险分担原则和利益分配或调节机制,并严格按照合同行事。

2. 利益均衡

盈利而不暴利是PPP项目的一个基本原则,否则必然让公众承担更多的成本。PPP模式由于合同各方扮演着不同的角色,不可避免地产生不同类型的利益和责任分歧。比如,私人投资者期望通过PPP项目融资获取项目的投资收益并且开拓新市场,以及从项目本身获得较一般项目更为稳定的经营利润,否则就不愿形成或维持可持续的伙伴关系。经济学中博弈论的囚徒困境模型也告诉我们,合作有利于竞争,但如果合作各方都选择将自己的利益最大化,合作关系就难以持续。PPP模式下,政府与私人部门全程合作,一旦项目收益超过预期,政府就需要下调公共产品价格,避免私人部门获取暴利;反之,政府则需要通过提高价格或补贴等方式,确保私人部门能够获得合理回报。因此,只有在相关者利益得到平衡以后,公共部门和私人投资者之间才能形成相互合作的有效机制,即在保证PPP项目整体利益最大化并合理保障相关者单方利益的条件下,尽可能地减轻各相关者利益偏离的程度。

3. 风险共担

实际运行过程中,各种因素会对PPP项目各阶段造成不确定影响,这种不确定性可能会导致项目遭受损失或失败。PPP项目强调合作关系,意味着政府和社会资本要共同承担项目风险,这也是区别于政府采购、私有化等方式的显著标志。通过政府采购或私有化方式,风险只是发生"转移"而非"共担"。如果没有风险分担,就不可能形成健康、可持续的伙伴关系。风险共担要求首先将各种风险分配给合作各方,唯一的办法是通过合同来约束,否则没有任何一方愿意承担更多的风险。因此,风险分配的决策者应综合考虑政府与社会资本在风险兴趣与态度、投资收益期望、管理能力等方面的差异,并均衡各方的风险效益,在协议认可的基础上建立动态的风险分担机制。对各类PPP合同来说,主要通过合同激励或支付机制中的惩罚措施或者通过明确社会资本负责的活动等将风险分配给社会资本方。①

1.2.1.3 PPP 的理论基础

1. 公共产品理论

根据公共产品理论,社会生产、消费的产品和服务大致可以划分为公共产品和私人物品两大类,其中公共产品包括纯公共产品和准公共产品。纯公共产品具有非排他性和非竞争性的特征,如社会治安秩序、国防等,而 PPP 是一类准公共产品。公共产品的特征如图 1-4 所示。公共产品的传统提供方式为政府供给,这种方式存在很多弊病。例如,社会上占少数的人群对某些公共产品的需求不易获得满足;公共部门提供的公共产品在满足一部分人的同时却可能难以充分满足另一部分人;公共部门在提供某种公共产品之前通常需要长期的讨论,会造成公共产品供给的暂时不足;公共部门提供的公共产品在规模、质量、成本、责任等方面也不可避免地存在各种问题。PPP 模式下,私人部门参与提供准公共产品,能够发挥"公私"合作双方各自的优势,风险"跨部门"的动态分配可以确保合作双方承担各自擅长或能够控制的风险,从而实现"帕累托最优"。政府通过激励约束和竞争机制,可以有效规范和引导私人部门的行为,使其尽可能地趋向公共利益最大化目标。尤其是政府参与组成 SPV,能更好地掌握建造经营等成本信息,克服信息不对称问题,避免私人部门"漫天要价"获取暴利,进而影响公共产品质量和供给效率。

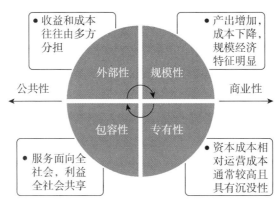

图 1-4 公共产品的特征

资料来源:根据相关文献资料整理绘制。

---

① GRIMSEY D, LEWIS M K. Evaluating the risks of public private partnerships for infrastructure projects[J]. International Journal of Project Management, 2002,20: 107-118.

2. 新公共管理与新公共服务理论

新公共管理是以市场为基础的公共行政管理观，旨在用经济学的方法研究和重新构建公共行政的理论与实践模式。新公共管理理论倡导：①以效益为主要的价值取向，主张政府管理中的资源配置应与管理人员的业绩相联系，在报酬上强调按业绩而不是按传统的任务来付酬；在对财力和物力的控制上，强调采用根据效果而不是投入来拨款的预算制度，最终体现的是对管理效益的关注。②建立企业式政府和以顾客为导向的政府，主张政府要以服务对象为顾客，视顾客为上帝，政府服务应该以顾客的需求或市场的需要为导向，从而让公民有更多的机会评价政府的工作效果，促进政府改善工作，提高服务质量。③引入市场机制，逐渐取消公共服务的垄断性，让更多的私人部门参与公共服务的供给，提高服务质量。

以罗伯特·B. 登哈特（Robert B.Denhard）为代表的新公共服务理论克服了新公共管理理论尚存的诸多缺陷并在一定程度上实现了超越，强调对公共利益的维护和对公民权利的尊重：①政府越来越重要的作用不是试图在新的方向上控制或者驾驭公民，而是帮助公民表达和实现其共同利益；②公共行政目标是创造共享利益和共同责任而非在个人选择驱动下找到解决问题的方案；③通过集体努力和协作能够最有效地、最负责任地贯彻执行符合公共需要的政策和计划；④公共利益不是个体自我利益的简单相加，更重要的是建设政府与公民、公民与公民之间的信任与合作关系；⑤关注市场固然重要，但更应该关注宪法和法令、社会价值观、政治行为准则、职业标准和公民利益等；⑥公共组织等在尊重所有人的基础上通过合作和共同领导更有可能获得成功；⑦公共行政人员和公民都致力于为社会做出有意义的贡献，公共利益就会得到更好的实现。

PPP模式考虑的是公共产品提供的多途径和公正、效率，体现一种崭新的公共产品供给体系和理念。对政府而言，私人合作伙伴可以作为一种变革媒介，加快改进公共产品和服务的供给效率和质量，并协助政府在全球经济中开拓空间；私人资本则能够提供管理大型项目、处理复杂技术和简化政府过程的技能和知识。因而自诞生之日起PPP就被视为公共项目管理的创新模式。PPP模式下，政府不必制定公共服务的详细技术规范或具体设计某个公共基础设施建设，而只需对拟实现的公共服务成果提出要求并规定标准。这样的制度安排可以充分利用私人部门的优势弥补政府在专业知识和人力资源方面的缺陷。政府在利用私人部门的运营效率和专业技术的同时，通过合同规范或约束私人部门的行为活动，可以尽可能地提高公共产品的供给效率，确保公共利益最大化;私人部门则可以从合同管理中减少由于监管机构的自由裁量权带来的损失,在相对稳定且可预期的环境中实现自身利益最大化。

3. 委托代理与不完全契约理论

按照制度经济学理论,在一项契约中委托人授予行为主体一定的决策权代其履行经营管理的责任,行为主体称为代理其完成管理工作的执行者。由于信息的不完全性和人们的有限理性加之交易本身具有不确定性,让界定清楚所有权责的成本过高,因此必然存在一种不完全的契约。在信息对称情况下,委托人可以观测到代理人的行为并据此对其实行奖惩;但在信息不对称情况下,委托人只能观测到由代理人的行动和其他外生的随机因素共同决定的相关变量,而难以具体观测到代理人的行为。PPP模式下,政府与私人部门通过相关的契约或合同等组成一个统一体,私人部门主要承担公共产品的生产和运营,政府则主要扮演一个监管者的角色,双方各负其责、风险共担、利益均衡。但是由于PPP项目持续的时间通常比较长(一般为15—30年),政治、经济、法律等环境复杂多变,加之当事人的有限理性难以预知未来发生的所有情况,无法事前约定未来各种情况发生时当事人的权利和责任,即使当事人能够成功预见风险因素,但仍然难以以一种毫无争议的语言签订合约。因此,如果缔约双方发生争议和纠纷,就需要依赖于事后的再谈判或法院仲裁来解决。PPP项目合约具有不完全契约性质,就源于对利益相关各方权责进行机制设计的需求。

4. 绩效管理理论

PPP项目是介于公共部门和私人部门之间的复合体,项目绩效必须综合考虑公私两部门的绩效。20世纪80年代初欧美国家掀起的、以提高公共绩效为核心取向的新公共管理运动中,绩效评估作为一种克服官僚主义、改进公共部门绩效的有效管理工具,在英美等国得到了持久、广泛的理念推行与技术应用,并逐渐趋于普及化、规范化和技术化。目前绩效评价的重点已从经济和效率转向了效益和顾客满意程度等方面,政府的服务质量被提高到十分重要的地位,评价内容主要涉及经济性、效率、效能、可得性、公众知晓程度、可预测性、民主性、公平性等。对一个项目的绩效评价则主要从成本、投入、产出、效果四个方面进行测定。公共部门的绩效管理源于企业的绩效管理但又有所区别,企业的绩效管理以促进企业的效益和效率为目标,重在产品的生产或服务的提供,而公共部门的绩效管理以提高公共部门的管理和服务水平为目标,重在强调公正和公平,并将效率作为一个重要的考察指标。对PPP项目而言,在绩效管理的过程中,政府机构、投资方或经委托的独立第三方不仅要利用专门的评价方法,依据制定的标准和程序,对项目产出实施有效评估,还应当系统、客观地对整个项目所提供产品和服务的经济性、效率性、效益性和公平公正性进行评价,并有效结合公私双方的优势和对评价结果的分析,有针对性地改进项目实施方案,提高项目效率和公共服务质量,满足社会公众对数量和质量的双重要求。

1.2.2 PPP、特许经营与政府购买服务

1. PPP 模式与特许经营

PPP 模式与特许经营既有交叉又有差异。PPP 模式的外延更大,覆盖了更多的行业,也可以采用更加丰富的运作模式,PPP 模式对社会资本的甄选要求较高,采用 PPP 模式运作程序也更为复杂。但 PPP 模式与特许经营只有在现实的政策框架下进行比较才能有明确的比较边界。比如,中国财政部的 PPP 概念主要强调社会资本与政府的责任划分,同时强调付费来自使用者与政府方。国家发改委则明确指出 PPP 模式的三种形式,即特许经营、政府购买服务和股权合作。当前特许经营管理的职能部门是发改委,特许并未明确付费来源,即该特许权收费既可以来自使用者,也可以来自政府直接付费,或兼而有之。

从 PPP 模式与特许经营的基本概念来看,PPP 模式包含特许经营的部分,二者均有社会资本参与,主要目的都是提高公共基础设施和服务的运营效率,同时缓解公共部门财政支出压力,社会资本均可获得合理回报。但特许经营不一定是 PPP,特许经营强调政府将公共基础设施或服务的特许权转让给法人或者组织,财政部《关于印发政府和社会资本合作模式操作指南(试行)的通知》(财金〔2014〕113 号)中要求中标社会资本不得为本级政府所属融资平台公司及其他控股国有企业,特许经营则不受这一限制。

从项目运作程序来看,特许经营不一定经过项目入库以及"两评一案"的项目甄选流程。

从实施模式来看,国家发改委《关于开展政府和社会资本合作的意见》(发改投资〔2014〕2724 号)中指出,PPP 操作模式选择可分为经营性项目、准经营性项目和非经营性项目。对于具有明确的收费基础且经营收费能够完全覆盖投资成本的经营性项目,可通过政府授予特许经营权,采用 BOT、BOOT(建设—拥有—运营—移交)等模式推进;对于经营收费不足以覆盖投资成本、需政府补贴部分资金或资源的准经营性项目,可通过政府授予特许经营权附加部分补贴或直接投资参股等措施,采用 BOT、BOO(建设—拥有—运营)等模式推进;对于

缺乏使用者付费基础、主要依靠政府付费回收投资成本的非经营性项目,可通过政府购买服务,采用 BOO、委托运营等市场化模式推进。考虑到特许经营基础设施和服务要求特许权资产具有一定的收费基础,具有运营环节,因此可采用 BOT、BOOT、BOO 等模式,而 PPP 模式还包含 O&M、MC 和 TOT 等模式。①

从运用行业来看,《国务院关于在公共服务领域推广政府和社会资本合作模式的指导意见》(国办发〔2015〕42 号)规定 PPP 模式的推广主要包括 13 大行业,对比《基础设施和公用事业特许经营管理办法》提到的 6 大行业更加丰富。其中,能源、交通运输、水利与环境保护行业完全重叠,市政工程与公共事业特许经营最早为建设部(住建部前身)推行,参照《全国市政工程施工期定额管理规定》(1993 年 7 月 28 日建城字第 553 号文发布):"第一本为市政工程,包括道路、桥梁、排水管道、泵站和驳岸五类工程;第二本为公用管道工程,包括给水、热力、燃气、电信和电力五类工程;第三本为市政公用厂、站工程,包括给水、污水、燃气和热力四类工程。"《市政公用事业特许经营管理办法》(建设部令 2004 年第 126 号)市政公共事业包括城市供水、供气、供热、公共交通、污水处理、垃圾处理等行业。

从经营范围来看,相较于特许经营模式,PPP 模式覆盖了更多行业,不仅包含政府责任范畴的行业,也包括部分由政府方承担主导作用又具有一定竞争性的行业。

2. PPP 模式与政府购买服务

PPP 模式与政府购买服务的概念具有交合之处,在法律适用上存在共同点,但在实施程序、购买方式和预算管理方面均存在差别。比如,政府购买服务由于程序简单、预算管理短期化等,服务采购领域具有扩大化趋势。

从适用范围上看,政府购买服务的适用范围是适合采取市场化方式提供、社会力量能够承担的公共服务。国务院《关于政府向社会力量购买服务的指导意见》(国办发〔2013〕96 号)规定:"教育、就业、社保、医疗卫生、住房保障、文化体育及残疾人服务等基本公共服务领域,要逐步加大政府向社会力量购买服务

---

① 《关于印发政府和社会资本合作模式操作指南(试行)的通知》(财金〔2014〕113 号)附件 2 名词解释中将 PPP 主要采用的模式分类为六大类:委托运营(Operations & Maintenance,O&M)、管理合同(Management Contract,MC)、建设—运营—移交(Build-Operate-Transfer,BOT)、建设—拥有—运营(Build-Own-Operate,BOO)、转让—运营—移交(Transfer-Operate-Transfer,TOT)、改建—运营—移交(Rehabilitate-Operate-Transfer,ROT)。

的力度。"①国家发改委在《关于开展政府和社会资本合作的指导意见》(发改投资〔2014〕2724号)中提出的PPP模式的适用范围是"政府负有提供责任又适宜市场化运作的公共服务、基础设施类项目"。PPP模式涉及公共服务的部分既可以采用PPP模式进行,也可以采用政府购买服务方式进行。以建设保障房、廉租房行业为例,政府购买服务方式下,政府可从开发商或者个人手中购买房屋,然后提供给符合条件的低收入人群;保障房建造的地址、形式则由企业自行决定。若采用PPP模式,则政府首先需要选择社会资本,社会资本需要按照政府的要求建设保障房,由建设者项目管理方提供给符合条件的低收入人群。

从程序上看,根据《关于印发政府和社会资本合作模式操作指南(试行)的通知》(财金〔2014〕113号),PPP项目操作流程包括5个阶段、19个步骤,任何一个阶段出现问题都有可能导致项目失败。而且,PPP项目落地周期平均高达1年以上,而政府购买服务项目一旦纳入预算,经同级人民代表大会批准即可实施,相较而言程序周期更短。在管理程序上,政府购买服务严格遵循各地政府购买服务目录进行管理;而PPP项目只有加入财政部政府和社会资本合作综合信息平台库才能获得财政补贴。

从采购模式和法律适用上看,政府向社会力量购买服务时,《关于印发〈政府购买服务管理办法(暂行)〉的通知》(财综〔2014〕96号)规定,购买主体应按照政府采购法的有关规定,采用公开招标、邀请招标、竞争性谈判、单一来源采购等方式确定;《关于印发政府和社会资本合作模式操作指南(试行)的通知》(财金〔2014〕113号)则规定,PPP模式可以采用公开招标、邀请招标、竞争性谈判、竞争性磋商和单一来源采购五种方式。从两个文件对比中可以看出,政府购买服务不采用竞争性磋商方式进行采购;若采用招投标模式,均适用《中华人民共和国招投标法》的采购程序。

从政府预算安排角度上看,政府购买服务与PPP模式均要求先有预算后支付。政府购买服务要求纳入年度预算,PPP模式所需资金需在财政中长期预算计划安排。

---

① 《政府购买服务管理办法(暂行)》(财综〔2014〕96号)指出,政府购买服务是指:"通过发挥市场机制作用,把政府直接提供的一部分公共服务事项以及政府履职所需服务事项,按照一定的方式和程序,交由具备条件的社会力量和事业单位承担,并由政府根据合同约定向其支付费用。"《关于对地方政府债务实行限额管理的实施意见》(财预〔2015〕225号)明确提出:"推动有经营收益和现金流的融资平台公司市场化转型改制,通过政府和社会资本合作(PPP)、政府购买服务等措施予以支持。"

1.2.3 PPP 的合作秩序与治理架构

1. PPP 模式的合作秩序：平等合作、合理配置与有效运作

PPP 的本质在于政府资源与市场资源在数量、禀赋上的优势互补，充分发挥政府部门与社会资本各自的优势。PPP 项目合作主体的多样性决定了合作目标和利益诉求的差异性，而利益诉求的差异性则会使合作各方对 PPP 项目的合作目标产生分歧，进而影响公众利益目标最大化。而且，PPP 项目建设与经营周期较长，涵盖了合作、建设、经营全过程，不同阶段参与主体之间合作效率和管理效率不同。因此，建立科学的合作机制来制衡双方的私利目标，以达成对 PPP 项目的共识具有很大的意义。政府与社会资本需要通过合理的合作架构实现政府与市场之间的优势互补，促进公共利益的实现。

首先，法律法规和制度规范有助于保证合作的合法性和程序性。从国内外经验来看，实现公私合作的前提条件之一是建立相应的法律体系和制度规范，以保证合作的合法性和程序性，引导并规范合作双方行为。相关法律应当对政府制定的政策形成有效的制约，合作时间较久且涉及领域较广的 PPP 项目需要内部较为完善的合同与特殊目的公司规章制度的支持。从某种意义上讲，PPP 项目就是各方参与者缔结的多个契约的集合。

其次，开放的合作秩序有助于有效维护公私各方的权利。开放的合作秩序意味着 PPP 相关信息公开透明、社会资本具有完善的进入与退出机制，以及社会公众对 PPP 项目具有实质参与权。一是公开、透明的信息披露机制能够有效地制约和监督社会资本的不当行为，减少合作各方的信息不对称，切实保障社会公众的利益；二是完善的社会资本进入和退出机制意味着合作各方随时拥有合理的进入与退出权利；三是社会公众在 PPP 项目的各个关键环节都应保有实质性参与的权利，接受社会公众的监督，并让社会公众充分表达利益诉求。

再次，合理的决策程序助力公权力的有效制约和私权利的公平配置。PPP 项目的特点是政府与社会资本达成公正平等的伙伴关系，政府不再扮演单纯的监督管制角色，而是合作方，所以在合作过程中，政府合作部门的设置以及合作程序是必要的且需合理。政府须在 PPP 项目各阶段明确权力边界，并将风险分担、项目收益等社会资本关注的事项以合同形式事先约定；社会资本则应提供 PPP 项目可行性报告，并在项目运行中积极履行合同义务。为有效制约公权力并公平配置私权利，政府和社会资本合作提供的公共产品和服务的价格与质量

等事先应予以合理界定。政府需要根据社会发展需要和公众偏好决定公共产品与服务的内容、数量、质量、价格、供给方式等。当然,PPP项目必须考虑政府的财政承受能力,以规避由此可能引致的财政支出压力或债务风险。

最后,完善的激励约束机制助力多层次相关者利益诉求的实现。PPP项目兼具营利性与公共性的双重目标,并依赖于多层次利益关系的共同作用方能实现,PPP模式的核心精神是公益和私益的积极合作。完善的激励约束机制能够促进政府对公共利益的关注,以及社会资本对生产效率和质量的关注,从而减少寻租、腐败发生的可能性。PPP项目中的激励约束机制可以通过合理的奖惩机制和监督机制发挥作用。奖惩机制体现为在合作各方的利益被合理界定的基础上,明确双方的何种行为应当受到奖惩。监督机制则可以分为政府监督、社会公众监督以及第三方监督。政府为了回应公共利益,主要承担对社会资本的生产过程和产出进行适度监督的职责;社会公众通过享有对合作各个阶段的参与权和对关键信息的知情权,形成对政府与社会资本参与者的监督;第三方监督依托掌握专业性知识的中介机构的力量,利用其独立于合作各方的客观立场,对PPP项目进行更为客观、专业的监督。

2. PPP模式的治理架构:政府、市场和社会

PPP项目广泛存在的合同关系凝结成以PPP项目为中心的团队,包括投资人、承建商、设计单位等直接项目参与方。PPP模式是旨在通过引入市场机制追求一种公私合作、政府与社会力量互动的治理模式,它以"政府—市场—社会"三元结构为背景,通过项目内、外部形成的合作网络中的正式和非正式机制发挥作用,其本质在于有效、正确地处理政府、市场和社会三者之间的关系,形成内、外部协调运转的有效治理架构。内部治理体现为以投资人为中心的"委托—代理链"和业务上的监督协调关系。外部治理的主体是内部治理在社会空间上的延伸,涉及政府的外部监管、专业市场的支持、社会公众的关切以及环保组织、社会媒体等其他利益相关方的关注(见图1-5)。

PPP是一个较为复杂的合作模式,政府、市场和社会之间既有合作又有竞争。PPP模式提供高效率服务的前提是拥有合理的治理架构,且明确清晰地界定内外部各方的职能和权责。只有明确的职能界定和权责划分才能做到各司其职、优势互补。因此,如何处理三方关系成为PPP项目顺利运作的重点。

政府在PPP模式中的定位与职能对行业规范发展至关重要。政府既包括监管部门也包括具体的政府参与方。政府的地位具有特殊性,其定位是监管者

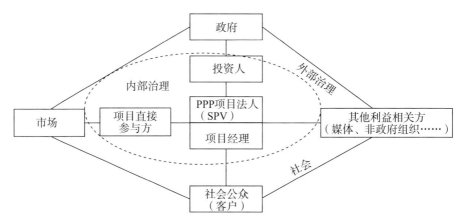

图 1-5　PPP 项目的内、外部治理架构

资料来源：郑传军等.基于项目治理视角的 PPP 治理结构研究[J].建筑经济，2016（04）：28.

和 PPP 项目的参与者以及社会公众利益的协调人。在法律健全的条件下，政府承担"守夜人"的角色，主要的监管任务是推动信息公开，纠正市场行为的偏差；在法律不健全的条件下，政府是行业规范政策制定者、执法者、政策修订者以及行业监督者，承担政策制定与监管的双重职能。政府的参与角色一方面是资本投入方，另一方面则是内部监管者和公共利益协调人，对项目质量、财务状况和符合公共利益的情况进行干预。

市场机制在 PPP 模式中弥补了公共基础设施和服务领域的政府失灵，通过价格发现为政府无力承担的公共服务提供相应的公共产品。市场机制的另一个优势是专业化，市场力量的介入让最具竞争力的专业力量成为公共产品的提供者，相对于政府能够最大限度地实现优势互补，有效弥补政府在公共产品提供效率以及质量上的不足，同时，市场竞争机制还能有效地降低项目成本，最小化人力资源和资本投入水平，提高项目经济性，实现质量与效率的提升。

政府的努力与市场机制的耦合的最终目标是更好地为社会提供公共服务，在公共服务领域实现政府、市场和社会的良性互动。公共政策的目的是改善整个社会的福利，社会既是接受者也具有主动作为能力。社会既包括社会公众也包括社会组织，社会公众通过外部监督以及"用脚投票"的方式建立对问题项目的筛选机制，社会组织如非政府组织则为环境、特殊人群的利益代言，运用专业力量成为外部协调人参与到三方关系中，发挥纽带作用。

1.3 PPP 的模式分类及依据

1.3.1 所有权性质：外包、特许经营与私有化

PPP 是政府与私人组织之间基于公共基础设施的一种项目运作模式。政府和社会资本出于不同的考虑，均希望拥有 PPP 项目资产的所有权，因而产生不同的 PPP 模式。依据项目资产的所有权性质，可将 PPP 模式划分为外包类、特许经营类和私有化类（见图 1-6）。

1. 外包类

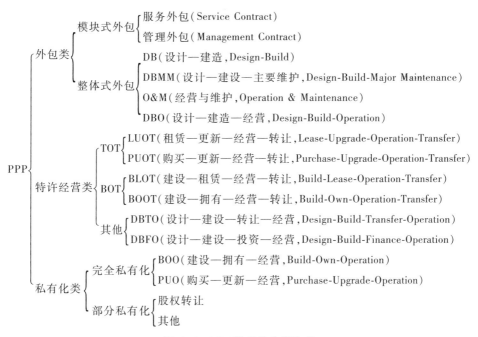

图 1-6　PPP 模式的分类构成

资料来源：根据相关文献资料整理。

外包类 PPP 项目主要是由政府投资，私人部门仅承包整个项目中的一项或几项职能，并通过政府付费实现收益。例如，私人部门受政府之托代为管理、维护设施或提供部分公共服务，或者只负责工程建设。私人部门在此类项目中承担的风险相对较小。具体包括模块式外包和整体式外包两大类，模块式外包又可分为服务外包和管理外包，其中整体式外包的时间较长（见表 1-3）。

表 1-3　外包类 PPP 项目的特征

类型		主要特征	合同期限
模块式外包	服务外包	政府以一定费用委托私人部门代为提供某项公共服务，如设备维修、卫生打扫等	1—3 年
	管理外包	政府以一定费用委托私人部门代为管理某项公共设施或服务，如轨道交通运营等	3—5 年
整体式外包	DB	私人部门按照公共部门规定的性能指标，以事先约定好的固定价格设计、建造基础设施，并承担工程延期和费用超支的风险	不确定
	DBMM	公共部门承担 DB 模式中提供的基础设施的经营责任，但主要维修交给私人部门	不确定
	O&M	私人部门与公共部门签订协议，代为经营和维护公共部门拥有的基础设施，政府向私人部门支付一定的费用，如城市自来水供应等	5—8 年
	DBO	私人部门除承担 DB 和 DBMM 中的所有职能外，还负责经营基础设施，但整个过程中资产的所有权仍由公共部门保留	3—5 年

2. 特许经营类

特许经营类模式下，私人部门参与部分或全部的投资，并通过一定的机制与公共部门分担项目风险、共享项目收益。公共部门根据项目的实际收益情况，向特许经营公司收取一定的特许经营费或给予一定的补偿。从图 1-6 中可以看出，特许经营类 PPP 项目主要有 TOT 和 BOT 两种形式。不同模式下政府及私人部门需承担的责任与义务也有所不同。

BOT 模式是基础设施领域采用最频繁的方式之一，政府和私人部门之间达成协议，由政府向私人部门颁布特许，允许其在一定时期内筹集资金建设某一基础设施并管理和经营该设施及其相应的产品与服务。BOT 模式将社会资本的经营机制引入基础设施建设，按市场化原则进行经营和管理，能够在一定程度上缓解政府财力不足问题。BOT 模式的合同期一般为 20—30 年，公共部门可以将项目的融资、建设和经营风险转移给社会资本，避免承担项目的全部风险。但是该模式一个重要的缺点是社会资本通常只是项目设施的运营者且易采取掠夺式的经营方式，致使特许期满后将项目资产转让给政府部门时，需要大量的维修和保养资金等。为此，政府方需要设计制约道德风险的有效合同安排。

TOT 模式是指社会资本通过购买或租赁已有的公共基础设施,经过一定程度的更新、扩建后再进行经营,合同期满结束后将该设施的使用权和所有权移交给公共部门。该模式的合同期和 BOT 相近,较 BOT 模式风险小,政府在合同期内暂时不享有控制权;政府应注意对基础设施合理估价、科学制定基础设施产品的价格、有效规范其运行,但是设计项目时可能会涉及并购过程中员工的安置等问题,因此合同安排相对较为复杂。

3. 私有化类

私有化类 PPP 项目是公共部门和私人部门通过一定的契约关系,由私人部门负责项目的全部投资,在政府公共部门的监管下,通过向用户收费收回其投资并实现合理利润。根据私有化程度的不同,可以分为完全私有化和部分私有化。由于私有化类 PPP 项目的所有权永久地归私人所有且不具备有限追索的特性,因此,私人部门在此类 PPP 项目中承担的风险最大。私有化类 PPP 项目的特征见表 1-4。

表 1-4 私有化类 PPP 项目特征

类型	模式	主要特征	合同期限
完全私有化	PUO	私人部门购买现有基础设施,经过更新扩建后经营该设施,并永久地拥有其产权,在与公共部门签订的购买合同中注明保证公益性的约束条款,接受政府管理和监督	永久
完全私有化	BOO	私人部门投资、建设并永久地拥有和经营某项基础设施,在与公共部门签订的原始合同中注明保证公益性的约束条款,接受政府管理和监督	永久
部分私有化	股权转让	公共部门将现有设施的一部分所有权转让给私人部门,但公共部门一般仍然控股,二者共同承担各种风险	永久
部分私有化	合资兴建	公共部门和私人部门共同出资兴建公共基础设施,共同承担风险,公共部门一般处于控股地位,私人部门通过持股方式拥有设施,并通过选举董事会成员对设施进行管理	永久

1.3.2 付费方式：使用者付费、政府付费和可行性缺口补助

PPP 项目中社会资本分担了公共基础设施建设的一些成本，减少了政府公共部门的投资压力，但也会分享部分项目收益。按照社会资本、特许经营者和项目公司获得收入的方式，可以将 PPP 项目分为使用者付费、政府付费（Government Payment）和可行性缺口补助（Viability Gap Funding，VGF）三种付费机制（见图 1-7）。PPP 项目的付费机制决定了项目风险分配和收益回报方式。

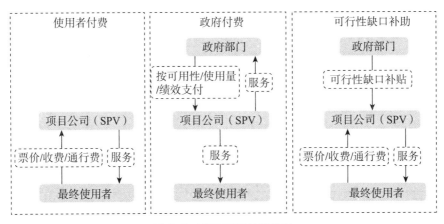

图 1-7 PPP 项目付费机制

1. 使用者付费

使用者付费是指由公共产品或服务的最终消费用户直接付费购买，项目公司直接从最终消费用户处收取费用，以回收项目的建设和运营成本并获得合理收益，项目公司一般会承担全部或者大部分的项目需求风险。这种模式通常用于可经营性系数较高、财务效益良好、直接向最终消费用户提供服务的基础设施和公用事业项目。实践中使用者付费的定价方式主要包括以下三种：一是根据《中华人民共和国价格法》等相关法律法规及政策规定确定；二是由双方在 PPP 项目合同中约定；三是由项目公司根据项目实施时的市场价格确定。其中，除了最后一种方式以市场价格为基础，其他两种方式均需政府参与或直接决定有关 PPP 项目所提供服务的收费定价。[①]

[①] 政府参与 PPP 项目收费定价时通常可以采取以下三种方式：一是由政府设定该级政府所辖区域内某一行业的统一价；二是由政府设定该级政府所辖区域内某一行业的最高价；三是由双方在合同中约定具体项目收费的价格，或者直接约定最低价。

2. 政府付费

政府付费是指政府直接付费购买公共产品和服务,通常用于:①不直接向终端用户提供服务的终端型基础设施和公用事业项目,如垃圾焚烧发电、水源净化等;②不具备收益性的基础设施项目,如市政道路、河道治理等。这种模式主要包括可用性付费、使用量付费和绩效付费等。根据项目类型和风险分配方案的不同,以及设施可用性、产品和服务使用量及质量等要素,政府通常会依据其中一个或多个要素的组合向项目公司付费。

3. 可行性缺口补助

当使用者付费不足以满足社会资本或项目公司成本回收与合理回报时,不足部分由政府以财政补贴、股本投入、优惠贷款或其他优惠政策的形式,给予其经济补助。通常用于可经营性系数较低、财务效益欠佳、直接向终端用户提供服务但收费无法覆盖投资及运营回报的基础设施和公用事业项目。实践中可行性缺口补助的形式多样,具体包括投资补助、价格补贴以及提供优惠贷款、授予项目周围土地和商业开发收益权等方式,以提高项目营利性。

1.3.3 经营特点:经营性、准经营性与非经营性

根据经营收费情况——可销售性(有无收费机制)和可经营性(项目全寿命周期内经营收入是否足以覆盖投资成本),可以将PPP模式划分为经营性、准经营性和非经营性三类。① 它们在项目特点、投资主体、运作模式等方面各具特色,适用领域也有所不同(见图1-8)。

1. 经营性项目

经营性项目有明确的收费基础,并且经营收费能够完全覆盖投资成本,最终所产生的经济效益也归投资方所有。项目的投资主体广泛,可以是国有企业、私营企业或外资企业。政府和社会资本在经营性项目中的合作方式通常是政府授予社会资本特许经营权,特许经营期限应根据行业特点、项目生命周期、投资回报等因素综合考虑,一般最长不超过30年。对于投资规模大、回报周期长的特许经营项目,可适当长于30年。

经营性项目的主要特征是:所提供的服务属于经营性服务,这种公共服务

---

① 2014年12月2日,国家发改委发布的《关于开展政府和社会资本合作的指导意见》(发改投资〔2014〕2724号)中,将PPP模式按照经营收费情况分为经营性、准经营性、非经营性三类。

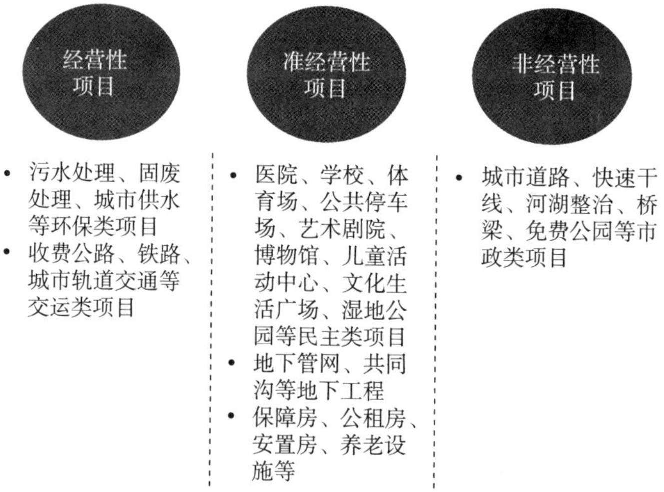

```
   ┌─────────┐      ┌─────────┐      ┌─────────┐
   │ 经营性  │      │准经营性 │      │非经营性 │
   │ 项目    │      │ 项目    │      │ 项目    │
   └─────────┘      └─────────┘      └─────────┘
```

- 污水处理、固废处理、城市供水等环保类项目
- 收费公路、铁路、城市轨道交通等交运类项目

- 医院、学校、体育场、公共停车场、艺术剧院、博物馆、儿童活动中心、文化生活广场、湿地公园等民主类项目
- 地下管网、共同沟等地下工程
- 保障房、公租房、安置房、养老设施等

- 城市道路、快速干线、河湖整治、桥梁、免费公园等市政类项目

图1-8 不同模式对应的领域

通常可以个体化，因而可以计算服务量；只有使用者付费，没有政府付费；收费或价格形成机制较为健全，如城镇供水、城市煤气、天然气等项目。实践中政府可以通过市场化的手段依法放开相关项目的建设、运营市场，通过动员社会投资来进行经营性基础设施建设。[①]

2. 准经营性项目

准经营性项目的建设和运营直接关系到公众的切身利益，产品或服务的价格由政府决定，但须考虑社会资本对投资回报的要求。该类项目社会效益突出，外部效应明显，市场运行的结果将不可避免地形成资金缺口，即经营收费不足以覆盖投资成本，通常需要政府适当的政策优惠或多种形式的补贴等。其主要特征是：所提供的公共服务可以个体化，因而可以计算服务量；付费机制是使用者付费与政府付费的混合机制，如综合管廊、轨道交通（城际交通）、建筑垃圾综合利用等"收运处"一体化项目；建设周期长、风险大、回收期长且具有垄断性，单靠市场机制难以达到供求平衡，需要政府以控股或参股等方式参与投资经营。

---

① 《基础设施和公用事业特许经营管理办法》规定，经营性项目可以采取以下几种合作方式：一是在一定期限内，政府授予特许经营者投资新建或改扩建、运营基础设施和公用事业，期限届满交政府；二是在一定期限内，政府授予特许经营者投资新建或改扩建、拥有并运营基础设施和公用事业，期限届满移交政府；三是特许经营者投资新建或改扩建基础设施和公用事业并移交政府后，由政府授予其在一定期限内运营；四是国家规定的其他方式。

政府需要制定激励和收益分配机制,通过建立投资、补贴与价格的协同机制,为投资者获得合理回报积极创造条件,吸引社会资本投资准经营性项目,分担风险、共享收益。例如,政府在项目的建设期或运营期提供无偿的补贴性资金,向项目参与者提供无息或低息财政贷款,允许私营部门在特许期内垄断经营等。

3. 非经营性项目

非经营性项目是指缺乏使用者付费基础,主要依靠政府付费收回投资成本的项目。投资主体一般为政府,通常采用 BOO、O&M 等市场化模式。由于项目完全依赖政府投资,因此其权益归政府所有。其主要特征是:付费机制中,只有政府付费,没有使用者付费;所提供的非公共服务很可能(不是百分之百)无法个体化,因此无法计算服务质量;不以营利为目的,而是为社会提供的服务。

第 2 章　PPP 项目交易结构设计与模式运作

根据项目行业所处发展阶段、市场竞争程度等特征,契约双方需要选择不同的交易结构与收益实现方式。在依法合规的前提下,设计使利益相关方满意的交易结构考验着交易参与方的专业能力与商业智慧。对政府来说,一个 PPP 项目满足物有所值的评价标准,满足财政承受能力与合理的风险分配安排是项目达成的基本前提;而社会资本的目标在于追求盈利,项目的合理回报以及能够保障权利实现的合同安排是社会资本参与的初始条件。除政府部门与社会资本外,PPP 项目还涉及金融机构、承包商、供应商等参与方,不同利益相关方与项目主要参与方依靠合同关系相互约束,构成一个相互联系的合同集合。这些契约集合约定的事项关系明确了 PPP 项目的交易结构设计与运作模式。

2.1　PPP 项目利益相关方及交易结构

2.1.1　PPP 项目利益相关方分析

2.1.1.1　利益相关方关系与角色定位

广义的利益相关方包含与项目直接相关的利益主体和个人,狭义的利益相关方在 PPP 项目建设中是指与项目建设发生业务关系的法人和个人,其存在一个相对稳定的结构。PPP 项目中以项目公司为核心,可以将利益相关方分为项目公司内部的利益相关方与项目公司外部的利益相关方。其中,外部利益相关方是指与项目公司发生关系的外部组织和个人,内部利益相关方是指项目公司内部对建设、运营产生影响的组织和个人。项目公司的法律关系与业务关系均由管理团队来执行,因此利益相关方的关系以项目公司的管理团队为核心(见图 2-1)。

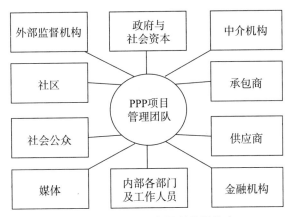

图 2-1　PPP 项目主要利益相关方

资料来源:根据相关文献资料整理绘制。其中,中国 PPP 参与方不限于私人部门,还包括国有企业。

按照对项目的影响力和相关关系的强弱的不同,可以将 PPP 项目的利益相关方进一步划分为四个维度(见图 2-2)。公共部门和私人部门的关系是最为核心的关系,这种关系对项目的影响最大,联系也最紧密。项目建设最重要的一个环节是融资,银行和金融机构以及工程承包商对项目的重要性不言而喻,但由于这种合作关系在项目建设结束或借款本息偿还完成后即终结,并没有关联到整个项目周期,因而相关性弱于公司合作关系。对于其他合作方的关系也可以按对项目的影响力和相关关系的强弱的不同划分为一般参与方与外围参与方,划分方案可以按利益相关方关系矩阵分类。当然利益相关方的关系联系程度并不是一成不变的,如果工程承包商同时也是项目主要的社会资本,那么其定位应从重要利益相关方转变为核心利益相关方。

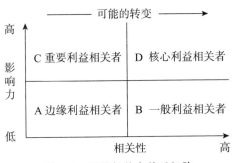

图 2-2　利益相关方关系矩阵

资料来源:郑昌勇,张星.PPP 项目利益相关方管理探讨[J].项目管理技术,2009,7(12):39-43.

1. 主要外部利益相关方及其角色定位

(1) 政府及其角色定位。政府以项目发起人、项目实施者、项目监管方三重身份出现在 PPP 项目的建设过程中。这三种身份中的政府主体并不相同,作为项目发起人的政府方多为地方财政部门,其主要职责是识别符合 PPP 要求的项目,将适宜的项目规划入项目库,对项目进行物有所值评价和财政可承受能力评估;作为项目实施者的政府方,一般而言是政府的出资代表,其主要职责是在政府授权范围内负责项目准备、项目采购、项目合同签订、项目监管和移交等工作;其他相关政府方也可能作为项目监管方出现在项目建设中。作为项目实施者与出资方的政府部门是项目的核心利益相关方。政府在项目生命周期内的监管职能具体见表 2-1。

表 2-1 政府监管职能

项目生命周期	监管主体	监管内容
项目准备阶段	财政部门	项目入库、两评一案
	发改、规划、国土、环保等部门,财政部门	项目程序审批
	财政部门、行业监管机构、实施机构	社会资本采购
项目执行阶段	实施机构	工程进度控制
	实施机构	工程质量保证
	实施机构、行业监管机构	施工安全管理
	实施机构	竣工验收
项目运营阶段	实施机构、监察部门	服务质量监管
	实施机构、行业监管机构、出资代表	价格调整
	实施机构、出资代表	运营成本控制
	实施机构	运营绩效评价
	实施机构、财政部门	项目中期评估
项目移交阶段	实施机构	移交验收
	实施机构	缺陷责任保证
	实施机构	项目整体评价

资料来源:根据相关文献资料整理。

(2) 社会资本及其角色定位。① 社会资本的主要职责：一是提供项目所需资金。招投标阶段，参与企业需具备一定的资金实力且满足一定的资本金注入要求；准备阶段，社会资本成立项目公司，并按出资比例形成股权资本；建设阶段，项目公司需通过自有资金或向金融机构贷款，按时足额地提供项目建设资金；运营阶段，项目公司需提供资金对设备进行维护等。二是负责项目建设。社会资本主要负责项目建设，项目公司也可以通过招标方式选择承建单位，监督项目质量。三是负责项目运营。项目建设完毕，社会资本按约定方式取得经营权，通过自主运营或服务外包完成约定期限内的项目经营，利用商业创新或者自身运营形式，通过票价、政府补贴等逐渐收回成本并获得预期收益。社会资本是项目的核心利益相关方。

(3) 金融机构及其角色定位。金融机构可能会以社会资本的身份与其他社会资本参与方组成联合体参与项目建设，也可能作为单个资金供给方为项目公司融资。金融机构在整个 PPP 项目的建设周期中，无论是作为社会资本还是融资方参与其中，其最终目标都是获取资金收益。作为社会资本，其退出方式受到建设运营周期的限制，在营利性和流动性之外，退出机制也是金融机构主要关注的合同安排。金融机构在承担社会资本,身份时是核心利益相关方。

(4) 承包商及其角色定位。通常情况下，承包商与项目公司签订工程总承包合同。对于规模较大的 PPP 项目，承包商一般会签订分包合同，将非主体工程交由分包商施工，分包商的施工情况由承包商予以监督、协调。承包商是项目重要的利益相关方，凭借其强大的融资能力，能够以社会资本的身份参与到 PPP 项目中，此时其为核心利益相关方。

(5) 供应商及其角色定位。基础设施建设项目对大宗商品和建材有着大量的需求，原材料供应及时、优质对保证 PPP 项目的完工进度至关重要，项目公司大多通过招投标手段选择一个或多个可靠的原料供应商为项目建设提供原材料。实力雄厚的供应商亦可为承包商提供应收款融资，减轻承包商的资金压力。供应商在关系层级上是服务于承包商的，因而属于一般的利益相关方。

(6) 运营商及其角色定位。在产生运营收益的项目中，保证运营过程盈利高效、具有商业创新对项目投资回收至关重要。根据项目自身的特征，对运营商的需求各不相同，运营商的角色是项目的经营者，用于弥补主要参与方运营

---

① 在中国,社会资本包含国有企业、民营企业、外资企业等,其既可以是营利性机构,也可以是非营利性机构,但本级人民政府下属的政府融资平台公司及其控股的其他国有企业(上市公司除外)不得作为社会资本参与本级政府辖区内的 PPP 项目。

能力的不足。运营效率和专业性是项目运营长达数十年成败的关键,其重要作用毋庸置疑。

(7) 保险公司及其角色定位。PPP 项目具有投资规模大、回报周期长的特点,在实施及运营过程中可能面临诸多风险,无论是项目公司、承包商、分包商还是运营商,均需要向保险公司投保以转嫁风险。同时,保险公司也可能作为投资方参与项目建设。社会资本方投资的保险包括:建筑安装工程险、财产险(如针对厂房、设备、设施及附属建筑物的保险)、第三者责任险(运营期间)等。保险公司作为社会资本投资人是核心的利益相关方,而作为风险的承接者实际上是分散了核心参与方的风险,此时可以作为一般的利益相关方对待。

(8) 咨询机构及其角色定位。国内 PPP 咨询机构以原先从事工程咨询与招投标咨询的公司为主,主要承担专业知识的传递和行业经验的推广,以及为项目提供工程和可行性研究报告等的编制工作。随着工程咨询行业的开放,越来越多的会计师事务所和律师事务所参与到工程咨询行业,咨询机构的职能相互交叉,通过专业委托和整合的方式为项目提供咨询服务。PPP 项目通常需要长时间的评估,进行专业的合同谈判,实现合理的风险分担,并实行有效的监管,这是一项系统的工作,因此在项目全生命周期内都需要咨询机构的介入,指导项目运作。作为政府和社会资本沟通的桥梁,咨询机构在 PPP 项目实施过程中扮演着不可或缺的角色,合同谈判更是体现专业机构前期合同文本起草和后期协调能力的重要环节,在社会资本跨地域投资项目中,咨询机构更是起到了积极的推进作用。PPP 项目中,咨询机构针对政府主要提供以下服务:项目可行性研究报告、物有所值评价报告、财政承受能力论证及 PPP 项目实施方案。在项目实施方案编制过程中,咨询公司应考虑如何设定合理、合法的利益与风险边界条件,从专业角度审查项目公司建议的可行性、设计的充分性以及项目的可持续性,确保投入资本能够在承担合理风险的基础上获得最大回报。针对社会资本主要提供以下服务:项目识别、筛选,项目投资可行性评估,财务咨询、合同管理,法律咨询、风险评估。针对项目公司主要提供以下服务:融资管理、基金服务,财务咨询、法律咨询,投资计划与经营计划分析等。

(9) 律师事务所及其角色定位。PPP 项目涉及的合同关系众多,内容体系复杂。律师事务所承担法律服务和咨询服务的双重职能。前期参与招标、后期与政府合作模式的设计、项目公司的设立和投融资,特别是如何通过 PPP 项目合同的有效设计实现与政府的双赢,都需要专业律师提供服务。专业律师还可以为金融机构、项目公司、总承包商、分包商、运营商等提供法律服务。律师事务所为PPP项目提供的法律服务主要集中在两个阶段:一是PPP项目的筹备阶段;二是PPP项目的建设、运营和移交阶段。每个阶段具体的服务内容见表2-2。

表2-2 项目全生命周期内律师事务所服务内容

项目周期	政府服务	社会资本服务
前期筹备阶段	配合政府及相关咨询机构探讨、设计项目投融资及运作方式等方案,就方案合法性、可行性等出具法律意见,并就前期筹备阶段涉及的其他关键问题设计可行性方案	社会资本发起情况下投融资、运作方式、方案合法性法律服务,以及其他问题可行性方案
招商实施阶段	参与引进社会资本的招商谈判、磋商,针对各类法律文件进行草拟或修改、审核相关法律文件并出具法律意见书等,尤其是配合政府针对PPP特许经营协议中的关键性条款进行细化设计;配合政府对PPP项目公司组建、设立等设计合法性、合理性方案,尤其是配合草拟、修改、审核相关合同文件,并提出专业法律意见或建议	实施方案编制、法律建议,PPP合同谈判,项目公司组建、章程修改、相关合同的草拟及修改等专业法律意见或建议,项目融资相关法律咨询与安排等
建设阶段	工程违约事项处理,政府向社会资本主体移交资产的准备工作、移交范围、履约标准、移交程序及违约责任等法律服务	建设分包、材料供应、劳动雇佣等法律意见与建议
运营阶段	争议解决、运营支出及违约责任等法律服务	争议解决、运营违约责任争议等法律服务
移交阶段	合同解除、违约处理、资产移交与清算等法律服务	合同解除、违约处理、资产移交与清算等法律服务

资料来源:朱静,付冬梅.律师参与PPP项目法律服务的要点与注意事项[J].中国律师,2015(07):48-50.

(10)会计师事务所及其角色定位。PPP模式快速发展的几年间,会计师事务所已经从提供单一财务服务逐渐转变为提供集审计与咨询服务于一体的专业性较强的机构。一方面,会计师事务所可以提供鉴证、绩效审计和管理审计等审计服务,以识别和解释PPP模式运营商的运营结果,提高政府决策和运营的效率,降低项目的财务成本和机会成本;另一方面,会计师事务所也可以为合资公司提供风险控制和财税咨询服务,成为政府部门加强实时风险监控的助手,从而降低项目运营风险。

(11) 外围参与方及其角色定位。外围参与方多与项目主要合同无关,如使用服务并付费的社会公众或者与项目相关的工作人员,以及受到环境影响的社区及居民等。居民的权利受到侵害往往需要借由媒体之口发声,媒体在重大项目的决策和融资方面会进行报道,但其都是信息中介,因此上述利益相关方可作为外围利益相关方进行界定。

2. 主要内部利益相关方及其角色定位

(1) 项目管理团队。项目管理团队是项目公司的最高管理机构,管理团队要协调整个项目周期内的项目建设程序、投融资决策、合同管理、工程管理和风险管理等,既承担维护外部利益相关方需求的责任,又承担内部管理和决策的责任。管理团队的人员大多由社会资本雇用,董事会主要席位、项目公司经理、公司财务负责人等主要岗位也多由社会资本指定。政府多以监管者的身份参与到公司的建设运营中,一方面有利于发挥社会资本的积极性,另一方面有利于管理团队工作运行顺畅,尽可能减少管理分歧或摩擦。

(2) 项目内部机构。内部机构主要由项目公司的综合管理、设备材料、质量安全、工程技术、合同档案管理、财务等常设部门组成,负责项目建设的按时完工及日常运营的正常开展。组织架构的设计以及职能部门的设置需遵循任务目标明确、管理层次科学、既有分工协作又有统一指挥、责权恰当等原则,同时根据项目特点、人员特点,本着高效的原则,可进一步细分或合并部门职能,如工程部门可拆解为土建、电器、线路部门,增设施工协调部门等。

2.1.1.2 利益相关方关系的管理

PPP项目的参与主体众多,合同关系和隐性契约多样,项目的利益相关方关系复杂,管理者的目标是满足不同利益相关方的期望,达成共赢合作,确保项目的顺利完成。利益相关方关系管理是一个动态、系统的过程。利益相关方关系主要产生于合同关系,同时也产生于项目过程中的外部利益相关方和偶然影响到的单位和个人,满足利益相关方的期望实际上包含了对利益相关方的行动做出反应以及弥补利益相关方的期望落差产生的负面后果,合同条件约束给利益相关方提供了最低期望的一个标准,此外,外围利益相关方对项目的预期偏差会影响到自身或者他人的行为,形成连锁反应。例如,项目公司因事故或环保问题得到了负面的媒体报道,会影响到未来消费者对项目的预期,同时引起监管部门的注意,监管将会更加严格,给项目公司带来压力。这种预期与现实的差异产生的原因可能是信息不对称,也可能是合作关系的深度不够,还可能是未能识别所有的利益相关方。

项目公司改善这种关系的手段主要包括提高信息共享程度、评估利益分配机制、努力寻求联盟化合作以及将上述过程流程化管理。第一,信息公开是将项目的运营和不涉密的财务信息主动公开给利益相关方,避免出现利益相关方信息孤岛的局面;同时,项目负责人需要主动与各利益相关人及时沟通,形成信息共享。第二,评估利益分配机制是否平衡,不仅政府与社会资本需要寻求公平的利益分配,而且项目公司与不同利益相关方也需要公平合理,可以通过合同约束利益分配的边界,针对价值增值部分分享利益。对于隐性的利益分配问题,不仅是数量上的,也是时间维度上的公平,如长期拖欠施工单位款项便会引起这类冲突。第三,企业应着手促成动态联盟的形成,利益相关方之间的关系如果仅仅维持在合同层面,那么就容易造成彼此间的独立,而以项目为中心塑造一个覆盖不同项目阶段的动态联盟关系则是化解矛盾、促进共赢的可行方式。[①]

利益相关方关系管理可以划分为识别利益相关方、评估关系、消除反对及动态调整四个环节。其中,识别利益相关方是通过头脑风暴等方法确定利益相关方,然后运用前述利益相关方关系矩阵划分利益相关方关系,形成识别结果。

评估关系在应用方面可以使用既有软件与人员培训的方式,让利益相关方关系管理的理念落地。澳大利亚的 Mosaic 公司开发了可视化的利益相关方关系管理工具——利益相关方环(Stakeholder Circle),同时考虑了利益相关方的关系及其重要性,利用利益相关方指数对相关方的重要性程度进行排序,最终形成了利益相关方环图。利益相关方环由三种元素组成,一是同心圆,用于表示管理者和相关方的位置关系,以不同的属性表示不同相关方的性质,如实心阴影表示利益相关方是个体,灰色阴影表示利益相关方是群体;二是楔子形状,其持续性和图形面积用于表示利益相关方的规模以及对项目的影响范围,径向深度用于表示权力或影响力对项目的影响程度;三是颜色,不同的颜色用于表示关系的不同向度,橙色表示关系作用方向向上,绿色表示关系作用方向向下,蓝色表示关系作用方向向外,紫色表示关系作用方向向侧面。针对项目的不同阶段或不同层级可以绘制出不同的利益相关方环,管理者依据环形图标判别项

---

① 动态联盟,又称敏捷虚拟企业(Agile Virtual Enterprise),是两个或多个企业或者独立厂商为适应市场环境变化、实现某共同目标,利用各参与方的资源,通过协议或联合组织等方式而结成的一种网络式的联合体。

目关系的重要性程度,并作为决策信息的来源(见图2-3)。

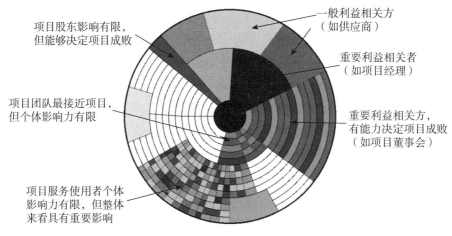

图2-3 利益相关方环

资料来源:BOURNE L., WALKER D H T. Project relationships and the stakeholder circle [J]. International Journal of Managing Projects in Business,2008,1(1):125-130.

消除反对是指在掌握各利益相关方的基本信息后,了解在PPP项目周期的不同阶段,哪些利益相关方需要重点关注,找出其对项目的负面影响,分析反对或者不利于合作行为的原因,评定需要向利益相关方提供何种信息以消除其反对倾向。针对不同利益相关方定制相应的沟通策略,然后转化为互动管理行为。

动态调整是指基于PPP项目的复杂性与独特性,上述识别、排序、互动管理工作需要随着项目周期的不同阶段、利益相关方的变化及相应影响力的改变定期更新评估数据,以真实地反映项目关系的动态特征。项目利益相关方关系管理的高级目标是由项目经理和社会资本协调人在两个管理层级上根据需求搭建动态联盟的框架,通过信息共享、风险分担和利益分配机制建设,达成动态联盟的临时组织架构,并在企业内部形成一套流程化的管理规程,促进信息传递,提高利益分配的时效性。

2.1.2 PPP项目交易结构及其组成

一项交易的基本要素包括交易主体、交易内容、交易方式和交易定价等内容。多主体参与的交易,需要数个交易或涉及不同相关方的数组交易,这一系列交易或数个交易的组合即为交易结构。① 从 PPP 项目的主要目的和项目建设流程来看,项目交易结构由 PPP 协议模块、融资协议模块、服务外包协议模块三部分组成,每一模块又包含若干具体的协议(见图 2-4)。

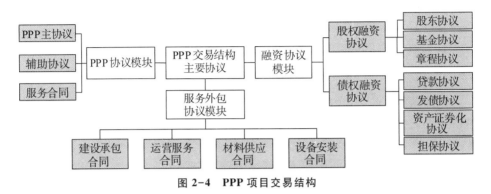

图 2-4 PPP 项目交易结构

1. PPP 协议模块

PPP 协议模块是 PPP 项目交易结构的核心,由以下几个交易或合同关系构成:一是 PPP 主协议,即主要实施机构代表政府与项目公司签订的 PPP 协议,项目公司依据协议为使用者提供服务,主要实施机构则依据协议向项目公司支付服务费用。二是辅助协议,即主要实施机构授权次要实施机构与项目公司签订协议,协议的性质可能是政府购买服务、租赁合同、管理合同、股东协议等,具体属于哪一种性质的合同则取决于主要实施机构分配给次要实施机构的权利与义务。三是服务合同,即项目公司与使用者之间所建立的合同关系,这种合同关系既可能是事先约定的合同事项,如约定好使用者的身份、确定使用者付费的方式与周期,也可能是事先没有约定的合同事项,是发生服务时所产生的权利与义务关系。

2. 融资协议模块

融资协议模块包括股权协议模块和债权协议模块。股权融资协议模块主要处理股权融资的相关问题,由以下交易或合同关系构成:一是股东协议,即在项目公司成立前,由多方股东共同签署的约定。一般而言,股东协议的内容包

---

① 财政部《政府和社会资本合作模式操作指南(试行)》(财金〔2014〕113 号)指出,PPP 项目交易结构主要包括项目投融资结构、回报机制和相关配套安排,其中,项目投融资结构主要说明项目资本性支出的资金来源、性质和用途,项目资产的形成和转移等;回报机制主要说明社会资本取得投资回报的资金来源,包括使用者付费、可行性缺口补助和政府付费等支付方式;相关配套安排主要说明由项目以外相关机构提供的土地、水、电、气和道路等配套设施以及项目所需的上下游服务。

括股权融资、投资、经营、退出四个阶段的事项,对所有权、经营权、管理人员派任权、分红权等做出的约定,以及事权与股权的合理配比,如对出资比例、股权比例、董事会席位比例、表决权比例等做出的安排。二是章程协议,即股东针对公司的运作、组织、基本活动及重要事项所规定的基本规则,需根据公司法的规定召开股东大会,由股东大会依法定程序通过并生效。三是基金协议,PPP 项目中基金常以股权融资的形式投资项目公司,具体的运作方式详见第 3 章相关内容。

债权融资协议模块主要处理债权融资的相关问题,可以进一步划分为主要债权融资交易与辅助债权融资交易。主要债权融资交易采取项目公司与金融机构以银行贷款(如项目融资、银团融资、并购贷款等)、发行债务(如企业债、项目收益债、项目收益票据、中期票据等)、信托计划、基础设施债权投资计划、资产证券化、融资租赁等固定收益的方式进行融资,是项目公司与资金融出机构或其他投资人形成的一种法律关系。辅助债权融资交易主要是为了服务主要债权融资交易而产生的,内容基本上与担保、增信或资金监控有关,有些由项目公司与融资机构签订,如由政府、项目公司与融资机构签订的担保协议,由项目公司与金融机构签订的资管协议等。

3. 服务外包协议模块

服务外包协议模块是指项目公司在履行合同过程中,将部分环节外包给承包商来履行的合同组合,其中包括哪些交易或合同关系与项目公司的外包方式有关。项目公司外包的种类繁多,不同 PPP 项目的外包形态也大不相同,主要受到资质与专业分工的影响。一方面,项目公司对履约的某些环节缺乏相应的资质,因此必须将部分工作外包给有相应资质的外包商;另一方面,PPP 项目涉及的专业事项众多,项目公司不可能具备方方面面的专业能力,将专业的工作交给专业的人来完成,对于提高项目公司的服务质量会有很大的帮助。服务外包协议中常见的几种交易类型有:建设工程合同、运营服务合同、原料供应合同、物业开发合同、设备供应与安装合同等。

2.1.3 PPP 项目的交易结构设计

交易结构设计是指围绕项目投资总额进行资本金、债务资金、政府和社会资本投入比例与金额设定,社会资本投资回报的资金来源安排(即项目收入来源与分配)和政府其他配套投入。交易结构设计的目的在于确定一套可执行的交易合同模板,在与参与方谈判的过程中针对子一级交易结构的重要事项进行协商,总体交易结构的进度与子一级交易结构协同管理,最终设计一套完整的项目协议体系。PPP 模式并没有标准化的运作方式,因而也没有标准化的交易结构。交易结构设计涉及的因素错综复杂,不可能将设计过程模型化。交易结构设计遵循经验的规律,并根据需求创新组合,在项目方案的设计过程中并非没有方法可循。交易结构设计的流程可以划分为五个步骤。

1. 确定交易主体与类型

PPP 项目的主要参与方是政府及其出资代表和社会资本。项目实施机构多为行业监管部门所成立,政府既是项目的发起方也是监管方。如果项目包含数量较多的子项目,则可能涉及多部门监管的情况,此时可能由多个行业监管部门一同成立项目管理委员会共同管理项目,也可能委托主要项目的关键机构代为行使其他机构的监管权力,还有可能各司其职、各管其事。因此实施机构有三种形式:一是单一实施机构;二是分为主要实施机构与次要实施机构,主要项目的政府方作为主要实施机构,并行子项目的政府方为次要实施机构;三是成立多个项目实施机构,多个项目由同一个社会资本投资建设,但对应不同的监管方。不同的实施机构与项目公司签订的合同决定了 PPP 主协议签约主体的不同。因此,交易结构设计的首要步骤是确定实施机构划分以及项目建设分配的方式。

2. 确定项目运作模式

项目运作模式是在项目论证阶段就确定的,在交易结构部分,不同运作模式的选择对融资结构与付费方式有着决定性的影响。运作模式主要包括设计归属、建设责任划分、资产产权归属及特许运营时间等,主要回答谁来承担设计责任、谁来建设、社会资本是以建设还是以租赁或并购等方式获得项目经营权、最终项目资产归谁所有、特许经营的时间有多久、特许经营权的责任如何划分等问题。

3. 确定融资方式及细节

PPP 模式解决的主要问题之一是资金筹集,有多少个投资人出资以及以何种形式出资是关注的重点。政府方出资代表一般出资比例较低,目的是带动社会资本投入项目建设中,解决政府资金短缺的问题。社会资本自身资金也有不同的来源,如果自有资金难以达到项目投资的要求,则社会资本可能会采取联合体投资或成立 PPP 基金寻找其他机构投资者的方式进入项目,以此放大资金效果。在确定资金来源之后,要清晰地界定资金来源的缴存时点,从中标到建设期,每一个时间段资金需要投入多少,也是完成财务测算的基本要求。

4. 确定风险分配及付费方式

风险分配贯穿于项目交易结构设计的全部环节,风险承担的合理性决定了项目风险承担方要求的风险补偿。国内学者在PPP项目风险分配的研究中,通过比较发现,项目公司应承担项目融资、建设、采购、经营和维护等风险(项目公司应再将相关风险分别转移给承包商、供应商、运营商或银行等),社会资本对风险补偿的要求最终体现在项目付费机制的设计上。目前公认的付费机制有三种:一是政府付费,二是使用者付费,三是可行性缺口补助。付费机制的细节问题包括付费主体的确定、付费机制的制约条件、如何计量(单价还是总价)以及价格调整与分层机制等。

5. 管理项目的合同进度

项目交易结构的主要细节之一是项目签约进度和履约进度的管理。交易结构内含项目合同进度管理,包括前期融资安排、建设期主体责任关系与运营期资金流先后关系等。合约进度管理对整个项目合作框架起到了衔接工作顺序的核心作用,使项目合法性、融资落地及后期运营规范等都更有保障。PPP项目交易结构相对复杂,若在签约和履约过程中缺乏精密的计划和进度管理,则项目履行会出现较大偏差。通常可利用里程碑、工作分解结构(WBS)、责任分配矩阵、甘特图等项目管理工具。以签约进度管理为例,合同组织阶段的里程碑事件可设定为特许权协议的签订,由此对时间进度进行管理,合理安排或设计交易结构各环节时间。

2.2 PPP项目合同关系及其设计

2.2.1 PPP项目的合同体系

PPP项目的合同体系由工程项目合同体系发展而来。工程项目合同体系取决于项目分解结构和承发包模式。按照项目任务的结构分解,可以得到不同层次、不同种类的合同,它们共同构成了工程项目合同体系。项目合同包括勘察设计、咨询、承包、贷款、采购、保险等合同。其中,承包合同主要包括分包、采购、劳务、加工、租赁等合同;分包合同又可以分为采购、劳务和运输等合同。PPP模式是政府和社会资本基于合同建立的一种合作关系,契约精神不仅是

PPP 模式的精神实质,也是依法治国、依法行政的内在要求。① 加强对 PPP 合同起草、谈判、履行、变更、解除、转让、终止和失效全过程的管理,是政府与社会资本长期合作的重要基础,也是 PPP 项目顺利实施的重要保障。通过合同正确表达意愿,对合理分担风险、妥善履行义务、有效维护权利都非常重要。

财政部《PPP 项目合同指南(试行)》(见财金〔2014〕156 号)规定,PPP 项目中参与方通过签订一系列合同来确立和调整彼此之间的权利义务关系,构成 PPP 项目的合同体系(见图 2-5)。PPP 项目的基本合同通常包括 PPP 主要合同、股东协议、履约合同(包括工程承包合同、运营服务合同、原料供应合同及产品或服务购买合同等)、融资合同和保险合同等。其中,PPP 主要合同是整个 PPP 项目合同体系的基础和核心。在 PPP 项目合同体系中,各个合同之间并非完全独立,而是紧密衔接、相互贯通的,合同之间存在一定的"传导关系"。

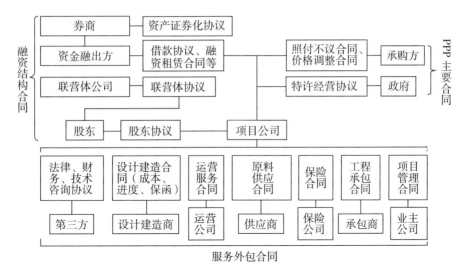

图 2-5 PPP 项目合同体系

由于 PPP 协议模块是在政府授权项目公司特许经营或其他特殊安排下形成的交易安排,因此产生的合同关系可称为 PPP 主要合同组合,主要包括 PPP 项目签订的主合同及后续修改合同条件签订的补充合同。PPP 主合同的核心条款包括服务具体要求、特权持续期限、定价方式和支付方式,以及项目结束后产权最终的归属等主要针对项目运作的核心问题。次要条款包括政府对土地和不动产的转让、融资条件改变对二次融资的具体方式和收益权的重新划分等

---

① 《关于规范政府和社会资本合作合同管理工作的通知》(财金〔2014〕156 号)。

程序性事项。针对项目融资、设计、建设、运营、移交等阶段的具体事项在其他条款中约定。

为项目建设采用融资结构设计所对应的合同集合,可称为融资结构合同组合,如以债权方式为项目融资的银行贷款合同或银团贷款合同、以股权方式投入的股权投资协议(用以约定投资比例、股东权利分配、公司治理规则等事项)等。此外,资产证券化融资还需通过签订认购协议(认购人与管理人之间)、资产买卖协议(管理人与原始权益人之间)、服务协议、托管协议等明确资产证券化的交易结构。

服务外包协议涉及的合同即服务外包合同。该合同模块主要包括设计建造合同、运营服务合同、技术咨询协议、保险合同、担保合同、原料供应合同、工程承包合同等。

2.2.2 PPP项目合同体系的法律文本要点

PPP项目从执行相关合同条款到违约、争议解决等经济事项条款涉及《预算法》《合同法》《公司法》《招投标法》《土地管理法》《政府采购法》等十余部相关法律,相关法律与规范性文件本身也十分繁杂。尽管不同的PPP项目合同略有差异,但本质上仍然离不开主体合作细节、融资条款安排、工程建设移交等三大核心问题,具体体现在:一是PPP主要合同,侧重于解决合作方的商务事宜;二是融资结构合同,侧重于解决资金筹集与资本层面的相关问题;三是服务外包合同,侧重于项目建设程序中其他相关方的协调机制。[①]

1. PPP项目主要合同法律文本要点

PPP项目主要合同是政府和社会资本签订的PPP协议。对于PPP项目主要合同的法律规制范畴,有行政合同说和民事合同说两类。行政合同说认为,PPP项目由政府主导,协议的目的是行政管理,因此应在行政法的范围内对合同进行规制。而民事合同说则认为,社会资本与政府享有对等的权利和义务,公私合作意味着平等主体间的协议,因此应根据商事法律进行规制。PPP协议的主体部分约定了政府与社会资本的权利和义务,政府的权利是监管、审批和项目期满获得项目资产,义务是提供项目配套条件、维护市场秩序等;社会资本

---

① 国家发改委《政府和社会资本合作项目通用合同指南》中指出,所有模式的项目合同的正文都应包含十个通用模块:总则、合同主体、合作关系、项目前期工作、收入和回报、不可抗力和法律变更、合同解除、违约处理、争议解决及其他约定,其他模块则可根据实际需要灵活选用。

的权利是获得相应回报等,义务是按约定提供充足的项目资金,项目前期履行环境保护、地质勘查、文物保护等责任,后期持续维护社会责任等。PPP 形式多种多样,符合《基础设施和公用事业特许经营管理办法》规定的特许经营项目,需要签订特许经营协议,由县级以上人民政府授予社会资本在基础设施、市政工程、能源、交通、环保、水利等领域的特许经营权。

主体合同采用特许经营形式的,应约定特许经营的方式、区域、范围和期限,其中,特许经营方式包含特许经营的范围、渠道和经济优惠等内容。特许经营一定是在特殊领域的垄断行为,政府授权时应严格限定其经营范围。此外,由于特殊的技术实现条件、原材料等限制,特许经营还涉及特殊的渠道授权,如垃圾发电特殊的原材料供应许可;特许权还可能涉及税收减免、加速折旧等优惠政策,与特许期直接相关。《基础设施和公用事业特许经营管理办法》提出特许经营协议包含 17 部分内容,涵盖从项目建设期的出资、投资比例到运营期的具体约定以及后续违约处理及移交责任等。整体来看,PPP 协议包括六方面的内容:一是项目前期的出资责任及其退出约定,主要约定项目的名称与内容,项目具体的出资方式、比例,是股权出资还是实物出资,何时认缴,等等。二是项目产品的建设以及产出要求,主要是提供产品的数量、质量等内容,同时包含设施的维护更新原则。三是项目投融资方式和期限约定,投融资是双方责任的重要组成部分,项目成功的必要条件便是成功的融资。四是风险分担与收益分配约定,风险分担是双方谈判结果的呈现,主要针对收益的取得方式、收费的价格标准及调价机制做预先约定。五是监督管理及保障措施,政府除负有监督责任外还需就必要事项进行承诺,为项目特殊风险提供保障,同时特许经营协议应就特许期内发生重大紧急事项的应计预案和资产接管等事宜做出约定。六是项目移交事项约定,一般而言,项目经营期届满前 12 个月为项目公司向政府移交项目的过渡期,项目实施机构与社会资本组建项目移交工作组,移交事项包括达标条件、资产评估和性能测试等。

当然,非特许形式的 PPP 协议也会有类似的政策支持以保证项目顺利实施。合同相关术语的定义和解释是合同中最为关键的细节,从关键术语出发逐步确定主体协议条款,直到全过程合同的设计和处理是整个 PPP 项目合同制定的必经之路。PPP 协议需要明确诸多细节,以便合理界定项目的边界条件,划清各主体间的经济责任。PPP 协议形成正式的文本之后,如需进行修订,则可以通过补充协议和变更协议给后续修订提供法律依据。

2. 融资结构合同法律文本要点

融资结构合同是 PPP 项目采用股权和债权融资渠道与联合体其他成员或金融机构签订的一系列合同。PPP 项目在组成联合体阶段就产生了融资需求,由于项目参与主体各有所长,往往需要借助各自的专业能力投资规模较大的 PPP 项目,联合体中一般包含一个或多个建筑施工企业以及金融机构,以减少其中一方的资金压力,联合体协议是 PPP 项目融资的开端。PPP 项目完成初始项目资本金注入后,需要借助外源融资为项目建设筹集资金。项目融资大多采用债权融资方式,因此与金融机构发生的债权融资最为常见。债权融资协议主要就资金价格、融资前提条件以及放、还款安排做出约定。采用直接融资方式发行债券的,需要借助中介机构的力量完善债券的发行流程,与券商签订债券发行承销协议。债券承销协议主要是就承销方式、承销期、承销费用、登记托管等做出约定。相应地也需要与托管机构和清算机构签订相关协议。PPP 项目大多拥有多个债权人,为了有效配置追索、保全乃至债务重组、破产清算等事项中的债权人表决权,并在债权人间平衡保险和担保权益,对包括 PPP 模式在内的多个项目融资而言,债权人间协议是必不可少的。

PPP 项目大多具有再融资需求,不同社会资本的再融资合同需区别对待。PPP 项目再融资可以划分为援救型再融资和短期(Miniperm)再融资。[①] 援救型再融资是指在不利条件下为了让合同继续而形成的再融资;短期再融资则是指在长期贷款难以获取的市场里因债务资金往往具有 5—7 年的时间限制,而在一个债务期后进行的正常再融资。重新商定融资合同时需关注招标方的权利是否包含对新增再融资的决定权,再融资方案不在融资方案中时,招标方需要重新评估再融资利弊,计算再融资收益以及针对该收益的具体分配方式和支付方。

3. 服务外包合同法律文本要点

服务外包合同按照项目交易结构的设计,可以从项目的供应链角度进行分析,项目的主要业务是建设与运营,建设阶段供应商为项目建设提供必要的大宗材料,运营阶段项目的产品或服务销售给用户使用。因此,服务外包合同可分为项目建设相关合同、项目运营管理相关合同、供应合同及产品销售合同三个部分。

一是项目建设相关合同。项目建设的初期需要与政府就征地、拆迁等问题

---

① 世界银行.PPP 合同条款指南(财政部 PPP 中心译稿),2017.注:perm 是 permanent 的缩写,短期再融资是相较于长期融资而言的。

进行沟通,建设合同的一个重要部分就是对拆迁安置的责任进行划分,然后对其工作范围和进度进行约定,PPP项目大多将征地拆迁工作交由政府处理,但社会资本需要就拆迁补偿与政府协商。主要约定的内容包括拆迁补偿的标准、调整机制与拆迁参与等,此外,具体的价格标准和政府责任都应进行约定。建设合同主要约定的是工程项目建设的质量、标准以及进度和安全等要求,并就工程的验收标准、违约责任等事项进行说明。工程项目相关的协议还约定工程完工的后续事项,如保修安排、质保金的使用等。建设合同的主要作用是明确建设和监管主体的工作内容、方法和程序,并就费用安排做出约定。

二是项目运营管理相关合同。工程验收完工后,项目运营既可能由建设单位继续完成,也可能由专业运营机构负责。运营具有阶段性,分为试运营和正式运营,运营协议对两阶段的内容侧重不同。试运营阶段发现设施出现功能性问题的,对设施进行修理维护后进入正式运营阶段。运营协议的重点内容是约定运营的服务标准、服务计量、运营方的责任及其收费标准与违约责任等。运营收入的取得方式、收入不达预期的补偿标准以及费用支付程序和方式等都是运营协议的核心内容,可行性缺口补助占主流的PPP项目市场中,政府支出责任与运营绩效相挂钩,合同安排对项目现金流情况影响巨大。为了保障运营顺利,运营方还可采用保险方式转移风险,运营期保险常见的如工程一切险、运营中断险、机器故障及第三者责任等。

三是供应合同及产品销售合同。材料供应影响项目建设的成本能否控制在合理的限度内,而销售则影响项目的最终收益水平。项目建设的大宗材料(如钢筋、水泥、沥青等)的价格具有高度的波动性,因此要控制成本一方面需要与供应商达成良好的合作关系,另一方面需要在合同中约定价格优惠以及通过期货合同等锁定成本。项目专用的机器设备等的成本控制也具有不确定性,因此也需要依靠合同进行约束。项目销售的影响因素有价格、数量和利润,价格如公共事业类水价等都采用阶梯价格与调价机制相结合的方式,以保证收益稳定;而需求量则需买方承担一定的保底义务,是按照实际提供量还是按照消费量应做出明确规定;对于利润的保障,由于合作项目法律环境的限制,大多不以此为调节对象。因此,供应和销售管理的重要性不言而喻。

2.2.3　PPP项目合同设计与调整

1. 明确PPP项目合同的目标

合同目标指明了PPP项目合同文本设计的总体方向。PPP项目合同签订的目的是确保更好地实施 PPP 项目。因此,PPP 项目合同的目标与 PPP 项目的目标是一致的。PPP 项目的目标分为低层次目标和高层次目标。低层次目标是指具体项目的短期目标,高层次目标是指通过持续实现低层次目标,实现引进私营部门参与基础设施建设的全面长远目标。因此,现阶段对 PPP 项目合同文本的设计囊括了各阶段需要实现的短期目标,遵循的原则是确保或提高基础设施服务水平和获得合理回报,具体包括服务目标、工期目标、质量目标、成本目标等。

2. PPP 项目合同条款设计

PPP 项目合同可在遵循中国合同指引的同时借鉴国际组织的合同经验,融会贯通形成适应项目特点的合同文本。英国土木工程师协会将工程合同体系编制为包含 6 项主要条款、9 项核心条款、15 项次要条款的菜单式合同文本体系,可通过菜单组合实现合同设计的模块化,此类合同体系即 NEC(New Engineering Contract)体系。遵循中国合同指引并借鉴国际组织的合同经验,PPP 项目合同文本的核心条款包括总则、服务要求、合同期限、定价与支付、免责、产权界定、保险、提前终止约定、争议解决、声明和条件。涉及融资、设计、施工、运营、移交、合同元素变更 6 个模块,每个模块的独特部分保留为主要选项。主要选项条款按照模块进行选项组合,也就成为某类 PPP 项目合同的通用部分。然后再将以上 6 个模块及工程中一些特殊的规定和要求作为次要条款。次要条款是根据具体项目设计的,包括二次融资、土地和不动产、替换或更新、合同终止时的补偿及其他担保等。这种菜单式合同文本体系符合现代合同原则,能够实现一个统一的合同文本应用于不同类型的 PPP 合同(见图 2-6)。

3. PPP 项目合同条款的调整

PPP 项目合同条款的调整主要针对的是合同机制问题,目的是让合同的运行更有效率。合同机制存在的问题可归结为道德风险、不履行承诺和契约不完备三种。道德风险问题产生的原因在于社会资本与政府之间存在信息不对称;不履行承诺问题本质上是逆向选择问题,政府可以运用手中的权力做出违背合同的行为,私人部门可能利用自身的优势逼迫政府改变合同条款;契约不完备问题是由于项目周期往往较长,不确定性和风险因素不能被完全识别和应对,再加上合同约定过于细致通常会导致签订合同的协商过程过长、交易费用过高,需要解决对未列入合同的问题该如何处置或应对。

解决道德风险问题可行的办法是建立激励契约。激励契约是指委托人采

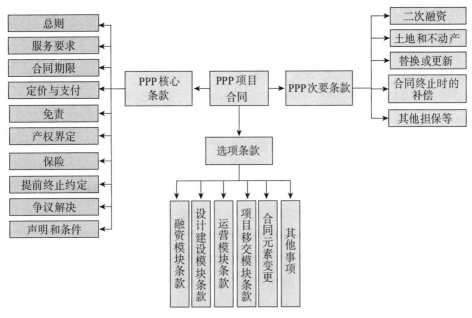

图 2-6　PPP 项目主合同构成

资料来源：罗晴.我国 PPP 合同体系构建研究[D].重庆大学,2014.

用一种激励机制来促使代理人按照委托人意愿行事的条款。对于 PPP 项目合同来说,激励契约的设计是规定社会资本的表现脱离目标时该如何奖励或惩罚它。政府在缺乏能力与必要的信息来引导私人部门履行合同时,必须借助金钱奖励来达到它们期望的社会资本的表现。合同具有强制性,但以法院判决的方式解决合同争议存在效率低下等缺点。

解决不履行承诺问题可行的办法首先是运用替代的仲裁方法。仲裁程序是一个能够较好地维持各方合作关系、快速解决冲突的机制。设定完善的仲裁程序将有效减少诉讼费用,增强合同的约束力。其次是额外的保障措施。为了使权益得到法律的保障,签约双方通常还会使用各种保障措施来强化约定。这些保障措施的目的是使一方握有另一方的财产,以便在对方不履约时能够补偿其(部分)损失。这种额外的保障措施包括履约保函、母公司担保、承包商的附属担保等形式。

对契约不完备问题的处理办法非常类似于工程合同变更管理系统,目的是改进原合同的效率,对合同文本进行事前和事后两个方面的处理。事前处理是指对易变合同元素及其可能出现的问题进行界定。PPP 项目合同中的易变元素包括法律、服务、价格、不可抗力等,在 PPP 项目合同中应对这些可能产生的问题及问题产生后的处理办法进行界定。事后处理是指设定再协商程序,对非预期状况进行处理。可行的 PPP 项目合同再协商程序包括片面决定和结构性协商。片面决定是指合同一方拥有对未规定事项的决定权,主要是指政府的行政自由裁量权等单方面修改合同的权利,比如政府部门介入往往不受制约,这也是社会资本参与积极性不高的主要原因。结构性协商是指双方进行商讨决定再协商的结果,这种协商受到双方议价能力的影响,结果通常难以预测。因此,PPP 项目合同中不仅要对再协商的程序进行设定,还要对再协商产生争议时化解的机制进行设定,以避免双方对立,保证合同关系的顺利履行。通过事前处理或事后处理,PPP 项目合同可能继续执行,也可能面临提前终止。如果面临提前终止,需在合同中约定终止的定义、程序和提前终止双方应承担的责任及清算与赔偿程序等。

2.3　PPP 项目的决策依据与模式运作

2.3.1　PPP 项目的决策依据:物有所值(VFM)评价和财政承受能力论证

2.3.1.1　PPP 项目的物有所值评价

物有所值评价是世界上广泛使用的一种评价传统上由政府提供公共产品和服务能否转为政府与社会资本合作的模式的方法,旨在优化公共资源的配置和利用效率。国际上常用的物有所值评价方法主要包括两类:一是成本效益分析法,即通过比较项目的全部成本和效益来评估项目价值,用以寻求在投资决策上以最小的成本获得最大的效益,通常用于评估需要量化社会效益的公共事业项目的价值。但是在不同国家或不同部门,成本效益分析法在收益率确定、指标选择、项目评价等具体方面存在一定的差异。二是公共部门比较法,即在参考类似项目的基础上,政府根据项目实际情况确定项目基准成本,将 PPP 项目全生命周期成本与该基准成本进行比较,并做出项目决策。公共部门比较法常用于英国、澳大利亚、日本、荷兰等国。

中国《PPP 物有所值评价指引(试行)》(财金〔2015〕167 号)规定,拟采用 PPP 模式的项目应在项目识别或准备阶段开展物有所值评价(见图 2-7),包括定性评价(可行性、合理性、可完成性)和定量评价(公共部门比较值),现阶段以定性评价为主,鼓励开展定量评价。定量评价可作为项目全生命周期内风险分配、成本测算和数据收集的重要手段,以及项目决策和绩效评价的参考依据,评价资料主要包括(初步)实施方案、项目产出说明、风险识别和分配情况、存量公共资产的历史资料、新建或改扩建项目的(预)可行性研究报告、设计文件等。物有所值评价应在统筹定性评价和定量评价后做出"通过"或"未通过"的结论。"通过"的项目可进行财政承受能力论证,"未通过"的项目可在调整实施方案后重新评价,仍未通过的不宜采用PPP模式。物有所值评价结果一般作为是否采用PPP模式和确定风险分担的依据。

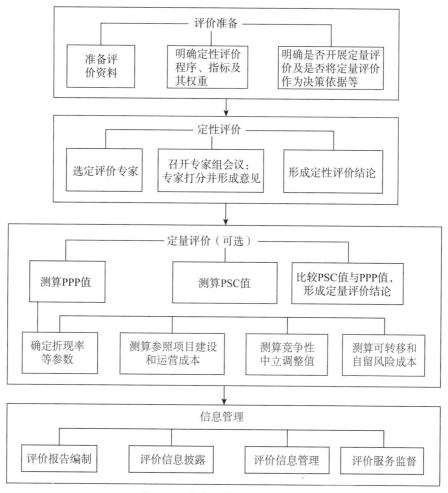

图 2-7　物有所值评价方法流程

资料来源:《PPP物有所值评价指引(试行)》(财金〔2015〕167号)。

1. 物有所值定性评价

物有所值定性评价应从项目特性、市场条件、政府能力和预期效益等四个方面进行。中国《PPP 物有所值评价指引（试行）》（财金〔2015〕167 号）规定，政府采购开展物有所值评价时，项目本级财政部门（或 PPP 中心）应会同行业主管部门，明确定性评价程序、指标及其权重、评分标准等基本要求。定性评价指标包括全生命周期整合程度、风险识别与分配、绩效导向与鼓励创新、潜在竞争程度、政府机构能力、可融资性等六项基本评价指标及其他补充评价指标。补充评价指标主要是六项基本评价指标未涵盖的其他影响因素，包括项目规模大小、预期使用寿命长短、主要固定资产种类、全生命周期成本测算准确性、运营收入、增长潜力、行业示范性等。在各项评价指标中，六项基本评价指标权重为 80%，其中任一指标权重一般不超过 20%；补充评价指标权重为 20%，其中任一指标权重一般不超过 10%。PPP 中心会同行业主管部门组织召开专家组会议，原则上，评分结果在 60 分（含）以上的，通过定性评价，否则，未通过定性评价。表 2-3 列示了物有所值定性评价专家打分表的参照格式。

表 2-3 物有所值定性评价专家打分表

	指标	权重	评分
基本指标	①全生命周期整合程度		
	②风险识别与分配		
	③绩效导向与鼓励创新		
	④潜在竞争程度		
	⑤政府机构能力		
	⑥可融资性		
	基本指标小计	80%	
补充指标	①项目规模大小		
	②预期使用寿命长短		
	③主要固定资产种类		
	④全生命周期成本测算准确性		
	⑤运营收入		
	⑥增长潜力		

(续表)

指标	权重	评分
⑦行业示范性		
……		
补充指标小计	20%	
合计	100%	

专家签字：

年　月　日

物有所值评价应提供物有所值定性评价的详细内容，具体涉及：

- 项目采用PPP模式与采用政府传统模式相比能否增加公共供给、优化风险分配、促进创新和公平竞争等，采用PPP模式是否可行。
- 由项目本级财政部门会同行业主管部门组织专家小组实施。
- 专家小组由不少于7名专家组成，至少包括工程技术、金融、项目管理、财政和法律专家各1名。
- 专家小组由经过省财政厅初步资格预审的咨询机构专家(1名)、社会资本方工程技术代表(不少于3名)、社会资本方财务代表(不少于3名)和财政部门委派代表、行业主管部门代表、项目融资机构代表组成。
- 通过定性评价的项目，可列入当地PPP项目目录，进行物有所值定量评价；未通过定性评价的，不宜采用PPP模式。

表2-4列示了物有所值定性评价专家意见表的参考格式。

表2-4　PPP项目物有所值定性评价专家意见表

项目名称	
委托单位	
评分结果	

专家小组意见：

组长签名：

年　月　日

	姓名	单位	专业领域	签名
组长				
专家				

（续表）

	姓名	单位	专业领域	签名
专家				
专家				
专家				
专家				
专家				

2. 物有所值定量评价

定量评价是在假定采用PPP模式与政府传统投资方式产出绩效相同的前提下，通过将政府和社会资本合作项目全生命周期内估计的政府费用支出现值（影子报价）即政府成本净现值（PPP值）与公共部门比较值（PSC值）进行比较，计算项目物有所值的初步估计值，判断PPP模式能否降低项目全生命周期成本（见图2-8）。

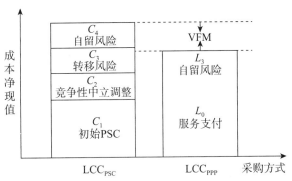

图2-8 物有所值定量评价图示

注：LCC（Life-cycle cost）为全生命周期成本。

PSC值的估算应遵循下列原则：

- PSC值必须体现政府按项目大纲中规定的性能规格交付服务的全部成本；
- PSC值中的现金流应按政府提供服务最有效的方式进行估计；
- 合理估计与风险相关的所有费用，明确政府的自留风险和计划转移风险；
- 选择合适的折现率。

需要注意的是，在项目的不同阶段，定量评价的具体方法有所差别。项目识别阶段,定量评价主要包括:根据项目产出说明,设定参照项目并计算 PSC 值;根据初步实施方案,计算影子报价 PPP 值(以下简称"PPPs 值");比较 PSC 值与 PPPs 值,PPPs 值小于 PSC 值的,项目转入准备阶段,否则不宜采用 PPP 模式,应从当地 PPP 项目目录中剔除(见表 2-5)。

表 2-5　PPP 项目 PPPs 值与 PSC 值(项目识别阶段)

初始值	对比项目	项目可研 PPPs 值	PSC 值
项目开发	成本指标		
	技术指标 1		
	技术指标 2		
项目设计	成本指标		
	技术指标 1		
	技术指标 2		
项目实施	成本指标		
	技术指标 1		
	技术指标 2		
项目运营	成本指标		
	技术指标 1		
	技术指标 2		
项目维护	成本指标		
	技术指标 1		
	技术指标 2		

项目准备阶段,项目实施方案与初步实施方案相比发生重大变化的,应对 PSC 值和 PPPs 值进行相应调整。调整后的 PPPs 值小于 PSC 值的,项目转入采购阶段;否则不宜采用 PPP 模式,应从当地 PPP 项目目录中剔除(见表 2-6)。

表 2-6　PPP 项目 PPPs 值与 PSC 值(项目准备阶段)

初始值	对比项目	项目影子报价 PPPs 值	PSC 值
项目开发	成本指标		
	技术指标 1		
	技术指标 2		

（续表）

初始值	对比项目	项目影子报价 PPPs 值	PSC 值
项目设计	成本指标		
	技术指标 1		
	技术指标 2		
项目实施	成本指标		
	技术指标 1		
	技术指标 2		
项目运营	成本指标		
	技术指标 1		
	技术指标 2		
项目维护	成本指标		
	技术指标 1		
	技术指标 2		

项目采购阶段应根据社会资本提交的采购响应文件等测算实际报价 PPP 值（以下简称"PPPa"值）。若项目实施机构将 PSC 值作为采购评判依据，则应在采购文件中公布初始 PSC 值等关键参数，并明确在全部采购响应文件所对应的 PPPa 值均高于 PSC 值时将终止采购或重新采购；社会资本确定后，可根据最终签订的项目合同测算 PPPa 值。若项目实施机构将市场绩效 PPPs 值作为采购评判依据，则应在采购文件中公布初始 PPPs 值等关键参数，并明确全部采购响应文件所对应的实际报价或实际运行的 PPPa 值均应优于 PPPs 值；社会资本确定后，可根据最终签订的项目合同测算 PPPa 值。在此基础上建立全生命周期成本管理的程序与结构，不断实现 PPPs 值与 PPPa 值之间的优化与转化，并建立项目绩效评价指标体系（见表 2-7）。

表 2-7 PPP 项目 PPPa 值与 PPPs 值（项目采购阶段）

初始值	对比项目	项目影子报价 PPPs 值	项目采购 PPPa 值
项目开发	成本指标		
	技术指标 1		
	技术指标 2		

(续表)

初始值	对比项目	项目影子报价 PPPs 值	项目采购 PPPa 值
项目设计	成本指标		
	技术指标 1		
	技术指标 2		
项目实施	成本指标		
	技术指标 1		
	技术指标 2		
项目运营	成本指标		
	技术指标 1		
	技术指标 2		
项目维护	成本指标		
	技术指标 1		
	技术指标 2		

3. 评价报告和信息披露

根据财政部相关规定，PPP 项目本级财政部门（或 PPP 中心）会同行业主管部门，在物有所值评价结论形成后，应完成物有所值评价报告的编制工作，报省级财政部门备案。物有所值评价报告包括项目基本信息、评价方法、结论和附件四部分内容。除涉及国家秘密和商业秘密的信息外，PPP 项目财政部门（或 PPP 中心）应自物有所值评价报告完成之日起 5 个工作日内向社会披露报告的主要信息。各级财政部门（或 PPP 中心）负责价值评估数据库建设，做好数据收集、统计、分析和传递的定性和定量评价工作。

2.3.1.2 PPP 项目财政承受能力论证[①]

财政承受能力论证是指识别、测算 PPP 项目的各项财政支出责任，科学评估项目实施对当前及今后年度财政支出的影响。财政承受能力论证的结论分为"通过论证"和"未通过论证"。通过物有所值评价和财政承受能力论证的项目，可进行项目准备，各级财政部门应当在编制年度预算和中期财政规划时，将项目财政支出责任纳入预算统筹安排。"未通过论证"的项目不宜采用 PPP 模

---

① 本部分根据《政府和社会资本合作项目财政承受能力论证指引》整理。

式。为确保财政中长期可持续性,财政部门应根据项目全生命周期内的财政支出、政府债务等因素,对部分政府付费或政府补贴的项目,开展财政承受能力论证,每年政府付费或政府补贴等财政支出不得超出当年财政收入的一定比例。财政承受能力论证包括财政支出能力评估以及行业和领域平衡性评估。

1. 财政支出能力评估

财政支出能力评估是根据PPP项目预算支出责任,评估PPP项目实施对当前及今后年度财政支出的影响。财政支出能力评估一般包括财政支出责任识别及测算、财政支出极限与控制、财政承受能力论证及信息披露等三个部分。

(1) 财政支出责任识别及测算

PPP项目中政府的责任在项目准备、项目招投标、项目投融资和项目实施等阶段各不相同。在项目准备阶段,政府是项目的选择者和确定者。政府需要对基础设施建设项目的融资模式进行详细的可行性分析,以及考察私人部门的综合实力和风险承受能力等。私人部门中标以后,政府要与中标部门进行特许权协议的谈判,内容通常包括项目开发时间、项目质量、提供产品或服务的质量、风险分担、利益分配、政府保证及有关权责等。在项目投融资阶段,政府应努力营造一个稳定的投资环境和良好的法律环境,以保证政策的连续性和稳定性,并建立良好的国内资本市场,保证私人部门能够顺利融资。在项目实施阶段,政府不仅是项目的主要经营者,更是项目的监管者,要对PPP项目及私人部门进行监察管理,以保证项目工期按计划完成。

地方政府财政部门(或PPP中心)应综合考虑各类支出责任的特点、情景和发生概率等因素,从PPP项目全生命周期的角度出发,对政府承担的股权投资、运营补贴、风险承担和配套投入四类财政支出责任分别进行测算。

第一,关于股权投资支出责任及其测算。股权投资支出应当依据项目实施方案中明确的项目资本金要求及项目公司的股权结构来进行合理确定。股权投资支出责任中的土地等实物投入或无形资产投入,应当依法进行资产评估,合理确定资产价值。计算公式为:

$$股权投资支出 = 项目资本金 \times 政府占项目公司股权比例$$

第二,关于运营补贴支出责任及其测算。运营补贴支出责任是指在项目运营期间,政府承担的直接付费责任。不同付费模式下,政府承担的运营补贴支出责任不同。运营补贴支出的具体测算应当根据项目建设成本、运营成本及利润水平合理确定,并按照不同的PPP项目付费模式分别进行测算(见表2-8)。

表 2-8 不同付费模式下运营补贴支出责任及其测算

PPP 模式	测算内容	计算公式
政府付费模式	政府每年直接付费的数额为社会资本承担的年均建设成本（折算成各年度现值）、年度运营成本和合理利润	当年运营补贴支出数额 = 项目全部建设成本×(1 + 合理利润率)×(1 + 年度折现率)^n/财政运营补贴周期(年) + 年度运营成本×(1 + 合理利润率)
可行性缺口补助模式	项目运营补贴期间，政府承担部分直接付费责任。政府每年直接付费的数额为社会资本承担的年均建设成本（折算成各年度现值）、年度运营成本和合理利润，再减去每年使用者付费的数额	当年运营补贴支出数额 = 项目全部建设成本×(1 + 合理利润率)×(1 + 年度折现率)^n/财政运营补贴周期(年) + 年度运营成本×(1 + 合理利润率) − 当年使用者付费数额

注：n 代表折现年数，财政运营补贴周期是指财政提供运营补贴的年数，合理利润率原则上应以商业银行中长期贷款利率水平为基准结合项目的具体情况而定。

第三，风险承担支出责任及其测算。风险承担支出责任是指项目实施方案中由政府承担风险带来的财政或有支出责任。识别的依据主要是 PPP 项目实施方案中对风险分配机制的规定。风险承担支出应综合考虑由政府承担的法律和政策风险、环境问题、汇率变化、不可抗力、合同终止等因素，采用比例法、情景分析法或概率法等进行测算（见表 2-9）。

表 2-9 各种情形下风险承担支出责任及其测算

方法	适用情形	计算公式
比例法	各类风险支出数额和发生概率难以进行准确测算	按照项目的全部建设成本和一定时期内运营成本的一定比例来确定风险承担支出
情景分析法	各类风险支出数额可以进行测算，但发生概率难以确定	针对影响风险的各类事件和变量进行"基本""不利"及"最坏"等情景假设，测算各类风险发生带来的政府支出数额，风险承担支出数额 = 基本情景下财政支出数额×基本情景发生的概率 + 不利情景下财政支出数额×不利情景发生的概率 + 最坏情景下财政支出数额×最坏情景发生的概率
概率法	各类风险支出数额和发生概率均可进行测算	将所有可变风险参数作为变量，根据概率分布函数，计算各种风险发生带来的财政支出数额

第四，配套投入支出责任及其测算。配套投入支出责任是指政府承诺将提供的项目配套工程等其他投入责任。在 PPP 项目实施方案中应当对具体的配

套投入范围进行合理确定。配套投入支出应综合考虑政府将提供的土地征收和整理、投资补助、贷款贴息等其他配套投入总成本以及社会资本为此支付的费用。对于应由社会资本支付的费用,配套投入支出应扣减社会资本支付费用的部分。计算公式应为:

$$\text{配套投入支出数额} = \text{政府拟提供的其他投入总成本} - \text{社会资本支付的费用}$$

(2)财政支出极限与控制

中国《政府和社会资本合作项目财政承受能力论证指引》明确规定,"通过论证"的项目,各级财政部门应当在编制年度预算和中期财政规划时,将项目财政支出责任纳入预算统筹安排。其中,地方政府每年全部PPP项目从预算中安排的支出责任,占一般公共预算支出的比例不应超过10%,各地可根据实际情况制定具体的比例。

(3)财政承受能力论证及信息披露

PPP项目财政承受能力论证一方面为政府履行合同义务提供了重要保障,消除了社会资本的后顾之忧;另一方面有利于规范PPP项目财政支出管理,有序推进项目实施,有效防范和控制财政风险。从中国相关法律规章的政策口径、PPP项目中政府按绩效付费的硬性约束,以及相关资产负债的界定来看,中国PPP项目政府支出责任并不等同于政府债务。根据《政府和社会资本合作项目财政承受能力论证指引》的要求,财政承受能力论证应进行信息披露。省级财政部门应当汇总区域内的项目目录,及时向财政部报告,财政部通过统一信息平台(PPP中心网站)发布。

各级财政部门(或PPP中心)应当通过官方网站及报刊媒体,每年定期披露当地PPP项目目录、项目信息及财政支出责任情况。应披露的财政支出责任信息包括:PPP项目的财政支出责任数额及年度预算安排情况、财政承受能力论证考虑的主要因素和指标等。另外,项目实施后,各级财政部门应跟踪了解项目运营情况,包括项目使用量、成本费用等信息,并定期对外发布。

2. 行业和领域平衡性评估

行业和领域平衡性评估,根据PPP模式适用的行业和领域范围,以及经济社会发展的需要和公众对公共服务的需求,平衡不同行业和领域的PPP项目,防止某一行业和领域PPP项目过于集中。行业和领域均衡性评估在21号文中并未明确具体评价方法,由于判断标准的缺乏,行业和领域均衡性评估规范程度不高。实践当中初次采用PPP模式的,应在财政承受能力评估中说明不具备行业均衡性评估的条件,对于PPP项目较多的地区则采用定性或定量方法进行评价,定性方法多为对项目均衡性描述分析,定量方法可采用各行业PPP项目总投资占比等方式进行判断。

2.3.2 PPP项目的模式选择及影响因素

PPP模式涉及政府部门和私人部门两个核心利益相关方,二者存在不同的利益和偏好,不同PPP模式适用的条件不尽相同,项目属性、付费机制、政府偏好、收益方式、风险分配、政策法规等都可能影响其模式选择。不同模式下,双方参与项目的程度和风险承担情况也不尽相同。因此需要结合项目的实际情况和外部环境因素综合权衡后进行PPP模式的选择和设计。

1. 项目的属性特点及战略地位

项目的经济、技术属性,特许经营期,财务评价指标,以及战略地位会影响到PPP模式的选择,考虑到不同的属性需求,需要选择不同的模式来运作。

第一,项目的经济属性。项目的经济属性不同,私人投资的补偿、回报机制也有所不同,适用的PPP模式也就存在差异。对于经营收费能够覆盖投资成本的经营性项目,可通过特许经营方式,采用BOT、BOOT等模式;对于经营需要政府补贴部分资金或资源的准经营性项目,可通过特许经营加补贴等措施,采用BOT、BOO等模式;对于缺乏使用者付费条件主要依靠政府付费的非经营性项目,可通过政府购买服务,采用BOO、委托运营等模式。

第二,项目的技术属性。供水、供电、地铁等基础设施项目具有网络化特点。PPP模式必须考虑网络系统的整体优化。因此,需要统一规划和调度。此时,政府必须拥有更大的经营决策权和控制权,更适合采用基于支付合同的DBO(设计—建设—运营)、BOM(建设—运营—维护)和FDBOM(投资—设计—建设—运营—维护)。

第三,项目的特许经营期。特许经营的期限将直接影响公私双方的成本和利益。一方面,对项目公司来说,特许经营期越长,项目公司可以在越长的时间内获得利润;另一方面,对政府来说,其服务和监管的成本则越大。双方对特许经营期的期望是相反的。当政府拥有所有权时,其更愿意缩短特许经营期,以尽快收回项目管理权。当然,为了保证项目公司的收入,政府需要提高采购价格或财务补偿。当政府放弃项目所有权时,其更倾向于延长特许经营期,增加监管时间。

第四,项目的财务评价。项目的财务评价可以分为物有所值评价、财政承受能力论证以及社会资本项目投资回报测算。物有所值考虑的是项目全生命周期内不同方案的成本和风险,财政承受能力是政府评价项目可行性的重要标准。物有所值评价后,只有在财政承受范围内的项目才能进入实施阶段。社会资本项目投资回报测算即项目投资的评估过程,项目投资收益率高或净现值高是社会资本提高资产持有意愿的影响因素之一,进而可以更多地吸引或利用社会资本参与投资。项目所有权本身的价值也是社会资本项目投资回报测算的一部分,因此所有权向私人部门倾斜的项目对应的VFM值也相对较高,而所有权偏向公共部门的项目的VFM值相对较低。依据VFM值的高低可选取从BOT到BOO等不同的运作模式。

第五,项目的战略地位。项目的战略地位是指PPP项目对项目所在地国民经济或产业结构的影响程度。对国民经济或产业结构有重大影响的项目,应谨慎使用具有产权或实际控制权的PPP模式,如FDBOY(投资—设计—施工—运营—转让)和FDBO(投资—设计—施工—运营)模式。

2.项目的行业特征

第一,独立性。独立性较弱的项目适宜采用BOT模式,独立性较强的项目可采用BOOT或BOO模式。学校、医院、政府事务场馆等领域的PPP项目必须保证其经营的稳定性,与此相对,停车场、文化场馆、福利机构等领域的PPP项目,其经营通常不会影响到其他机构的经营活动,即独立性较强,政府放弃所有权不会对经济、社会带来较大风险,政府可以考虑采用BOOT或BOO模式,以刺激社会投资者的投资热情。

第二,竞争性。一些PPP项目隶属关系明确、收入稳定,对项目公司的经营能力要求较低。这类项目通常没有其他项目与之竞争。政府对这些项目的依赖性更强,通常拥有这些项目。而一些公私伙伴关系项目竞争激烈,许多同类型项目的服务目标和收入不稳定。此类项目要求项目公司具有较强的经营能力。在这一领域,若项目的运作发生变化,对整个领域的服务供给影响不大,政府对其依赖性较小,因此可以放弃对项目的所有权。竞争性项目可采用BOOT模式或BOO模式,竞争性较弱的项目应采用BOT模式。

第三,投资规模。大型PPP项目的总体影响较大,要求投资者具有较高的融资能力。对于这样的项目,如果把所有权交给项目公司,则政府承担的风险就更大。因此,政府更适合所有权的选择,即BOT模式,反之,投资监管。小型PPP项目通常影响较小,对项目公司的融资要求较低,政府放弃所有权的风险较小。因此,选择BOO模式更加合适。

3. 政府的目标偏好、经验及能力

第一,政府的目标偏好及经验。首先优先考虑融资及提高运营效率和服务质量两个目标。如果只是为了提高运营效率和服务质量,则可以选择 DB 或 DBOM 模式;如果只考虑融资目标,则可以选择 FDBT 模式;如果把两个主要目标都考虑在内,则可以选择 FDBOT 模式。另外,政府对 PPP 模式的制度安排有一定的"路径依赖",即以往政府 PPP 模式的实践经验对新项目的模式选择有很大影响,通常倾向于选择比较熟悉的 PPP 运作模式。

第二,政府财政支付能力。如果政府即期财政支付能力较强,则偏向选择 DB 或 DBOM 模式,否则需要利用私人部门的资金,宜采用 FDBT、FDBOT 等模式;如果政府即期财政支付能力较弱,但未来财政支付能力较强,则可选择 FDBT 模式或合同期限较短的 FDBOT 或 FDBOM 模式;如果政府即期和未来财政支付能力均较弱,且项目具有经营性,则宜采用 FDBOT 或 FBO 等模式。

第三,政府部门(员工)能力。由于不同 PPP 模式的风险分担和权利义务不同,政府部门(员工)的能力也存在差异。例如,DBO、DBOM 和 FDBT 模式的合同期限相对较短,私人部门的控制权相对较小,因此,对政府部门(员工)的监管要求相对较低。

4. 私人部门的数量、意愿及能力

第一,私人部门的数量及意愿。基础设施建设项目本身的垄断性质导致运营阶段缺乏竞争力,私人部门数量较少,竞争不足,可能需要超额回报。因此,应该采用基于支付合同的 PPP 模式,以满足私人部门较少的需求和有限的垄断需求,从而减少私人部门的控制权。另外,项目本身回报率的高低等也直接影响私人部门的投资意愿或兴趣,进而影响 PPP 模式的选择。

第二,私人部门的融资及风险承受能力。如果项目投资规模大,而市场上潜在的私人部门融资能力差,很难满足 PPP 项目的融资需求,则宜选择由政府投资和资助的 DB 或 DBOM 模式,或者由政府和私人部门共同投资的 FDBOT 模式。如果私人部门的风险承受能力相对较差,则宜选择基于支付合同的 PPP 模式,否则宜采用基于租赁或特许权合同的 PPP 模式。

第三,私人部门的技术与管理能力。融资及提高运营效率和服务质量是政府采用 PPP 模式的主要目的。效率提高来自私人部门的技术和管理能力,特别是业务技术和管理能力。FDBT 模式适用于满足市场技术和管理需求的私人部门。

5. 法律政策的保障程度

第一,法律适应性。PPP 模式下,私人部门和公众存在潜在的利益冲突。

许多国家和地区在实施PPP项目的过程中出现私人部门高回报与基础设施高价格的悖论,进而引起公共或非执政党对政府或执政党的质疑。因此,政府对PPP模式的选择较为谨慎。有的国家出台专门的法律法规来明确哪些PPP模式在法律上是可行的。例如,中国《国家发展改革委关于开展政府和社会资本合作的指导意见》(发改投资〔2014〕2724号)指出:"经营性项目可以通过政府授予经营权,采用BOT、BOOT等模式推进;准经营性项目可通过政府授予特许经营权附加部分补贴或直接投资参股等措施,采用BOT、BOO等模式推进;非经营性项目可通过政府购买服务,采用BOO、委托运营等市场化模式推进。"

第二,税收优惠政策及会计处理。不同PPP模式下,公私双方签署的合同的性质、风险分配和法律依据都存在差异,私人部门对项目公司的权属需要根据具体条款来界定,因此在进行税收优惠政策及会计处理时应考虑交易实质。PPP模式的选择通过合同安排直接影响到项目投资者的回报、基础设施收费、服务价格或政府补贴等。

2.3.3 PPP项目的基本运作流程

PPP项目运作是为达成项目建设、整合相关方专业能力、识别项目特征并运用适当交易结构设计,最终实现成功运营的操作方式。不同的运作机制围绕核心步骤展开,解决谁设计、如何设计、谁建设、如何建设、谁运营、如何运营、移交给谁、如何移交等问题,最终各方的利益汇聚到付费方式的选择上。

1. PPP项目的一般运作流程

政府与社会资本完成最初的招标和相关谈判后,PPP项目中参与双方的权责设计与融资结构的不同安排,产生了不同的运营模式(见图2-9),具体运作流程如下:

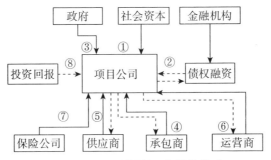

图2-9　PPP项目的一般运作模式

注:虚线表示资金流,实线表示合同或协议关系。
资料来源:根据相关文献资料整理。

PPP项目运作的第一步是政府和社会资本为组建PPP项目公司按协议投入相应比例的资金。政府部门为了撬动社会资本参与项目投资，一般股权出资比例较小。股权投入后，项目通过银行等金融机构获得债权融资。PPP项目债权融资资金通常占PPP项目公司总资产的70%或以上。融资方式大多是选择银行贷款或发行债券。信托与保险也可参与其中。PPP项目不一定采用特许经营模式，但大多涉及一项收费权利的授予或转移。政府部门将这项权利转让给PPP项目公司，项目公司获得向第三方或政府部门在未来20—30年间收费的权利。PPP项目的建造由承建商与PPP项目公司签订建造合同，如果由项目公司自行采购，则供应商与PPP项目公司签订设备采购或供货合同。建设环节也是供应链融资发生的时点，承建商通常需要为项目垫资，设备供应商可以通过租赁等方式为PPP项目提供中短期融资。项目的资金流入产生于政府方付费，社会资本的资金流入来自初始股权投资回报和建造合同收入或供货合同收入等。但获得付费之前，项目公司可能需要向承建商、供应商支付相关费用。项目运营环节，PPP项目公司与运营商签订运营维护合同。运营商通过后期运营维护取得服务回报，由PPP项目公司向运营商支付相关费用。项目公司以及项目的社会资本方、融资方、承包商和分包商、原料供应商、专业运营商都有通过保险降低自身风险的需求，保险公司可以开发信用险种，为PPP项目的履约风险和运营风险承保，增加PPP项目交易结构设计的灵活性，降低和转移PPP项目参与方的风险。保险公司也可以直接参与项目投资并据此获得投资回报。项目通过运营回报偿还贷款，投资方获得投资收益，债权人获得本息返还，或根据债务安排置换退出。

2. 政府方的基本流程

按照国际惯例，PPP项目运作流程一般可分为识别、评估、设计PPP项目合同、管理PPP项目交易和管理PPP项目合同5个阶段。财政部2014年11月发布的《政府和社会资本合作模式操作指南（试行）》（财金〔2014〕113号）将PPP项目运作流程划分为识别、准备、采购、执行和移交5个阶段、19个分步（见图2-10）。

（1）项目识别阶段

项目识别阶段多由地方政府发起项目，社会资本也可以发起并由财政与市政部门进行筛选。之后政府需要确定实施机构，财政部门与实施机构共同参与项目评估，对项目进行物有所值评价与财政承受能力论证。这一阶段项目的可行性分析是判别项目可否交予社会资本运营的关键，社会资本前期就对项目战

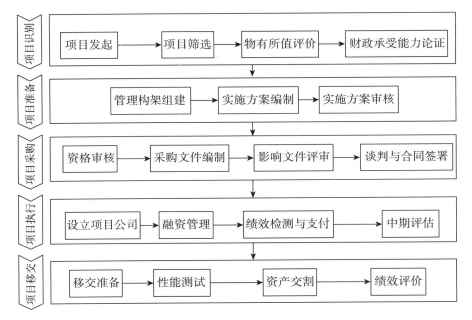

图 2-10　PPP 项目政府方的基本流程

资料来源:《政府和社会资本合作模式操作指南(试行)》(财金〔2014〕113 号)。

略规划做出研判,双方认可的项目实践最终脱颖而出进入准备阶段。

(2)项目准备阶段

在项目准备阶段,政府的相关职能部门需要做好管理构架组建和实施方案编制及审核工作。首先,政府应当成立专门的协调机构负责项目评审、组织协调与监督管理工作;项目实施机构则负责编写项目实施方案,这一阶段在专业能力不足的前提下通常需要借助会计师事务所、律师事务所、咨询公司等专业机构的协助。实施方案涉及项目风险分配、交易结构设计、监管框架建立、采购方式等内容,实施方案一般由财政部门负责审核,审核通过的项目进入采购阶段,准备阶段项目采用二审终审制,审核不通过的项目会被终止。

(3)项目采购阶段

在项目采购阶段,政府首先要发布资格预审公告,然后在审核意向参与的社会资本资格的基础上,编制采购文件,通常可以采取招标文件、竞争性谈判文件、竞争性磋商文件、单一来源采购文件等形式,由评审小组对社会资本相应文件进行评审,确定 1—3 名成交候选人进行采购谈判,根据谈判结果的优劣确定最终社会资本参与方。

(4) 项目执行阶段

项目进入执行阶段,政府方与社会资本方共同成立项目公司,开展项目的建设运营工作,在此阶段,落实项目融资事关项目的成败。财政部门需要定期检测项目绩效,政府按照合同付费并进行中期评估。

(5) 项目移交阶段

项目运营期结束后,社会资本方按约定的方式进行资产交割并获得补偿。移交阶段的第一步工作是建立项目移交工作组并确定移交内容、标准以及是否获得补偿等事项;移交工作组对项目各项移交标准进行评测,达标则进行移交,不达标则需要求项目公司对资产进行修理或更新重置等以重新达到移交标准;移交工作完成后财政部门联合相关部门对项目成本及效益进行评估并向社会公布评估结果。

3. 社会资本方的基本流程

社会资本方参与 PPP 项目的运作流程与《政府和社会资本合作模式操作指南(试行)》中关于政府方参与 PPP 项目的运作流程实际上并无出入,也可以大致划分为项目决策、项目融资、项目建设、项目运营和项目移交 5 个阶段,只是工作侧重点有所不同。社会资本方的主要工作是项目的建设运营和资金协调,前期工作按照政府方的采购需求进行准备,后期绩效评价工作也是在政府方的监督之下配合流程进度而展开的。

对社会资本来说,项目执行阶段的责任重大,参与方可能在运营阶段就会安排退出计划,因此,社会资本更加注重建设和运营阶段的具体责任与风险。从项目投标到融资方案落地,需要复杂的方案设计与合作关系安排,这一过程实际上发生在项目建设开工之前。融资方案缺失或者失败的原因在于,政府方不作为致使土地划拨、出让、出租等方式不能落实,项目公司面临融资合规性审查不通过的风险,而以施工单位为主的社会资本方通常主要关注施工利润,忽视项目的长期性,在融资安排上往往也会向银行提出不合理的期限匹配要求,债务契约难以迅速达成;社会资本的退出要求也过高,金融机构因此忌惮为施工企业匹配长期资金,多方利益无法协调因而易造成项目融资失败。正是由于融资环节的重要性,在项目全生命周期内融资虽然是短暂的过程和后续的间歇性安排,但仍是项目公司主要的工作流程之一。

第3章　PPP项目融资模式与结构安排

3.1　PPP项目融资模式与工具选择

3.1.1　PPP项目融资及影响因素

PPP项目融资是一种有着独特投资者结构的项目融资,具有规模大、运营周期长、成本高、收益分配模式固定等特点。PPP项目融资与一般项目融资的主要区别首先是融资主体身份不同,传统项目融资主体是地方政府或者平台公司,而PPP模式主要是项目公司融资;其次是融资主体责任不同,PPP项目由政府与社会资本各占部分比例共同出资,社会资本主要承担融资资源整合和项目运营的责任,而政府不仅会进行外部监管,还会参与内部事项的协调;最后是风险结构不同,特许经营项目的风险由投资方全部承担,PPP项目中政府承担一部分项目风险,投资初期就已确定风险分配框架,从而降低社会资本的投资风险,提高投资的可行性。

1. PPP项目融资的目标

PPP项目一般以项目融资的方式提供资金。在项目融资方面,贷方和投资方仅依靠项目产生的现金流来偿还贷款并获得投资回报,项目方以无追索权或有限追索权的方式进行融资。相反,一般企业贷款人依赖于将资产作为抵押物进行融资。PPP项目融资的目标是通过设计合理的项目融资结构使得融资成本最小化,同时,社会资本与政府方应按照PPP合同的约定合理地分配风险,即项目融资应确保PPP项目公司的股东、发起人及其融资方之间的风险安排得到妥善处理,公共部门将风险转移给社会资本,同时融资方有适当的激励,使得融资方与项目方的利益一致,这是保证项目融资取得成功的关键。

融资是PPP项目实施的前提条件,也是PPP项目投融资管理中最为关键的环节。PPP项目的个性化特点要求根据不同的项目合作模式分别制定适合自身条件的融资方案,解决项目建设资金问题。项目融资过程中应坚持三项原则:一是合规可行原则。因PPP项目资金需求量大,传统信用融资无法满足项目的资金需求,随着融资业务的不断革新,各种表外融资模式应运而生,这就需要加强对备选融资模式进行合规性分析。二是融资平衡性原则。在设计项目融资方案的过程中,既不能片面追求项目收益而忽略潜在的融资风险,也不能仅关注融资风险而丧失必要的投资收益,项目融资必须在股权、债权结构上寻找平衡。三是风险分担原则。融资存在风险,项目融资方案的设计应避免风险过度转嫁,项目公司在一定范围内应承受相应的风险,以便寻找更加合适的融资渠道及合作商,进而达到投资价值最大化。

2. PPP项目融资的结构

融资结构是指项目公司所有资金来源的比例,即股权资金和债务资金的构成。它是资产负债表右侧的基本结构,主要包括短期负债、长期负债、权益工具和所有者权益的比例。与资本结构不同,融资结构不仅关注负债与所有者权益的比例关系,还关注资金的流动性和融资的质量。融资结构的优化追求资金来源比例适当、期限匹配以及成本得到控制等。

PPP项目的融资来源主有内源融资与外源融资。内源融资来自经营期项目累积的盈余,由于项目前期现金流大量流出,经营活动现金流在项目后期才能产生盈余,因此内源融资在PPP项目中较少使用。外源融资的方式主要包括债务和股权,此外还包括介于债务和纯权益之间的夹层资本,涉及的主要参与方包括开发性金融机构、政策性银行、商业银行、保险公司、券商、信托、基金公司、融资租赁公司等。一般来说,项目的融资结构是指股权资金和债务资金的比例。根据权衡理论,公司的债务结构具有最佳平衡点,但在实践中很难确定,只能按照基本原则安排债务资金和股权资金的使用。在项目融资结构确定的过程中,主要应考虑三个因素:一是债务资金和股权资金的比例关系。PPP项目股权资金占比较低,政府方与社会资本方各自以现金或者土地等资产充当部分股权资金,债务资金和股权资金的相互比例受制于项目的投资结构、融资模式和信用保证结构等。二是资金的期限安排。融资工作开始前,投资者必须拟订项目资金的使用计划,并留有余地。债务资金通常具有固定期限,股权资金是项目资金结构中使用期限最长的资金,夹层资本则在寻求相对稳定回报的同时有着特殊的退出需求。而PPP项目的长周期决定了项目债务资金的退出面临二次融资的压力。三是项目的税务安排。境外融资可能面临双重征税的问题,而基金股权投资等也可能面临所得税执行过程中的双重征税问题,进而影响投资者要求的投资回报。

3. PPP 项目融资的影响因素

PPP 项目根据项目特征进行融资,受到内部因素与外部因素的共同影响。由于政府与社会资本合作的特殊性,内部因素主要是交易主体的合规和主体交易关系决定的融资限制条件两类。其中,合规是项目设立及融资过程中的首要影响因素,合规包括资格合规和参与行为合规。资格合规方面,在中国的制度环境下,政府或其指定的有关职能部门或事业单位可作为项目实施机构,负责项目准备、采购、监管和移交等工作,政府可指定相关机构依法参股项目公司,如行业运营公司或其他相关机构等。社会资本则要求是已建立现代企业制度的境内外企业法人以及已建立现代企业制度、实现市场化运营、债务已得到妥善处置并明确公告今后不再承担地方政府举债融资职能的融资平台公司。参与行为合规方面,主要体现在出资方式和出资比例上,出资方式上禁止债务性资金作为资本金投入 PPP 项目建设中,政府参与出资设立项目公司,政府在其中的持股比例应当低于 50% 且不具有实际控制力及管理权等。项目的行业特性是双方建立合作关系的基础,不同行业的融资结构存在差异,如建设规模较大的项目依赖债务融资更多,双方的合作关系进一步影响项目交易结构,进而决定项目的合作模式、合作周期、风险分配方案、回报机制设计等因素,构成项目融资选择的基础条件。

外部环境主要包括市场因素和宏观环境因素两大类。市场因素主要包括资本市场发达程度、政策性融资支持程度等。资本市场越发达,项目融资可供选择的手段越丰富,如直接融资市场较发达则能够采用成本较低的债券融资,二级市场较发达则能够为项目退出提供便利。政策性融资支持决定了项目获得资金的可能性,对降低项目融资成本、调整项目融资结构至关重要。宏观环境因素主要是指项目所在国的政治环境、汇率、货币政策以及税收制度、不可抗力风险等。政治环境影响到项目融资的方式和成本,如伊斯兰国家禁止采用有息贷款模式融资,需要考虑替代融资方式;政府廉洁的程度也会对项目融资成本造成影响。汇率影响到项目海外融资成本,汇率变动大则需要借助互换等手段降低波动性风险,从而增加融资成本的不确定性。货币政策包括银行准备金率和基准利率等,货币政策宽松时,项目融资可行性高,融资成本低;反之则成本上升。税收制度对项目的融资选择进行了限制,如对资产交易征收高额税收的国家,项目投资的转让变得困难,不利于项目的再融资。不可抗力风险是指项目的参与方不能预见且无法克服及避免的事件给项目造成的损坏或毁灭的风险。中国PPP项目融资政策的不确定性和货币政策对项目造成的影响较大,此外,对行业进行规范的政策频繁出台,政策存在收紧与鼓励周期,项目融资成本也因此受到影响。

3.1.2 PPP项目债务融资工具

1. 银行贷款

PPP项目融资最常用的工具是银行贷款。PPP项目公司首先应与银行接触,洽谈贷款需求,根据银行能够提供的贷款产品,向银行提出贷款申请,并提交所需的全部资料;银行接受相关材料后进行审查、审批,查看其是否符合贷款要求,审查的内容包括贷款人的信用水平与贷款风险以及尽职调查,最终银行根据实际需求与审查结果为贷款人提供授信额度;审批通过后,贷款人与银行按照约定利率签订贷款合同。对于PPP项目而言,贷款既可能有抵押物,也可能以项目未来收益为还款来源,因此,合同包括担保合同、抵押合同等。合同签署后需办理抵押登记手续;待相关手续办理完成后银行即可发放贷款;借款人根据还本付息要求,按时足额偿还贷款;待贷款结清后,办理抵押撤销手续。在PPP项目融资中,银行可以提供的贷款主要包括流动性贷款、项目贷款(含银团贷款)、并购贷款等。银行贷款流程见图3-1。

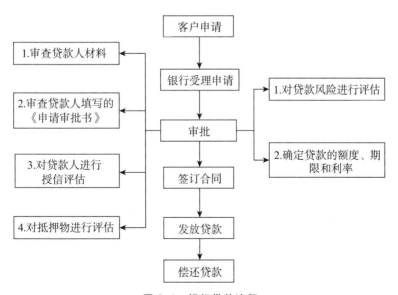

图3-1 银行贷款流程

PPP项目投资规模大,融资服务需求丰富,银行大多需要对合规性风险和信用风险进行审查。合规性风险主要回避储备项目,对于已列入各级财政部门及发改部门PPP项目库中的项目支持较好,未入项目库的PPP项目则面临更多审慎要求。信用风险主要源于PPP项目的运营周期较长,期间项目的收费水平、物价、资金利率、经营成本、市场竞争、合作纠纷乃至最终的政府信用,皆存在诸多风险点。银行倾向于自身现金流能够覆盖本息的项目,对自身有现金流、还款缺口部分已纳入财政预算的项目也给予支持,但对自身没有现金流、还款依赖地市级及以上财政预算支出的项目,一般会要求设计现金流条款,如建议方案添加部分产生现金流的业务等,以满足银行审查条件。

(1) 流动性贷款

流动性贷款作为一种高效实用的融资方式,具有贷款期限短、手续简单、周转快、融资成本低等特点。主要适用于委托运营(O&M)方式运作项目和管理合同(MC)项目。金融机构对流动性贷款一般要求满足特定条件(见表3-1)。

表3-1 流动性贷款要求

发放条件	根据客户的净资本与负债率、剩余经营期限与贷款期限、项目经验、纳入政府预算、回报机制与定价调整机制、配套设施等确定
贷款金额	最高不超过贷款期限内可偿债净现金流的95%
常见期限	分为1年期以内的短期流动资金贷款和1—3年期的中期流动资金贷款。通常O&M模式不超过1年,MC模式不超过3年
风控要求	符合资产抵押、应收账款、租金、收费权等质押登记、履约保函、纳入预算、资金封闭管理、违约事件触发机制等相关要求

资料来源:根据林华等.PPP与资产证券化[M].北京:中信出版社,2016整理。

(2) 项目贷款

项目贷款一般没有抵押物,但同样需要合理担保。项目固定资产贷款一般是一次性的,在项目建设时一次性投入,竣工产生现金流后开始还款,直至归还全部本息。项目贷款可用于置换项目前期的股东借款、信托贷款等,项目贷款不得作为注册资本金,同时债务性资金不得用于偿还债务本金。项目贷款主要用于BOT、BOO等模式的PPP项目融资。项目贷款的借款人通常是为建设、经营该项目或为该项目融资而专门组建的企事业法人,用途包括建设基础设施、房地产项目或大型生产设备,以及为在建或者已建项目进行再融资,还款资金主要依赖该项目产生的经营性收入、销售收入、补贴收入或其他收入,以及贷款增信机构的代偿资金。PPP 模式中,项目贷款可用于置换项目资本金之外借款人的前期投入或归还借款人的债务性资金(债券、银行贷款、信托贷款、股东借款等),但不得用于置换资本金。项目贷款既可以采用单一银行贷款,也可以与多家银行协商采取银团贷款的方式,特殊情况下还可以采用并购贷款。并购贷款一般配合中期票据等中长期直接融资工具共同使用,相较于基金、理财资金而言,成本较为低廉,同时交易形式灵活,可以直接用于支付回购股权及承接债务相关交易价款,也可以在并购完成初期为社会资本置换前期已经支付的交易价款,帮助社会资本盘活部分流动资金。项目贷款要求见表3-2。

表 3-2 项目贷款要求

发放条件	根据项目技术可行性、财务可行性、还款来源可靠性;政策变化、市场波动等因素对项目的影响;项目的未来收益及现金流等确定
贷款金额	最高不超过总投资额与资本金的差额
常见期限	银行与借款人合理确定,一般不超过 15 年
风控要求	项目资产和项目预期收益等抵押担保;项目公司股权质押;要求成为项目所投保商业保险的第一顺位保险金请求权人,或采取其他措施有效控制保险赔款权益;要求借款人建立完善的完工保障措施;账户管理、贷款资金支付、借款人承诺、财务指标控制等

资料来源:根据林华等. PPP 与资产证券化[M]. 北京:中信出版社,2016 整理。

2. 应收账款融资

PPP 项目应收账款融资借助项目收费权或者稳定的政府付费向金融机构进行融资。主要的业务模式有保理、票据贴现和应收账款质押贷款等。PPP 项目获得政府方的付款承诺,需要经过重重检查,现金流滞后于收入确认,产生应收账款融资需求。保理融资是将应收账款出售给商业银行,获得现金。票据贴现是将未到期的票据卖给银行获得流动性的行为。应收账款质押贷款是指企业将其合法拥有的应收账款收款权作为银行的还款保证,但银行不承继企业在该应收账款项下的任何债务。

PPP 项目建设具有周期长的特点,项目收益权最长可达几十年,以项目收益权质押获得的贷款额也较大。① 应收账款融资获取的贷款资金可用于置换项

---

① 2017 年 10 月 31 日,中央银行发布了修订后的《应收账款质押登记办法》,登记期限从"1—5 年"扩展为"0.5—30 年",首次提到了项目收益权可质押,为 PPP 项目拓宽了融资渠道。

目资本金比例之外借款人的前期投入,或用于归还借款人的负债性资金(债券、银行贷款、信托贷款、股东借款等),或作为经营性营运资金,但不得置换资本金。应收账款融资要求见表3-3。

表3-3 应收账款融资要求

发放条件	根据客户净资本与负债率、剩余经营期限与贷款期限、项目经验、纳入政府预算、回报机制与定价调整机制、项目资本比例达标、已完成价格听证、配套设施等确定
贷款金额	最高不超过贷款期限内可偿债净现金流的95%
常见期限	保理和应收账款质押贷款期限应短于剩余合同期限,票据贴现期限主要在1年以内
风控要求	符合资产抵押、应收账款、租金、收费权等质押登记、履约保函、纳入预算、资金封闭管理,违约事件触发机制等相关要求

资料来源:根据林华等. PPP与资产证券化[M]. 北京:中信出版社,2016整理。

3. 融资租赁

融资租赁借助其融资功能实现企业融入资金或者购买必需的设备的目的,主要包括直接租赁、售后租回等方式。直接租赁是项目公司为了缓解购买大型机器设备的资金压力向融资租赁公司融入资金,实现分期支付。售后租回则更多运用于以自有资产融入资金。融资租赁公司既可以作为社会资本方参与PPP项目,也可以单纯地作为融资方参与PPP项目。融资租赁一般交易结构见图3-2)。① 通常,融资租赁公司是在项目投资期间以资金提供者联合体成员的身份介入项目,但它也可以在项目建设期和运营期介入。不同生命周期的介入方式如表3-4所示。

---

① 《融资租赁企业监督管理办法》(商流通发[2013]337号)规定,融资租赁企业可以在符合有关法律、法规及规章规定的条件下采取直接租赁、转租赁、售后回租、杠杆租赁、委托租赁、联合租赁等形式开展融资租赁业务;《外商投资租赁业管理办法》(商务部令2005年第5号)规定,外商投资融资租赁公司可以采取直接租赁、转租赁、回租赁、杠杆租赁、委托租赁、联合租赁等不同形式开展融资租赁业务。2018年5月14日,商务部发布《商务部办公厅关于融资租赁公司、商业保理公司和典当行管理职责调整有关事宜的通知》,商务部已将制定融资租赁公司、商业保理公司、典当行业务经营和监管规则职责划给银保监会,自4月20日起,有关职责由银保监会履行。多头监管实现统一。

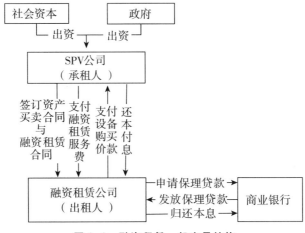

图 3-2　融资租赁一般交易结构

表 3-4　PPP 项目生命周期融资租赁参与方式

项目周期	租赁方式	业务概述	融资租赁退出
建设期	直接融资租赁	融资租赁公司出资购买设备给项目公司使用,租赁期间融资租赁公司拥有设备的所有权,而项目公司定期向融资租赁公司支付租金,获得设备的使用权	资本替换退出:通过银行融资、基金介入等替换融资租赁资金 形式退出:到期偿付或者提前到期偿付,债务偿付完成,但担任财务顾问角色 不退出:融资租赁公司在资产使用阶段继续存在,考虑以租赁资产证券化方式退出
	售后回租	存量项目将资产卖给融资租赁公司,并签订回租合同,定期支付融资租赁公司租金,从而获得资产的使用权,期满后,融资租赁公司将资产所有权以约定价格转回项目公司,而后项目公司依据 PPP 项目合同要求向政府方移交资产	
运营期	直接融资租赁	新设备直接租赁,业务模式同上	
	售后回租	新形成固定资产售后回租,业务模式同上	

4. 互联网金融

互联网金融参与 PPP 项目是指民营企业或者国有企业成立互联网金融平台,通过互联网金融这一渠道为政府 PPP 项目提供融资服务。互联网金融平台不是以股权投资人的身份参与项目融资的,而是充当与银行类似的中介机构角色,目前以 P2P 方式为主,从理论上讲,项目融资的资金成本高于一般的债务融资,因此作为中介的 P2P 公司可能获得合理回报。虽然互联网金融平台追求的回报率较高,与 PPP 项目低成本融资的需求匹配不佳,但是短期周转资金可通过互联网金融平台实现。

5. 发行债券

PPP 模式下,项目公司可以将项目收益作为偿债来源发行债券,项目公司与社会资本方均可以作为发行主体。中国现行制度下,满足发行条件的 PPP 项目公司既可以在银行间交易商协会发行永(可)续票据、中期票据、短期融资债券、项目收益票据、非公开定向债务融资工具(PPN),也可以在证券交易所公开或非公开发行公司债,还可以经国家发改委核准发行企业债、项目收益债、PPP 项目专项债。2017 年 4 月,国家发改委印发《政府和社会资本合作(PPP)项目专项债券发行指引》的通知(发改办财金〔2017〕730 号),明确了 PPP 项目专项债的品种和发行流程,提出了 PPP 项目发行债券需要满足专款专用、运作规范透明、合同合法有效并且已经入 PPP 项目库等 6 项条件。项目专项债在项目融资过程中一般早于资产证券化发行,包含普通企业债和项目收益债两种。债券发行基本交易结构如图 3-3 所示,项目方一般会选择多个承销商以减少发行失败的风险,发行成功后债券在托管人处进行交易。

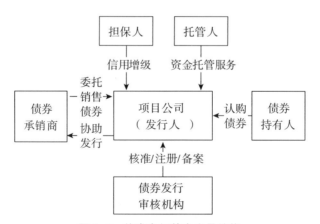

图 3-3 债券发行基本交易结构

资料来源:根据相关文献资料整理。

银行间交易商协会发行的产品主要包括项目收益票据、中期票据、短期融资债券以及非公开定向债务融资工具。项目收益票据是指非金融企业在银行间债券市场以公开或非公开方式发行的,募集资金用于项目建设且以项目产生的经营性现金流为主要偿债来源的债务融资工具,可选择市政、交通、教育、医疗等与城镇化建设相关的、能够产生持续稳定经营性现金流的项目。中期票据是指具有法人资格的非金融企业在银行间债券市场按计划分期发行的,约定在一定期限还本付息的债务融资工具。其特点是发行期限在1年以上但无期限限制。短期融资债券是指具有法人资格的非金融企业按计划分阶段在银行间债券市场发行并同意在1年内还本付息的债务融资工具,筹集资金用于符合国家有关法律、法规和政策要求的企业生产经营活动。非公开定向债务融资工具是指具有法人资格的非金融企业在银行间债券市场以非公开定向发行方式向特定机构投资人发行的债务融资工具,并在特定机构投资人范围内流通(见表3-5)。

表3-5 交易商协会发债产品发行条件

产品名称	发行条件	发行规模限制	常见期限	增信措施
项目收益票据	项目有较好的现金流	无	可长达15年	无特殊要求
中期票据	无	中期票据余额不应超过发行主体净资产的40%	3—5年期居多,"永续中票"无明确到期日	或有
短期融资债券	无	短期融资债券余额不应超过发行主体净资产的40%	1年以内	或有
非公开定向债务融资工具	无	无	1—3年为主,高信用评级的企业可达5年或以上	或有

资料来源:根据相关文献资料整理。

以项目公司为主体通过国家发改委核准发行的PPP项目专项债,既可以是依靠企业主体信用的企业债,也可以是基于项目未来产生的收入和现金流的项目收益债,募集资金可用于PPP项目建设、运营,或偿还已直接用于项目建设的银行贷款。具体发行条件见表3-6。

表3-6 国家发改委审核发债产品发行条件

产品名称	发行条件	发行规模限制	常见期限	增信措施
企业债	《中华人民共和国证券法》第十六、十八条,包含评级、资产负债率、净利润偿债能力等	不超过发行人净资产的40%	可长达15年	第三方担保、自有资产抵质押等

(续表)

产品名称	发行条件	发行规模限制	常见期限	增信措施
项目收益债	公开发行:收入覆盖本息 非公开发行:豁免	中期票据余额不应超过发行主体净资产的40%。	小于项目期限	项目收益债差额补足机制 其他措施:或有

资料来源:根据相关文献资料整理。

证券交易所公开或非公开发行公司债。公司制法人已全面建立了面向公众投资者的大公募发行、面向合格投资者的小公募发行和面向合格投资者的非公开发行制度。小公募发行主要由证券交易所负责审核及颁发批文,证监会不再进行实质性审核,流程更加简便快捷;大公募发行在证券交易所审核的基础上仍需由证监会进行实质性审核;非公开发行实行发行后备案制,如需在发行后于证券交易场所挂牌转让,则需于发行前获得证券交易场所的《无异议函》。具体发行条件见表3-7。

表3-7 证券交易所审核发债产品发行条件

产品名称	发行条件	发行规模限制	常见期限	增信措施
公司债	《中华人民共和国证券法》第十六条、十八条,《公司债券发行与交易管理办法》第十七条	不超过发行人净资产的40%	短期公司债:1年以内;一般公司债:3—5年	或有

3.1.3 PPP项目权益融资工具

1. 项目资本金

项目资本金制度为规范项目运作、降低项目风险起到了制度保障作用。1996年8月23日,国务院发布了《关于固定资产投资项目试行资本金制度的通知》(国发〔1996〕35号),用于规范经营性投资项目和公益类投资项目的资本金投入,对项目资本金认缴方式和比例等做出了具体规定,其中,对经营性投资项目的资本金要求则非常严格,要求一次认缴并按批准的建设进度按比例逐年到位。历经调整后,2015年9月9日,国务院发布了《关于调整和完善固定资产投资项目资本金制度的通知》(国发〔2015〕51号),对项目的最低资本金比例进行了调整:港口、沿海及内河航运、机场项目由30%调整为25%,铁路、公路项目由25%调整为20%,城市轨道交通项目由25%调整为20%。2015年版资本金制度更多地考虑了公益性资本金投入的困难,规定城市地下综合管廊、城市停车场以及经国务院批准的核电站等重大建设项目,可在规定最低资本金比例的基础上适当降低。然而,在起到规范作用的同时,由于项目资本金比例要求较高,对于PPP项目投资方来说需要占用大额资金,社会资本方融资难与业务拓展形成矛盾,导致资本金融资问题频出。

重大基础设施建设PPP项目通常需要大量的资本金,单一投资者难以承担巨大的需求,往往会借助上下游的合作关系和金融机构的力量共同组成投资者。项目的投资者可以划分为战略投资者和财务投资者两类。在项目创立初期,战略投资者起到的作用较大,战略投资者以工程承包商为主,涉及国际投资的战略投资者可能是国际金融机构,但承包商的目标往往聚焦于短期的施工利润。由于风险偏好不同,财务投资者通常在项目后期介入,主要包括基础设施投资基金、保险公司和养老基金,甚至私募股权基金也可能参与。出资的形式主要表现为现金出资和实物资产出资两类,政府或其代理人往往采用现金方式出资,而作为具有一定专业优势的参与方可能采用土地或设备等实物资产方式出资,特殊目的发起人还有可能采用优先股方式出资①。

公司权益资产水平直接影响其贷款能力。从国际经验来看,为协调发起人与贷款人之间的利益,资本金通常占项目融资总额的10%—30%,具体视项目风险不同而异。战略投资者和财务投资者的目标是资金回报和稳定的、高水平的当期收入。债权人发放贷款时会考察项目公司的股权结构,在考虑市场风险的前提下判断公司股权占比与风险的关系,资本金高的项目承受风险的能力较强,债权人对项目投资的信心会更充足;股权投资者为减少资金占用,降低资金成本,希望能够降低股权投资水平,作为项目主要投资者,应综合考虑未来融资成本与资金约束以确定初始股权投资水平。资本退出安排是能否吸引到股权投资者的关键,除获得长期项目回报外,投资者的股权份额一般能够在二级市场转让或出售。在PPP模式发展较早、有活跃二级市场的英国、加拿大和澳大利亚等国,可通过IPO、资产证券化等方式退出项目。

实践中PPP项目资本金与注册资本金的法律依据不同。社会资本方投入资本在PPP项目中一般是指项目资本金,与注册资本金并不完全一致。社会资本方从公司管理责任、投资转让成本等角度考虑不愿注入过多资本金,从而产生资本金债务化倾向,政府方出于项目投资的安全性以及项目核算审计的便

---

① 优先股一般而言是夹层投资者的一种特殊形式。

利,一般在采购文件中要求注册资本金数额等同于项目资本金数额。因此,实践中项目资本金往往大于注册资本金。二者的主要区别如表3-8所示。

表3-8 项目资本金与注册资本金的区别

主要区别	项目资本金	注册资本金
定义	是指在投资项目总投资中由投资者认缴的出资额,对投资项目而言是非债务性资金,项目法人不承担这部分资金的任何利息和债务;投资者可按其出资比例依法享有所有者权益(《国务院关于固定资产投资项目试行资本金制度的通知》(国发〔1996〕35号))	有限责任公司的注册资本为在公司登记机关登记的全体股东认缴的出资额(《中华人民共和国公司法》)
适用范围	固定资产投资项目	任何投资项目
出资义务形态	投资者对固定资产投资项目(建设)的出资义务	投资者对公司的出资义务
出资形式	既可以用货币出资,也可以用实物、工业产权、非专利技术、土地使用权作价出资	既可以用货币出资,也可以用实物、知识产权、土地使用权等可以用货币估价并可以依法转让的非货币财产作价出资
出资比例要求	投资项目资本金的出资数额,由项目审批单位在审批可行性研究报告时核定。根据前述国务院相关规定,不同行业领域要求不同	2013年新《公司法》取消了出资限制
出资数额确定	投资项目的出资数额,由项目审批单位在审批可行性研究报告时具体核定	股东自行认缴,PPP项目中一般在股东协议和公司章程中约定出资期限、出资数额等
资金用途	只能用于项目建设,可转让其出资,但不得挪作他用,更不得抽回	企业经营,房租,人员工资,购买设备、原材料、办公用品、固定资产
审查机构	银行承诺贷款后,要根据项目建设进度和资本金到位情况分年发放贷款。贷款发放前,贷款人应确认与拟发放贷款同比例的项目资本金是否足额到位并与贷款配套使用(《项目融资业务指引》(银监发〔2009〕71号)),即金融机构在发放贷款前,首先应审查项目资本金是否按规定缴纳到位	2013年新《公司法》不再要求提交验资报告

(续表)

主要区别	项目资本金	注册资本金
出资不到位的风险	债务融资可能无法完成,贷款可能遭遇金融机构阻碍,项目无法通过审计和竣工验收	未全面履行出资义务的股东需向其他股东承担违约责任,向公司债权人承担补充赔偿责任

资料来源：根据马浩然PPP团队.PPP项目资本金和注册资本的对比研究及操作对策[EB/OL].[2018-01-25].www.sohu.com/a/142876293_498771整理。

2. 基金股权投资

根据主要发起人来划分,PPP基金可以分为私募基金、政府投资基金和产业基金三类,基金可以采用灵活的法律形式,如公司型、契约型与有限合伙型。传统的融资方式(如银行、信托等)对担保条件要求严格,PPP项目公司没有足够的抵押物提供给银行,实际操作中银行还会要求补充性担保措施等限定性条件,而以承包商为主的项目公司又不愿承担过高的贷款成本。基金就是在这样一种博弈关系中以打破平衡者的身份参与其中的,但基金要求的收益较高,存在侵蚀施工利润的问题。从法律形式上来看,私募基金一般采取有限合伙形式,可以获得更多的税后优惠,其中,以获取回报为目的的社会资本为少数,多数为政府和金融机构牵头成立的产业基金,产业基金也可以采用契约形式,契约型基金则受《中华人民共和国信托法》的规制。政府投资基金可以采取多种形式,最有代表性的是中国财政部主导的中国政企合作投资基金,采取了公司制形式。《政府投资基金暂行管理办法》规定,政府在基金中只能承担有限责任,因此政府不能在基金中担任一般合伙人(GP)。产业基金多以地方政府和地方国有企业与银行发起为主,地方政府和国有企业一般而言是劣后级有限合伙人(LP),如河南省PPP开发性基金对促进PPP项目发展起到了金融支持作用。公司型、契约型、有限合伙型股权投资基金比较如表3-9所示。

表3-9 公司型、契约型及有限合伙型股权投资基金比较

比较条件	公司型	契约型	有限合伙型
主体资格	具备独立法人资格	无独立主体,不具备法人资格	是独立主体,不具备法人资格
合格投资者人数	1—50	1—200	2—50
对外投资名义	基金本身	基金管理人	基金本身

(续表)

比较条件	公司型	契约型	有限合伙型
税收	"先税后分红" 双重征税	"先分红后税" 避免双重征税	"先分红后税" 避免双重征税
优势	治理机构严禁 决策机制完善	管理成本较低 避免双重征税	运作机制灵活 避免双重征税
劣势	双重征税 机制不灵活 重大事项决策效率低	组织结构松散 不具备法人资格 不能直接做股权登记	法律基础不完善 组织不稳定

资料来源：根据陈晓燕．PPP 项目融资模式探究：股权融资和债券融资［EB/OL］．［2018－01－30］．www.sohu.com/a/154343331_532149 整理。

3. 资产证券化

资产证券化是指企业或者金融机构将能够产生现金收益的资产加以组合，出售给特殊目的公司，以该基础资产设立产生现金流的证券化产品，并将该证券出售给投资者的过程。中国从 2005 年银监会发布《信贷资产证券化试点管理办法》开始逐渐开展资产证券化业务，目前主要有四种业务模式：央行和银监会主导的信贷资产证券化(信贷 ABS)、证监会主导的企业资产专项计划(企业 ABS)、银行间交易商协会主导的资产支持票据(ABN)以及保监会主导的资产支持计划(保险系 ABS)(见表 3-10)。

表 3-10　中国资产证券化的四种业务模式

项目	信贷 ABS	企业 ABS	ABN	保险系 ABS
监管机构	央行、银监会	证监会	交易商协会	保监会
审核方式	央行注册+银监会备案	交易所审核+基金业协会备案	注册制	初次申报核准，同类产品事后报告
发起人	银行业金融机构	未明确规定	非金融企业	未明确规定
管理人	信托公司	证券公司、基金子公司	视 SPV 类别而定	保险资管公司
投资人	银行间市场投资者	合格投资者	银行间市场所有投资者/特定机构投资者	未明确规定

(续表)

项目	信贷ABS	企业ABS	ABN	保险系ABS
SPV	特殊目的信托	证券公司、基金子公司	特殊目的信托、特殊目的公司、发起机构自身	保险资管公司
基础资产	信贷资产	负面清单制,各类债券和收益权	产生可预测现金流的财产、财产权利或财产和财产权利的组合	负面清单制,穿透审查,与企业ABS类似
发行方式	公募/私募	私募	公募/私募	私募
登记托管机构	中央国债登记结算有限责任公司	中国证券登记结算有限公司	上海清算所	具备托管资质的托管人
流通场所	银行间债券市场	交易所、报价系统、券商柜台等	银行间债券市场	保险资产登记交易平台

资料来源:根据朱振鑫.PPP资产证券化:特点、模式与主要问题[R].民生证券研究院,2016.11整理。

PPP项目资产证券化的基础资产可以概括为三类:项目收益权资产、项目债权资产和项目股权资产。项目收益权资产以项目公司为发行主体,具体包括项目应收账款、使用者付费模式下的收益权、政府付费模式下和可行性缺口补助下的收益权;项目债权资产以金融机构或建设单位为发行主体,具体包括PPP项目贷款、金融租赁债权、保理债权、委托贷款等;项目股权资产主要以项目公司股东为发行主体,具体包括公司股权或基金份额所有权。《关于规范开展政府和社会资本合作项目资产证券化有关事宜的通知》(财金〔2017〕55号)规定:"控股股东发行规模不得超过股权带来现金流现值的50%,其他股东发行规模不得超过股权带来现金流现值的70%。"PPP项目资产证券化与一般资产证券化的主要差异有:第一,PPP项目资产证券化的基础资产具有特殊性,项目的收益权往往受到特许经营的影响,而一般资产收益权的运营管理权和收益权是完整的。第二,对于一般资产证券化,政府补贴类收益不得作为资产证券化的基础资产,但PPP项目可以将约定的政府补贴作为基础资产,这源于中国基金业协会发布的《资产证券化基础资产负面清单》中的有关规定:"以地方政府为直接或间接债务人的基础资产。但地方政府按照事先公开的收益约定规则，在政府与社会资本合作模式（PPP）下应当支付或承担的财政补贴除外。"第三，PPP项目资产证券化期限较一般资产证券化更长，受限于机构投资者的回报要求和流动性需要，一般资产证券化产品大部分在7年以内，而PPP项目周期大多在10—30年，因此对应基础资产的存续期限更长。PPP项目资产证券化交易中，项目公司通过出售基础资产获得现金流，提前实现投资回报变现；认购证券的投资人，将通过PPP项目基础资产产生的现金流逐期获得投资收益。具体流程如图3-4所示。

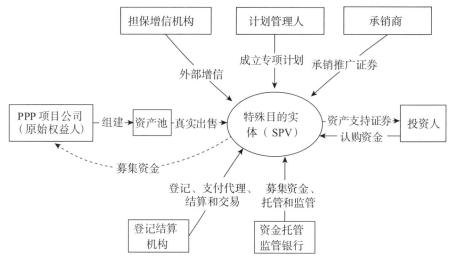

图3-4 PPP项目资产证券化运作流程

注：实线表示交易关系，虚线表示资金流。
资料来源：根据相关文献资料整理。

PPP项目主要分为开发、建设和运营等阶段，其中开发、建设阶段与运营阶段能够作为基础资产的类别不同，对应的可能发行的资产证券化产品也有所不同。由于开发、建设阶段贷款和专项债的成本相对较低，在开发、建设阶段采用资产证券化融资的优势没有其他融资手段明显，而在运营阶段，项目资产已经形成，风险逐渐转变为运营阶段对应的运营收入风险，而项目建设阶段完成后部分短期资金逐渐到期产生退出需求，风险对应的资金需求与前期投资资金的置换需求使得运营阶段资产证券化更为普遍（见表3-11）。

表 3-11 PPP 项目生命周期资产证券化模式

项目生命周期	发行人	资产证券化模式	基础资产
开发、建设阶段	项目公司	企业 ABS	在建项目未来现金流支持的信托收益权作为基础资产，发行资产证券化产品
		保险系 ABS	在建项目未来现金流作为基础资产，发行信贷资产证券化产品
	银行、租赁公司	信贷 ABS	商业贷款或融资租赁债权作为基础资产，发行信贷资产证券化产品
	建筑、承包商	企业 ABS	承包商应收账款等作为基础资产，发行资产证券化产品
运营阶段	项目公司	ABS、ABN	收益权作为基础资产，发行资产证券化产品
	银行、租赁公司	信贷 ABS	运营期流动资金贷款或者金融租赁债权作为基础资产，发行信贷资产证券化产品
	社会资本方	类 REITs（房地产信托投资基金）	项目公司股权或股权收益权作为基础资产，发行资产证券化产品

3.1.4 PPP 项目夹层融资工具

夹层融资相较于债务融资更加灵活，为了满足融资方的需求，如计入权益等需要，夹层融资产品嵌入了复杂的条款。夹层融资对借款人的限制相对较小，对贷款人的退出机制相对明确，夹层融资融合了债务与股权融资，典型的夹层债务资金供给方具有将融资份额转换为融资方的股权的选择权。代表性的夹层融资工具包括：永续债、永续委托贷款以及优先股等。

1. 永续债

永续债（Perpetual Bond）是没有明确到期日或期限非常长的债券。"债券之名、权益之实"是永续债产品的灵魂，债券发行方只需支付利息，没有还本义务，实际操作中会附加赎回及利率调整条款。其优点是条款设计可根据需求灵活定制，在满足要求的条件下，可计入发行人权益，改良其资产负债表结构；同时，由于永续债没有表决权，不会稀释企业控制权。中国没有严格意义上的永续债,从目前的实践来看,永续债一般是指国家发改委审批的一种可续期公司债和在银行间市场交易商协会注册的长期限含权中期票据(永续债)。可续期公司债发行条件及长期限含权中期票据产品特点分别见表3-12、表3-13。

表3-12 可续期公司债发行条件

发行主体要求	要求项目	小公募	非公开发行
实体企业、债项评级达AAA的优质大中型企业	净资产	股份有限公司:不低于3 000万元 有限责任公司:不低于6 000万元	不限
	债券余额	不超过公司净资产的40%	不限
	净利润	最近3年平均可分配利润足以支付公司债券1年的利息	不限
	债项评级	AAA	AAA
	募集资金	不与固定资产投资项目挂钩,使用灵活; 可用于偿还银行贷款、补充流动资金等; 可续期债计入权益的,募集资金可用于企业项目资本金	比大、小公募更加灵活
	分期发行	一次核准,分期发行; 核准有效期24个月,12月内需完成4次发行	可分期

注:小公募的发行对象为合格投资者,认购或投资的人数没有限制;大公募的发行对象是公众投资者和合格投资者,如果债券从大公募降为小公募,公众投资者不能再买入,但前期已持有的可以卖出;私募公司债的发行对象为合格投资者,每次发行对象不得超过200人。

2014年3月17日,财政部制定《金融负债与权益工具的区分及相关会计处理规定》(财会〔2014〕13号),明确永续债的会计处理方式,要求企业应当根据所发行金融工具的合同条款及其所反映的经济实质而非仅以法律形式,结合金融资产、金融负债和权益工具的定义,在初始确认时将该金融工具或其组成部分分类为金融资产、金融负债或权益工具。权益工具的认定包含两个方面:第一,该金融工具应当不包括交付现金或其他金融资产给其他单位,或在潜在不利条件下与其他单位交换金融资产或金融负债的合同义务。第二,该金融工具将来须用或可用发行方自身权益工具进行结算的,如果为非衍生工具,则该金融工具应当不包括交付可变数量自身权益工具进行结算的合同义务;如为衍生工具,该金融工具只能通过交付非固定数量的发行方自身权益工具换取固定数额的现金或其他金融资产进行结算。

表 3-13　长期限含权中期票据产品主要特点

管理机构	发行影响因素	具体条件	产品优势
银行间市场交易商协会	发行市场	银行间市场发行	• 可计入权益，提高发行人自身权益水平 • 支付的利息可以税前抵扣
	发行期限	发行人拥有赎回权，若不行使赎回权，则债券将继续存续	
	发行规模	可按照最近一期经审计净资产40%的要求独立核算可注册额度	
	发行利率	设置利率重置年限 X： • 前 X 年利率＝簿记建档、集中配售方式确定的票面利率＝初始基准利率＋初始利差 • 每 X 年重置利率＝当期基准利率＋初始利差＋跃升利率	
	利息支付	在每个利息支付日，发行人可自行选择将当期利息以及已递延的所有利息及其孳息推迟至下一个付息日支付	

2. 永续委托贷款

委托贷款是由商业银行作为受托人，使用委托人资金，根据委托人确定的借款人、用途、金额、币种、期限、利率等条件，代为发放贷款，并提供协助监督使用、收回贷款服务的一种融资方式，不包括现金管理项下的委托贷款和住房公积金项下的委托贷款。[①] PPP 项目融资过程中的永续委托贷款有两方面好处，一是向社会资本方提供永续贷款，可以满足资产负债率考核等要求，二是向 PPP 项目公司发放无固定期限委托贷款，补充项目资本金，优化财务结构。永续委托贷款银行方一般设计利率调升机制，通过利率调升安排，满足项目公司计入权益的目的。永续委托贷款还通过设计利息递延支付机制和递延支付的限制机制实现权益工具的确认，同时保证利息在普通股股东分红或减少注册资本前获得利息。永续委托贷款一般将 PPP 项目公司提供的公共基础设施收费权进行质押。以理财资金参与永续委托贷款为例，其交易结构如图 3-5 所示。

---

① 《中国银监会关于印发商业银行委托贷款管理办法的通知》（银监发〔2018〕2号）。

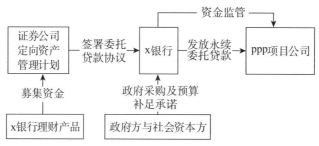

图 3-5　永续委托贷款交易结构

2018年之前,银行可以设计灵活的产品以满足不同阶段债务人的资金需求,如与证券公司合作设立定向资产管理计划,或者根据项目建设进度设计灵活的利率调整机制等。银监会于2018年1月5日发布了《商业银行委托贷款管理办法》(以下简称《办法》)。此前,银监会曾于2015年1月发布了《商业银行委托贷款管理办法(征求意见稿)》(以下简称《征求意见稿》)。此次《办法》的出台对《征求意见稿》进行了补充与完善,对委托贷款业务进行了全面、系统的规范。《办法》严禁理财资金直接或间接承接委托贷款,2018年1月,监管层窗口指导要求集合资产管理计划不得投向委托贷款资产或信贷资产,定向投向委托贷款资产或信贷资产需要向上穿透以符合银监会的委托贷款新规,委托人资金来源要求为自有资金。由于PPP项目永续委托贷款的资金来源受限,因此永续委托贷款运用于PPP项目也受到了影响。

3. 优先股

优先股是利润分配和剩余资产要求上优先于普通股股东而发行的特殊股票,一般而言,持有该类股票的股东参与公司决策管理等的权力受到限制。中国《公司法》并没有优先股的概念,但是根据2013年国务院颁发的《关于开展优先股试点的指导意见》和2014年证监会颁布的《优先股试点管理办法》,上市公司和非上市公众公司可以发行优先股。《非上市公众公司监督管理办法》所称非上市公众公司是指有下列情形之一且其股票未在证券交易所上市交易的股份有限公司:①股票向特定对象发行或者转让导致股东累计超过200人;②股票公开转让。符合标准的非上市公众公司才可以发行优先股。有限责任制项目公司原则上不得发行优先股,但是《公司法》规定,有限责任公司可以不按出资比例分配利润,因此,投资者可在投资合同中约定享受较高的利润分配比例,在不削弱自身管理权的情况下,实质上享受优先股待遇。

3.2 不同付费模式下PPP项目的融资选择

3.2.1 政府付费模式下的融资选择

政府付费模式下，政府作为公共部门付费给项目公司，而项目公司为最终使用者提供服务。该付费模式通常用于市政污水处理厂、垃圾焚烧发电厂等不直接向终端用户提供服务的终端型基础设施项目，或市政道路、河道整治等不具备收益性的基础设施项目。对于没有使用者付费来源主要依靠政府付费回收投资成本的项目，可以通过政府购买服务采用BOO或O&M等市场化模式推进。在O&M和MC模式中，政府保留资产所有权，主导性偏强，社会资本或项目公司从政府获得委托运营费或管理费。在BOT、TOT和ROT模式下，政府和社会资本通过约定的合作机制共担项目风险、共享项目收益，政府通过授予社会资本特许经营收费权或给予其经营补偿，协调社会资本利润和项目公益性之间的平衡。政府付费的PPP项目，按新预算法的要求需将资金安排纳入政府预算，政府依法采购项目公司服务。

项目公司最终拥有所有权的如BOO等项目，一般面临竞争，价格不在政府定价范围内，或政府只能有限干预价格。政府往往需要特许经营授权，并由社会资本承担一定的经营风险，部分高速公路项目按照BOO模式运作，但是由于高速公路具有特许经营期限制，实际上称作准BOO项目，收益风险自担也决定了融资过程中金融机构对未来偿付来源的考虑或担忧。政府拥有最终所有权的如BOT、ROT等项目，一般存在垄断性，且多数使用者付费来源不足的项目需要政府补贴，项目公司收益自主性的降低对于金融机构来说项目风险也同时降低，贷款意愿增强。此外，金融机构大多不愿意提供长期贷款，因为储蓄来源大多为短期资金，存贷流动性配比差异使金融机构更倾向于金融中短期融资，为了避免期限错配对项目投资规模、资金周转情况和回收平均状况的影响，中短期政府付费项目更加符合金融机构的需求，长期项目一般需要政策性银行配合贷款或采取二次融资替换方式发放贷款。不同的付费模式会对金融机构的风险评定产生不同的影响，进而影响其贷款意愿，同时金融机构会综合考虑项目的行业特性与项目的运作方式来确定融资的时间跨度，进而决定贷款的偿付周期与利率水平。融资方案设计除考虑金融机构融资，还可根据付费模式现金流来源进一步设计多元融资匹配方案与再融资方案。

由于在政府付费模式下，政府是付费主体，政府采购纳入政府预算，因此项目公司的回款具有强有力的保证。对于政府付费项目,项目公司只需按照合同的规定建设、运营项目,确保服务质量和服务水平,无须担心项目的收益,风险较小,对应的金融服务获得现金流的保证程度较高,相应的利率较低。国内银行利率市场化基本完成,PPP 项目贷款在基准利率的基础上既可以上浮也可以下浮。在期望获得政府付费保证的前提下,金融机构还特别关注监管需求,例如对将 BT 项目包装为 PPP 项目的,金融机构往往为了避免政策禁区要求项目方设计份额很小的可行性缺口,以使现金流稳定、可预期,同时又不违背财政政策。财政部 2017 年在《关于规范政府和社会资本合作(PPP)综合信息平台项目库管理的通知》中要求新入库项目需捆绑相当于社会资本投资额 30%的绩效考核机制,这虽然对现金流的稳定性造成了一定的影响,但其目的是实现项目运营对现金流稳定性造成的影响有限。

结合 PPP 项目运作类型,对于采用 O&M 和 MC 模式的 PPP 项目,其运营周期较短,可以采用流动性贷款与应收账款融资等方式进行融资。对于采用 BOT、TOT 和 ROT 模式的 PPP 项目,其合作期长的可以采用长期贷款、银团贷款等方式满足开发阶段和建设阶段的融资需求,在运营阶段可以采用资产证券化等方式进行后续融资,对于二次融资可以采用发行项目债权等方式替换前期贷款。

3.2.2 使用者付费模式下的融资选择

使用者付费模式通常用于可经营性系数较高、财务效益良好、直接向终端用户提供服务的基础设施项目,一般可采用 BOT 和 BOOT 模式推进,政府依法放开相关项目的运营市场,推动自然垄断逐步实行特许经营。在使用者付费模式下,项目公司既要负责项目建设、运营,又要负责宣传、营销等工作,其收益存在很大的不确定性。为了保证社会资本的利益,PPP 项目合同往往设置保底条款,为项目需求不足时维持成本回收设计保障机制。使用者付费项目收益的不确定性在保底条款下获得一定保证,让资金融出方能够获得最低收益。使用者付费项目融资最为灵活,常见的融资模式如表 3-14 所示。

表 3-14 使用者付费主要融资方式

比较项目	贷款	债券	股权基金	资产证券化
主要类别	政策性贷款 商业贷款	中期票据 项目收益票据 项目收益债	政府引导基金 社会资本基金	ABS ABN 等

(续表)

比较项目	贷款	债券	股权基金	资产证券化
考虑事项	政策贷款要求 产业政策要求等	行业属性 融资结构需求 使用者付费收入占比等	基金投向要求 股权融资需求等	资金变现需求 偿债安排等

使用者付费模式下,应首先考虑项目是否处于政策性银行和国际组织开发性贷款的优惠行列,如《工业和信息化部办公厅 国家开发银行办公厅关于推荐2017年工业节能与绿色发展重点信贷项目的通知》对节能绿化、清洁生产和资源综合利用等针对PPP模式的鼓励条款,应首先争取政策性低息贷款。使用者付费模式下,由于项目具有一定的垄断权力,可以有可预期的现金流回收;为实现未来现金流的有效利用,可以采用应收账款质押、项目资产证券化、非金融企业资产支持票据等特殊融资解决方案。资产证券化既有利于降低项目公司融资成本,又能够有效降低金融机构的放贷压力。

3.2.3 可行性缺口补助模式下的融资选择

可行性缺口补助项目由政府和使用者共同承担费用。对于经营收费不足以覆盖投资成本,需政府补贴部分资金或者资源的项目,可以通过政府授予特许经营权附加部分补贴或者直接投资参股等措施,采用BOT、BOO等模式推进,政府建立投资、补贴与价格的调整机制,为投资者获得合理回报创造条件。可行性缺口补助模式,通常用于医院、学校、文化及体育场馆、保障房等可经营性系数较低、通过直接向终端用户收费无法覆盖投资和运营回报的基础设施项目,以及价格调整滞后或需求不足的市政工程类项目、交通流量不足的收费公路项目等。可行性缺口补助的方式有多种,包括投资补助、价格补贴和其他补助等。补助能够缓解项目公司的融资压力,增加其收入来源。

对于可行性缺口补助项目,首先,应争取投资补助。在项目建设投资较大,无法通过使用者付费完全覆盖时,为缓解项目公司的前期资金压力,降低整体融资成本,应积极向政府部门争取无偿提供部分项目建设资金或土地等资产。其次,应争取价格补贴。价格补贴是重要的收入来源和增信手段。在涉及民生的公共产品或公共服务领域,政府通常会对特定产品或服务实行政府定价或指导价。因低价导致使用者付费无法实现项目合理收益的,政府通常会给予一定的价格补贴。例如,地铁票价补贴因具有稳定的补贴来源而利于项目融资。最后,应争取优惠贷款和贷款贴息等政策优惠,降低融资成本。

可行性缺口补助项目以政府补贴及最终使用者付费为项目公司的收入,政府同样也会按新预算法的相关要求将补贴安排纳入政府预算,这样收入有一定的保障,常用的融资方式都可以尝试。政策性银行对特殊行业的支持较高,如《关于国家开发银行重点支持行业贷款政策的公告》对教育、养老和文化旅游项目有倾向性政策,符合条件的项目可以争取政策性银行的低息贷款。此外,由于有一定的市场化收入且有可靠的政府付费来源,金融机构放贷意愿较强;为实现未来现金流的有效利用,项目公司可以使用应收账款质押、项目资产证券化、非金融企业资产支持票据等融资方式。

3.3 PPP 项目全生命周期融资安排

3.3.1 PPP 项目成立期融资安排

中国现有制度下,PPP 项目成立期除社会资本方自有资金,可以争取相关政策投入,如为鼓励项目建设而推出的专项建设基金;还可以与金融机构合作,通过设立基金或者引入第三方资金的方式为项目扩展资金来源。当前,中国处于金融严监管周期,财政部《关于规范政府和社会资本合作(PPP)综合信息平台项目库管理的通知》要求严格规范项目入库,"违反相关法律和政策规定,未按时足额缴纳项目资本金、以债务性资金充当资本金或由第三方代持社会资本方股份的"应予以清库;而国资委《关于加强中央企业 PPP 业务风险管控的通知》要求严格控制杠杆比例,遵守国家重大项目资本金制度。资本金融资使用债务融资的趋势被遏制。当前较为常见的资本金融资方式主要有专项建设基金、PPP 基金、理财资金等。

1. 专项建设基金

为稳定经济增长,国家发改委于 2015 年 9 月在全国促投资稳增长电视电话会议中提出十大促投资、稳增长举措,专项建设基金位列第一条。专项建设基金旨在解决重大项目资本金不足问题。其操作方式为,国家开发银行、农业发展银行向邮政储蓄银行定向发行专项建设债券,而国家开发银行、农业发展银行利用专项建设债券筹集资金,建立专项建设基金,国开基金或者农发基金采用股权方式投入项目公司。第五批专项建设债券定向发行对象已扩大至工农中建四大行以及全国性股份制银行等,中央财政贴息分 0、50%、70%、90% 几档,债券名义成本较低,加上税金、手续费、管理费,企业使用成本约为1.2%。

2. PPP基金

PPP基金是指专门投资于PPP项目有关企业的产业投资基金,PPP基金分为政府投资基金与私募投资基金两类。政府投资基金以财政部发起的政府和社会资本合作融资支持基金为首,各地政府也成立了多只PPP引导基金,引导基金通过设立子基金让子基金投资具体项目,或直接对PPP项目进行投资,其目的是发挥"引导、规范、增信"作用,提高PPP项目的可融资性。私募投资基金是企业自行或合作设立基金,与金融机构、施工类企业、政府平台公司合作,通过结构化安排分配风险,提高金融机构投资PPP项目的意愿。

3. 理财资金

除参股PPP基金外,理财资金原主要参与手段是可对接资管计划或信托计划,对PPP项目进行股权投资。通常由银行寻找优质项目,并以社会资本方的身份进入,通过委托券商、信托公司等成立专项计划,银行的工作职责是发行理财产品为专项计划筹资。然而,2018年4月正式发布的《关于规范金融机构资产管理业务的指导意见》对多层嵌套、期限错配、产品分级、杠杆比例等都提出了新要求。以多层嵌套为例,其第二十二条规定:"资产管理产品可以再投资一层资产管理产品,但所投资的资产管理产品不得再投资公募证券投资基金以外的资产管理产品。"据此,银行理财产品嵌套于私募股权基金的投资路径已经被封堵,目前仅可以通过资管直投实现理财资金进入。而资管直投股权又受到"股权及收益权退出日不得晚于封闭式资管产品到期日"的期限制约,增加了相关退出安排的难度。

3.3.2 PPP项目建设期融资安排

建设期项目融资的特点是需要在没有存量资产的条件下进行融资,前期股权融资股东可以为项目债务融资提供一定担保,但主要是依靠项目贷款方式提供大部分资金来源。项目贷款不能满足企业流动性需求时可以考虑通过股东贷款、委托贷款等方式补充资金,项目公司设备占据建设成本大部分时可以采用融资租赁等方式满足建设期融资需求。

首先是项目贷款。项目公司成立后,可以将项目产生的现金流作为还款来源向银行申请发放项目贷款。项目贷款分为基本建设贷款和技术改造贷款,贷款周期较长。PPP项目大多为基本建设贷款,是指用于经国家有关部门批准的为基础设施、市政工程、服务设施的新建或扩建工程等基本建设而发放的贷款。由于 PPP 项目融资规模较大,单一银行一般会联合其他银行组成银团放贷。项目贷款条件与流程见表 3-15。

表 3-15 项目贷款条件与流程

项目贷款条件	贷款流程
• 在银行开立了基本存款账户或一般存款账户 • 项目符合国家法律法规、产业政策和银行信贷政策 • 拥有良好的信用记录 • 具备按时足额还款的能力 • 满足银行的其他条件	• 借款人向银行提出贷款申请,并提交所需的贷款资料 • 银行受理贷款申请,并对贷款进行调查、评估、审查、审批 • 通过审批后,双方签订贷款合同,并发放贷款

其次是股东贷款和委托贷款。股东贷款本质上也是企业间借贷,股东在符合法律和公司章程规定的条件下向项目公司提供贷款。另外,企业间借贷不受法律保护,多借助第三方机构来实现,项目公司可以通过委托贷款方式实现资金融入。通常由银行作为中介将政府部门、企事业单位及个人的资金贷给借款人,委托银行根据委托人确定的贷款对象、用途、金额、币种、期限、利率、担保等代为发放、监督使用并协助收回资金。委托贷款成本高于一般贷款,因为资金出借方往往要求超过银行贷款利率的回报,同时银行还会收取一定的手续费,一般而言,贷款金额在 1 亿元以上(含 1 亿元)的,按不低于 1% 的年手续费费率收取手续费。[①]

最后是融资租赁。融资租赁是指出租人根据承租人的请求,与第三方订立供货合同,根据此合同,出租人出资购买承租人选定的设备。同时出租人与承租人订立一项租赁合同,将设备出租给承租人,并向承租人收取一定的租金。融资租赁适用于建设期和运营期基础设施领域等大型、长期的 PPP 项目。融资租赁主要包括直接融资租赁和售后租回。其中,直接融资租赁中,融资租赁公司出资购买设备或不动产,出租给项目公司使用。在租赁期内,设备的所有权属于融资租赁公司所有,项目公司拥有设备的使用权和收益权,分期向融资租赁公司支付租金。这种模式可以解决购置成本较高的大型设备或不动产的融

---

① 值得注意的是,2017 年 4 月中国证券投资基金业协会发布的《私募基金登记备案相关问题解答(十三)》中指出:"私募基金管理人只可备案与本机构已登记业务类型相符的私募基金,不可管理与本机构已登记业务类型不符的私募基金;同一私募基金管理人不可兼营多种类型的私募基金管理业务。"

资难题,缓解项目初期基建资金压力。售后回租模式下,项目公司将自有设备或不动产出售给融资租赁公司,之后再租回使用,从而实现盘活大存量资产、改善财务状况的目的。

3.3.3 PPP项目运营期融资安排

运营期项目开始产生现金流,项目融资需求逐渐减弱。社会资本出于流动性考虑,有降低投入与提前收回投资的诉求,一般会通过股权回购、资产证券化等方式退出。项目公司在社会资本退出后,还会有补充融资的需求,短期融资需求可以通过保理或者应收账款质押变现等方式实现,中长期融资需求可以通过发行项目收益债等方式实现。

1. 运营期社会资本退出方式

(1) 股权回购

项目建设完成后,参与项目建设的单位开始产生退出需求。股权回购是指施工单位带资建设结束之后将其持有的项目公司的股权转让给政府指定的运营单位,以收回建设成本并取得收益。实践中,当双方不太适合继续合作或者合作难以为继时,政府可以指定国有企业对社会资本持有的股权进行回购。但《国务院办公厅转发财政部、发展改革委、中国人民银行关于在公共服务领域推广政府和社会资本合作模式指导意见的通知》(国办发〔2015〕42号)、《财政部关于进一步做好政府和社会资本合作项目示范工作的通知》(财金〔2015〕57号)禁止政府方通过融资平台公司进行回购。

(2) 资产证券化

2017年6月,财政部、中国人民银行、中国证监会发布的《关于规范开展政府和社会资本合作项目资产证券化有关事宜的通知》(财金〔2017〕55号)规定,在项目运营阶段,项目公司作为发起人(原始权益人),可以按使用者付费、政府付费、可行性缺口补助等不同类型,以能够给项目带来现金流的收益权、合同债权为基础资产,发行资产证券化产品。该文优先支持水务、环保、交通运输等市场化程度较高、公共服务需求稳定、现金流可预测性较强的行业开展资产证券化。随后上海证券交易所发布《关于进一步推进政府和社会资本合作(PPP)项目资产证券化业务的通知》(上证函〔2017〕783号),资产证券化制度初步完善。只要项目现金流来源稳定,政府付费涉及的政府支出或补贴纳入年度预算、中期财政规划的,都是良好的资产证券化基础资产,可对符合要求的PPP项目进行资产证券化,实现未来现金流的即期变现。资产证券化的原始权益人包括项目公司及其债权人、提供建设施工服务的建筑施工企业以及项目公司股东,基础资产包括项目收益权、合同债权以及项目公司债权。

2. 运营期项目公司融资方式

(1) 保理

保理融资是以应收账款为基础,由商业银行据此提供的保理业务服务,包括催收、管理、担保和融资等。当前,中国的保理业务主要为应收账款抵押贷款。保理业务的标的是应收账款,销售完成后的应收账款可以有效规避业务风险。保理业务流程主要分为额度申请、调查审批、额度签约、应收账款转让等。额度申请是指项目公司向保理银行申请保理业务融资额度,按照实际交易情况应提交以下材料:应收账款转让申请书、应收账款对应的增值税发票、货权转移凭证或货物签收单、其他证明贸易背景的文件、客户对应收账款购买的信用保险等。由保理银行授权审批保理额度。调查审批的事项主要包括:贸易背景真实,相关债权证明等资料真实、合法、有效,买卖双方交易模式与流程合理,合同形式完备、要素齐全,对质量、检验、纠纷解决方式有明确规定,不存在无条件退货条款等。审查完毕,根据业务风险,保理银行会给出合理的费率,双方进行额度签约,转让应收账款。

(2) 应收账款质押变现

2017年10月31日,中国人民银行发布了修订后的《应收账款质押登记办法》(中国人民银行令〔2017〕第3号)。该办法打通了PPP项目应收账款质押变现的通道,明确规定可以办理质押登记的应收账款包括:销售货物,供应水、电、气、暖,许可使用知识产权,出租动产或不动产等产生的债权;提供医疗、教育、旅游等服务或劳务产生的债权;能源、交通运输、水利、环境保护、市政工程等基础设施和公用事业项目收益权;提供贷款或其他信用活动产生的债权;其他以合同为基础的具有金钱给付内容的债权。以上基本涵盖了特许经营范围内的PPP项目。应收账款质押登记可由质权人(项目公司)通过登记公示系统办理。修订后的办法与PPP项目期限更加匹配,办法规定,应收账款质押登记期限最短为6个月,超过6个月的按年计算,最长不超过30年,且可以进行多次展期。

(3) 项目收益债

对于现金流稳定的PPP项目,还可以发行项目收益债。债券募集的资金用于特定项目的投资与建设,债券的本息偿还完全或基本来自项目建成后的运营收益,包括但不限于直接收费收入、产品销售收入、财政补贴以及因项目开发带来的土地增值收入。

3.3.4　PPP 项目移交期融资安排

PPP 项目的移交分为三种情况:第一种是由于项目运营周期较长,社会资本可能阶段性参与 PPP 项目,选择中途退出;第二种是项目运营出现风险事故,导致项目提前移交;第三种是项目特许运营期结束后实现完整移交,或项目合同提前终止后,项目实施机构或政府指定的其他机构代表政府收回项目合同约定的项目资产及相关权益。项目移交必须确保项目符合政府回收项目的基本要求,特殊风险导致项目合同提前终止政府需要对项目进行重新采购或自行运营的,需要保证原项目融资不发生违约事件。接受项目的企业大多为实力雄厚的民营企业或者国有企业,发生中途移交或者特殊移交时,大多为单一主体或者联合体将前期资产和负债移交给新的投资者,项目要求资产的债务完整承接、相应的资产及设备未被抵押给金融机构,并明确给予前任投资者的补偿方式与成本等。此时可视为兼并重组,融资主体可以通过并购贷款、并购基金等方式完成短期重组,随后进行贷款置换。而正常退出的 PPP 项目还可以通过资本市场实现项目上市退出,中国 PPP 二级市场发展刚刚起步,但已经具备上市退出条件。完全期满移交的,大多由政府或者国有企业承接,履约完成进行资产移交,项目无须承担相应负债,同时也无须融资。

（1）并购贷款

并购贷款即商业银行向并购方企业或并购方控股子公司发放的,用于支付并购股权对价款项的贷款。在 PPP 项目后续股权变更、资产转移等过程中,如涉及参与方或第三方对项目的股权或资产进行收购形成控制的,可以通过并购贷款方式获取融资。申请并购贷款的并购方应实现对并购标的控制权,一般而言,贷款金额不应超过并购股权或资产交易金额的 60%,贷款期限不应超过 7 年。并购贷款的主要流程是并购方先向银行提出并购贷款的书面申请,受理该业务申请后银行按照工作计划的安排开展尽职调查工作,项目公司提供相应的资料,银行在完成尽职调查的基础上编制并购贷款尽职调查报告和授信调查报告并报上级管理机构审批,银行审批通过授信后组织发放并购贷款。

（2）并购基金

并购基金是私募股权基金的一种,用于并购企业及获得标的企业的控制权。并购基金一般采用非公开方式募集,销售和赎回都是基金管理人私下与投资者协商进行的。并购基金的投资期限通常为 3—5 年,年化内部收益率要求超过 20%。并购基金与项目前期投资的产业基金一样需要接受资管新规结构化安排等的考验,因此当前金融严监管的条件下其使用受到的限制较多。

(3) 资本市场股权移交方式

中国《证券法》第五十条规定,股份有限公司申请股票上市,应当符合下列四个条件:一是股票经国务院证券监督管理机构核准已公开发行。二是公司股本总额不少于人民币 3 000 万元。三是公开发行的股份达到公司股份总数的 25%以上;公司股本总额超过人民币四亿元的,公开发行股份的比例为 10%以上。四是公司最近三年无重大违法行为,财务会计报告无虚假记载。按照上述条件判断,PPP 项目公司只要运营期间持续盈利,并且满足上述条件就符合上市资质。因此,对于有稳定现金流且有丰富资源的 PPP 项目,可以通过在资本市场挂牌上市实现社会资本的退出。

3.3.5 PPP 项目全生命周期融资成本

1. PPP 项目全生命周期融资成本分析

项目融资成本是融资成功的关键因素,成本的计量需要使用财务可行性估计模型进行模拟,其中,现金流测算是一种有力的工具,具体参见第 4 章 PPP 项目的财务测算与评价。借款人和项目方都会对项目财务可行性进行分析,借款人考虑的是其借款内容项下回报的可行性,项目方则会综合考虑资金成本,根据现金流测算的结果来判断融资成本能否适应项目的需求。如果项目的需求难以满足,则需要调整项目融资的结构安排或者总量安排,调整后如果通过现金流测算,且在风险敏感性分析的前提下也通过了测算方案,则可以被确认为一种可行的方案。不同的资金来源对应着不同的成本和期限结构(见表 3-16),项目方的融资安排是有一定顺序的,项目融资的周期性和非持续性使得内源融资对项目的影响较小。

表 3-16 PPP 项目全生命周期融资期限及成本对比

参与阶段	融资方式	资金来源	成本(国内)	期限
成立期	PPP 基金	金融机构和合格投资者	优先级:5%—8% 劣后级:8%—10%	一般不超过 10 年,部分可参与全周期
	专项建设基金	政策性银行	专项建设基金利率 4%,中央财政贴息 90%,加上税金、手续费、管理费约为 1.2%	最长为 30 年

(续表)

参与阶段	融资方式	资金来源	成本（国内）	期限
	资管计划	理财资金、信托资金、保险等委托资金	6%—8%	一般不超过5年，必要时可滚动续期
建设期	财政专项资金	财政部门	—	—
	PPP项目专项债	机构投资者和个人投资者	视债券评价而定	不超过项目存续期
	融资租赁	自有资金、银行资金	8%—10%	直接参与，可全周期；间接参与，最多为3—5年
	项目贷款	银行资金、信托资金、企业委托资金	在基准利率的基础上下浮10%或上浮30%	最好不超过10年，也可参与全周期
运营期	资产证券化	优先级：机构投资者 劣后级：多为原始权益人	3.9%—5.2%（民生证券估计值）	可参与全周期
退出期	IPO/新三板	社会公众	—	—
	并购重组	自有资金、并购贷款、并购基金	—	—
	资产交易	自有资金、金融机构资金等	—	—

资料来源：根据管清友.银行参与PPP模式全梳理[R].民生宏观.(2016-11)等资料整理。

2. 项目融资成本与企业创新

从表3-16中可以看出，社会资本融资借助金融机构通道的较多，多一层参与者，其资金成本就会高一些，同时参与者的所有权属性也会影响到融资成本。传统的政府投资项目大多可以借助政策性银行的贷款获得低于市场利率的资金，PPP项目中，国有企业能够获得较低的融资利率，而民营企业则难以获得足够的授信额度与低成本资金，但民营企业较国有企业有更高的创新产出效率。虽然如此，高额的融资成本依然抑制了创新（李冲和钟昌标，2015）。融资管理的作用，便是尽可能通过合理安排融资来源与期限，降低项目的融资成本，最大化地发挥社会资本参与公共治理的效率与效益。

第4章　PPP项目的财务测算与评价

4.1　PPP项目财务评价及应用场景

4.1.1　PPP项目财务评价的基本方法及框架

1. 费用-效益评价方法

PPP模式以市场之手实现社会福利水平的提升。从社会资本方的角度来看,其目的是最大化自身利润,对内部收益率的关注和对成本的控制是其主要目标,社会资本方并不关心项目对社区和使用者所产生的正外部性,但在合作与外部监督的框架下却需要考虑污染等对社会所产生的负外部性,因此其费用来源主要是成本和对利益相关方支付的费用,而收益主要是项目的收入和其他业务收入。从广义的经济评价角度,项目的实施还会带来上下游产业链供应商和使用者的变化,这种变化一般而言会产生积极的社会影响,但在社会资本方的项目评价中并不考虑延伸影响所带来的效益。

社会资本方的项目投资评价主要是通过对效益指标的计算、分析以及判断来做出项目实施决策。最为常见的测算方法是财务指标测算方法,因为项目的长期性,需考虑项目的时间价值,常用的指标主要包括净现值、内部收益率以及效益-费用比等。其中,净现值是绝对值指标,仅比较绝对值指标并不能反映项目的风险,还需要结合相对指标综合分析;内部收益率是通用的相对评价标准,当内部收益率大于必要报酬率时项目具有经济可行性;效益-费用比是项目生命周期内收入现金流现值和费用现金流现值的比,当这一比例大于1时表明项目具有可行性。费用-效益分析建立在一系列假设的条件之上,现实中的因素难以在评价模型中反映,同时分析数据也难以获取。

2. 费用-效果评价方法

费用-效果评价是指对费用采用货币计量,对效果采用非货币计量的经济评价方案。其中,费用是既定项目所付出的用货币计量的经济代价,而效果是项目所起到的作用和效能,主要指项目目标的实现程度,效果评价可以选择一个或多个指标。费用-效果评价方法主要适用于比较不同方案间的经济性,基本原理是用最低的费用实现既定的目标。这一方法以既定目标下可选方案的费用大小为比较对象,有效地避免了市场数据无法获得和难以量化的问题。费用-效果分析可用于项目初始方案的筛选过程,以财务现金流量为衡量依据,或者用于方案的比选过程中取代不能货币化的费用-效益分析。采用费用-效果分析应满足以下条件:一是备选方案应大于等于两个,并且两个方案为互斥方案或者能够转化为互斥方案;二是备选方案具有共同的目标,目标不同的方案、不满足最低效果要求的方案不可进行比较;三是备选方案的费用应能货币化;四是备选方案的生命周期是可比的。

费用-效果分析主要有三类方法:一是固定费用方法,指投入的成本一定,效果最大的方案胜出;二是固定效果方法,指效果一定,投入费用最小的方案更好;三是增量分析方法,即用于解决费用和效果都不能固定的时候,如何比选方案的方法。前两类方法都需要有明确的目标,并且需要对目标做出具体的说明和要求,在此基础上制订方案,根据现实需求建立度量指标,之后对方案的度量指标进行分析,采用固定效果或者费用方法落实。以增量分析方法为例,假设 C_X 为项目方案 1 的成本,C_Y 为项目方案 2 的成本;E_X 为项目方案 1 的效果,E_Y 为项目方案 2 的效果;且 $C_X>C_Y,E_X>E_Y$。首先对所有备选方案按费用由低到高排序,然后找出费用最低的项目方案,假设项目方案 2 最低,最后将方案进行比较,具体做法是计算两者的差额:$\Delta E=E_X-E_Y,\Delta C=C_X-C_Y$;如果 $\Delta E/\Delta C \geq E_Y/C_Y$,则项目方案 1 具有经济性。

3. 财务、经济、社会与风险评价的内容框架

PPP 项目的经济性评价包含了财务分析、经济分析与社会影响三个主要部分。PPP 项目在市场经济条件下运作,需要满足财务上的可行性,达到项目有利可图并能满足生存要求。根据中国发改委发布的《建设项目经济评价方法与参数》(第三版)相关内容,项目财务分析可划分为两个阶段:一是项目融资前的可行性分析,二是项目融资后的可行性分析。项目融资前的可行性分析主要是判断项目的回报是否能够达到基本的回报率要求,以为投资方提供决策依据;项目融资后的可行性分析主要是比较融资方案的内容,选择适宜项目融资条件、成本最小的融资方案,分析的主要内容包括盈利能力、偿债能力及生存能力

等。PPP项目的特征是无论是否具有经营性，均可以获得现金流，这种现金流要么来自政府付费，要么来自使用者付费，或者二者兼有。因此，财务分析对于项目经济可行性十分重要，如果不具有盈利能力，仅具有清偿能力，则项目并不适合采用PPP模式运作。

除财务可行性之外，项目还应考虑资源配置的合理性，从经济学视角出发判别项目是否增进了社会福利。PPP项目具有公共属性，在经济性评价时主流的做法是前文所述的费用-效益分析和费用-效果分析两种。经济分析的关键在于对项目产生的直接和间接费用进行全面分析，对项目可能带来的中长期影响进行预测，并综合分析可通过货币度量的有形的效用和不可通过货币度量的无形的效用，得出经济可行性的分析结论。PPP项目的建设和运营影响到地区的宏观经济，大型公共项目能够改变一个地区的经济结构、劳动力就业、土地用途和生态环境，因此PPP项目的经济性评价过程中还需要考虑项目的社会效应，构建一套可度量社会和环境影响的评估指标。另外，由于项目的长期性，项目面临的外界因素千变万化，项目评价应尽可能考虑各类风险因素，采用定性和定量的风险评估方法对风险的成本进行评价，用以解释项目所面临的整体风险的大小，以及衡量投资者和政府方在其中的风险承受能力，并为风险管理提供决策依据。

PPP模式发展经验形成的项目评估体系是对工程经济学评价方法的具体运用。项目前期的物有所值评价是从政府方视角整体考虑项目的经济效益、社会效益和风险水平，以现金流为数量依据判别财政支付能力能否覆盖长期的项目付费需求，在考虑风险的条件下判别项目的财务可行性。对于社会资本方来说，其投资主要为了满足盈利要求，因此在评估项目成本效益、效果时采用财务评价模型简化分析是投资项目的第一步；在具有项目可行性的前提下，社会资本方还需要比较融资方案的可行性，比选出成本最小、可融资性强且能够满足项目长期运用资金需求的融资方案。其他利益相关方的评价方法也是对上述工程经济学评价方法的具体延伸。

4.1.2 PPP项目财务评价的使用者

PPP项目评价主体需要借助财务测算对项目的可行性进行判断，社会资本方需要使用精确而复杂的财务测算模型来评价一个项目在不同假设下的经济可行性，政府方则更加关心使用PPP模式是否比传统模式更加经济，并且财政支付能力是否能够覆盖项目全生命周期支出。

　　PPP项目大多是资产规模较大的基础设施项目，运营大多依附于设施，因此项目建设成本大多较高，由此产生的融资费用与固定资产形成后的折旧构成了两大费用，以无形资产模式确认的特许权在运营期内摊销，也构成了项目利润表的重要成本项目。行业属性的差异导致项目成本结构与收入来源差异巨大。比如，旅游项目的成本主要是原材料成本与服务人员工资，收入主要来自门票、营业场所的销售收入及住宿租金；收费公路项目的主要成本是养护成本，收入主要来自通行费收入，行业差异明显，而对于收入来源需要依靠全部或部分政府补贴的项目则需要按照可用性或者绩效确定收入。融资方案决定了项目运作的成败，没有合理融资方案的PPP项目将无法合理覆盖最终的融资成本，对项目运作和公共财政都是巨大的负担。项目建设成本主要是项目的建设施工材料费用和人工费，一般根据项目进度计量项目成本，实施过程中需借助诸多外部专业力量进行造价咨询。项目从建设阶段到运营阶段涉及诸多税费，如增值税、契税、土地购置税、土地增值税、所得税等。可行性分析根据目的不同选择纳入评价体系的指标各不相同，但均需确保收入能够负担成本费用支出，项目有可接受的安全边际。

　　此外，项目各阶段相关方利益诉求不同。发起人主要是为了能够在一系列的假设下，以合理的复杂程度和精确程度对项目的财务可行性进行分析。政府方在这一过程中主要考虑的是平衡项目实施和财政支出。实施方主要是关注项目的内部收益率，只有收益率满足其需求才有参与动力。借款人更多地考虑运营状况，包括项目的收入、成本和现金流状况以及项目协议中规定的利益分配方式，最终目标是项目的收入能够覆盖项目运营成本与项目折旧，并且能够还本付息给项目债务一个可接受的安全边际。二级市场投资过程中投资方在资产转让时需要对项目资产进行估值，股权转让时需要对剩余期限内的现金流状况进行分析。不同阶段的财务测算模型涉及不同的模型使用者——利益相关方。PPP项目主要可分为五个阶段：项目建议阶段、合同谈判阶段、融资阶段、建设阶段和运营阶段。表4-1显示了PPP项目不同阶段利益相关方对财务测算的需求。实践中物有所值评价、财政承受能力论证以及制订项目实施方案是国内PPP项目发起时必需的前置程序，而其他利益相关方对财务测算模型的运用大多出于行业监管和经营需求，与PPP项目相关但测算方式更加灵活。

表 4-1　各阶段利益相关方运用财务测算的目标

利益相关方	描述	阶段
政府部门	评估 PPP 值和 PSC 值的成本	发起前阶段
	与投标者进行风险分配谈判,同时评估标的竞争性	投标和合同谈判阶段
	评估调整的特许收费标准	运营阶段
社会资本方	评估投标的辅助决策工具	发起前阶段
	与其他社会资本方、借款人及政府方进行风险分配谈判、资本结构谈判	投标和合同谈判阶段
	监督和跟踪项目绩效	建设和运营阶段
	与政府方谈判调整特许收入定价	运营阶段
金融机构	根据借款人的基本情况设计模型,测试项目融资可行性	融资开始阶段
	维持使用财务测算模型监控项目成本	建设阶段
	评估项目方年度运营情况	运营阶段
咨询机构	财务测算模型建模与审核	发起、合同谈判、融资、建设和运营阶段
	帮助社会资本方、政府方和放款人评估项目	
二级市场投资者	对项目出让产权进行估值	运营阶段
	未来收益净现值评估	

资料来源:KURNIAWAN F, MUDJANARKO S W, OGUNLANA S. Best practice for financial models of PPP projects[J]. Procedia Engineering, 2015, 125:124-132.

4.1.3　PPP 项目财务测算的应用场景

1. 项目前期的财务测算

按照项目的评价周期,项目前期工作程序分为投资机会研究、项目建议书、可行性研究、扩初设计①等,其中,预可行性研究报告(以下简称"预可研")最终形成项目建议书。个别行业主管部门针对项目可行性报告出台了相应的编制办法,如交通部颁布的《公路建设项目可行性研究报告编制管理办法》(交规划发 2010〔178〕号),规定了预可研和可行性研究的详细步骤。项目前期,需要根

---

① 扩初设计是介于方案和施工图之间的过程,是初步设计的前身,相当于一幅图的草图,一般将最终定稿之前的设计都统称为初步设计。

据项目建议书进行物有所值评价与财政承受能力论证,项目通过两项论证后,进入项目库,向社会资本方招标采购,有意向的社会资本方响应项目,根据项目的实施方案等进行经济性评价,编制项目融资预案,判断项目可行性。若项目可行,则社会资本方即可携投标文件参与项目招投标。

2. 项目运营阶段的财务测算

财务测算存在于项目运作的全生命周期内,投标阶段项目的计划数据均采用预测值,而在运营阶段需要对已发生数据进行调整。具体体现在将项目预测报表中已发生内容以实际值取代预测值。实际的现金流量可能大于或小于预测值,在合理的范围内不需要对预测未来现金流量的方法进行修正,但在发生重大偏离的情况下,则需要对项目现金流量预测模型进行重新估计。在现金流量变动超过经营预期时,无论是有利于项目实施还是威胁项目存续,均应根据特定情形启动价格调整程序。

3. 管理与绩效评价中的财务测算

对财务数据的监控与预测渗透于项目的管理与绩效评价过程中。财务数据不仅可以提供现金流量预测,而且可以根据内部管理活动与控制的需要设计相应的管理报表。外部的监督管理如中期考核等需要根据项目的工程完成情况和经营管理对项目进行绩效考核,其中,财务绩效也是考核的部分。企业内部的管理评价对财务数据的依赖更加迫切,项目的绩效管理较财务测算有更为精确的要求,由于 PPP 项目的特殊性,对财务管理水平的要求较非 PPP 项目更高。即在现金流量模型之外,企业的财务数据还需要应用到绩效考核的财务模型以及预算管理和内部控制活动的指标考核等诸多方面。

4. 特殊情况下的财务测算

情形之一——重新商定合同

《中华人民共和国合同法》第七十七条第一款规定,"当事人协商一致,可以变更合同",而现实中还会出现因合同显失公平或实质性标的变更等法定原因变更,这里所讨论的重新商定包含了合同的重新签署与变更。PPP 项目的合同变更存在于项目的几个特殊时期:一是在项目初期阶段从协议框架到合同的变化。项目公司尚未成立时,政府将与社会资本签订意向书、备忘录或框架协议,明确双方合作的意向以及主要的权利和义务;项目公司成立后,项目公司将与政府签订正式的 PPP 项目合同或签订补充合同,以遵循上述协议。二是项目补充合同的变更。在预先约定的合作框架内,发生特殊的风险事项或者原先的合同没有规范到的行为,通过协商可以采用补偿协议方式重新商定相关事项,这里的变更不包括合同主体的变更,具体包括随经济发展发生变化的成本,如人工价格、原材料价格、能源费、修理费、管理费等;随体制发生变化的经济规则,如税务体制、会计准则、政府其他优惠措施等;随金融市场发生变化的经济参数,如利率、汇率、通货膨胀率等;随市场供求发生变化的政府承诺事项,如最低量保障、价格承诺、竞争限制等;项目不同阶段的非实质控制股东(如基金股东)的股权变化;协议附件非核心内容(如标准和规范等)的变更;因不可抗力事件发生,按照协议约定的风险分担原则,相应协议内容的调整。三是项目的主体和协议的标的等原则性内容的重大变更。如协议主体变化,包括签约政府主体或社会资本方的变化以及项目公司中不同阶段实质控制人(如建设期的承包商股东、运营期的运营商股东等)股权未经事先约定的转让等;协议性质变化,包括特许经营权由通过竞争授予变为直接授予、由上级政府授予变为本级政府授予、到期直接续约等;协议标的变化,包括扩大或减小投资内容、范围和地点,改变产出要求(如质量、服务和规范)等;协议内容的重大变更,包括社会资本对资产的拥有权属、政府承诺的限制竞争性措施、未经论证就增加或减少的财政补贴、预期可获得的投资回报率上限、无偿移交变为有偿移交等;未经协商一致的内容。[①]

上述三种合同变更均需要对财务测算模型进行调整,前两种形式的变更只需要改变模型的基本假设就可以在同等条件下输出结果,最后一种形式的变更从本质上改变了模型测算的目标,因此需要对财务测算模型进行完整的修正或重新设计,在基本条件确定后,才能够确定模型使用的假设是什么,具体的现金流结构和收入支出分布如何,因此重新商定合同对咨询公司等专业力量需求更广泛。

情形之二——再融资

PPP项目再融资分为三种类别:项目前期再融资、项目建设期再融资、项目运营期再融资。再融资的动因主要有三个:项目的改造、降低融资成本与投资人的退出。项目的改造有两类动因:一是环保等标准提高,需要对项目设备及工艺进行更新;二是项目随着运营期限的增加,采用的工艺、技术会逐步落后,设备会逐渐老化,运营效率将逐渐下降,通过改进运营项目的相关技术,可能会

---

① 王守清.特许经营(PPP)项目合同期内的再谈判与协议变更[EB/OL].[2016-07-22]. http://blog.sina.com.cn/s/blog_14409f8240102wzhp.html

获得更高的收益。如果涉及较大金额,则可以采取再融资方式为项目技术改造获得充裕的资金。项目建设期结束后项目风险大大降低,金融机构要求的回报率相应下降。现金流稳定后,初始投资者退出更加容易,后进入者内部收益率降低但风险相应降低,追求长期稳定收益的投资者如养老保险基金等可以介入项目二次融资。[①]

在融资条件发生变化的条件下,项目的融资利率、资本结构也都发生了变化,因此在预测未来现金流出方面尤其需要重新设定,除非特殊情况下需要提高融资水平以应对项目现金流估计不足,建设资金难以覆盖需求需要增加临时资金等,项目后期的融资大多降低了项目融资的成本和现金流出的压力。财务测算的变化对项目收益率和投资者预期回报以及借款人对项目的评估都造成了影响,资金融出方会对项目进行评估,PPP项目投资者则需要对原有的评估模型做出适当的调整以符合财务预测和管理的需要。

情形之三——修缮与改扩建

修缮与改扩建是两个层面的改变。一方面是项目原实施机构继续对项目新的修缮与改扩建计划实施投资,另一方面是修缮与改扩建以新的PPP项目模式出现。若以新的PPP项目模式出现,则需要按照前述财务测算模型进行评价。这里重点讨论第一种情况,项目的投资计划发生改变。在建设期发生改扩建需求的,项目的整体计划都需要做出改变,原投资者实际上面临合同标的的改变,合同变更可能让原投资者无法承受项目改扩建需求的巨大投资而面临损失,由于这种需求大多来自政府方的压力,因此投资者保护变得十分重要。如果投资者通过协议变更继续承担投入责任,则需要重新进行财务测算;如果投资者获得相应的补偿退出,则财务测算由后续投资机构完成。修缮工程大多产生于项目运营后期,设备和设施老化难以满足使用需求。维持项目功能的修缮是在合同框架内的费用,即发生少部分溢出,只要启动调价机制或者按照风险分担结果提供一定的风险补偿,项目公司就可以很好地处理风险的结果。如果涉及合同变更的修缮,则需要重新测算财务可行性,如设备完全更新换代,可能产生大量的固定资产投资,原来的投资结构也发生改变,项目的未来收益与原结构也发生变化。因此,财务测算需要进行改变,原模型的投资假设与现金流假设也随之发生变化。

---

① PPP特训营.PPP项目运营期如何再融资?[EB/OL].[2017-09-25].www.sohu.com/a/194437571_715755

4.2 政府方财务评价测算的流程及主要内容

4.2.1 物有所值评价的流程及主要内容

2004年,英国正式发布了《物有所值评估指南》(Value for Money Assessment Guidance),并于2006年进行修订。2012年12月,英国财政部撤销了物有所值的定量评价工具并表示将更新《物有所值评估指南》来覆盖包括PF2(PPP新路径)在内的更广泛的合同选择,但这一指南仍在制定中。英国的PFI(私人融资活动或民间主动融资)评价主要有定性评价与定量评价两套体系,定性评价围绕可行性(Viability)、有利性(Desirability)和可实现性(Achievability)展开。其中,可行性包含项目产出、运营灵活性、公平效率、问责以及总体可行性四个方面的评价要素,每项要素下提出数个评价问题,这些问题没有固定的权重;有利性包含风险管理、创新、合同期和残值、激励和监测、全生命周期成本和总体有利性等方面的评价要素,每项要素下配合更加细致的内容;可实现性从市场兴趣、其他问题和总体可实现性方面进行评价。政府需要对以上三点进行全面评价,并给出三个方面评价的结论。受到英国国家审计署的批评之后,英国财政部提出了简单的定量评价模型。法国、德国与荷兰在评价物有所值时更加注重定量评价。

加拿大PPP物有所值评价也更侧重于定量分析。加拿大安大略省在执行PPP项目过程中对物有所值的定义是传统的采购成本与调整的影子投标价成本的比较值,即将PSC值(Public Sector Comparator)与ASB值(Adjusted Shadow Bid)的差视为VFM值(Value for Money)。卑诗省对物有所值评价的要求是需要考虑项目设计、项目建设、项目或者服务交付、项目管理以及运营系统等问题,一项物有所值评价需要衡量PPP协议的成本效益、合作方的风险分配、纳税人对项目融资的支持以及项目融资所需纳税人支持的期限。

中国在借鉴国际经验的基础上,于2015年12月由财政部发布了《PPP物有所值评价指引(试行)》(财金〔2015〕167号,以下简称《评价指引》),《评价指引》对物有所值评价的定义为:"物有所值评价是判断是否采用PPP模式代替政府传统投资运营方式提供公共服务项目的一种评价方法。"物有所值评价不仅是财务评价,还包含了定性评价中对非财务部分的权衡。此外,《评价指引》规定了物有所值评价的定性方法与定量方法。其中,定性方法采取了相对简单易行的专家评分法,定量方法给出了 PPP 值与 PSC 值测算的具体方式。

1. 物有所值的定性评价

根据《评价指引》的要求,PPP 项目物有所值评价分为定性评价与定量评价两部分。项目本级财政部门以及地方 PPP 中心(以下简称"PPP 有关部门")应会同行业主管部门,明确是否开展定性与定量评价,并明确定性评价程序、指标及其权重和评分标准等基本要求,以及是否将定量评价结论作为采用 PPP 模式的决策依据。《评价指引》明确提出,定性评价指标包括项目全生命周期整合程度、风险识别与分配、绩效导向与鼓励创新、潜在竞争程度、政府机构能力、可融资性等六项基本评价指标。PPP 有关部门会同行业主管部门,可根据具体情况设置补充评价指标。补充评价指标主要是六项基本评价指标未涵盖的其他影响因素,包括项目规模大小、预期使用寿命长短、主要固定资产种类、全生命周期成本测算准确性、运营收入增长潜力、行业示范性等。在各项评价指标中,六项基本评价指标权重为 80%,其中任一指标权重一般不超过 20%;补充评价指标权重为 20%,其中任一指标权重一般不超过 10%。物有所值评价的流程是先进行定性评价,通过定性评价后进行定量评估,均通过的项目进入项目采购阶段。

2. 物有所值定量评价中的财务测算

物有所值定量评价是对比较对象量化判别的方法,中国的物有所值评价采用了大多数国家评判物有所值所采用的 PPP 值与 PSC 值的概念。定量评价的步骤首先是根据参照项目计算 PSC 值(公共部门比较值);然后根据影子报价和实际报价计算 PPP 值;最后比较 PSC 值和 PPP 值,计算物有所值量值或指数,得出定量分析结论。两者的差异采用物有所值指数方法,以是否大于 1 为判断标准,或者采用物有所值量值做差判断 VFM 值是否大于 0。《评价指引》使用了后者作为判断标准。PPP 值是指在采用 PPP 模式下,项目的全生命周期内政府所应支付的全部成本现值之和。PSC 值是指在不采用 PPP 模式而采用政府传统投资方式时,项目的全生命周期内政府所应支付的全部成本现值之和。如果 PSC 值大于 PPP 值,两者的差为正,则认定为通过定量评价;反之,将 PPP 值大于 PSC 值的项目,认定为未通过定量评价。用公式来表达就是:

$$VFM 值 = PSC 值 - PPP 值$$

若 VFM 值>0,则采用 PPP 模式能够带来更多政府成本的节约;若 VFM 值<0,则从财务的角度考虑 PPP 模式支出超过政府方单独投资,应放弃采用

PPP 模式。

按照《评价指引》的规定,PSC 值是项目生命周期参照项目的建设和运营维护净成本、竞争性中立调整值和项目全部风险成本之和。参照项目成本(又称影子报价)主要是选择可比项目对成本进行估计,《评价指引》列明了比较的标准:假设政府采用现实可行的、最有效的传统投资方式实施的、与 PPP 项目产出相同的虚拟项目;最近五年内,相同或相似地区采用政府传统投资方式实施的、与 PPP 项目产出相同或非常相似的项目。

建设净成本主要包括参照项目设计、建造、升级、改造、大修等方面投入的现金,以及固定资产、土地使用权等实物和无形资产的价值,并扣除参照项目全生命周期内产生的转让、租赁或处置资产所获得的收益。运营维护净成本主要包括参照项目全生命周期内运营维护所需的原材料、设备、人工等成本,以及管理费用、销售费用和运营期财务费用等,并扣除假设参照项目与 PPP 项目付费机制相同情况下能够获得的使用者付费收入等。竞争性中立调整值主要是指由于政府的特殊地位而产生的政府业务竞争优势的价值,例如政府投资行为享有的部分税收减免,政府相较于社会资本少支出的政府审批支出和管理费用等。项目全部风险成本包括可转移给社会资本的风险承担成本和政府自留风险的承担成本,参照《政府和社会资本合作项目财政承受能力论证指引》(财金〔2015〕21 号,以下简称《论证指引》)的有关规定测算。值得注意的是,政府自留风险的承担成本等同于 PPP 值中的全生命周期风险承担支出责任,在计算 PPP 值和 PSC 值时可以同等对待。PSC 值的构成如表 4-2 所示。

表 4-2 PSC 值构成

项目成本构成	数据来源	组成元素
项目建设成本	可行性研究批复中的项目概算/初设批复	项目设计、建造、升级、改造、大修等投入的现金,固定资产、土地使用权等实物及无形资产的价值
其他成本	或有	未包含在建设成本中的交易成本,如咨询服务费,项目连接设施、配套工程的建设成本
建设成本=项目总投资=建设投资+建设期利息+流动资金		
运营维护成本	总成本费用表	总成本费用(不含折旧、摊销)

（续表）

项目成本构成	数据来源	组成元素
第三方收入	利润表及附注	经营收入（使用者付费收入）
资本性收益	视具体项目而定	项目全生命周期内转让、租赁或处置资产所获的收益

运营维护成本＝运营成本＋财务费用＝外购原材料＋燃料及动力费＋工资及福利费＋管理费用＋销售费用＋财务费用

竞争性中立调整	视具体项目而定	通常包括少支出的土地费用、行政审批费用、有关税费（增值税、附加税、所得税）等。
项目风险成本	视具体项目而定	可转移风险、自留风险

项目全部风险成本＝项目建设运营成本×风险权重＝（建设成本＋运营维护成本）×风险承担比例＝可转移风险承担成本＋自留风险承担成本
可转移风险承担成本＝项目全部风险成本×风险概率（或比例）
自留风险承担成本＝项目全部风险成本×风险概率（或比例）

PSC 值＝初始 PSC 值＋竞争性中立调整值＋项目全部风险成本＝（建设净成本＋运营维护净成本）＋竞争性中立调整值＋项目全部风险成本＝［（建设成本－资本性收益）＋（运营维护成本－第三方收入＋其他成本）］＋竞争性中立调整值＋（可转移风险承担成本＋自留风险承担成本）

资料来源：根据尹贻林，李舟，王翔."双进路"视角下我国 PPP 项目经济评价方法优化研究[J].项目管理技术，2016，14，(10)：7-12 整理。

按照《评价指引》的规定，PPP 值可等同于 PPP 项目全生命周期内股权投资、运营补贴、风险承担和配套投入等各项财政支出的现值，参照《论证指引》及有关规定测算。《评价指引》提供了简便可行的具体操作方案，项目公司可视具体需求改变评价的指标和权重，提高项目评价的准确性和自主性。物有所值评价需要准备原始资料，从中提取有用数据进行测算，主要资料来源如表 4-3 所示。

表 4-3 物有所值主要资料来源

主要资料	提供方
（初步）实施方案	社会资本方
项目产出说明	社会资本方

（续表）

主要资料	提供方
风险识别和分配情况	咨询机构
存量公共资产的历史资料	公共部门
新建或改扩建项目的(预)可行性研究报告	社会资本方
设计文件	咨询机构

按照《评价指引》的规定，PPP 有关部门在物有所值评价结论形成后，应完成物有所值评价报告编制工作，报省级财政部门备案，并将报告电子版上传至 PPP 综合信息平台。物有所值评价报告包括项目基础信息、评价方法、评价结论和附件，其中，项目基础信息主要包括项目概况、项目产出说明和绩效标准、PPP 运作方式、风险分配框架和付费机制等；评价方法主要包括定性评价程序、指标及权重、评分标准、评分结果、专家组意见，以及定量评价的 PSC 值、PPP 值的测算依据、测算过程和结果等；评价结论分为"通过"和"未通过"；附件通常包括(初步)实施方案、项目产出说明、可行性研究报告、设计文件、存量公共资产的历史资料、PPP 项目合同、绩效监测报告和中期评估报告等。

PPP 有关部门应在物有所值评价报告编制完成之日起 5 个工作日内，将报告的主要信息通过 PPP 综合信息平台等渠道向社会公开披露，涉及国家秘密和商业秘密的信息除外。PPP 项目合作期内和期满后，PPP 有关部门应会同行业主管部门，将物有所值评价报告作为项目绩效评价的重要组成部分，进行对照统计和分析。

3. 物有所值评价测算中应关注的问题

第一，评价主观性太强。物有所值定性评价因其主观性较强而在实践中饱受质疑。但即使是在定量评价过程中，主观性问题也仍然没有得到解决，PSC 值的计算完全基于假设，极度依赖对可转移风险的度量，现阶段物有所值评价报告比例法等经验方法也过于粗糙，简单的估计方法对风险分配的准确性有较大影响，引入诸如蒙特卡洛模拟法等更加可靠的评价方法已逐渐成为政府方测算的现实需求。

第二，对未来成本收益的预测存在"乐观偏误"。这种偏误来自对 PPP 模式本身的乐观，即 PPP 模式总是优于传统模式，同时也来自对同类项目未来收益的评估，即同类项目获得了更好的 PSC 值，在估算新项目时对成本采用了不够独立的估算方案。事实上,每一个项目都是独特的,必须基于项目自身特点进行物有所值评价,否则就容易陷入"乐观偏误"。

第三,折现率被高估。一般项目投资评价是为了测算项目投资的收益可行性,但PPP项目物有所值定量评价是为了比较PPP模式相较于传统政府采购模式的优劣,计算PPP值的折现率应当选择政府传统采购模式下的资金成本,而不是投资的必要报酬率,因此,选择《建设项目经济评价方法与参数》作为依据确定折现率是不恰当的。《评价指引》第三十二条则明确要求"用于测算PSC值的折现率应与用于测算PPP值的折现率相同"。实践中折现率被高估一方面是技术问题,另一方面也可能是因为较高的折现率更有利于通过评价。

4.2.2 财政承受能力论证的流程及主要内容

按照《论证指引》的规定,PPP项目财政承受能力论证包括责任识别、支出测算、能力评估和信息披露等环节。其中,责任识别是明确在PPP项目全生命周期过程中的政府财政支出责任;支出测算是将政府的财政支出责任量化;能力评估是在明确政府财政对PPP项目预算支出责任的基础上,评估PPP项目实施对当前及今后年度财政支出的影响,并考虑PPP项目在不同行业和领域间的平衡。最后论证通过的PPP项目,会定期在指定媒介对外发布信息,披露财政支出情况等内容(如图4-1所示)。

1. 财政承受能力论证的流程及主要指标

财政承受能力的论证以定量评价为主,评价方式从各国经验来看有所不同,但基本逻辑大同小异。中国2015年规范了PPP项目财政承受能力论证的标准,财政承受能力论证大多遵循《论证指引》文件中对财政支出责任的界定,主要包括责任识别、支出测算、能力评估、信息披露与结论五个部分。财政支出责任包括股权投资、运营补贴、风险承担、配套投入四个部分。在第2章对财政支出责任分拆解读的基础上,本小节从整体角度汇总财政支出责任的计算过程。股权投资支出应当依据项目资本金要求以及项目公司股权结构合理确定。股权投资支出责任中的土地等实物投入或无形资产投入,应依法进行评估,合理确定价值。运营补贴支出应当根据项目建设成本、运营维护成本及利润水平合理确定,并按照不同付费模式分别测算。其中,建设成本主要包括项目设计、施工等方面投入的现金、固定资产、土地使用权等实物和无形资产,以及项目资产的升级、改造、大修费用等;运营维护成本主要包括参照项目生命周期内运营维护所需的原材料、设备、人工等成本,以及管理费用、销售费用和运营期财务

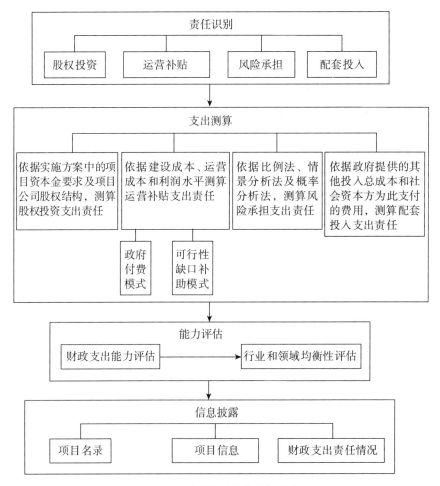

图 4-1 财政承受能力论证流程

资料来源:《政府和社会资本合作项目财政承受能力论证指引》(财金〔2015〕21号)。

费用等;合理利润率应以商业银行中长期贷款利率水平为基准,充分考虑可用性付费、使用量付费、绩效付费的不同情景,结合风险等因素确定。风险承担支出应充分考虑各类风险出现的概率和带来的支出责任,可采用比例法、情景分析法及概率法进行测算。如果 PPP 合同约定保险赔款的第一受益人为政府,则风险承担支出应为扣除该等风险赔款金额的净额。配套投入支出责任是指政府提供的项目配套工程等其他投入责任,通常包括土地征收和整理、配套措施、投资补助、贷款贴息等。配套投入支出应依据项目实施方案合理确定。财政支出责任构成如表 4-4 所示。

表 4-4 财政支出责任构成

项目构成	数据来源	组成元素
股权投资支出责任	①《国务院关于调整和完善固定资产投资项目资本金制度的通知》（国发〔2015〕51号）相关规定 ② 投资协议	项目资金本中政府方投入
当年运营补贴支出责任	视具体项目而定	建设成本、运营成本、利润水平
政府付费模式： 　　当年运营补贴支出＝项目全部建设成本×（1+合理利润率）×（1+年度折现率）^{n}／财政运营补贴周期（年）+年度运营成本×（1+合理利润率） 可行性缺口补助模式： 　　当年运营补贴支出＝项目全部建设成本×（1+合理利润率）×（1+年度折现率）^{n}／财政运营补贴周期（年）+年度运营成本×（1+合理利润）-使用者付费收入		
风险承担支出责任	依比例法、概率法、情景分析法确定	建设成本、运营成本、风险承担比例
风险承担支出=（全部建设成本+运营成本）×政府自留风险承担比例		
配套投入支出责任	项目实施方案	土地征收和整理、配套措施、完成项目与现有相关基础设施和公用事业的对接、投资补助、贷款贴息
配套投入支出=政府拟提供的其他投入总成本+社会资本方支付的费用		
财政支出责任=股权投资支出责任+运营补贴支出责任+风险承担支出责任+配套投入支出责任 　　=政府建设成本+政府补贴支出+政府自留风险承担成本 　　=政府方占股+财政补贴总额+政府自留风险承担成本		

资料来源：《政府和社会资本合作项目财政承受能力论证指引》（财金〔2015〕21号）。

财政支出责任识别后，需根据实际情况确定具体的支出数值，并制作相应的测算表（如图4-5所示），随后根据测算结果进行财政承受能力评估。财政承受能力评估包含财政支出能力评估与行业和领域均衡性评估两个部分。财政支出能力评估，是根据PPP项目预算支出责任，评估PPP项目实施对当前及今后年度财政支出的影响；行业和领域均衡性评估，是根据PPP模式适用的行业和领域范围，以及经济社会发展需要和公众对公共服务的需求，平衡不同行业和领域PPP项目,防止某一行业和领域PPP项目过于集中。

表4-5 财政支出责任测算表

年份	股权投资支出 (1)	运营补贴支出 (2)	风险承担支出(3)	配套投入支出 (4)	财政支出责任 (5)=(1)+(2)+ (3)+(4)
2018					
2019					
2020					
2021					

资料来源:《政府和社会资本合作项目财政承受能力论证指引》(财金〔2015〕21号)。

《论证指引》规定,每年全部PPP项目需要从预算中安排的支出责任占一般公共预算支出的比例应当不超过10%。省级财政部门可根据本地实际情况,因地制宜地确定具体的比例并报财政部备案,同时对外公布。在进行财政支出能力评估时,未来年度一般公共预算支出数额可参照前五年相关数额的平均值及平均增长率计算,并根据实际情况适当调整。"通过论证"且经同级人民政府审核同意实施的PPP项目,各级财政部门应将其列入PPP项目目录,并在编制中期财政规划时,将项目财政支出责任纳入预算统筹安排。在PPP项目正式签订合同时,PPP有关部门应对合同进行审核,确保合同内容与财政承受能力论证保持一致,防止因合同内容调整导致财政支出责任出现重大变化的情况发生。财政部门要严格按照合同执行,及时办理支付手续,切实维护地方政府信用,保障公共服务的有效供给。

最后,根据PPP项目行业特征和财政承受能力论证结果,在政府公共平台上公示项目结果,以提高PPP项目的透明度,为外部利益相关方监管提供信息来源。

2. 关于《论证指引》相关指标的解释

《论证指引》以原则指引为主,对指标的解释没有进一步的说明,导致实践当中对关键指标的理解存在诸多偏差,难免引致测算过程中的诸多错误,其中,对折现年数n的取值存在两种看法,一是折现年数从运营期开始,二是折现年数包含建设期。实际上这一问题的关键并不在于n怎么取值,而在于建设期利息是否计入建设成本。如果计算建设期利息,那么在成本测算时已经包含了利息补偿,就不应该再次折现;如果不计算建设期利息,那么就需要考虑风险回报。因此针对这一问题,从运营期开始计算 n 需要在建设成本中考虑建设期利息。另外,对项目全部建设成本的理解也存在偏差,对社会资本方承担的建设成本如何估算缺乏明确的认识,项目全部建设成本受到政府方股东权益安排的影响,政府方投资是否分红、出资多少都影响建设成本的计算,在政府方不参与分红的条件下,全部建设成本应等于工程造价、建设期利息和前期费用之和减去政府方出资与供应商的让利。对于年度折现率,《论证指引》给出的参照标准是按照"同期地方政府债券收益率合理确定",但实际操作中存在地方政府债券风险溢价较低的情况,因此合理确定折现率应理解为允许适当上浮。此外,现阶段合理的财务内部收益率可以设定为7%—8%,而对政府付费的PPP项目最好设定为5%—6%。《论证指引》第十八条规定:"合理利润率应以商业银行中长期贷款利率水平为基准,充分考虑可用性付费、使用量付费、绩效付费的不同情景,结合风险等因素确定。"据此可以将合理利润划分为建设期的合理利润与运营期的合理利润,这里两个值可能相同也可能不同。

《论证指引》还存在其他缺陷,主要体现在公式适用性不全面、税务结构调整考虑不足以及补贴与社会资本融资偿付不匹配三个方面。《论证指引》没有考虑后续项目追加投资和有偿移交等情形,当此类情形发生时如何进行财政承受能力论证有待明确。税制对项目收益具有较大影响,税法变更后会导致税负假设不同,未来税法变更产生的补贴调整问题在现有文件中没有预留足够的空间。在设计补贴的公式时,《论证指引》折现方式导致补贴前低后高,这与项目公司等额本息贷款现金流前高后低的安排不匹配,不利于项目财务运作。

3. 财政承受能力论证应关注的主要财务问题

第一,由于项目数据资料积累不够,对财政应承担的支出测算不足,致使在实际对其测算时流于形式。现阶段财政承受能力论证主要的财务测算问题是,对10%红线的理解有偏差(孙丕伟和刘世坚,2018)。有观点认为,应理解为PPP项目从预算中支付的全部金额(包括一般预算、基金预算等)均应纳入一般公共预算的10%考虑;也有观点认为,10%比例限制的口径是每一年度地区全部PPP项目需要从一般公共预算中安排的支出比例不超过10%,即仅限于需从一般公共预算中安排的支出,并不包括政府性基金预算以及政府以土地、实物资产、无形资产等投入的部分。财政部门虽然无规范性文件明确该问题,但是可以肯定的是政府性基金预算有严格的用途限制,挤占该部分财政预算份额做财政承受能力论证也面临政策风险。

第二,在财政支出增长率测算上,《论证指引》规定的"在进行财政支出能力评估时,未来年度一般公共预算支出数额可参照前五年相关数额的平均值及平均增长率计算,并根据实际情况进行适当调整"存在调节可大可小的问题,而且也存在前期经济增长较好、平均增长率较大或经济下行风险等问题(孙丕伟和刘世坚,2018)。

第三,使用者付费份额往往被高估,以保证财政承受能力论证被划定在10%的红线范围内。如高速公路车流量预测偏高,文化旅游项目游客量增长水平与单一客户消费水平虚高。投资冲动让项目前期快速落地,但忽视了后续的财政影响。

4.3 社会资本方财务测算的流程及主要内容

4.3.1 PPP项目财务分析测算的流程

项目财务可行性评价主要是定量分析的过程,首先是进行数据收集,对项目的造价、运营与设备维护的成本数据以及财税的规定进行收集。其次是进行财务数据预测,预测项目收益与成本方面的数据,包括成本及税金预测等。数据估算完成后根据财务数据进行汇总和整理,编制财务分析表,报表的格式与财务报表类似。运用现金流量折现方法进行财务可行性分析是在考虑时间价值的前提下,利用静态或者动态评估方法为决策提供指引。可行性研究是一个不断测试和调整的过程,根据深入的调查统计分析修正至符合预期条件的结果。

项目财务测算模型的建立首先需要明确项目财务测算的目的,不同目的决定了测算的关注点和精细程度;其次需要理解项目属性,不同的行业特征对应不同的业务结构,对应的模型结构需要不断调整;最后需要理解项目的现金流量特征,现金流出特征主要取决于融资结构和运营管理安排,现金流入特征主要取决于付费模式和业务内容,在这些特征明确之后才能对模型的结构进行具体的设计。确定项目设计需要考虑的范围后要把这些特性具体化,一是理解关键的数据,如项目的成本、收入、费用、贷款情况以及特殊的合同条件;二是根据关键数据输出具体结果,比如最终的输出,一般而言是内部收益率、净资产收益率、投资回报率等内容;三是设计模型的表格,首先根据项目实际需要设计表格的内容,然后明确其使用期间,即项目收入及费用情况是根据月度数据、季度数据还是年度数据来测算的,一般是根据年度数据,但具有季节性或者月度流程特征的可能需要根据更短的时间节点来测算;四是建模,使用Excel模板输入相关项目,编制相关逻辑;五是测试环节,一方面测试模型的内部逻辑是否正确,另一方面看变量是否反映了预期结果,计算收益率指标或者成本费用指标能否公允地反映这些事实,得出最终结论。

项目财务测算从收入测算开始,首先要测算收费单价和预测服务数量,然后根据项目是属于使用者付费、政府付费,还是可行性缺口补助,识别项目是否有第三方收入(即因项目正外部性产生的经营性收入),综合考虑项目可实现的主营业务收入和其他收入;最后测算项目风险配置方案,研究提出影子单价调整机制和其他配套措施,并形成与政府谈判的方案。项目的融资方案为社会资本方预设,进行测算时可以以设想或者意向为准进行套用,实际操作过程中再进行调整,然后根据项目的设计情况和融资方案,测算费用支出水平,并根据税法等制约因素测算项目的成本费用情况。项目财务测算以现金流量折现方法为依据。一是项目运营活动现金流量。项目运营的收入及成本可以灵活地根据关键指标进行调整,如交通行业的现金流量测算可以根据交通需求量、收费水平和运营花销进行调整。二是投资活动现金流量。反映项目的投资成本以及社会资本方与政府方的投入比例,设计时根据投资的假设灵活可变,如项目建设成本。三是项目融资活动现金流量。项目融资活动现金流量需要对股权融资和债权融资的需求进行记录,包括筹资具体数额、还本付息的时间安排等,需根据融资的基本假设灵活调整,这些假设包括利息率、债务和股权比例。

根据发改委和住建部联合发布的《建设项目经济评价方法与参数》(第三版)相关指导,在PPP项目财务效益和费用估算过程中,一般涉及的报表主要包含:建设投资估算表、建设期利息估算表、流动资金估算表、项目总投资使用计划与资金筹措表、总成本费用估算表、营业收入、增值税与增值税附加估算表、资产负债表、损益表、现金流量表。编制依据为项目公司内部和外部的相关数据,内部数据主要包括项目的投资协议、技术可行性评估文件、工程造价相关文件等支持性文件,外部数据主要包括贷款国债利率、通货膨胀率、项目政府补贴等外部信息,同时要遵循项目建设的法律法规的相关要求,有具体编制方法指引的可依据相关指引编制。《建设项目经济评价方法与参数》(第三版)提供了项目建设的主要评价方法和评价指标的计算过程,可参照执行。资料收集的后续操作首先是拟定项目的基本假设,这些假设既包含宏观因素,如通货膨胀率等,也包含具体的项目收入结构和支出结构。不同行业的收入及成本结构各有特点,可以按照不同的收入及成本的分摊特点将收入和成本分摊到最小单位的产品上,拟定相关假设。

以现金流量折现方法为基础的财务测算,最终通过表间关系的设计,建立起不同指标之间的联系,输出结果是项目资金本现金流量表、社会资本方现金流量表和政府方现金流量表。测算项目投资现金流量表时,在不考虑融资的情况下,以项目投资为计算基础,用于计算项目投资所得税以及所得税后财务内部收益率、财务净现值以及投资回收期等评价指标的计算表格。项目资本金现金流量表从投资者整体的角度出发,以投资者的出资额为计算基础,把借款本金偿还和利息支出作为现金流出,计算内部收益率、财务净现值等评价指标,考察项目资本金的盈利能力。政府方现金流量表测算的目标是政府方收入和支出后的净现金流量能带来的内部收益率。其中表间的主要逻辑如图4-2所示:

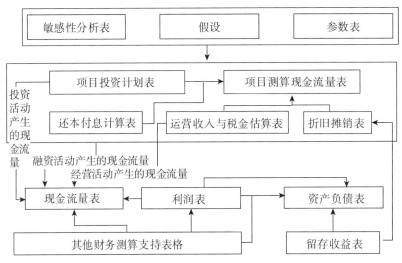

图4-2 财务测算模型表间关系

PPP项目的特殊之处在于,其融资方案既包括债务融资安排也包括股权融资安排。实践中,股权投资当中有相当部分资金来自金融机构,通过结构化安排将资金融入项目股权投资部分,以保证资金满足项目资本金注入的要求。形成融资方案前测算的主要是项目投资现金流量,形成融资方案后可测算项目资本金现金流量和社会资本方现金流量,为项目决策提供计算支持。

财务测算模型的重点是现金流量测算,项目的现金流量具有周期性,建设期和运营期的收支结构具有随时间而显著变化的特征。建设期的收入主要来自股权与债权投资以及公共部门补贴,支出主要用于项目建设的工程材料与人工费用;运营期的收入主要来自项目的使用者付费和公共部门补贴,支出主要是债务的本息支出、运营的管理支出、项目运营的税费以及盈利条件下给股东的分红(见表4-6)。运营期收入在项目投入使用前期流量较少,后期逐渐增多直至稳定,有替代产品的情况下会出现下降。

表4-6 不同运营阶段的收支情况

项目	建设期	运营期
收入	公共部门股权/补贴 社会资本股权投资 债权投资	运营收入以及公共部门补贴
支出	资本支出	现金分红(股权所有者) 缴纳税费 债务支出(本息) 运营支出

现金流量分析的目的一是保证全生命周期结束后,项目可以实现盈利,达成社会资本投资期望的报酬率;二是为偿债管理提供决策依据,主要反映在财务计划现金流量表中。初始条件下的现金流量分析要考虑融资方提供的资金期限和项目运作周期是否匹配,一般而言,大型基础设施项目的周期难以满足资金融出方配置资金的要求,因此项目需要根据资金偿还情况,匹配再融资计划。偿债管理是动态的,如果现金流充沛,则债务将按期偿还;如果出现现金流短缺,则需要重新规划偿债计划,改变融资规模变量或者再融资时点。整个偿债计划的决策逻辑图4-3所示:

项目财务测算最终需要汇聚到具体的指标上,常用的评价指标有绝对值指标和相对值指标两种。绝对值指标最常使用的是净现值,相对值指标最常用的是内部收益率。借款人可能还会考虑DCSR[①]、债务覆盖率等指标。为方便查阅,可专门设置财务评价指标汇总表,对项目主要指标和比例进行计算。

项目财务测算的最终成果是财务测算报告,作为项目投资决策的依据。报告包括测算的目的、编制的原则和依据、基本假设条件、计算周期、测算单价与财政补贴预测、测算表以及项目敏感性分析与概率分析等。项目财务测算报告的内容可根据实际需求灵活调整,测算的内容与方法可根据决策精度和技术条件自行选择。

---

① DCSR是Debt-Service Coverage Ratio的缩写,译为经营现金流量比率,为经营现金净流量和债务总额的比值。

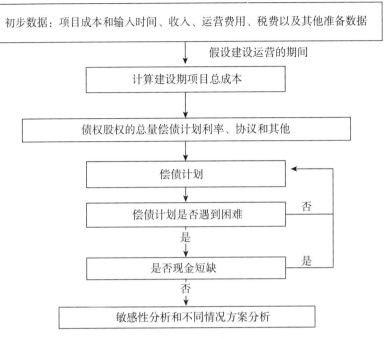

图 4-3 现金流决策模型

4.3.2 PPP 项目财务分析测算的主要指标与测算表

财务分析是指依据现行的法律法规、价格政策、税收政策和其他有关规定，对一系列有关的财务基础数据进行调查、收集、整理和测算，并编制有关的财务分析基础数据估算表格。财务分析是项目决策与评价的重要依据，政府方、社会资本方与债权人等均需要对项目投资与盈利情况进行分析。财务分析也是方案备选的依据，工程项目的建设规模、设计方案等均需要通过评选确定最优方案，财务可行性和经济性是评选的重要标准。财务分析还是社会资本方参与投资谈判的重要依据，社会资本方依据咨询公司的原始数据，根据自身需求测算投标让利的能力，促进 PPP 项目合作的达成。

财务分析基础数据的选取实质上是在为财务分析做准备，也称财务分析基础数据与参数的确定、估算与分析，包括营业收入估算、成本费用估算、相关税金估算等和编制相关辅助报表。对项目基础建设方案的分析是财务分析的基础，主要包括盈利能力分析、偿债能力分析和生存能力分析。在对初步设定的建设方案进行财务分析后，还应评估盈亏平衡和敏感性。财务分析的结果常常需要进行反馈，为优化初步设定的方案服务，必要时需要对原方案进行较大的调整。

1. 项目投资估算主要指标与测算表

项目建设总投资情况是财务分析的开端,投资总额决定了资产的结构与建设期费用发生的多少,投资估算的方法包括生产能力指数法、系数估算法、估算指标法等。根据住建部2017年发布的《建设项目总投资费用项目组成(征求意见稿)》(建办标函〔2017〕621号),建设项目总投资是指为完成工程项目建设并达到使用要求或生产条件,在建设期内预计或实际投入的总费用,包括工程造价、增值税、资金筹措费和流动资金。工程造价是指工程项目在建设期预计或实际支出的建设费用,包括工程费用、工程建设其他费用和预备费;增值税是指应计入建设项目总投资内的增值税税额;资金筹措费是指在建设期内应计的利息和在建设期内为筹集项目资金发生的费用,包括各类借款利息、债券利息、贷款评估费、国外借款手续费及承诺费、汇兑损益、债券发行费用以及其他债务利息支出或融资费用;流动资金是指运营期内长期占用并周转使用的营运资金,不包括运营中需要的临时性营运资金。

项目建设总投资估算主要分为三步:一是分别估算项目建设所需的建筑工程费、设备购置费和安装工程费,估算后对建筑工程费、设备购置费和安装工程费进行汇总;二是汇总得出项目建设的总工程费用,在工程费用的基础上估算工程建设其他费用;三是以工程费用和工程建设其他费用为基础估算基本预备费,在确定工程费用分年投资计划的基础上估算涨价预备费,求和得出建设投资。

财务分析工作中项目投资估算表来自项目的工程概算,根据项目投资估算表可以估算建设投资、建设期利息和流动资金,投资额确定后可依据项目计划进度与融资安排确定项目资本金与债务资金投入比例,项目资本金来自社会资本方与政府方投资,债务资金来自金融机构贷款等融资安排。首先根据具体项目情况填写总投资中的建设投资和资金筹措中的项目资本金,建设投资总额与资本金之差为用于建设投资的债务资金,最后根据建设期利息计算方法填列建设期利息。据此编制项目总投资使用计划及资金筹措表(见表4-7),该表用于反映建设期项目建设的规模和资金来源情况,表格的细致程度根据实际需求选择粗略或者精细,粗略计算则取加总数,细致计算则按费用组成的分项列示。

表 4-7　项目总投资使用计划及资金筹措表

单位：万元

序号	项目	合计	第 1 年	第 2 年	第 3 年	备注
1	总投资	—	—	—	—	
1.1	建设投资	—				
1.2	建设期贷款利息	—	—	—	—	
2	资金筹措	—				
2.1	自有资金	—				
2.2	债务资金	—				

2. 项目盈利情况估算主要指标与测算表

（1）收入估算

PPP 项目按照收入来源可以划分为经营性项目、准经营性项目和非经营性项目。经营性项目具有需求市场，可通过市场化手段运营，来自使用者付费的收入可以实现投资者要求的回报。该类模式下政府方授权项目公司从提供的产品或者服务中收取费用，授权可能是特许权，也可能是一般的经营权，项目公司以未来的收益覆盖建设和运营成本。准经营性项目较经营性项目市场化程度低，具有较强的公益性，这类项目在使用者支付费用之后，还需要政府以税收优惠或者财政补贴等方式给予补助才能够满足回报要求。非经营性项目具有完全的公益性，没有收费能力，一般采用政府付费方式弥补建设和运营成本，政府付费类项目在 PPP 模式发展前期较多。经营性项目具有稳定的现金流量，如高速公路项目建成后依靠车辆通行费收入运营。

项目财务效益与费用的估算涉及整个计算期的数据。项目计算期是指对项目进行财务分析应延续的年限，是财务分析的重要参数，包括建设期和运营期。计算营业收入，首先要正确估计各年生产能力利用率、开工率（或称运营负荷）。在市场经济条件下，运营负荷的高低应主要取决于市场。运营负荷一般通过经验设定法或者营销计划法计算。经验设定法下根据以往项目的经验，结合该项目的实际情况，以设计能力的百分数表示；营销计划法下通过制订详细的分年营销计划，确定产出各年的生产量和商品量（杨晓敏和袁炳玉，2015）。项目收入也可能不存在消费市场，这种情况下需要采用成本加成法加以确认。项目除主营业务收入外还包括补贴收入，国家按规定给予的定额补贴或者财政扶持领域的其他补贴都属于补贴收入。

收入衡量的难点是收入是否缴纳增值税尚未有明确的政策文件支持,需要实施方与政府方洽谈,明确税收问题,以保证测算的准确性。增值税是以商品(含应税劳务与应税行为)在流转过程中产生的增值额为计税依据而征收的一种流转税。对于政府付费与可行性缺口补助类项目,由于项目涉及政府付费或财政补贴,该部分收入是否缴纳增值税并没有明确的政策规定,《国家税务总局关于中央财政补贴增值税有关问题的公告》指出,按照现行增值税政策,纳税人取得的中央财政补贴,不属于增值税应税收入,不征收增值税。但对于地方政府具有付费责任的PPP项目,增值税处理没有明确的政策规定。

PPP项目由于大多数为公益性项目,增值税进项税额较少,因此在税费估算中,往往需要考虑收入销项税额对建设期进项税额的抵销作用,建设期发生的购进货物和设计服务、建筑服务对应的进项税额可按照《不动产进项税额分期抵扣暂行办法》的规定分期抵扣,从运营收入产生时开始计算销项税额,一般而言项目前期投入较大,进项税额能够充抵的销项税额可以跨越几个运营年度。除增值税外,项目还可能涉及附加税、消费税、资源税、车船税、房产税、土地使用税、印花税和契税等。财务测算表中均应注明税种、征税方式、计税依据、税率等,如有减免税优惠,应说明减免依据及减免方式。部分项目税金估算工作量较小,可以与收入或成本费用估算合并在同一张表进行测算。收入与税金测算表如表4-8所示。

表4-8 收入与税金测算表

序号	项目	合计	运营期							
			第3年	第4年	第5年	第6年	第7年	第8年	第9年	第10年
1	收入(万元)									
1.1	营业收入(万元)									
1.1.1	销售价格									
1.1.2	达产率									
1.2	补贴收入(万元)									
2	增值税									
2.1	城市维护建设税(7%)									
2.2	教育费附加(3%)									

（2）成本费用估算

PPP项目的成本费用是生产经营过程中为提供必要的产品和服务而必须付出的各类费用。根据PPP项目产出的差异，可以将项目划分为生产型项目与服务型项目；产出不同，项目成本结构也有所不同。总成本费用是指在一定时期内（项目评价中一般指一年）为生产和销售产品或提供服务而发生的全部费用。总成本费用的计算方法主要有生产成本加期间费用法和生产要素估算法。

生产成本加期间费用法下，总成本费用包括生产过程中发生的各项生产费用，主要是生产成本与期间费用。生产成本包括直接材料、直接燃料和动力费、直接工资、制造费用等。直接材料是指构成产品实体或有助于产品形成的各项原材料和外购半成品；直接工资是指制造产品的生产工人的工资，按规定支付的生产工人的退休养老等基金，另外，保险福利费用和国家的各项补贴也包括在直接工资项目之内；制造费用是指企业各生产车间和工厂管理部门为组织和管理生产所发生的各项费用，一般包括工资（含生产工人的退休养老等基金、保险福利费用和国家的各项补贴）、折旧费、物料消耗、低值易耗品摊销、劳动保护费、水电费、办公费、差旅费、运输费、保险费、租赁费（不包括融资租赁费）、环境保护费（包括排污费、绿化费等）。期间费用包括销售费用、管理费用、财务费用等。由于PPP项目大多是公益性项目，有固定的消费者，无须向市场宣传，因此销售费用在期间费用中所占比例很小；管理费用是指工厂管理费用和一般管理费用，包括公司经费、工会经费、董事会费、顾问费、诉讼费、交际应酬费、税金、技术转让费、无形资产摊销、其他资产摊销、坏账损失、职工培训费、研究发展费等；财务费用是指企业为进行资金的筹集等活动而发生的各项费用，包括利息支出（减利息收入）、汇兑损失（减汇兑收益）和金融机构手续费等；利息支出是指企业在生产经营期间偿还的，以企业名义向金融机构借款发生的利息费用，包括流动资金贷款利息、短期贷款利息等。

生产要素估算法下，总成本费用包括外购原材料、外购燃料及动力费、工资或薪酬、折旧费、摊销费、修理费、利息支出和其他费用。折旧与摊销包括固定资产和无形资产的折旧与摊销；其他费用包括其他制造费用、其他管理费用和其他营业费用，即制造费用、管理费用和营业费用中分别扣除工资或薪酬、折旧费、摊销费和修理费等以后的部分；利息支出包括长期借款利息（即建设投资借款在投产后需支付的利息）、用于流动资金的借款利息和短期借款利息。其中，外购原材料费、外购燃料及动力费、工资或薪酬、修理费与其他费用之和被称为经营成本。可变成本主要包括外购原材料、外购燃料及动力费和计件工资等；

固定成本主要包括借款利息、工资或薪酬(计件工资除外)、折旧费、摊销费、修理费和其他费用等。

PPP项目中因银行借款发生的利息费用,在项目达到预定可使用状态之前,应予以资本化处理,即记为"在建工程";在项目达到预定可使用状态之后,应予以费用化处理,即记为"财务费用"。需要注意的是,由于银行的实际计息方式是按天计息,为年化收益率,与按年测算的年利率有所差异。建设期借款利息估算通常假定借款均在每年的年中支用,借款第一年按半年计算,其余各年按全年计算,公式如下:

各年应计利息=(年初借款本息累计+本年借款额/2)×年利率

根据成本费用概算,应编制总成本费用估算表和分项成本费用估算表作为财务分析的辅助报表。成本费用具有很强的行业特性,编制时应结合行业特点选择适当的编制方法。财务测算过程中,主要使用总成本费用估算表作为成本费用分析的数据来源。总成本费用表、利润分析表、借款还本付息表三张表之间是环环相扣的,当年的利润有一部分取决于总成本,总成本中的财务费用取决于当年的贷款余额,当年的贷款余额取决于上一年度的还款情况,即上一年度可用于还款的利润情况。总成本费用测算表如表4-9所示。

表4-9 总成本费用测算表

序号	项目	合计	计算期									
			第1年	第2年	第3年	第4年	第5年	第6年	第7年	第8年	第9年	第10年
1	生产负荷											
1.1	外购原材料费											
1.2	外购辅助材料费											
1.3	外购燃料费											
1.4	外购动力费											
2	工资及福利费											
3	修理费											
4	其他费用											
5	经营成本											
6	折旧费											
7	摊销费											
8	利息支出											

(续表)

序号	项目	合计	计算期									
			第1年	第2年	第3年	第4年	第5年	第6年	第7年	第8年	第9年	第10年
9	总成本费用											
9.1	可变成本											
9.2	固定成本											

（3）利润估算

有了收入与成本费用估算之后，可以根据相关数据估算项目生命周期内的利润情况。利润情况分析主要包括对收益分配假设前后的营利性以及项目的经济评价指标等的分析，主要经济评价指标包括净资产收益率、经济增加值、盈亏平衡点等。

所谓收益分配，是指项目的运营利润最终如何在政府方和社会资本方之间分配。一般而言，政府方因为投资的公益性，在投资中大多起到放大资金杠杆的作用，通常设计政府方利润分配的阈值机制，与调价机制形成权责互补。既然政府方在项目面临风险时承担了最低需求风险，付出了最低需求保底费用，那么当利润超过一定水平时，政府方也要分享超出部分的利润。这样既保证了公平性，又让社会资本方可以获得较多的收益。收益分配的具体比例也可以不按照股东投资比例分配，一般在公司章程中明确约定具体的分配比例，根据实际需求可以灵活选用适合项目特点的方式完成此类事项的设计。

财务测算应包含收益分配假设，因为社会资本方的现金流量测算模型是以自身收益为基础的。政府方股东参与利润分配的阈值和分配比例应通过项目的财务评价模型测算，政府方分成以政府分红列示，社会资本方获得剩余收益。项目公司利润表如表4-10所示。

表4-10 项目公司利润表

序号	项目	合计	计算期									
			第1年	第2年	第3年	第4年	第5年	第6年	第7年	第8年	第9年	第10年
1	营业收入	—										
2	总成本费用	—		—	—	—	—	—	—	—	—	—
2.1	职工薪酬	—										
2.2	修理费	—										

(续表)

序号	项目	合计	计算期									
			第1年	第2年	第3年	第4年	第5年	第6年	第7年	第8年	第9年	第10年
2.3	固定资产折旧费	—										
2.4	无形资产摊销费	—										
2.4	财务费用（利息）	—										
2.5	营业税金及附加	—										
3	利润总额				—	—	—	—	—	—	—	—
4	所得税费用				—	—	—	—	—	—	—	—
5	净利润				—	—	—	—	—	—	—	—
6	提取盈余公积				—	—	—	—	—	—	—	—
7	利润分配（社会资本）				—	—	—	—	—	—	—	—
8	利润分配（政府）	—			—	—	—	—	—	—	—	—

3. 项目可行性分析

PPP项目现金流量分析着眼于融资方案前后的项目可行性分析。社会资本方在项目计算期内，以相关效益费用数据为现金流量，编制现金流量表；考虑到资金的时间价值，采用折现方法计算净现值、内含报酬率、静态投资回收期、动态投资回收期等指标，用以分析考察项目可行性。现金流量分析的主要测算表包括项目投资现金流量表、项目资本金现金流量表、社会资本方现金流量表。

（1）项目投资现金流量表

项目投资现金流量分析是在不考虑融资的条件下，计算现金流入和流出，只对现金流量进行分析，不就偿债进行分析，根据评价需求计算相应的指标。项目投资现金流量分析着眼于项目投资的营利性，在项目的净现值大于0且内含报酬率较高的情况下，项目有利可图。项目投资现金流量分析还可以采用税前和税后作为分析的节点，对税务调整前后的营利性进行分析。现金流入主要包括营业收入、补贴收入、回收固定资产余值、回收流动资产等；现金流出主要包括建设投资、流动资金、经营成本、营业税金及附加、维持运营投资等。项目投资现金流量表如表 4-11 所示。

表 4-11　项目投资现金流量表

序号	项目	合计	计算期									
			第1年	第2年	第3年	第4年	第5年	第6年	第7年	第8年	第9年	第10年
1	现金流入	—	—	—	—	—	—	—	—	—	—	—
1.1	营业收入	—										
1.2	补贴收入	—										
1.3	回收固定资产余值	—										
1.4	回收流动资产	—										
2	现金流出	—	—	—	—	—	—	—	—	—	—	—
2.1	建设投资(不含建设期利息)	—										
2.2	流动资金	—										
2.3	经营成本	—										
2.4	营业税金及附加	—	—	—								
2.5	维持运营投资	—										
3	所得税前净现金流量											
3.1	累计所得税前净现金流量	—	—	—	—	—	—	—	—	—	—	—
3.2	调整所得税	—										
3.3	所得税后净现金流量											
3.4	累计所得税后净现金流量	—	—									
4	所得税前内含报酬率(%)											
5	所得税后内含报酬率(%)											
6	税前静态投资回报期(年)											
7	税后静态投资回报期(年)											

(2) 项目资本金现金流量表

从项目资本金出资者的角度出发,在考虑政府方与社会资本方出资比例的情况下,项目资本金现金流量表用于计算确定其现金流入和现金流出,核算的指标与项目投资现金流量表基本一致,主要差异是评价的目标不同,项目资本金现金流量表主要考核资本金回报是否为正数。项目资金本收益率应大于发起人要求的最低期望水平的基准收益率,在此条件下项目才能通过评价论证。基准收益率应综合考虑资金成本和机会成本,发改委和住建部发布的"建设项目财务基准收益率取值表(参考值)"被广泛作为收益率取值的标准,实际取值会根据行业回报和投资者风险进行调整。项目资本金现金流量表如表4-12。

表4-12 项目资本金现金流量表

序号	项目	合计	计算期									
			第1年	第2年	第3年	第4年	第5年	第6年	第7年	第8年	第9年	第10年
1	现金流入	—	—	—	—	—	—	—	—	—	—	—
1.1	营业收入	—										
1.2	补贴收入	—										
1.3	回收固定资产余值	—										
1.4	回收流动资产	—										
2	现金流出	—	—	—	—	—	—	—	—	—	—	—
2.1	项目资本金	—										
2.2	借款本金偿还	—										
2.3	借款利息支付	—										
2.4	经营成本	—										
2.5	营业税金及附加	—										
2.6	所得税	—										
2.7	维持运营投资	—										
3	净现金流量	—	—	—	—	—	—	—	—	—	—	—
4	累计净现金流量		—	—	—	—	—	—	—	—	—	—
5	折现现金流	—										
6	累计折现现金流											

(续表)

序号	项目	合计	计算期									
			第1年	第2年	第3年	第4年	第5年	第6年	第7年	第8年	第9年	第10年
7	内含报酬率(%)											
8	财务净现值											
9	静态投资回收期(年)											
10	动态投资回收期(年)											

(3) 社会资本方现金流量表

社会资本方流量分析与上述现金流量分析不同,不以项目公司为主体进行分析,而以投资者实际出资进行分析。投资者出资现金流量表考虑的差异主要在于股权出资比例与收益分成比例不一致导致的收益率差异,以及由于股权因素产生的收支差异导致的投资主体资金回报不完全按照经营现金流比例获得。PPP项目政府方往往会将投资收益全部或部分让渡给社会资本方,投资各方有股权之外的不对等利益分配时,投资各方的收益率将会有所差异,这些差异考虑的主要因素是其中一方有技术转让方面的收益,或一方有租赁设施方面的收益,或一方有土地使用权方面的收益等。社会资本方只有在计算自身现金流回报的收益率为正的条件下才会参与到项目投资当中,投资方的内含收益率反映了其承担的风险是否得到足够的补偿。社会资本方为联合体的,投资方之间的利益需要进行分配,要求不同的社会资本方根据各自的投资水平测算投资回报。金融机构可能作为财务投资人参与项目,承担实际借款人角色,现金流量表测算主要考虑融资本息是否能够回收。另外,社会资本方如果具备施工能力,获得客观的施工利润,那么可能将项目回报外的施工利润也计算在内。社会资本方现金流量表如表4-13所示。

表4-13 社会资本方现金流量表

序号	项目	合计	计算期									
			第1年	第2年	第3年	第4年	第5年	第6年	第7年	第8年	第9年	第10年
1	现金流入	—	—	—	—	—	—	—	—	—	—	—
1.1	实分利润	—										
1.2	资产处置收益分配	—										

(续表)

序号	项目	合计	计算期									
			第1年	第2年	第3年	第4年	第5年	第6年	第7年	第8年	第9年	第10年
1.3	租赁费收入	—										
1.4	技术转让或使用收入	—										
1.5	其他现金流入	—										
2	现金流出		—	—	—	—	—	—	—	—	—	—
2.1	实缴资本	—										
2.2	租赁资产支出	—										
2.3	其他现金流出	—										
3	净现金流量	—	—	—	—	—	—	—	—	—	—	—

4. 项目偿债能力与生存能力分析

（1）偿债能力分析

偿债能力分析报表主要包括资产负债表（见表4-14）和还本付息计划表（见表4-15）。资产负债表数据来自其他报表的嵌入或者计算，反映项目运营期内会计等式两边的平衡，计算的主要指标包括资产负债率、速动比率和流动比率等。

表4-14 资产负债表

序号	项目	合计	计算期									
			第1年	第2年	第3年	第4年	第5年	第6年	第7年	第8年	第9年	第10年
1	资产											
1.1	流动资产总额											
1.1.1	预付账款											
1.1.2	应收账款											
1.1.3	存货											
1.1.4	货币资金											
1.1.5	其他											
1.2	在建工程											
1.3	固定资产净值											
1.4	无形资产及其他资产净值											

(续表)

序号	项目	合计	计算期									
			第1年	第2年	第3年	第4年	第5年	第6年	第7年	第8年	第9年	第10年
1.5	长期投资											
2	负债及所有者权益											
2.1	负债小计											
2.1.1	流动负债											
2.1.1.1	短期借款											
2.1.1.2	应付账款											
2.1.1.3	预收账款											
2.1.1.4	其他											
2.1.2	建设投资借款											
2.1.3	流动资金借款											
2.2	所有者权益											
2.2.1	实收资本											
2.2.2	资本公积											
2.2.3	累计盈余公积											
2.2.4	累计未分配利润											
计算指标	资产负债率(%)											
	流动比率											
	速动比率											

还本付息计划表通过分析计算项目生命周期内资金融入和还本付息的安排,测算现金流量的可持续性。资金来源考虑长期借款资金与短期借款资金,还本付息测算考虑历年年初累计借款和本年新增借款与偿付本息的差额,常见的计算指标包括利息备付率和偿债备付率等。年初累计借款和本年新增借款只在项目建设期的年份内填写,且第1年的年初累计借款始终为零,建设期内年初累计借款在逐年增加,而运营期内年初累计借款在逐年减少,直到还款期结束;本年新增借款是指建设期各年内向银行的固定资产投资借款。具体公式如下:

建设期各年和运营期第1年的年初累计借款=上一年的年初累计借款+上一年的本年新增借款+上一年的本金应计利息

运营期第 j 年以后各年的年初累计借款 = 上一年的本年累计借款 - 上一年的本年应还本金

等额本息偿还在项目还本付息表中,每年偿还的本金及利息的合计为固定值:

等额本息偿还金额 = 经营期每年应还本息 - 经营期第 1 年年初累计借款 × $(A/P,i,n)$ 式中,i 为建设期贷款年利率,n 为等额本息偿还年份。

在建设期各年,借款本息只计不还。建设期各年的本年应付利息为 0,运营期各年的本年应付利息为本年应付利息 - 本年应计利息。运营期各年的本年应还本金等于本年应还本息与本年应付利息之差。

表 4-15 项目还本付息表

序号	项目	合计	计算期									
			第1年	第2年	第3年	第4年	第5年	第6年	第7年	第8年	第9年	第10年
一	借款还本付息计划											
1	银行贷款											
1.1	年初累计借款余额											
1.2	本年新增借款											
1.3	本年应计利息											
1.4	本年应还本金											
1.5	本年应付利息											
1.6	年末借款余额											
二	资本付息资金来源											
1	折旧摊销费（含维简费）											
2	利润											
3	以前年度可还本资金											
4	其他还本资金											
5	其他还利息资金											

(续表)

序号	项目	合计	计算期									
			第1年	第2年	第3年	第4年	第5年	第6年	第7年	第8年	第9年	第10年
6	计入财务费用的利息											
三	指标计算											
1	息税前利润（EBIT）											
2	其他还利息资金											
3	用于投资和弥补亏损的利润											
4	还利息											
5	还本金											
6	息税折旧摊销前利润（EBITDA）											
7	其他还本资金											
8	所得税											
9	用于投资的其他资金											
10	利息备付率											
11	偿债备付率											
12	借款偿还期（年）											
13	银行贷款											

（2）生存能力分析

生存能力分析通过编制财务计划现金流量表反映。财务计划现金流量表反映计算期内经营活动、投资活动、筹资活动的现金流入和流出，考察资金平衡的余缺情况，体现项目的生存能力。当项目当年净现金流量出现负值时，表明项目当年资金短缺，如果不解决当年资金短缺问题，则项目就无法继续正常运行；当项目在计算期各年不但不存在资金短缺，而且各年有盈余资金时，表明项目的财务可持续能力相对较强。财务计划现金流量表在考虑融资与债务偿付分析的情况下，与利润表协同评测PPP项目的效益。在项目前期评测时，依据财务计划现金流量表可测算项目可行性缺口,依据缺口确定政府方对项目的补贴。财务计划现金流量表如表 4-16 所示。

表 4-16　财务计划现金流量表

序号	项目	合计	计算期									
			第1年	第2年	第3年	第4年	第5年	第6年	第7年	第8年	第9年	第10年
1	经营活动净现金流量											
1.1	现金流入											
1.1.1	营业收入											
1.1.2	增值税销项税额											
1.1.3	补贴收入											
1.1.4	其他收入											
1.2	现金流出											
1.2.1	经营成本											
1.2.2	增值税进项税额											
1.2.3	税金及附加											
1.2.4	增值税											
1.2.5	所得税											
1.2.6	其他流出											
2	投资活动净现金流量											
2.1	现金流入											
2.1.1	回收固定资产余值											
2.1.2	回收流动资金											
2.1.3	回收对外投资											
2.2	现金流出											
2.2.1	建设投资											
2.2.2	维持运营投资											
2.2.3	流动资金											

(续表)

序号	项目	合计	计算期									
			第1年	第2年	第3年	第4年	第5年	第6年	第7年	第8年	第9年	第10年
2.2.4	其他流出											
3	筹资活动净现金流量											
3.1	现金流入											
3.1.1	项目资本金投入											
3.1.2	建设投资借款											
3.1.3	流动资金借款											
3.1.4	短期借款											
3.1.5	其他流入											
3.2	现金流出											
3.2.1	各种利息支出											
3.2.2	偿还长期借款本金											
3.2.3	偿还短期借款本金											
3.2.4	偿还流动资金借款本金											
3.2.5	投资者分配利润											
3.2.6	其他流出											
4	净现金流量（1+2+3）											
5	累计盈余资金											

5. 敏感性分析与概率分析

（1）敏感性分析

敏感性分析一般而言是计算影响因素对项目具体指标的影响程度。除受到市场因素影响外，项目完成还受到宏观因素、中观因素和微观因素的影响。宏观因素包括利率、通货膨胀率等；中观因素包括项目设计变更、工期延误、收入期望低等；微观因素包括风险分配失当、承包商违约等。敏感性分析就是在风险识别的条件下进行的特殊风险的后果分析。敏感性分析针对各类宏观因素和极端情景进行假设,分析在各种情况下项目现金流能否产生足够的回报,依次对所选择的全部因素进行同样计算,得到全部因素的计算结果。通过判断项目对哪些因素最敏感,对项目方案中这些参数的取值进行必要的调整。敏感性分析可以分为单因素敏感性分析和多因素敏感性分析。敏感系数的计算公式为:

$$不确定因素敏感系数 = \frac{评价指标显著低于基本方案的变化率}{该不确定因素的变化率}$$

进行敏感性分析,一般遵循以下步骤:一是确定分析的经济效益指标,主要包括净现值、内含报酬率、投资利润率、投资回收期等;二是分析该项目存在的风险因素,设定其变化范围;三是分析风险因素的变化对项目财务数据的具体影响;四是计算不确定因素变动对项目经济效益指标的影响程度,以及变动因素的临界点,找出敏感性因素;五是绘制敏感性分析图,编制敏感性分析表,提出决策建议。

(2) 概率分析

多因素组合概率分析是对未来项目运营环境有关变量因素共同作用情况的近似模拟,考察项目在多因素共同变化的情况下,项目资本金现金流量和项目社会投资方现金流量等有关效益指标的变化情况。一般是选择项目两个或以上的主要因素,分析判断所选择的各因素取值变化的范围及可能出现的概率(各因素取值出现的概率一般依靠具有丰富实践经验的专家判断或历史统计数据的分析结果)。在确定各参数取值的不同情况以及各种情况出现的概率后,进行多因素组合概率分析计算,得出项目的期望净现值大于和等于 0 的累计概率值,依据累计概率值大小判断项目的取舍。一般情况下,当项目多因素组合概率分析计算得到的累计概率值大于 70% 时,项目才可以接受。当不能获得合理可信的各因素取值出现的概率时,应放弃多因素组合概率分析。

第5章 PPP项目的风险管理与收益分配

5.1 PPP项目风险管理的目标、流程与方法

5.1.1 风险管理贯穿于PPP项目各环节

风险与不确定性有关,若某一事件的发生存在两种或两种以上的可能性,即认为该事件存在风险。管理经济学中的风险是指一种特定的决策所带来的结果与期望结果之间变动性的大小。系统工程学中的风险是指用于度量在技术性能、成本进度方面达到某种目的的不确定性。PPP项目的风险是指造成基础设施项目达不到预期目标的消极的不确定性因素。基础设施项目的复杂性决定了不确定性的多样性,参与基础设施项目建设活动的主体有很多,如政府、设计单位、监理、承包商及供货商等,各主体的经济利益决定了其立场和风险管理目标,引致承担的主要风险存在较大差异;各主体基于自身风险承受能力的考虑选择承担相应的风险,并根据项目经验与禀赋的不同采取符合成本效益原则的风险防范措施。基础设施项目的投资巨大,一旦项目的风险因素产生不良后果,往往会造成巨大的损失,因此,对风险的前期识别与评估就显得尤为重要。

项目风险管理是项目风险识别、分析、防范和处理的一系列过程。风险管理的主体通过风险识别、风险分析和风险评估采取积极行动,合理利用规避、减少、分散或转移等手段对风险实施有效控制,妥善处理风险事件造成的不良后果,以合理的成本确保预定目标的实现。项目风险管理的过程包括规划风险管理、识别风险、定性风险分析、定量风险分析、规划风险应对和控制风险。在项目进行过程中,各种不可避免的变更会带来某些新的不确定性。通过对风险的

识别、分析可以评价这些不确定性，并及时提出防范和处理措施。PPP 项目涉及建设和投融资等诸多环节，风险识别工作在每个环节的准备阶段就随之展开。项目参与方从自身角度出发，对项目风险进行分析评价、共同协商，进而形成对风险因素的共识，并根据双方或多方签订的协议将风险分配结果与风险治理方案陈列于正式文档。相较于一般的工程项目，PPP 项目的主要特点在于参与方划分为政府方与社会资本方，治理结构较一般的工程项目更为复杂，带来了项目股东间的风险分配问题，在风险的治理与控制方面需要由双方或多方共同实施。

5.1.2 PPP 项目风险管理的目标与流程

1. PPP 项目风险管理的目标

风险管理的目标分为损失发生前和损失发生后两类。前者的目标是节约成本、减少焦虑心理等；后者的目标是努力使损失的标的恢复到损失发生前的状态。二者共同构成完整而系统的风险管理目标。PPP 项目的风险管理活动是一类特殊的项目风险管理行为，风险管理的目标从企业的单主体变迁为政府方和社会资本方对风险的分开治理，同时由于风险分担存在交集，双方亦存在共同的诉求。其中，风险分配为 PPP 项目的风险管理活动圈定了管理风险的范围。风险管理的目标包含对具体风险的分配，分配是风险管理的第一步，即风险管理的目标是在合作双方对风险分配达成一致意见的基础上形成的。

政府和社会资本双方共同承担风险所造成的影响，通常应由双方按照协议或合同约定的比例支付或承担相应的成本。总体而言，PPP 项目风险管理的目标主要体现在支付的成本与产生的影响两个方面。双方都需要降低风险成本，缓释突发事件的压力，维持 PPP 项目的持续正常运行。政府和社会资本方 PPP 项目风险管理的目标具体见表 5-1。

表 5-1 PPP 项目风险管理的目标

风险管理主体	目标组成	风险管理的目标
政府方	损失发生前	·保证财政可承受能力 ·遵守契约等
	损失发生后	·维持财政支付能力 ·降低社会影响成本等

(续表)

风险管理主体	目标组成	风险管理的目标
社会资本方	损失发生前	·降低损失成本 ·减轻和消除压力等
	损失发生后	·维持项目运行 ·保证生产运营能力 ·保障基础设施服务能力 ·履行社会责任等

资料来源：根据相关文献资料整理。

2. PPP 项目风险管理的流程

风险管理活动与日常管理活动存在交叉融合，具体包括建立风险管理目标、识别风险、分析风险、评价风险和应对风险等流程（见图 5-1）。

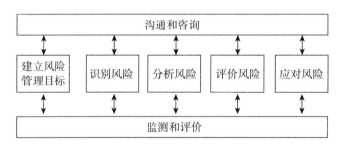

图 5-1 风险管理的流程

资料来源：COOPER D, GREY S, RAYMOND G, WALKER P. Project risk management guidelines: managing risk in large projects and complex procurements[M]. 1 edition. Hoboken, NJ: Wiley, 2004.

风险管理者需要在管理活动中明确风险管理目标，在既定目标下管理和控制风险。项目所处的环境对项目风险管理的目标影响重大。环境包括内部环境与外部环境，内部环境主要是企业的组织构架、治理结构等，外部环境主要包括经济环境、政治环境、法律环境等。环境的意外变化可能会打乱预定的生产经营计划，从而产生负面的风险后果。例如，国家宏观经济政策的变化使企业或 PPP 项目遭受意外的风险损失，生产经营活动与外部环境的要求相违背使企业或 PPP 项目受到制裁风险，社会文化、道德风俗的改变使生产经营活动受阻而导致企业经营困难等。

识别风险是识别出哪些风险会影响项目的进程，这些风险在什么情况下发生。若没有识别出风险,也就无法对其进行评估。识别风险需要借助成熟的识别方法,如头脑风暴等。用于识别风险的信息来自历史数据、理论分析、经验判断,以及风险管理者对项目的认知和专家的研究等。风险识别的输出结果通常以项目风险清单的形式展现。对 PPP 项目而言,这类识别风险还需要根据以往的经验,明确缓释风险的具体措施,以便项目经理或者政府方风险管理人员合理应对。

评估风险是分析风险和评价风险的综合过程。分析是指根据可用信息判断风险因素发生的频率和可能产生的后果的影响程度,评价是根据风险划分的标准评价风险的重要性程度。整个过程的目标是评估每一项风险的结果以及这种结果是否会恶化,并评估进一步恶化的可能性。同时,还需要对已识别的风险进行排序,给出风险的优先级序列。排序的目的在于制定应对策略时可以有判断轻重缓急的依据,并且风险的优先级排序在风险分配过程中具有重要作用,是 PPP 项目风险分配的一项重要依据。这一过程的输出结果是具有优先级排序的风险清单,且有对每一项风险发生的可能性和其如何影响项目成功的后果描述,如果能够预计风险发生的概率,还应有对相关风险发生条件和概率的描述。

为了减少暴露,需要对风险尤其是特定风险采取实质性行动,否则,识别、分析和评价过程就成了无用功。这一过程主要的输入信息是风险清单和风险优先级排序,一些限制条件决定了风险应对的可能方式,如项目的成本和预算限制了具体措施可能采取的方式,只能在既定成本可以接受的水平下进行风险应对。风险应对活动应考虑风险对所采取措施的敏感性,即风险应对措施的强度。强有力的应对措施能够显著地降低风险,但这类措施往往成本较高,对于较严重的风险尤其如此,花费多大的代价控制风险需要遵循成本效益原则以及管理的需要。一般而言,项目经理应根据项目的资源约束选择适当的应对措施,并制订相应的风险处理计划。风险处理计划应包含每一项在风险清单中发生的可能性较高的风险。

项目执行过程中对风险的监测和评价也必不可少。持续的监测和评价可以保证新出现的风险也被纳入风险管理过程中。而且,项目的风险管理活动只有持续进行才能保证其有效性。评价风险监测的过程与项目的监测评价管理工作具有重合的一面,一般在项目的重要阶段都需要进行这样的评价工作。监测和评价工作将一般的管理工作与风险管理工作融合在一起,同时,持续的项目监测能够保证风险管理活动更好地进行,并且保证风险管理活动处于持续改进状态。这一阶段主要的信息输入是风险清单和应对措施清单,根据项目监测观察到的新情况,需要不断修正风险清单和应对措施清单,以保证项目每一次监测后对应的活动都能够反映最新的风险环境威胁。

项目管理者应就其风险管理工作,与利益相关方定期沟通。沟通的对象包括社会资本方股东和政府方等。沟通的目标是保证各方都能通过风险管理活动获得项目风险信息。当项目风险管理成本过高时,项目管理者可以与主要投资人协商改进管理计划的支出规模。沟通通常采取定期报告或风险管理报告的形式,由项目经理向管理层和董事会报告上一阶段的风险状态和风险管理工作。风险管理报告可以帮助管理层更好地了解项目现阶段的风险状况、存在的问题,以及未来可能面临的潜在风险。重要的项目需要在重要阶段结束后提供阶段性的风险管理报告,作为评估阶段性工作成果的信息来源。

5.1.3 PPP项目风险管理的方法

PPP项目风险管理活动是在对项目各环节存在的风险进行识别、分析、评价的基础上,优化组合各种风险管理技术,对风险实施有效的控制,妥善处理风险所致的结果,以期以最小的成本达到最大的安全保障的过程。风险管理的主要方法包含事前的措施和事后的应对。事前的措施主要是设法降低风险发生的可能性,事后应对的目标是降低风险造成的影响,风险本身并不能得到完全的控制,但可以通过协议等方式将风险分散给其他参与方,降低单一承受者的成本。PPP项目风险分配实际上就是把风险管理专业化的过程,让更有承受能力也能更好地处理风险的一方承担相应的风险,风险管理本质上是通过内部控制将风险在自我管理的范畴内降到最低或通过合同约定将风险转移给其他方。PPP项目与一般项目不同的是,风险有两次分配的过程,风险识别之后首先要将风险在政府方与社会资本方之间进行分配,社会资本方通过承担建设运营过程中的风险作为获取相应回报的依据。在初次分配之后,社会资本方通过缔约将风险分配给其他参与方,如承包商需要承担工程风险,而工程意外险的承保单位需要承担工程的意外风险等,这种安排根据合同交易结构将风险疏散到其他相关参与方。

PPP项目风险管理是在风险分析的基础上,主动出击,积极采取控制措施减少风险因素的危险性。风险管理活动主要是为了降低风险发生的概率,以及在风险发生时,控制风险将损失最小化。表5-2列示了风险规避、风险预防、风险分配、风险转移、风险分散、风险控制与风险自留等几种基本的风险管理方法。

表 5-2　风险管理方法

风险处理方法	风险处理时间	方法描述
风险规避	事前	改变生产方法,变更工作地点
风险预防	事前	采取预防措施,减少风险发生的可能性
风险分配	事前	政府方与社会资本方合理分配风险
风险转移	事前	通过合同约定风险后果由其他方承担; 通过保险转移财产和人身风险
风险分散	事前	利用衍生工具等对冲风险
风险控制	事后	风险发生后采取必要措施控制风险后果
风险自留	事后	无计划自留,以当期费用支付风险成本; 有计划自留,设立风险基金支付风险成本

1. 风险规避

风险规避包括改变项目管理计划以消除有害风险造成的危害,使项目目标不受风险的影响,以及放宽有危险的目标,如延长进度或减小范围等。例如,退出某一市场以避免激烈的竞争,拒绝外包某项对工作人员健康有害的工作,拒绝与信用不好的交易对手进行交易,对高安全风险的工作进行外包,停止生产可能有潜在安全隐患的产品等。

2. 风险预防

风险预防是在损失发生前,即采取相关措施消除或减少可能引发损失的各种因素,以尽可能减小损失发生的可能性及损失程度。风险预防是通过策划、组织、控制和检查活动,防范风险损失的发生,弱化损失的程度,以获得最大利益的行为。风险预防涉及将当前成本与潜在损失进行比较的问题,如果潜在损失远大于当前成本,则应采取风险预防手段。

3. 风险分配

风险分配就是将风险分配给最有能力控制项目风险的一方。对于 PPP 项目而言,影响其风险分配的因素是多方面的,比如 PPP 项目本身的特点、公私双方对 PPP 项目融资模式的理解程度、双方承担风险的意愿等。但是合理的 PPP 项目风险分配机制必须遵循风险分配三原则:一是由对风险最有控制力的一方承担相应的风险,二是承担的风险程度与所得的回报相匹配,三是承担的风险要有上限。要确保风险分配结果能够降低风险发生的可能性、风险造成的损失和风险管理的成本,使 PPP 项目对各方都具有吸引力。风险分配可以培养各方理性审慎的行为。各方必须有能力控制所分配的风险,并为项目的成功有效地工作。

4. 风险转移

风险转移需要将威胁的消极影响连同对应的权利转移给第三方。转移债务是处理财务风险最有效的方法。风险转移几乎总是伴随着向承担风险的一方支付风险费用。风险转移的主要方法包括两种:一是购买保险,从风险管理的角度来看,保险是一种风险转移机制。面临风险的经济单位通过参加保险将风险转移给保险公司,用财政小额支出代替经济生活中的不确定性。而保险公司利用概率论中的大数定律来获取合理的收益。二是合同转移。将风险可能导致的财务风险损失转移给非保险机构,如服务保证书等。转移风险时,管理层应考虑各方的目标、转移的能力、存在风险的情景以及成本效益等。

5. 风险分散

风险分散是指增加同类风险单位的数目来提高未来损失的可预测性,已达到降低风险发生的可能性的目的。PPP 项目公司可以通过投保等多种方式风散风险。比如,在风险发生时,保险公司可以帮助 PPP 项目公司减少损失,即投保人通过签订保险合同把风险可能导致的财务损失转移给保险公司。当然,保险公司不可能帮 PPP 项目公司承担所有的风险,尤其是中国的保险行业还未成熟,在理赔和投保过程中仍然存在很多问题。

6. 风险控制

风险控制是指通过控制相关风险事件发生的动因、环境、条件等达到减轻风险事件发生时的损失或降低风险事件发生的概率的目的。也就是说,风险控制是项目公司在权衡成本效益之后,准备采取适当的控制措施把不利风险事件的概率和影响单独或一起降到可接受的限度,以降低风险或者减轻损失的策略。由于风险的两个主要维度是发生的可能性及发生后的影响程度,因此风险控制就是降低风险发生的可能性,或者降低发生后的影响程度以减小风险等级。通常影响某一风险的因素有很多,风险控制可以通过控制这些因素中的一个或多个来达到目的,但主要是风险事件发生的概率和发生后的损失。采用不太复杂的工艺、进行更多的测试,或者选用比较稳定的供应商都是减轻风险的有效手段。另外,可以采用对冲措施抑制风险后果。风险对冲可以分为自我对冲和市场对冲两种情况。自我对冲是指项目公司利用资产负债表或某些具有收益负相关性质的业务组合本身所具有的对冲特性进行风险对冲,如不同行业的经济周期风险对冲等。市场对冲是指通过衍生产品,借助资产负债表和相关业务调整进行风险对冲,如利用期货进行套期保值等。风险对冲必然涉及风险组合,而非单一风险。对于单一风险,只能进行风险规避、风险控制。

7. 风险自留

风险自留是指风险管理主体通过采取控制措施,化解风险或者承受风险。PPP项目面临的风险很多,通常风险管理者能够明确辨识的风险只占全部风险的少数。对于未识别出的风险,项目实施方只能采用风险自留;对于辨识出的风险,可以视具体情况采用风险自留。例如,对缺乏能力进行主动管理的部分风险采用风险自留;在没有其他备选方案,或者从成本效益原则考虑该方案是最合适的情况下采用风险自留。但是对于会影响PPP项目实现的重大风险,一般不予采用风险自留。风险自留的途径通常有三种:一是将损失摊入经营成本。亏损后,PPP项目公司只需将亏损计入当期损益,并计入运营成本。这种途径可以最大限度地减少管理细节,但如果损失在不同的年份波动,较大的损失将使项目公司陷入困境。二是通过融资解决问题。发生风险事件或意外损失时,如果项目公司不能依靠内部资金度过金融危机,可以向银行或其他渠道寻求专项贷款弥补事故损失造成的财务缺口。三是建立意外损失基金。意外损失基金一般采取定期注入资金长期积累的方式,但也可以采取一次性转移资金的方式。项目公司通常根据未来现金流的情况、变现准备金额度、机会成本等因素提取意外损失基金。建立意外损失基金能够应对更多的自留风险。

5.2 PPP项目风险的认知、识别与评估

5.2.1 PPP项目风险认知的阶段性特征

风险作为外在的不确定性本身是客观存在的,但由于风险受时间和环境的影响在动态变化,它又不可能被完全识别。风险承担主体对风险的主观认知是风险应对与管理的基础,PPP模式的发展经验会促进整个市场对项目风险认知水平的提升,成功或者失败的先例都会为后续的项目提供更好的风险管理样本。在特定的发展阶段,制度政策环境和金融环境等因素构成了PPP项目实施过程的关键外部因素,也是风险因素产生的主要原因之一。项目参与方对PPP

项目以及行业的发展都存在认知偏差,对风险的评判构成了其决策的基础,参与方的行为作用于项目的谈判和执行,形成个体的操作样本。个体行为的示范效应与群体行为的联合效果反向推动了外部环境的变化,参与方与监管方,甚至是金融环境之间形成了互动关系。这一过程是建立在特定时期参与方对风险普遍认知的基础上的,对风险的回避有意或无意地推动了PPP模式发展的方向。

风险认知本属于心理学范畴,是评价主体受自身条件限制对客观状况的主观评价,包括如何看待该风险,对该风险的可控性、发生概率的估计,以及如何看待上述判断的可靠性。人们通常主要依赖直觉来评估风险可能带来的各种危险。专业机构则会参照行业经验与评估技术来认知风险。风险的认知包括识别与评价的过程,但由于主体自身条件的限制,其认知水平参差不齐。PPP项目风险识别与评价的主体是社会资本方与政府方,对风险的认识构成了双方分担风险的基础。但广义的参与方还包括承包商等其他利益相关方,其风险认知影响了其参与项目的行为。

PPP项目风险管理可以理解成对风险分配与应对的决策,PPP项目一般投资金额较大,项目合作期较长,通常为10—30年。其中,社会资本方承担的职责较多,包含从施工到投资、组织管理、工程管理、项目运营的全过程,其认知很有可能存在盲区,PPP项目全生命周期风险难以被识别。在建筑企业居多的现状下,有些企业急于抢占市场,盲目乐观,不重视风险识别等前期工作,风险发生时则易引致损失。风险认知具有阶段性,在特定的发展阶段,对风险的识别和评价具有一定的特性,随着项目经验和市场发展的完善,同类项目的风险将能被更好地发现。

现阶段PPP项目中,地方政府一般负责前期的土地整理和拆迁工作,同时负责项目审批和后期的监督管理,对风险的认知比较全面。现行财税体制下,土地是地方政府主要的财政收入来源,也是PPP项目中政府用以推动项目发展的主要资源。有时地方政府在推动PPP项目发展时,为了完成政绩,在项目规划审批环节往往会出现不合理问题;为了能够最大化土地利益,征地拆迁补偿也存在蓄意被压低的动机;为了加速项目上马,往往忽视PPP项目采购过程中的必要程序,导致程序上的法律瑕疵;为了吸引社会资本方参与,项目定价和项目收费期限很可能偏离实际需求,在达到财政平滑目的的基础上给社会资本过度让利,或在测算项目收益时运用较高的标准,而在实际执行过程中又存在违约,危害社会资本方的利益。PPP项目信息公示制度要求每个阶段完成后的一定时间内,都要在项目库内公开信息,但在实际执行中却存在信息公开不完整、不健全等问题。而且,PPP项目缺乏公众参与,对项目后期产生的结果缺乏充分的讨论与利益协调。地方政府对屡见不鲜的诸如征地拆迁、项目腐败等问题仍缺乏治理的外部激励,对经济层面和制度层面的风险认知程度较高,在进行PPP项目风险分配时可以由政府承担此类风险。

社会资本方对PPP项目建设和移交阶段的风险较为熟悉,但对运营和融资阶段的风险认知存在偏差。土地与拆迁问题由于责任大多由政府承担,社会资本方无须介入土地一级开发,因此避免了诸多与土地相关的问题。中国劳动保护法规和环保政策对建设施工过程中人工工资的拖欠与环境污染问题非常重视。社会资本方对运营与融资往往缺乏足够的认知,对运营效率的提升缺乏足够的重视;对于外部政策的变化,招标采购政策和金融政策产生的风险,社会资本方认知充分,但无法参与到政策的前期讨论中,多为被动接受。

5.2.2 PPP项目全生命周期的风险识别

1. 风险识别的步骤

风险识别是发现、识别和记录风险的过程,目的是识别可能影响系统或组织目标的事件或情况,包括识别风险来源、影响范围、事件、原因以及可能对目标产生重大影响的潜在后果。风险识别通常包含三个过程:首先是从可能的渠道获取风险因素的信息,进行风险的初次识别,即汇聚不同专家的意见形成初步的风险清单;然后通过科学有效的方法对清单上的风险进行分析,判断风险对项目的影响程度、发生的可能性等;最后通过将不同专家的判断进行综合处理,将风险因素进行排序,形成项目风险最终清单。

风险识别的信息资源可能来自组织外部或者内部。组织外部有关风险识别的信息资源包括商业数据库、学术研究、基准或其他行业研究等已发表的资料,主要是从广泛的资料里获取适用于具体项目的信息。组织内部的信息资源主要是从以前项目的档案中获得相关信息,还可以通过项目范围说明书查到项目的假设信息。风险识别过程要了解项目管理计划中的进度计划以及费用和质量管理计划。导致项目费用超支的因素有很多,在项目各阶段都有可能发生。项目建设的费用主要在前期发生,即项目决策和设计阶段,这两个阶段的费用风险需要引起重视并进行细致分析。从经验来看,施工阶段存在较大的进度风险,但施工活动又是一个个分部、分项工程的有机衔接,进一步分析各分部、分项工程对工期的影响更有利于风险管理人员识别进度风险。

风险识别不是一蹴而就的,应当在项目实施全过程反复进行。在项目计划阶段,风险识别主要依赖于政府方的实施机构和社会资本方的实施人员及咨询机构,通常可以参考同类项目的结果或者借鉴专业调研机构对同行业项目的风险识别报告。到了项目实施阶段,风险识别活动的参与者可以拓展到项目团队、风险管理小组、项目公司精通某一业务的专家、客户、最终使用者、其他项目经理、外界专家等。风险识别要结合本项目的特点,包括本项目的目标、范围、任务、进度计划、费用计划、资源计划、采购计划,以及业主、出资人、承包商等对项目目标的期望值等,列出初步的风险清单。初步的风险清单列出后,要对产生这些风险的源泉、促成风险产生的条件、风险发生的概率、风险的影响面和危害程度进行分析评价。然后在此基础上,对各项风险进行分类排序,以便对不同类型的风险采取相应的控制措施。

2. 风险识别的基本方法

风险识别的基础是分解项目风险。项目风险的分解就是根据项目风险之间的关联度,将风险视为一个系统,以不同的标准将风险划分为不同的子系统。分级之后的风险清单,可以更好地认识和应对项目风险。一般而言,分解的维度包含目标维、时间维、结构维和因素维(见表5-3),具体由专业人员选择适当的维度进行分解。

表5-3 风险识别的维度

维度	分解标准	考虑因素
目标维	按项目目标进行分解	考虑影响项目费用、进度、质量和安全目标实现的风险
时间维	按项目建设的阶段进行分解	考虑工程项目建设不同阶段的风险
结构维	按项目结构组成进行分解	考虑不同的单项工程、单位工程的风险
因素维	按项目风险因素的分类进行分解	考虑政治、经济、自然、军事、社会等方面的风险

资料来源:全国咨询工程师(投资)职业资格考试参考教材编写委员会.工程项目组织与管理[M].北京:中国计划出版社,2017.

在项目风险分解的过程中,有时采用一种方法并不能达到目的,而需要几种方法相互组合,如并列、镶嵌等。通常采用的是时间维、目标维和因素维三维结合的方式。PPP项目由于周期性的限制,多采用典型的三维结合的方式识别项目风险,项目按照生命周期分为建设期、运营期等。单一维度的分解是困难的,因为风险的识还需要描述风险发生的原因和管理风险的目标等,三个维度的交叉对于定位风险因素有较好的效果。

　　风险识别需要遵循一些基本原则,首先是全面原则,如需尽可能全面地识别项目的各类风险,系统、连续地识别出所有与项目经营管理相关的活动等。全面地把握各种风险的发生及其后果的详细状况,可以为决策提供较为完备的信息。其次是成本效益原则,保证项目以最小的支出获得最大的安全保障。随着风险识别工作精细化程度的提高,项目的成本也在不断提高,管理人员要选择效果较好同时花费合理的方案。最后是系统原则,风险管理要将项目视为一个系统进行风险识别,风险管理部门应根据项目全生命周期内不同阶段的运作方式和相互衔接方式,全面调查、分析项目面临的各类风险,这些风险共同构成项目风险的信息库。

　　表5-4列示了常用的一些风险识别方法。实际上方法本身并无好坏之分,具体采用何种方法取决于项目公司实施过程中的资源条件和专业人员的经验等。

表5-4　风险识别方法

风险识别方法	方法描述
头脑风暴法	在一位主持人的推动下,项目团队与外部相关学科专家一起举行头脑风暴会议,与会人员会产生许多有关项目风险的想法,进而识别出项目风险,并按照风险类型进行分类
德尔菲法	项目风险管理专家以匿名的方式参与此项活动。主持人用问卷征求对重要项目风险的意见;问卷在总结之后退给专家,请他们进一步发表意见;在经过几轮相同的过程之后,就可能达成一致意见。德尔菲法有助于减少数据中的偏移,并防止任何个人对结果造成不当影响
访谈	访问有经验的项目参与者、有关当事人或专题事务专家,通过访谈确定可能发生的风险
原因识别	该方法加强了风险的定义并能够按照成因给风险分组,如果找出风险根源,就可以制定有效的风险应对措施
SWOT分析	从优势、劣势、机会、威胁四个角度对项目进行评估,以扩大所考虑风险的广度

(续表)

风险识别方法	方法描述
核对表法	基于以前类比项目信息及其他相关信息编制的风险识别核对表。核对表一般按照风险来源排列。利用核对表法进行风险识别的主要优点是快而简单,缺点是受到项目可比性的限制
图形技术	图形技术首要建立一个工程项目总流程图与各分流程图,展示项目实施的全部活动。图形技术作为风险识别或者风险评估的方法都可以实现。由于图形技术隐含了流程和因果关系,因此风险识别的图形技术包含因果图、流程图和影响图

3. 风险识别的结果:风险清单

风险识别的结果是一份包含风险管理所需信息的风险清单。该清单包含对风险的基本描述、风险的内涵,以及风险发生的条件、风险发生的征兆等,并根据风险发生的结果提出可能采取的应对措施。对PPP项目而言,风险应对措施包含了经验的风险处理方案和针对该项目特别制定的风险处理方案。风险具有动态性和变化性,风险识别活动伴随着项目不断推进。项目的变更和改扩建等都会使风险因素发生变化,宏观环境的变化也会带来风险因素相应的变化,如国家宏观调控政策的变化会对PPP项目的风险环境产生重要影响,连带的土地获取、经营成本等都面临重大变化,风险清单就需要不断地更新与扩展,在每一个里程碑阶段重新进行风险识别,形成新的风险清单。

4. PPP项目全生命周期主要风险因素

PPP项目风险按不同层次可以划分为宏观、中观和微观风险,对风险进行描述存在两种导向:一是内容导向,主要把类似风险划分为一类;二是生命周期导向,即根据项目不同阶段划分风险。PPP项目全生命周期具有明显的阶段性特征,将时间维作为主要的识别依据,从决策、融资、建设、运营、移交五个阶段及全生命周期阶段对PPP项目的风险类型进行划分,可以使风险更具系统性和可控性,使参与主体合理分摊阶段性比较明显的风险,并及时采取措施防范风险。

(1)决策阶段风险事件

决策阶段是PPP项目能否实施的决定性阶段,它需要策划项目建议书、进行可行性研究,从而决定项目是否可以采用PPP模式。除此之外,项目前期土地获取等因素不仅关系到项目成本还关系到公众利益,都会对项目决策造成影响。决策阶段的主要风险事件如图 5-2 所示。

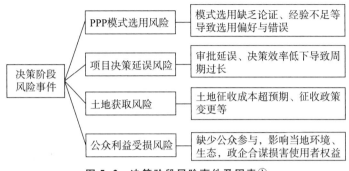

图 5-2 决策阶段风险事件及因素①

(2) 融资阶段风险事件

项目融资首先需要引入社会资本作为项目主要的股权投资人,然后由中标社会资本负责构建 PPP 项目公司的具体融资框架。融资阶段主要的风险点是招投标和融资两个部分,招投标过程中的程序正当性问题以及融资过程中的结构合理性问题是这一阶段主要的风险点。融资阶段的主要风险事件如图 5-3 所示。

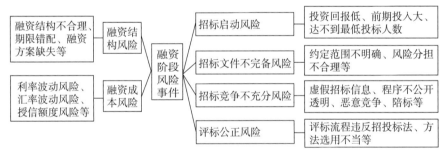

图 5-3 融资阶段风险事件及因素

(3) 建设阶段风险事件

建设阶段是指 PPP 项目开始正式进入建设期,这一阶段的风险多与 PPP 项目本身有关。从设计环节开始,错误和遗漏的出现就可能为后期设计变更埋下伏笔。项目建设涉及材料采购与工程实施等多方面因素,包括天气、地质条件等,这些都会对项目造成负面影响。建设阶段的主要风险事件如图 5-4 所示。

---

① 图 5-2 至图 5-7 借鉴:李丽等.全生命周期视角下的 PPP 项目风险识别[J].工程管理学报,2016,29(1):54-59;杨文宇.基础设施 PPP 项目的全生命周期动态风险管理探析[J].项目管理技术,2010,8(06):39-43;柯永建.中国 PPP 项目风险公平分担[D].清华大学,2010 等的研究成果整理绘制。

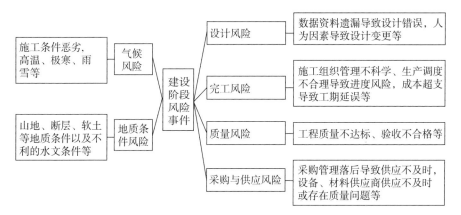

图 5-4　建设阶段风险事件及因素

（4）运营阶段风险事件

PPP 项目建设成功后进入运营阶段，至项目公司成本收回运营期结束面临的具体风险如图 5-5 所示。

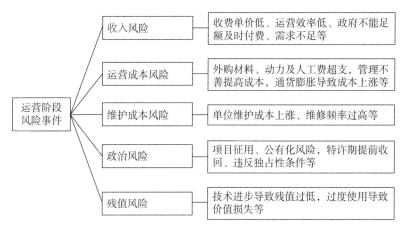

图 5-5　运营阶段风险事件及因素

（5）移交阶段风险事件

项目移交阶段的主要工作包括组织人员按照移交方案准备移交，按照合同标准对项目资产进行评估和性能测试，根据测试结果确定补偿金额等。项目资产移交需要保证资产的完整性，项目资产移交后，社会资本方需要在一定时间内对移交资产的完整性提供保证。移交阶段的主要风险因素附着于资产之上，同时移交标准设定会影响项目移交过程，过于粗略的移交方案会导致移交工作无据可依。移交阶段的主要风险事件如图 5-6 所示。

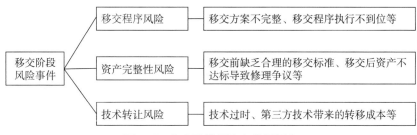

图 5-6 移交阶段风险事件及因素

（6）跨生命周期风险事件

有的风险并不属于某一个阶段，而是伴随着 PPP 项目全生命周期的各个阶段，投资方应建立动态的风险评估与防范机制应对此类风险。跨生命周期的主要风险事件如图 5-7 所示。

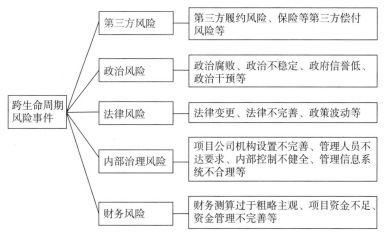

图 5-7 跨生命周期各环节的风险

5.2.3 PPP 项目风险评估方法

风险评估工作贯穿于 PPP 项目生命周期的全过程，在项目准备阶段政府方的物有所值评价就需要对 PPP 项目风险进行较为全面的评估。风险评估主要有两种方法：一是定性评估，多以专家的经验评估为主；二是定量评估，即从数量上定义风险的范围，以绝对值来衡量风险的大小，既可以借助主观的评价形成数据源，也可以借助客观的观察值来输入风险的形成因素。风险往往是对未来影响因素的预期，风险评估需要充足的实践数据来支持，并借助模糊评价等方式，以减少对客观观察值的依赖，从而确保定量评估的有效性。

1. PPP 项目风险定性评估方法

定性评估的目的是对已识别风险的优先级进行评价。可以通过分析风险发生的概率以及风险的时间分布、发生的范围等信息对风险进行管理。利用专家访谈或者概率分析有助于纠正评估的主观偏差。定性评估是建立优先级评价的快速有效方法,同时也为定量评估奠定了基础。考虑到风险的波动性,项目全生命周期内应当对风险进行回访,以反映同步的变化。风险定性评估解决的问题是对风险重要性的判断、风险数据质量的评价、风险来源的解释等,而通常较好的办法是通过文字描述和逻辑思考来解决这些问题。定性评估大多采用图形化、可视化的方法,从而能够更直观地理解风险作用的机理,如风险矩阵、鱼骨图等。但实际工作中,定性评估通常与定量评估结合使用。

(1) 风险矩阵

风险矩阵(Risk Matrix)是一种能够根据危险发生的可能性和伤害的严重程度综合评估风险大小的定性评估分析方法。它是一种风险可视化工具,主要用于风险评估领域。风险矩阵一般使用二维图表,首先利用专家技术或既有风险清单识别风险因素,然后在二维图表中按照等级将风险划分为严重、一般、微弱等,而另一个维度一般是发生的可能性描述,风险程度可以用不同的颜色表示,红色一般表示严重,黄色表示一般,绿色表示微弱。风险矩阵根据实际需求,可以灵活定义横轴与纵轴以及对风险描述的严重程度。

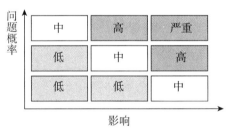

图 5-8 风险矩阵示例

资料来源:根据相关文献资料整理。

(2) 风险鱼骨图

鱼骨图(Fishbone Analysis Method)是由日本管理大师石川馨先生发展出来的,故又称石川图。鱼骨图是一种发现问题"根本原因"的方法,也可以称之为"因果图"。风险鱼骨图是一种解释风险的原因路径和风险分类的图形方法。绘图过程中首先要画出鱼头位置,鱼头位置为项目具体的目标,然后画大骨,大骨代表主要的项目阶段或者主要因素,大骨之下是小骨,小骨代表具体的风险因素。原因型鱼骨图一般鱼头在右,对策型鱼骨图则鱼头在左,大骨一般与横轴呈60°角。问题和原因要选择合适的方法提出,如人机料法环(人员、设备、原材料、制造工艺、环境)等,然后采取共同讨论、头脑风暴或者信息搜集的办法对原因进行讨论,将讨论结果归类整理,明确从属关系并分析出重要因素,最后将这些重要因素用简洁的词汇描述,并在图形中注明。

PPP项目风险也可以采用鱼骨图进行评估。以项目全生命周期风险评估为例,首先,通过共同讨论或者头脑风暴法确定不同阶段可能导致项目失败或者损失的风险因素,并分析风险因素发生的环节,以及以何种方式产生威胁。然后根据风险管理的需求对风险的严重性进行评判,可以根据风险的可能性、严重性和可检测性进行高、中、低分级评判;如有量化需求,也可以选择适当的方法按照分值进行评估。鱼骨图分析的结果即是从原因到结果的直观图形(如图5-9所示)。

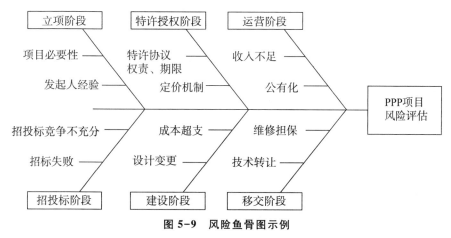

图 5-9　风险鱼骨图示例

资料来源:根据相关文献资料整理。

2. PPP项目风险定量评估方法

(1) 数据收集

数据收集的过程是从考察的总体中记录需要的信息或者根据进一步的获取方式获取数据的过程。**数据可以被划分为主观数据与客观数据**,主观数据是通过访谈、调查、讨论等从参与者或评价者处获取的数据,而客观数据是对风险因素各个方面的客观记录,如宏观经济运行的关键指数、工程项目具体的建设运营指标等。可以通过对主观数据和客观数据的收集整理形成可用的信息集合,以此为基础评估风险的严重程度,不同的风险评估方法要求的数据收集方式有所不同。根据数据获取的渠道可以将数据分为一手数据与二手数据两类：一手数据是观察者通过调查、观察和试验获取的数据，具有过程复杂、成本高、收集时间长的特点；二手数据则使用了历史资料。客观数据的收集可以借助二手数据实现对部分风险因素的分析，一手数据同样必不可少，主观数据则大多为一手数据。

一般而言，数据收集的方法主要有问卷调查、观察提问和集体讨论等。在具体的风险评估模型中，数据收集的方法建立在拟采用评估方法或者模型的基础上，为模型分析服务。

（2）风险的原因分析

风险评估的主要目的是在识别的风险因素中找到风险因素的来龙去脉，理清逻辑顺序，为风险因素的治理寻找解释。在得到基本的数据之后，可以根据基础数据，或是问卷调查的结果，或是访谈的记录，将得出的关键数据根据需求重新分解，一层层寻找原因，分析逻辑结构。表5-5列示了几种常见的风险的原因分析方法。

表5-5 风险的原因分析方法

定量评估方法	方法评述
故障树法（Fault Tree Analysis，FTA），又称事故树分析	事故树分析从一个可能的事故开始，自上而下、一层层地寻找顶事件的直接原因事件和间接原因事件，直到基本原因事件，并用逻辑图把这些事件之间的逻辑关系表达出来
工作分解结构（Work Breakdown Structure，WBS）	同因数分解是一个原理，就是把一个项目按一定的原则分解，项目分解成任务，任务再分解成一项项工作，再把一项项工作分配到每个人的日常活动中，直到分解不下去
原因—后果分析法（Cause Censequence Analysis，CCA）	把事故树"顺推"特点和事故树"逆推"特点融为一体的方法，该方法表示了事故与许多可能的基本事件的关系。其优点是使用了从两个方面展开的图解法，向前的是事件的结果，向后的是事件的基本原因
关键路径法（Critical Path Method，CPM）	即将项目分解成多个独立的活动并确定每个活动的工期，然后用逻辑关系（结束—开始、结束—结束、开始—开始和开始—结束）将活动连接，从而计算出项目工期、各个活动时间的特点（最早、最晚时间，时差）等。在关键路径法的活动上加载资源后，还能对项目的资源需求和分配进行分析

(续表)

定量评估方法	方法评述
计划评审技术(Program Evaluation and Review Technique,PERT)	PERT 网络是一种类似于流程图的箭线图。它描绘出项目所包含的各项活动的先后次序,标明每项活动的时间或相关成本。对于 PERT,项目管理者必须考虑要做哪些工作,确定时间之间的依赖关系,辨认出潜在的可能出现问题的环节。借助 PERT,还可以方便地比较不同行动方案在进度和成本方面的效果
影响图法(Influence Diagrams)	项目管理中风险识别所用到的工具,是一种能够显示因果影响以及变量与结果之间的其他关系,按时间顺序排列事件的图解表示法
风险结构分解法(Risk Breakdown Structure,RBS)	RBS 列出了一个典型项目中可能发生的风险分类和风险子分类。不同的 RBS 适用于不同类型的项目和组织,有助于项目团队在识别风险的过程中发现有可能引起风险的多种原因
决策树分析	是一种按结果到原因逻辑分析事故发生的有向过程,遵循逻辑学的演绎分析原则,即仿照树型结构,将多种风险进行图解推导的一种方法

资料来源:根据相关文献资料整理。

(3) 风险的可能性与结果分析

针对风险的可能性,需要对结果进行分析,最简单的方式是采用描述性统计,以均值、众数、中位数等描述性统计概念描绘风险发生的状态,并根据均值等判断风险发生的可能性。图形方法也被应用于分析结果与可能性,其优点是具有定性方法的直观效果,又可以嵌入定量指标,让分析具有数量依据,便于解释风险的度量。常用的方法包括决策树分析、贝叶斯分析、敏感性分析和随机模拟(具体见表 5-6)。

表 5-6 风险的可能性与结果分析方法

定量评估方法	方法评述
决策树分析	是一种运用概率与图论中的树对决策中的不同方案进行比较,从而获得最优方案的风险型决策方法。图论中的树是连通且无回路的有向图,入度为 0 的点称为树根,出度为 0 的点称为树叶,树叶以外的点称为内点。决策树由树根(决策节点)、其他内点(方案节点、状态节点)、树叶(终点)、树枝(方案枝、概率枝)、概率值、损益值组成

(续表)

定量评估方法	方法评述
贝叶斯分析	贝叶斯分析就是在不完全情报下,对部分未知的状态用主观概率估计,然后用贝叶斯公式对发生概率进行修正,最后再利用期望值和修正概率做出最优决策
敏感性分析（雷达图等）	是一种量化及评估各风险对项目目标潜在影响的方法,有助于判定哪种风险最有可能对项目产生影响
随机模拟	随机模拟的代表性方法是蒙特卡洛法。运用蒙特卡洛法进行风险评估时需要设定风险因素的最大值和最小值,并为其选择一种合适的先验分布。该方法克服了现实中不能重复实验的缺陷,通过计算机软件随机模拟,对目标问题进行描述统计,运用均值、标准差等统计量分析风险问题

资料来源:根据相关文献资料整理。

3. 定性评估与定量评估相结合

由于风险的度量很有可能不是客观的观测,也有可能来自人的主观判断,因此产生了将定性评估与定量评估相结合的方法。在实际运用中,定性评估与定量评估的结合使用需要根据PPP项目的复杂程度和人员条件,选择适合项目所处条件的方案进行评估。简单可行的方法适用于难以获取足够专家力量和专业分析人员的项目,而对于有更好决策支持条件的项目可以选择或设计更为精细的方案评估项目风险。为了保证人的主观判断的可靠性,一般采取专家评价作为定性结果向定量指标转换的依据,此类方法包括模糊综合评价法、层次分析法、交叉影响法、神经网络法等。

表 5-7 风险定性与定量结合的评估方法

评估方法	方法评述
模糊综合评价法	是一种基于模糊数学的综合评价方法,该方法根据模糊数学的隶属度理论把定性评价转化为定量评价,即用模糊数学对受到多种因素制约的事物或对象做出一个总体的评价。它具有结果清晰、系统性强的特点,能较好地解决模糊的、难以量化的问题,适合各种非确定性问题的解决
层次分析法（Analytic Hierarchy Process,AHP）	是一种定性和定量相结合的、系统化的、层次化的分析方法。主要步骤包括建立层次结构模型、构造判断(成对比较)矩阵、层次单排序及其一致性检验、层次总排序及其一致性检验

(续表)

评估方法	方法评述
交叉影响法	又称交叉概率法,主要流程是首先对一组相关事件分别进行预测,然后分析该组相关被预测事件的发生时间和概率以及事件之间相互影响的方向和大小,在此基础上对该组相关事件的原来预测结果进行修正,得到一组修正预测
神经网络法	神经网络是建立以权重描述变量与目标之间特殊非线性关系的模型,对事物的判断分析必须经过一个学习或训练过程,类似于人脑认识一个新事物必须有一个学习过程一样,神经网络通过一定的算法进行训练

资料来源:根据相关文献资料整理。

5.3 PPP项目的风险管理与应对策略

5.3.1 PPP项目前期的风险分担

1. PPP项目生命周期与风险分担

PPP项目需要让各参与方均承担与回报相匹配的风险。目前中国对PPP项目的管理逐步走向规范化,但相关立法和协商机制尚不完善,因此风险分配的主动权更多地掌握在政府部门手中,社会资本方的谈判地位或话语权较弱。风险分担与风险应对是一对孪生概念,不同的利益相关方所承担的风险不同。对风险的承受能力和管理能力决定了参与方的主动权和最终受益情况,项目风险被分配给社会资本还是政府方既是双方博弈的结果,更受制于不同的PPP模式。PPP项目通常包括决策、融资、建设、运营和移交等阶段。其中,决策阶段的主要事项包括项目可行性研究报告的制定和招标文件的拟定;在项目决策阶段,政府部门应在详细调查项目需求的基础上咨询行业专家,识别风险因素,并进一步识别潜在的风险因素,最终完成风险评估,依据可获得的数据编制项目可行性研究报告。[①] 政府部门根据风险分担机制发布招标公告,公告附件一般包括风险公平分担建议和风险初步分担结果或风险矩阵。

招投标阶段,私人部门首先应就招标文件初步的风险分担结果进行自我评

---

① 不是所有风险都能在决策阶段被识别出来,因此,各方在风险管理计划中都应该做好应对新风险的准备。

估,据此判断对政府部门转移风险是否具有足够的控制力或是否能够进一步转移给更具有控制力的第三方。风险因素最终反映到报价中,如果认为对该风险具有控制力,则对其进行风险报价,并反映于投标报价中;如果认为对该风险不具有控制力,则可以选择转移给第三方,并初步估计转移成本,同时反映于投标报价中。政府部门则根据自己在准备阶段的风险价值计算,比较各投标人的投标报价以及投标人的经验、能力等其他非价格因素,最后确定最合适的中标人。政府部门不会将所有风险都转移给私人部门,政府也需主动承担一定的风险。风险分担通常可以通过合同条款来约定,而双方对风险的分担主要通过权利义务的界定和付款机制的确定来实现。

合同组织阶段,政府和项目公司首先应就特许权协议进行合同谈判,确定双方的权利和义务、服务定价及调整机制。在签订特许权协议之后,项目公司再与其他专业分包商、金融机构、保险公司等进行合同谈判,将自己掌控不了的风险合理地转移给对该风险更具有控制力的第三方。如果上述部门接受,则双方进行相应的风险管理;否则,重新谈判并修改风险分担机制。

在建设和运营阶段,政府和社会资本方应在签订合同后对风险进行跟踪和重新分配。现阶段的主要任务是跟踪风险是否发生变化,或者风险是否未被识别,然后重新分配风险(见图5-10)。

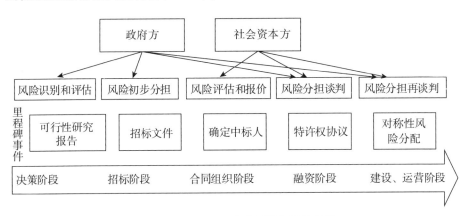

图5-10　PPP项目生命周期与风险分担

资料来源:根据柯永建.中国PPP项目风险公平分担[D].清华大学,2010整理。

2. PPP项目风险的再分配

政府和社会资本方除应就双方控制力之内的风险分担达成一致外,还应就双方控制力之外的风险事前约定风险发生时的处理原则。其主要目的是在意外风险发生时可以根据风险处理原则设置调整条款。当外界因素发生变化,影响到双方的权利和义务平衡时,允许双方重新审定协议并调整部分条款以达到双方权利和义务的平衡。

风险因素的变化产生的影响是双向的,首先需要判断风险因素的变化产生的影响是积极的还是负面的。一般情况下,风险因素变动大多产生负面影响,如价格上涨、通货膨胀等,由此导致项目承担的成本快速上升,因此需要双方根据调整机制重新谈判,对风险进行切分,首先应该让有承受能力的一方承担产生危害的风险因素。相反,如果风险因素的变化产生的影响是积极的,如项目收入增长超过预期、成本长期降低,则项目风险需要按照"对称性原则"进行收益分配的再谈判,超额收益的分配方案可能已在初始方案中进行了约定,但当风险因素的变化程度超过了约定的限制条件时,应对该分配方案进行调整,让风险再分配最大限度地发挥其风险与收益的调节功能。

判断风险应由政府方还是社会资本方来承担,需要确定风险分配的原则。常见的风险分配的原则是将风险分配给最有能力管理的一方。这种解释包含了两层意思,一是接受方有承受能力,二是接受方能够提高管理效率。但这种分配原则过分强调了风险的责任,忽视了风险的权利要素。当一方有承担风险损失的义务时,就必然有要求享受风险因素变化带来的经济收益的权利。因此在承受能力原则的基础上要加上权责对等原则。另外,风险分配还需要考虑风险变化的动态性,特定的风险发生时需要对合同进行动态调整,以便得到合理补偿。此外,变化所引致的特定风险可能是单一方面所难以承受的,尤其是对社会资本方而言。最终风险分配应遵循权责对等、动态调整以及针对特殊风险的风险共担等原则。

在既定原则下,风险分配的流程需要一个可操作的指引。世界银行的研究提出了以下三种可资借鉴的风险分配途径[①]:

一是选择有影响相应风险因素的能力的一方。当一方有能力影响风险因素时,就有可能采取行动来影响风险因素的结果。例如,建筑公司既可以根据使用的材料和技术来改变建设成本,也可以通过改变支付给管理层和工人工资的方式来影响建设成本。如果没有其他方可以影响项目成本,那么风险就应该分配给建筑公司。这种风险分配并没有消除风险,因为建筑公司的利润是不确

---

① IRWIN, T C. Government guarantees-allocating and valuing risk in privately financed infrastructure projects[J]. Washington, DC: World Bank, 2007: 5-6.

定的。但是与其他分配方式相比,这种分配有助于降低建设成本提升项目价值。

二是选择有吸收风险的能力的一方。吸收风险的能力首先是指某一方有采取行动改善或者恶化情况的能力,那么应该将风险分配给这一方。比如,项目承包商能够更好地管理建设成本,影响建设成本风险因素,那么虽然利润仍不完全确定,但是由于其影响能力最强,则应将风险分配给承包商。其次是指一方有控制某种因素后果的变动程度的能力,那么应将风险分配给具有这样能力的一方。比如,具有地质勘探能力的一方,通过选址降低了地震风险,那么具备技术的一方应当承担此类风险。

三是如果没有人能够通过自身能力或者技术规避或降低某一风险的影响,那么选择由能够以最低成本承担风险的一方。比如,将通货膨胀风险转移给用户就是这样一种分配规则,因为用户收入会随着通货膨胀而增长,但如果由政府和社会资本方承担这一风险,则造成的损失可能会影响到用户的使用。总体而言,这是一种整体效用最大化思想下的选择规则。

5.3.2 政府方的全生命周期风险管理

1. PPP 项目风险管理的层次

当讨论 PPP 项目风险管理时,需要明确风险管理的主体。如果把风险管理的主体进行拓展,可以认为政府和地方行业管理部门都构成了 PPP 项目风险管理的主体。但是从 PPP 项目风险管理的范畴来看,政府和行业管理部门可以被理解成项目所处的环境,任何政策和行政干预都构成具体项目的政策环境变化,进而改变了风险因素。从项目的时间维度,根据项目全生命周期进行风险识别是常用的一种方法。另一种则是将环境的层级作为划分项目风险的标准。PPP 项目所面临的风险被划分为宏观层面、中观层面和微观层面。宏观层面的风险包含制度环境、市场机制建设等政府方可以对风险产生影响的因素,以及宏观经济波动、通货膨胀变动、汇率及利率变动等,这些风险因素对于项目公司来说都是无法改变,只能接受或转移的,但中央银行可以通过货币政策调节利率和影响通货膨胀,中央政府可以通过财政政策应对宏观经济波动。中观层面的风险主要是指业务层面的风险,业务活动通过契约与不同合作方形成合作关系,同时也将风险转移给承担合作义务的一方。地方政府部门通常能够对中观和微观层面的风险做出反应。微观层面的风险是项目运作过程中具体的风险事项,即具体的生产经营活动所面对和带来的风险,这一类风险可以由项目执行方或者承担合同义务的一方采用具体的风险管理措施来预先回避或者事后处理。

2. PPP 项目的柔性合同管理

再谈判机制实际上是对不完全契约理论的具体应用。契约签订各方无法预见所有问题,不完全契约理论主张在自然状态实现后通过再谈判解决问题。PPP 项目合同也是一项不完全契约,再谈判过程中的重要环节。合同再谈判的主要触发原因可以划分为主观原因和客观原因。客观原因包括合同不完备、规制不足和外部环境变化等;主观原因包括私人机会主义行为或政府机会主义行为。由于人们具有有限理性,且环境有不确定的特性,因此签订的合同只能综合历史经验,无法预见所有问题,合同因此变得不完备。从需求方面分析,政府部门的需求代表了一定时期的特定需要,对项目质量、功能等的需求会随着时间和环境的变化而改变,需求的不完备让跨度如此之长的契约无法在初始约定时就对未来做出充分的估计。再谈判的不利结果是招投标过程中容易使投标人认为合同执行过程中可以通过再谈判获益从而降低报价,促使低价中标。正常情况下,外部环境因素是再谈判的主导因素,主要包括政治、经济、不可抗力等环境变化导致的合同再谈判(娄黎星,2016)。

再谈判对于 PPP 项目来说十分重要,应最大限度地保证原始合同的质量要求。合同再谈判发生在不可控因素发生的条件下,在没有影响到公共产品或服务提供的情况下都可以暂时不进行再谈判。再谈判也会带来效率损失,前期决策阶段消耗的大量人力、物力是巨大的成本投入。因此,柔性的合同管理要求设置合理的触发范围,在一个较为宽容的标准范围内,都应由初始风险分担决策主导风险分担行为,以减少再谈判或者司法干预造成的效率损失。此外,需要明确在什么条件下启动再谈判,通常可以考虑采用定性、定量指标来衡量触发条件,以保证再谈判的可预测性,且能够以合理的途径来控制再谈判。合同约定之外的因素引起再谈判需求的,可以采取申请审核制度,设立具有公信力的独立审议委员会。当一方发起再谈判时,由该委员会审核请求的文件是否包含必要的条件,并提出意见,同意再谈判的交由双方协商。合同的严格履行,依赖于事后监督,监督责任不宜采用同级监督方式实现,监督机构应具备一定的独立性并相较于地方实施机构有更高的行政层级。合同再谈判触发流程具体如图 5-11 所示。

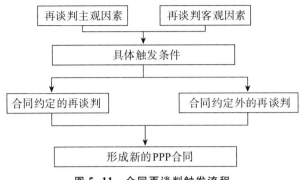

图 5-11　合同再谈判触发流程

柔性的合同管理还需要明确第三方干预机制，PPP项目的违约存在于参与两方之间，尤其是对政府方而言，其违约往往会造成社会资本方没有司法救济途径，因此需要一种不限于国家法律机构的救济途径，如国际法庭的介入或者独立仲裁机构的参与。而对于裁决的重点，应在对不完全契约造成的预期损失的补偿上，即裁决的结果是违约方要补偿另一方基于合同可能获得的收益或已经造成的损失。

3. PPP项目风险的动态监测

风险监测工作通常包括面向结果的监测和面向趋势的监测。面向结果的监测包括：识别、分析和预测新的风险；跟踪已识别和未观察到的风险；重新分析现有风险；监控不可预见事件的情况；监测剩余风险；评估风险应对策略的实施效果。面向趋势的监测包括：项目假设是否正确，风险和趋势分析是否与原始状态相比发生变化；是否遵守正确的风险管理政策和程序；不可预见事件的成本或进度储备是否随项目风险等的变化而变化。

风险监测的依据包括风险应对计划、工作绩效信息和绩效报告等。风险因素识别之后需要对其进行动态检测，因为重大的风险因素可能导致项目合同的重新签订或者项目失败。风险的动态监测就是对风险持续地再评价和对风险管理过程不断地检查以及对风险对策效果持续地评估的过程。这样的过程包含偏差和趋势分析以及技术绩效测定等，监测与管控的过程与绩效评价工作联系紧密，良好的风险管控有利于绩效的提升，在绩效评价的过程中也会考虑风险管控的要素。

风险监测的最终结果是形成新的风险清单，并据此制定新的应对措施。风险清单的信息能够反映到风险管理的工具和方法当中，需要更新具体执行层面的风险管理计划（见表5-8），落实风险管理措施。

表 5-8　项目风险管理计划

项目名称：＿＿＿＿＿		项　目　经　理：＿＿＿＿＿				计划制定日期：＿＿＿＿＿		
项目编号：＿＿＿＿＿		项 目 发 起 人：＿＿＿＿＿				最新更新日期：＿＿＿＿＿		
客户名称：＿＿＿＿＿		项 目 小 组 成 员：＿＿＿＿＿						

序号	风险识别		风险评估				风险应对措施		责任人
	风险事件	来源	可能性	严重性	可控性	风险级别	应对措施	预防措施	
1									
2									
3									
4									
5									
…									

5.3.3　社会资本方的全生命周期风险管理

1. PPP 项目风险管理的组织形式

社会资本方的风险管理活动是从风险识别、风险评估到形成风险计划、应对风险并持续监测风险,再进入识别新的风险并重新衡量风险的周期性活动。识别、分析和评估潜在风险领域,分析风险事件的可能性和危害程度,是项目风险管理中最重要的一步。如果项目风险管理人员不能准确地识别项目面临的所有潜在风险,那么他们将失去应对这些风险的最佳机会,并会无意识地、被动地保留这些风险。风险识别包括确定风险的来源、认清风险产生的条件、描述风险的特征以及确定哪些风险将影响项目。实施风险管理活动首先需要明确风险管理的组织结构、管理方式和管理人员。

项目风险管理的组织结构怎样设立、组织规模要多大、人员构成如何等需综合考虑风险在项目不同阶段的具体特点来确定。政府方的实施机构兼顾了风险管理的责任,可以在具体的实施机构下设风险管理办公室,对项目前期的风险识别、后期的风险暴露和风险应对进行统一管理。对于社会资本方来说,决策部门、职能部门和基层部门要有各自的风险管理任务,风险管理活动需要在项目公司内部建立流程统一、控制集中、界面清晰、简洁高效的业务流程体系,以保证有关决策科学、高效,相关风险易识别、可控制。项目风险管理是独立的职能,需要专人专办,否则风险管理责任容易落空。通常情况下,项目公司的风险管理工作由项目经理专门负责,项目前期的风险管理工作负担较重,后期的风险管理工作更多的是面对意外事件的应急处理。项目管理组织的最上层应是项目经理,负担全部相关风险管理的责任,项目经理之下根据项目需求设立风险管理专员,负责帮助项目经理协调组织整个项目的风险管理活动。如果项目涉及的风险复杂,可以设立风险管理委员会或者风险管理小组,配备具有专业技术能力、计算机能力和有项目管理经验的人员负责项目风险的动态监测与管理(见图5-12)。

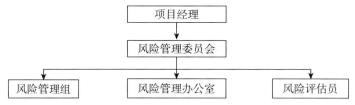

图5-12 项目风险管理组织形式

资料来源:根据沈建明.项目风险管理[M].北京:机械工业出版社,2010整理。

2. 项目不同阶段风险管理的具体措施

微观层面的风险管理是指社会资本方对其承担的具体风险的应对措施。项目公司通常应预先估算风险发生的可能性,并制定有针对性的风险管理计划,风险管理计划包含一种或多种风险应对措施。针对可预见的突发情况,制定操作性强的风险应急处置办法,能够提高应对风险的管理水平。一般而言,精确的估计有利于识别和应对风险,如运用风险估计和模拟方法,识别风险发生的分布和不同情况下的结果,比经验判断更加严密。风险本身的动态性,要求风险的评估机制也是动态变化的,针对发生频率高的风险要素,需实时监控,而发生频率低的则定期进行评估。项目公司需要着力梳理PPP项目全生命周期内各业务流程,针对主要风险点和关键环节,制定切实有效的管理措施,不断提升工程项目活动全生命周期的风险管理效能。

(1)融资阶段的主要风险及管理措施

融资阶段主要的风险因素包括利率、汇率和通货膨胀率等。利率风险的管理主要是防止利率出现巨大变动时大幅提高财务费用,主要的管理措施有签订固定利率合同、利率互换交易、利率衍生工具交易、货币互换交易等。汇率风险防范是指企业针对外汇市场汇率可能出现的变化做出相应的决策,以减少或消除外汇风险对企业的影响。PPP 项目可运用的主要避险工具包括远期合同、借款保值、掉期保值、外汇期权等。东道国货币为国际货币的,可以通过汇率期权、汇率掉期等手段对冲风险,另一种可行的将汇率风险转移的做法是与项目产品的买主签订浮动价格购买协议,以价格的浮动来平抑汇率风险(见图 5-13)。

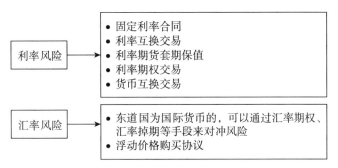

图 5-13　融资阶段主要风险的管理措施

(2)建设阶段的主要风险及管理措施

建设阶段的主要风险包括成本超支和工期延误等。成本超支风险主要从成本控制的角度出发进行规避,主要的成本增长来自原材料价格的大幅上涨以及设计变更造成的工程量、财务成本的增加。大宗建设用原材料如钢材、水泥、汽油、柴油等价格波动明显,成本管理应为价格浮动留足预算空间。风险转移也是可行的成本管理措施,项目公司可以尽量争取与承包商签订总价承包合同,从而将风险转移给建设承包商。除转移给承包商外,将风险转移给发起人也是一种选择,在签订项目建设协议时可以约定将成本超支的补亏责任分摊给发起人,实现风险分散。另外,还可以针对资金缺口寻找担保人,为资金缺口提供信贷保证。

项目的进度管理要求项目每个阶段的建设任务各不相同,工期延误风险管理的原则是源头责任人承担风险成本。如果项目的延期责任在于承包商,则责任由其承担;如果项目的延期责任在于项目公司自身,则责任由其自己承担。为保证项目进度,项目公司要加强对承包商施工进度的管理。对施工进度的管理要贯穿于项目建设的全过程,首先要基于经验判断和专业评估,选择最为合理、可行的施工方案。其次要对进度进行管理,当发现实际进度与计划不符时,应及时提醒建设承包商,为其提供适当帮助,及时解决问题并采取有效补救措施,赶上施工进度。工程项目的地理条件和项目周边的环境变化对项目施工影响巨大,项目前期勘察设计工作应尽量避免遗漏或错误,如果发现错误,设计单位应负责修改或补充。另外,不可抗力因素对于工期较长的项目来说是一项重要的风险,对不可抗力风险的承担应有一个通盘的考虑:哪些不可抗力风险可以自己承担,哪些不可抗力风险应当转移出去(如投保等)。事前预防是重中之重,工程设计之初即需要做好项目所在地地质结构勘查工作,并采取有效的预防措施。工程施工的进度安排也应体现风险防范意识,尽量将基础工程、水下桥墩和隧道工程、隐蔽工程提前建设,避免在夏季暴雨季节施工等。如果不可抗力因素发生,应及时停工,尽量减少损失(见图15-4)。

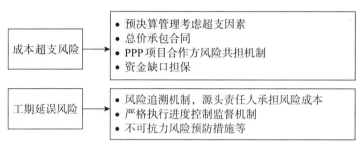

图 5-14 建设阶段主要风险的管理措施

(3) 运营阶段的主要风险及管理措施

运营收入的稳定和适当调整是保证项目运营至到期的重要条件,影响运营收入的风险因素主要包括市场不能达到预期或者通货膨胀导致定价失败等。对于市场风险的防范,应在项目初期做好充分可行性研究的前提下采取以下措施:一是与政府签订保底流量支付条款,虽然自财政部发布《关于进一步做好政府和社会资本合作项目示范工作的通知》(财金〔2015〕57)始,PPP 项目禁止政府对项目进行兜底承诺,但可以采用保底流量等手段保证项目流量不足时获得最低收入。二是为了保证项目的产品或服务有稳定的市场,项目公司应当争取与一个或多个项目产品或服务的接受者签订长期销售合同或协议。

PPP 项目的风险控制要求 PPP 项目的价格不仅要平衡各方利益,还要发挥激励作用。为满足这一要求,通货膨胀风险的管理主要是签订价格指数套期保值条款和外汇价格指数套期保值条款。价格指数套期保值条款是指 PPP 项目发起人在签订合同过程中,能够根据实际产品价格或价格指数的变化调整合同价格。签订外汇价格指数套期保值条款是为了保障通货膨胀率或者汇率变动超出一定范围时可以直接调整合同中的约定价格或延长特许期,设计条款时项目发起人需要综合考虑汇率变动和产品变动对收益的影响及其程度。通常 PPP 项目会对汇率变化设置一个区间,当变化幅度超过该区间时,政府就需要进行补偿,补偿应以保证项目发起人盈利为原则(见图 5-15)。

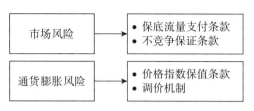

图 5-15 运营阶段主要风险的管理措施

(4) 跨周期风险及管理措施

有的 PPP 项目风险并不属于某一特定阶段,而是在整个项目生命周期内持续存在,一旦风险事件发生就可能造成严重的负面影响,主要包括政治干预以及政府不遵守契约带来的新的外部风险,如政府领导人换届不承认项目支付协议、政府方违反独占性条款造成项目收益风险等。政治干预风险一旦变为现实,就会给项目投资者带来毁灭性的打击。因此,对于政治风险较大的项目,投资者往往选择风险回避的措施,如在项目交易设计上引入外资参与,通过国际化形成外部压力。引入外资的途径一般是通过贷款银行与世界银行等多边金融机构和地区开发银行共同对项目发放贷款,这样项目遇到诸如被没收或国有化的风险就会大大降低。因为政府通常不愿激怒这些国际金融机构,以免在未来失去这些机构的信贷支持。

对政治干预风险和政府风险的治理要综合事前协定与事后谈判两类方式。项目协议中应规定投资者对特定的政治风险具有谈判权,并明确规定谈判的条件以及司法救济的途径等。项目方应提前争取政府或授权部门的承诺,以确保项目免于被征用和国有化;在发生极端情形必须被国有化时,项目方应得到适当补偿。在初始约定项目协议时,引入国际投资者或者多边金融机构参与能够有效利用其国际地位,为减少项目政治干预提供保障。另外,一些保险公司还提供政治保险服务,在政府方保证之外,还可以寻求商业渠道购买政治保险,以较低的成本保证在发生损失时获得补偿(见图 5-16)。

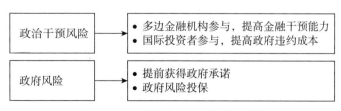

图 5-16 跨周期主要风险的管理措施

3. PPP 项目全生命周期风险管理

PPP 项目风险管理不仅贯穿于项目整个生命周期,而且在整个生命周期内不断适应新的环境变化、周而复始,通过风险管理计划的实施,顺利识别、评估和缓释风险。在风险管理计划实施的过程中,投资者把经过识别和评估的风险因素,按风险类别设计具体的应对措施,根据实际需要建立适当的风险管理职能组,根据职能分离原则和管理能力安排相应人员。通常可将风险管理工作分为工程应对、法律应对、财务应对和商务应对四大类,分别交由工程管理、合约法律、财务、商务公关四个风险管理组负责落实跟进,项目投资决策机构负责综合权衡取舍。风险管理组的工作任务是针对专业领域内 PPP 项目可能面临的问题提出预案,在问题发生时及时解决,采用回避、转移、抑制、自留、分散、分配等手段进行管理。

5.4 基于风险分担的 PPP 项目收益分配

5.4.1 PPP 项目风险分担与收益分配

1. 风险分担与收益分配的关系

PPP 项目的收益是指项目期末可用于分配的最大金额。从项目的周期性出发,项目的收益在前期不具有收益分配的条件,项目运营后期开始实现盈利,分配是对项目全生命周期的收益之和的分配。PPP 项目参与方众多,收益分配问题与风险分担问题一样,首先需要确定参与分配的主体。从实践来看,风险分担将主体限定于政府方与社会资本方,项目参与方都在一定程度上分担了相应的风险,如金融机构作为主要参与方亦起到了决定性作用,同时承担了资金风险,但一般将其他参与方风险承担的过程视为社会资本方将风险再次通过缔约转移的过程。从经济学视角出发,收益分配问题应包含主要利益相关方的分析,从实践出发可以将分配视为首先在政府与社会资本方之间的分配,同时考虑包括金融机构在内的其他参与方参与分配的情况,合理界定收益的数量、时间与来源。

PPP 模式下,政府是最主要的角色,政府以投资人的身份与社会资本共同承担项目责任与风险,是项目的合作者;同时,政府还是政府付费模式和可行性缺口补助模式下 PPP 项目收入的付费来源。政府不是为了创造经济收益,而是为了在减轻短期政府财政压力的前提下,提供基础设施与拉动经济增长。因此在PPP收益分配过程中,政府并不追求投资收益,而是追求社会资本方按照约定完成项目并发挥自身优势,提供更有效率的公共服务。PPP模式下,社会资本方通常负责与代表政府的投资机构合作成立项目公司,具体负责项目的建设和运营。社会资本参与PPP项目,主要的诉求就是获得工程利润与项目运营收益。社会资本承担了项目的主要风险,同时带来了资金、经验和技术,是项目达成物有所值的重要因素,其合理的收益诉求理应得到应有的尊重和保障。PPP项目在建设和运营过程中除涉及政府和社会资本外,还涉及以各种形式参与项目建设和运营的机构或组织,如金融机构、设计公司、承包商、供应商等。事实上利益相关方均是风险的承担者,都为项目做出了贡献,参与各方获得对应的回报也就顺理成章。

PPP项目的风险与收益的对等关系在项目全生命周期内动态调整,政府方既是利益相关方,又是谈判对手方,这是PPP项目与一般项目相区分的重要特征。PPP项目风险分担的主要原则包括:由最有控制力的一方承担对应风险、风险有上限,以及风险与回报相匹配。风险分担原则为收益分配提供了理论基础。参与方参与PPP项目的诉求是获得合理收益,由于项目本身的公益性,收益水平有限,风险分担的公平性一方面要求政府方承担政治风险、监管风险,以及在政府付费为主的项目中承担保底流量风险,另一方面要求社会资本方承担项目建设和运营的大部分风险。社会资本方所承担的风险是在风险上限之下的,因此其要求的回报存在相对应的上限。如果风险因素发生变化,回报机制也因此变得不确定,则需要启动价格调整机制或者谈判机制,重新划分收益分配标准。由于项目建设运营周期较长,风险因素难以被全面识别,因此风险的分配过程具有阶段性和动态性,相应地,PPP项目的收益分配也应分阶段进行。

2. PPP项目收益分配的特征

PPP项目收益分配机制与公司收益分配机制最大的不同是PPP项目中双方角色的特殊性。PPP项目的收益分配始于首次盈利年度,在PPP项目建设期和运营初期是长期亏损的,直至实现盈利才需要考虑分配问题。但实践中,政府方往往让渡了这部分收益,以弥补项目收益的不足,在项目合理收益范围内的利润,政府方往往不参与分配,仅就超过收益上限的部分做出分配。而公司收益分配的方式遵循会计规则,即按照盈余弥补亏损、提取法定盈余公积、提取任意盈余公积与分配优先股股利、分配普通股股利的流程进行收益分配。在不存在年初累计亏损的前提下,法定盈余公积按照税后净利润的10%提取,当达到注册资本的50%时可不用提取。PPP项目多为单一项目,后期一般没有新增项目投资,因此盈余公积除用于弥补亏损外没有其他用途,项目注册资本金越大,最终提取盈余公积形成的资金占用就越大。受到项目资本金制度的限制,实践中PPP项目公司多采用注册资本金小于或等于项目资本金的方式。

  PPP项目适合采用的付费机制主要包括政府付费、使用者付费以及可行性缺口补贴三类。PPP项目公司由于收入来源不同引致收益分配方式也不同,项目公司如果有政府或政府指定的实施机构对项目公司注资,则政府方放弃分红意味着将利益让给社会资本方。因为在政府付费模式或者可行性缺口补助模式下,PPP项目需要财政支付全部或部分费用,政府方分配的收益部分需缴纳所得税,所得税属于中央和地方共享税,而项目公司所缴纳的所得税能够返还给地方财政的不到一半。对需要政府补助的PPP项目来说,由于所得税的影响,政府的财政支付金额将超过项目公司取得的税后可分配收益,参与收益分配增加了地方财政的负担。但为了保证PPP项目盈利但不暴利,一般会约定收益分享下限,在整体净收益超过一定水平时,政府方就可以启动享受超额收益分成的权利。出于以上考虑,为了在PPP项目中优先保证社会资本方收回投资并获得合理回报,并尽可能地减少地方政府的财政支付,PPP项目合同中一般都约定,当项目公司的净收益未达到一定水平时,政府方不参与项目公司的收益分配。政府方参与收益分配的门槛值和分成比例应通过财务评价模型测算,以体现激励和抑制的平衡。同时,由于财务测算在数据预测方面的局限性,在PPP项目合同中也常将财务测算和法律条款相结合,以平衡公司股东之间的利益。

3. PPP项目收益分配的主要模式

  按照收益分享方式,PPP项目收益分配方式可以划分为收益共享、收益独享和超额收益分享三类。收益共享模式类似于普通的公司收益分配,股东享有平等的收益要求权,风险共担,利益共享,按照公司章程规定的比例分享公司收益。该模式适用于项目收益良好、回收期较短且经营期较长的项目。但由于商业性较强的项目采用PPP模式不符合项目公益性原则,而且此类项目容易被地方政府包装为PPP项目,因此此类项目占项目整体比例较小。

  收益独享模式是指项目的现金流除补偿前期政府垫付的费用之外,全部由社会资本方单独确认,收益独享。这种安排除包含少量使用者付费项目外,主要适用于项目本身收益不足、使用者付费难以满足项目成本与合理利润覆盖的项目,借助于政府付费或者补助,项目才能覆盖投资。实践中,多数PPP项目都采取此类安排。这一方面是源于政府方分享收益后课税与补贴支付会产生多余负担,另一方面是政府方为了节约投资成本,前期往往投入很少,个别项目只是采用象征性入股模式。在收益独享模式下,收益分配显然与政府方承担的风险不匹配,但PPP模式使政府方可以在节约短期财政开支的前提下提供基础设施和公共服务,具有明显的社会效益,因此风险补偿在数量上虽然对作为参与方的政府不利,但整个社会获得了更大的效用,依然实现了双方合作获得的整体效用较双方单独提供更大。

超额收益分享模式是针对有收益项目设计的收益分享方案。在项目具有较好的营利性,通过财务测算获得的项目收益可以覆盖项目成本,具有获取超额收益可能性的条件下,可以设计超额收益分享方案,让项目的盈利水平保持在合理区间。超额收益的分享比例,可以与前期社会资本方获取全部收益相反,倾向于向政府方倾斜,具体的超额收益分享比例安排可以根据双方谈判的结果在公司章程中事先约定。

投资从理论上看是股权,但实际操作过程中,社会资本方一般不愿投入大量资金形成资金沉淀,而是通过合规设计,借用金融机构的资金作为股权投资的资金来源。在风险与收益对等之外,还应看到债务资金的出借与回报同样遵循等价规律。考虑到金融机构作为资金融出方以社会资本方的身份参与项目的情况,PPP项目收益分配可以划分为股权投资模式、明股实债模式与股权回购模式,后两者在实践中已经成为金融监管打击的对象,但在PPP模式发展过程中也是项目收益分配存在的重要形态。在股权投资模式下,社会资本方或以个体身份或以联合体身份参与项目投资,以自有资金或资源出资投资项目股权,同时约定股权投资收益,投资直到项目清算后返还。股权投资模式可能借助国家出资的PPP产业基金或者国际PPP投资基金等参与项目,联合体方式可降低社会资本方的出资水平,减轻资金压力。明股实债模式往往与固定回报相关联,一些政府付费或可行性缺口补助项目采用单纯的成本加成模式或者回报率缺口补贴模式等,成为固定回报的典型。明股实债模式虽然名义上是股权投资,但是要实现投资无风险的目的,等同于债权,多数保本微利,通过等额本金或等额本息的付费安排,政府方实际上与还本付息主体别无二致。实践中这种安排时有发生,在基金或金融机构作为社会资本中标的存量PPP项目中尤为常见。追求相对低风险的借贷收益与承担固定收益风险相匹配,如果要激励金融机构以股权投资方式参与现有利润率较低的项目,给予的风险回报显然要高出许多。《关于进一步规范地方政府举债融资行为的通知》(财预〔2017〕50号)规定:"除国务院另有规定外,地方政府及其所属部门参与PPP项目,不得以任何方式承担社会资本方的投资本金损失。"因此政府方承诺项目公司的固定回报和股权回购安排都是不合规的。但股权回购模式也存在合理的方式,即在项目发生特殊风险变更时,政府方回购相应股权的安排。如中国第一座以BOT方式建设的上海大场水厂因政策变更,最终被上海市自来水市北公司回购,建设方泰晤士水务将大场水务转让给市北公司,上海市水务资产公司一次性付清英方包括剩余15年的建设补偿金。但这样会导致社会资本方的短视行为,使项目费用高达数亿元。项目公司通常为了获取短期收益而参与相关PPP项目,政府方实质上承担了项目大部分的运营风险。风险既意味着外界因素的不确定性,也意味着收入本身的不确定性、项目运营存在损失的可能性,而政府方的责任仅是控制项目的损失而非提供固定的回报,也正因如此,社会资本方才有更大的动力去节约成本、提升效率以提升经济效益。

5.4.2 协同效应与收益分配机制设计

PPP的协同效应是指政府选择具备管理优势的社会资本方,由政府处理政治、经济和社会风险,由社会资本方提供资金和管理经验,双方优势互补,形成协同能力,实现比预期单独行动更好的效果。但由于政府方并不参与项目的经营管理,而是以监管者和付费方的身份参与项目,与社会资本方按照特许权协议来运作项目,政府方获得社会效益,社会资本方获得经济利益,从而形成一类特殊的委托代理关系。在微观项目之外,项目的运作还受到财政支付能力的影响,PPP模式之所以会在短期内迅速扩容,出现诸多问题,形成隐形债务问题,是因为政府方在宏观财政领域存在财政机会主义行为。

PPP项目的契约是不完全的。从双方契约关系的角度出发,PPP项目的参与方存在信息不对称问题,各自为了自身的经济利益可能会采取机会主义行为,因此双方均存在道德风险。在信息非对称条件下,社会资本方属于信息优势的一方,存在道德风险,可能会采取机会主义行为。而政府主要的目的是追求地方经济增长与PPP项目政绩,其必须付出最优努力,可以假定政府在项目建设和运营方面没有机会主义行为,因此,政府属于信息劣势的一方。要治理这类委托代理问题需要激励与惩罚相结合。形成良好的激励机制能够促进优势互补,随着政府和社会资本方协同能力的增强,双方在项目中的努力程度也会得到提升。协同效应的提升能够显著地减少机会主义行为的发生。这种协同能力的提升来自真正的资源互补与资源整合:政府方规划技术方案和实施方案,制定项目发展措施,为社会资本方提供更好的落地支持、政策支持以及行政便捷；社会资本方更好地利用自身的经验和技术优势保证项目顺利实施，并提供良好的公共服务。如果这一过程被异化，社会资本方前期成本过高，则后期发生道德风险的动机会更强烈。通过对建设、运营过程中的产出结果等进行考核，则可以在一定程度上减少社会资本的投机行为，保障工程进度与项目质量安全。另一种治理委托代理问题的方式是采取监督行动，如准入监督与绩效考核机制等。政府监督的投入与双方协同的效果是反向变动的，随着协同效用的增强，监督的投入反而可能减少，即形成绩效监督的共识之后，社会资本方更少地采取机会主义行为，政府的监督投入也随之减少。随着整个市场环境的规范，这一博弈过程会动态变化。此外，监督的投入具有阶段性，前期的监督投入效果较后期大，选择合作协同能力强的社会资本方参与项目建设，能更好地促进协同效应的发挥，而后期宜采用激励措施鼓励社会资本方提高服务效率，在激励强度增大时应适当减少监督惩罚的力度（吕庆平，2017）。

委托代理问题的解决对于形成更好的协同效果具有积极作用，政府方能够正视 PPP 模式的有限作用，便可以给项目收益分配留出更多的激励空间，也利于监督执行更加到位；社会资本方机会主义行为的减少，能够让其更注重项目的长期运营而非短期的施工利润，以建设项目为基本目标。双方谈判形成的收益分配机制才真正符合回报规律，不合规的固定收益、承诺回购将退出市场。

5.4.3 项目收益分配的合作博弈决策

风险分担与收益分配在实际操作过程中是分离的过程，项目公司的风险分担根据谈判的结果来确定，但收益分配并非与风险分担直接关联，而是由社会资本方测算项目可行性后，在政策文件规定的合理利润率水平下进行项目报价。报价过程以财务成本测算为基础，而不以风险定价为基础，这简化了实践过程中技术处理的难度，但收益分配的独立使得项目的风险与回报机制之间的关联缺乏解释。在政府付费与可行性缺口补助模式下，即使采用了较强的绩效考核手段，但支出仍因保底流量照付不议等手段而具有刚性。博弈论是将竞争状态下的基本元素抽象出来，建立相应的数学模型，用科学的方法进行分析，以期在遇到这类问题时能够帮助当事人做出最佳选择，或者为当事人提供决策的行为规范。当项目收益较高时，PPP 模式下的利益分配问题可抽象为合作博弈模型进行求解。合作博弈模型是通过数学模型，解决多个利益主体协调行动产生的效用分配问题的方法。合作博弈假设 PPP 项目参与方合作会带来更大的收益，以此为前提来研究多人在合作条件下各方利益冲突的问题，即合作对策问题。合作博弈就是希望能够找到一种有效、合理的收益分配方式,使得所有成员都愿意参与合作,实现整体利益的最大化。在针对 PPP 项目收益分配的研究中大多采用了考虑 PPP 特征因素的合作博弈模型来确定最终收益分配的比例。

在确定合作博弈解的过程中,关心的侧重点从如何做出使收益更大的决策转向如何公平、合理地分配合作带来的收益。Shapley 值法由于其"解"存在的唯一性、计算方法的规范性、分配方式的合理性而被广泛应用于合作问题的求解中,对该方法的改进和对现实问题的进一步模型化,为解决收益分配问题提供了一把钥匙。Shapley 值法是诺贝尔经济学奖得主劳埃德·斯托韦尔·沙普利(Lloyd Stowell Shapley)于 1953 年提出的,该方法最初是一种用于解决多人合作问题的数学方法。当 n 个人从事某种经济活动时,对他们的任一组合方式,都会得到一定的效益,当人们之间的利益活动非对抗时,合作中人数的增加并不会引起效益的减少,这样全体 n 个人的合作将带来最大效益,Shapley 值法是分配这个最大效益的一个解决方案。该方法的出发点是根据联盟中每个成员对联盟的边际贡献分配联盟的总收益,以确保分配的公平性。

以合作博弈论为基础的主要文献对 PPP 项目收益分配的探讨是将收益分配与风险分担联系起来。与从政府方视角出发的物有所值评价方法不同,该方法从风险分担而非成本转移的视角,分析了参与方之间收益分配的合理界定。但合作博弈论方法在 PPP 项目收益分配问题上存在与实际相违背的情况,首先是收益分配的合理比例需建立在项目整体主要参与方获利的基础上,但实际操作中,政府方往往为项目收益的直接付费来源,完全由政府付费项目的全部收益来自政府,在这种情况下,政府无法参与收益分配,风险分配与收益的解释不能适用该模型。而在使用者付费能够覆盖项目成本并取得盈利的项目中,政府方也仅在获得超额收益时参与分配,即收益分配不是随着收益的增加按比例分配的,而是具有阶段性。合作博弈论的解释在超额收益分配阶段具有指导性,但从项目全生命周期的视角来看,获得超额收益之前政府方评价经济利益是以物有所值评价为基础的。微利或不盈利占主要份额的 PPP 项目面对的是政府部门如何补偿私人部门,而不是项目收益如何按比例分配,这与物有所值评价中风险转移带来的 VFM 值增加相呼应。博弈过程中社会资本方会降低努力,维持低效率,希望获得更多的财政依赖,且存在机会主义动机虚报成本等,现有制度对这一问题的解决方式是增强信息披露,建立基于绩效的考核奖惩机制。

第6章 PPP项目的资产权属与会计核算

如何确认并核算PPP项目涉及的相关资产直接关系到利益相关方的权益。由于中国PPP模式发展不成熟、资产权属不清晰、会计核算体系不健全等导致实务中PPP项目的资产管理不够规范。而由于缺乏PPP项目资产的确认、计量及会计信息披露等相关规范,致使会计核算不统一,利益相关方尤其是社会资本难以客观了解和有效监控PPP项目。英国是最早采用PPP模式的国家,也是最早制定PPP项目会计准则的国家。国际会计准则理事会(International Accounting Standards Board,IASB)、国际公共部门会计准则委员会(International Public Sector Accounting Standards Board,IPSASB)、美国政府会计准则委员会(Governmental Accounting Standards Board,GASB)相继出台了PPP项目的会计核算解释与准则,以对PPP项目的会计处理加以规范。梳理、分析国际组织和英美等主要国家关于PPP项目的会计处理规范将对中国制定或完善PPP项目会计核算准则提供有益指导或启示。

6.1 PPP项目中的资产权属及其确认

6.1.1 PPP项目资产权属的确定

产权制度在资源配置过程中具有决定性作用。以诺贝尔经济学奖得主奥利弗·哈特(Oliver Hart)为代表的产权理论分支认为,PPP模式相较于传统模式更有效率主要有两个原因,一是引入社会资本带来的激励增强,其中包括降低成本与降低服务质量两个激励。按此推断,PPP模式下项目的全生命周期成本必然低于政府直接提供的成本,也必然导致服务质量的降低,因此PPP模式只适用于产出质量容易监督(例如供水、污水处理等)或者消费者对服务质量根本就不敏感的行业(例如垃圾收集等)。二是建设阶段与运营阶段结合产生的外部效应内部化。一方面,因建设阶段外包致使承包商完全有能力在政府无法监督的地方偷工减料进而产生负面的外部影响。通过绑定运营阶段,这种动机已经被终止。另一方面,运营商在建设阶段的深入介入,一定会提高后期的可维护性和可操作性。这种积极的外部效应在建设与运营捆绑情况下大大增强。在产权理论分析下,PPP模式适用于建设阶段的产出标准不清晰、不易监督的行业,例如大型复杂工程。PPP项目的产权由所有权、使用权、经营权、监督权等重要权能构成,对产权的合理界定是实施PPP模式的基础。

中国的产权制度经历了从公有制逐步转变为以公有制为基础多种所有制并存的漫长发展过程。时至今日,以公有制为基础的所有制结构仍然对中国的经济社会具有重要影响。PPP项目的资产权属问题可以追溯到20世纪90年代,原国家计委、电力部、交通部于1995年出台的《关于试办外商投资特许权项目审批管理有关问题的通知》(以下简称《通知》)规定:"在特许期内,项目公司拥有特许权项目设施的所有权,以及为特许权项目进行投融资、工程设计、施工建设、设备采购、运营管理和合理收费的权利,并承担对特许权项目的设施进行维修保养的义务。"原建设部2004年出台的《市政公用事业特许经营管理办法》(以下简称《办法》)则规定,"特许经营协议应当包括以下内容……(四)设施的权属与处置……""获得特许经营权的企业在特许经营期间有下列行为之一的,主管部门应当依法终止特许经营协议,取消其特许经营权,并可以实施临时接管……(二)擅自将所经营的财产进行处置或者抵押的……"。《通知》中明确规定BOT资产所有权归项目公司,而《办法》中则规定双方约定资产权属,同时严禁擅自处置或抵押资产。① 通过比较不同法规的规定,可以发现存在明显的差别,这说明PPP模式发展初期法律对项目资产的归属问题就存在瑕疵。一般来说,法律效力应遵循新法优于旧法原则,实践中双方往往在特许经营协议中达成合意,以约定方式确定资产权属。

实践中,PPP项目资产大多归政府所有,这源于中国的经济体制和公共产品的属性。基础设施等公共产品是维护国家安全、实现公共利益的基础,如果出现社会资本违约导致PPP项目无法完工的问题,将直接威胁公共产品或服务的持续稳定供给,进而严重影响社会稳定和人民生活。政府拥有所有权,则可

---

① 赵阳光. PPP资产权属问题研究[EB/OL]. [2018-04-07]. http://huanbao.bjx.com.cn/news/20160411/723648.shtml#

以在一定程度上保障基础设施建设的顺利进行,保障国家安全和社会公共利益。从社会资本角度来看,虽然项目公司有取得 PPP 项目资产所有权以获取金融机构融资的现实需求,但是 PPP 项目资产多为公共基础设施,根据中国法律规定,公共基础设施无法抵押。即使能够抵押,因公共产品不可拍卖,PPP 项目资产也达不到作为担保品的要求。因此,社会资本拥有 PPP 项目资产所有权的意义不大。

对于公共基础设施来说,除项目资产外,影响最大的便是土地所有权。法律制度是确定土地产权归属的依据,中国宪法规定,土地实行公有制,分为国家所有(即全民所有)和农村集体土地所有两种形式,土地所有权的内容包括对土地的占有、使用、收益和处分四项权能。与 PPP 项目资产权属有关的土地产权具体形态只有土地使用权。① PPP 项目不涉及新建的,社会资本方只负责地上设施的建设和运营。新建项目的土地使用权与地上基础设施的权属存在差异,从而影响会计核算。2007 年出台的《中华人民共和国物权法》规定:"建设用地使用权人建造的建筑物、构筑物及其附属设施的所有权属于建设用地使用权人,但有相反证据证明的除外。"由此建设用地使用权人以原始取得的形式取得了 PPP 项目资产的所有权(也就是说,由于某些法律事实,资产所有权是在原始所有权人的所有权和意愿的基础上产生的或者不是直接取得的)。根据现行法律,PPP 项目资产不需要办理房地产登记。只有在处置房地产时,才需要依法登记。此时,登记并不产生物权效力,而是物权变动的"对外声明"效力。因此,一般情况下,如果没有相反的证据(如其他法律规定资产所有权等情况),项目公司在取得建设用地使用权后建设的 PPP 项目资产归项目公司所有。

实践中由于土地配置和流转的要求和方式不同,政府、投资平台、项目公司获取土地使用权的情况存在差异,由此导致政府方(包括执行机构和平台公司)拥有土地使用权,项目公司拥有公共基础设施所有权,即土地使用权和地上(或地下)公共基础设施所有权不一致;或者项目公司拥有土地使用权和公共基础设施所有权。

当土地使用权与公共基础设施所有权不一致时,应当根据土地使用权的权属关系确定公共基础设施的所有权。无论 PPP 运作模式如何,公共基础设施的

---

① 《关于在公共服务领域推广政府和社会资本合作模式指导意见的通知》(国办发[2015]42号)提出,PPP 项目的用地保障可以采用划拨、出让、租赁、入股等方式。PPP 项目到底采用何种方式获取土地,取决于国土资源部的用地政策、招投标规定、土地获取与施工许可的关系等。

所有权均属于政府。当土地使用权与公共基础设施所有权一致时,有必要根据 PPP 运作模式确定公共基础设施的所有权:在 BOO 和 BOOT 模式下,项目公司(或社会资本)通常拥有公共基础设施的所有权;而在 BOT、ROT、TOT 模式下,则需依据对公共基础设施的控制权来确定其所有权归属。此时拥有控制权的一方将获得公共基础设施的所有权(见表 6-1)。

表 6-1　不同模式下土地使用权和公共基础设施所有权的影响

项目	土地使用权和公共基础设施所有权的关系		
	不一致	一致	
PPP 运作模式	OM、BOT、ROT、TOT 等	BOT、ROT、TOT	BOO、BOOT
使用控制权归属	政府方	政府方 / 项目公司	项目公司
政府方	公共基础设施所有权	公共基础设施所有权 / —	—
项目公司	确认无形资产	确认无形资产 / 公共基础设施所有权	公共基础设施所有权

资料来源:崔志娟.政府会计的 PPP 项目资产确认问题探讨[J].会计之友,2018,(01):2-9.

6.1.2　不同 PPP 模式下的资产权属

PPP 模式最为突出的特点是社会资本对公共服务的外包,PPP 采用的模式最终体现在项目资产是否移交上,如果项目资产最终需要移交给政府方,则项目资产与土地使用权均交由政府方管理,如果无须移交,则项目公司便同时获得项目资产与土地使用权。在中国土地公有制的前提下,例如医院类 PPP 项目大多采用获取与建设用地同等的土地使用权年限,政府方授予社会资本长期特许经营权的 BOO 模式。土地与项目的密不可分决定了无论采用何种 PPP 模式,项目资产最终的权属与土地权属都是一致的。因此项目资产权属便与运作模式直接关联。根据现行法律规定,中国 PPP 项目的运作模式主要有外包类、特许经营类与私有化类三种。

外包类 PPP 项目主要包括 OM、MC 模式。该类 PPP 项目中,政府始终保留项目资产的所有权,社会资本仅负责运营、维护等,同时向政府收取相关费用。特许经营类项目主要包括 BLT、BOT、BOOT、TOT、ROT、BTO 模式。该类 PPP 项目中,社会资本获得特许经营权,然后项目公司对该 PPP 项目进行设计、融资、建造、运营、维护和用户运营维护等,并获取相应收益;政府在部分时段拥有或始终拥有项目资产所有权。私有化类项目主要包括 BOO、TOO 模式。该类 PPP 项目中,社会资本拥有项目资产所有权,项目期满其所有权不移交,而是由社会资本继续持有;同时,社会资本拥有项目运营、维护等相关经营权(见表 6-2)。特殊的 PPP 运作模式还会采用租赁而非特许权授予方式完成项目资产的经营权转让,政府向社会资本长期租赁本质上是 BOT 模式的变种。例如,BLOT(建筑—租赁—运营—转让)模式下,私人部门与公共部门签订租赁合同,由私人部门在公共土地上投资建设基础设施,并在租赁期内运营设施,该设施将在合同结束后移交给公共部门;经营权在租赁期内归社会资本所有,租赁期满后移交给政府。BLMT(建筑—租赁—维护—转让)模式下,投资者和政府设立的项目公司投资完成的项目,将被租赁给特许经营公司,项目公司以租赁方式收回投资,并负责维护一定年限,期限届满后移交给政府;经营权在租赁期内归项目公司,租赁期满后移交给政府,政府拥有最终所有权。

表 6-2 不同 PPP 模式下的资产权属

运作模式	定义	资产权属	备注
OM(运营—维护)	由投资者与政府在当地成立的项目公司投资建成后,租赁给特许经营公司。项目公司以租金方式收回投资并负责一定年限的维护,期满后移交给政府	政府始终拥有所有权	合同期限一般不超过 8 年
MC(管理合同)	政府保留存量公共资产所有权,将运营、维护及用户服务职责授权给社会资本或项目公司,政府向其支付相应的管理费用	政府始终拥有所有权	管理合同通常作为 TOT 模式的过渡方式,期限一般不超过 3 年
BLT(建设—租赁—移交)	政府将存量及新建公共资产运营权移交给社会资本,政府仍然承担公共资产投资的职责并保留公共资产的所有权	合同期内,政府为项目的租赁人,而项目公司为承租人。政府始终拥有所有权	主要适用于新建项目

（续表）

运作模式	定义	资产权属	备注
BOT（建设—运营—移交）	社会资本或项目公司通过投标等方式从政府获得项目特许权，一般期限为20—30年；项目公司经营并获得项目收入；特许期结束后，项目公司将项目资产和相关权利归还政府	项目公司在特许期结束后必须将项目资产和相关权利移交给政府，政府始终拥有所有权	主要用于收费公路、电厂、废水处理设施等基础设施项目，是中国基础设施建设PPP项目的重要运作方式
BOOT（建设—拥有—运营—移交）	私人合伙或某国际财团融资建设基础设施项目，项目建成后，在规定期限内拥有所有权并进行经营，期满后将项目移交给政府	项目公司在一定期限内对项目拥有所有权和经营权；期满后移交给政府，政府拥有所有权	主要用于收费公路、电厂、废水处理设施等基础设施项目
TOT（转让—运营—移交）	政府将股权转让给社会资本或项目公司，并对其运营负责。合同期满后，资产及其所有权转移给政府。期限一般为20—30年。早期企业获得政府存量项目的所有权和经营权；期满后，项目资产和相关权利移交给政府	在初期，企业获得政府存量项目的所有权和经营权；期满后项目资产及相关权利等移交给政府，政府拥有所有权	适用于存量项目，主要用于现有的供电、供水、供气、通信等基础设施项目。在早期，企业获得政府存量项目的所有权和经营权。节约了施工环节，降低了施工风险，有利于收回投资成本
ROT（改扩建—运营—移交）	政府在TOT模式的基础上，增加改扩建内容的项目运作方式。合同期限一般为20—30年	社会资本进行改扩建并运营，政府始终拥有所有权	有时也看作"BOT+TOT"模式，主要适用于改建、扩建的存量项目
BTO（建设—转让—运营）	社会资本或项目公司为设施融资并负责其建设，完工后即将设施所有权移交给政府，随后政府再授予其经营该设施的长期合同	社会资本进行建设及运营，政府始终拥有所用权	这种模式适用于政府希望在运营期内保持所有权控制的项目

(续表)

运作模式	定义	资产权属	备注
BOO(建设—拥有—运营)	承包商根据政府赋予的特许权,建设并经营某项基础设施项目,但是并不将此项基础设施项目移交给政府	项目公司拥有项目所有权和经营权,到期不移交,所有权始终属于项目公司	主要适用于存量项目
TOO(移交—拥有—运营)	投资者投资收购已完成的项目,承担项目运营、维护、培训等工作。资产产权属于专门设立的项目公司,企业负责宏观协调、创造环境,满足项目需求	经营权、所用权始终属于项目公司	主要适用于存量项目

6.2　国际组织关于 PPP 项目的会计处理

6.2.1　IFRIC 关于 PPP 项目的会计处理

1. IFRIC12 关于特许经营协议运营方的资产确认

PPP 特许经营协议是指公共部门与私人部门签订特许经营协议,由该私人部门(运营方)根据特许经营协议,负责项目筹资、建设与经营等的一种建设、经营和管理方式。国际财务报告解释委员会(International Financial Reporting Interpretations Committee,IFRIC)于 2006 年 11 月 30 日发布、2008 年 1 月 1 日生效的《国际财务报告解释公告第 12 号——特许经营协议》(IFRIC12)较为充分地阐述了运营方对特许经营协议会计处理的一般原则和具体核算,并采用"控制"原则确定协议资产的会计确认问题,目前已被许多国家作为制定相关会计处理规范的范本。

2005 年 3 月,IFRIC 发布《解释公告草案第 12 号:服务特许协议——决定会计模式》《解释公告草案第 13 号:服务特许协议——金融资产模式》和《解释公告草案第 14 号:服务特许协议——无形资产模式》三个解释公告草案对外征询意见。经过意见反馈以及多次会议讨论,IFRIC 于 2006 年 11 月 30 日正式发布了 IFRIC12。IFRIC12 阐述了提供公共部门基础设施资产与服务的运营方所采用的会计处理方法,不涉及特许经营协议中政府(授予人)的会计处理问题。适用范围需满足两个限定条件:其一,授予人控制基础设施的使用。[①] 如果授予人能够控制或监管与基础设施一起提供的服务的内容、服务的提供对象以及服务的价格,则应视为授予人控制基础设施的使用。但授予人并不需要完全控制服务的价格,对控制的界定应根据协议的实质进行确定。其二,授予人在协议有效期结束时(通过所有权、受益权或其他方式)控制基础设施的任何重大剩余利益。授予人对任何重大剩余利益的控制表现为能够限制运营方出售或抵押基础设施,并在协议有效期内持续使用基础设施。如果协议有效期结束时基础设施存在重大剩余利益,则该项重大剩余利益应由运营方交还给授予人。在某些情况下,当协议有效期结束,PPP项目所建造的基础设施已经不存在重大剩余利益时,只要满足"授予人控制基础设施使用"的要求,该协议应认定属于解释公告的适用范围。

在符合"授予人控制"要求的协议中,基础设施不得确认为运营方的不动产、厂房和设备,因此,运营方有权享有的经济利益是代表授予人提供公共服务、运营基础设施获得的经济利益,运营方应将其获得的资产性质加以确认。IFRIC12对资产性质的要求如表6-3所示。

表6-3　资产性质确认依据与会计计量

资产性质分类	确认依据	会计计量
金融资产	运营方拥有无条件从授予人处或在授予人的指示下获得现金或其他金融资产的权利	• 当期确认的建造收入按照《国际会计准则第39号——金融工具:确认和计量》(IAS39)的要求进行核算*,并按照实际利率法计算利息确认为损益 • 借款费用在金融资产模式下不能资本化

[①] 解释公告的应用指南附录部分专门指出,控制与管理是两个不同的概念。如果授予人保持两个限定条件的控制权利,那么运营方仅仅是代表授予人管理该项基础设施,即使如此,在很多情况下,授予人依然可以发挥广泛且自由的管理权利。限定条件中所指的控制,是指在基础设施的全部经济寿命周期内的控制,包括一些必需的替换条件。例如,如果运营方需要在协议有效期内替换基础设施的一部分(如公路的顶层部分或者建筑物的屋顶),则整个基础设施仍然应当看作一个整体。如果授予人拥有包括替换部分的整个基础设施的任何重大剩余利益,则能够满足第二个限定条件。

（续表）

资产性质分类	确认依据	会计计量
无形资产	运营方有权根据服务的使用情况收费,收取的金额视公众使用服务的程度而定	• 按照《国际会计准则第38号——无形资产》(IAS38)进行确认,并在使用寿命期内予以摊销 • 对于借款费用的处理,按照《国际会计准则第23号——借款费用》(IAS23)的规定,归因于特许经营协议安排的借款费用在建造期间应当资本化
混合资产	运营方收取的对价部分源自金融资产、部分源自无形资产	• 当运营方分别收取金融资产和无形资产作为对价时,需对各组成部分分别进行会计处理,并按照已收或应收对价的公允价值予以确认 • 实务中一般将支付对价的公允价值超出已确认金融资产公允价值的差额确认为无形资产

注:*2018年1月1日后按照《国际财务报告准则第9号——金融工具》进行会计核算,也可以提前使用。

第一,金融资产模式的典型协议是运营方建造或升级基础设施,在建造完成后的固定期间内运营该基础设施,同时获得协议规定的收入。建造或升级基础设施有关的收入和费用根据《国际会计准则第11号——建造合同》予以确认。其中,费用参照建造项目完工进度进行确认,收入按照各个报告期末在建资产公允价值减去以前期间确认的收入进行确认。

第二,无形资产模式的典型协议是运营方建造或升级基础设施,在建造完成后的固定期间内运营该基础设施,并向使用者收取费用。运营方的收入根据基础设施使用情况而有所不同。在无形资产模式下,收入分两次予以确认,一次在建造服务换取无形资产时予以确认,另一次在收取费用时予以确认。与金融资产模式不同的是,无形资产通过摊销而不是偿付进行抵减。

第三,混合资产模式的典型协议是运营方建造或升级基础设施,并在建造完成后的固定期间内运营该基础设施,在获得协议规定收入的同时向使用者收取费用。在混合模式下,根据国际财务报告准则(IFRS)的规定,因服务向授予人收取现金与因公共服务向使用者收费应视为两项不同的资产。因此,在混合模式下,应将运营方获得的对价予以拆分,将授予人保证支付的对价确认为金融资产,将剩余资产确认为无形资产。

根据IFRIC12,特许经营协议中运营方具体的会计处理方法如图6-1所示。

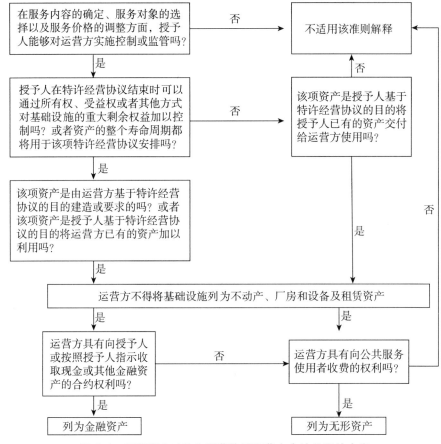

图 6-1　IFRIC12 对特许经营协议运营方会计处理的内容

资料来源：根据 IFRIC12 对特许经营协议运营方会计处理的内容翻译整理。

2. PPP 项目运营方会计核算的特殊问题

（1）租赁与特许经营辨析

除特许经营外，租赁也是基础设施资产的重要交易形式。租赁与特许经营的不同之处在于租赁资产没有项目建设过程，资产让渡人将已形成资产通过租赁交与租赁方经营。租赁安排涉及三个主体，让渡人、经营者和租赁公司。租赁的参与方多于特许经营，因为租赁公司可能与授予人没有关联方关系。当授予人决定经营者提供服务的所有主要方面（例如类型、价格、工作频率、质量水平等）；经营者有权因提供服务而向授予人收费，则租赁合约涉及特许经营。租赁主要有两种形式，一是租赁公司是授予人的子公司，且二者受同一政府机构控制，并且授予人规定了经营者随基础设施一起提供的服务的内容、服务提供的对象以及服务的价格;二是租赁公司与授予人无关联方关系,但是在租赁期结束时,授予人为租赁期之外的租金和剩余利益提供担保。特许经营期结束后,授予人可以选择由自己或下一位经营者继续租赁该基础设施。

租赁安排的会计核算首先需要判别该安排是否属于IFRIC12的核算范围;其次需要明确在租赁安排中,经营者是否确认资产和负债;最后需要考虑信息披露与列报问题,即已确认的资产和负债是按总额列示还是按净额列示,以及已确认的资产和负债如何计量。认定租赁属于IFRIC12核算范围的理由是租赁的标的是基础设施,而且授予人规定了经营者随基础设施一起提供的服务的内容、服务提供的对象以及服务的价格;特许经营期结束时,基础设施的主要收益属于授予人。在评估某项安排是否符合IFRIC12的核算范围时,应该分析该安排是否为IFRIC12说明的基础设施。IFRIC12的控制条件是,授予人必须规定经营者随基础设施一起提供的服务的内容、服务提供的对象、服务的价格。除此之外,在评估时,如果授予人有关联方的话,还应考虑关联方。关于价格条件,项目公司应考虑的因素包括:由授予人完全控制价格还是由授予人、合同或监管者规定。IFRIC12为价格规定提供了指导:授予人无须完全控制价格,价格可由授予人、合同或监管者共同管制,例如借用价格上限机制。反之,如果合同赋予经营者自由定价权利,但是任何额外利润均需返还授予人,则经营者收益是被限定的。在考虑所有事实和情况之后,如果项目公司认为授予人完全符合IFRIC12要求的条款,则应考虑授予人是否控制基础设施的主要剩余利益。如果项目公司认为仅由授予人控制使用基础设施服务类型的条件,那么无论租赁公司是否与授予人有关联,在评估条件时都无关。这是因为控制使用基础设施提供服务类型的条件的是授予人,而不是租赁公司。按照政府方是否控制租赁公司,特许协议可分为两类。第一类是授予人通过控制租赁公司获得资产剩余利益;第二类是不形成控制,授予人通过租赁合同在协议结束时获得资产剩余利益。IFRIC12特别强调"经营者在某段特定的时期内建造或更新用来提供公共服务的基础设施,并且进行经营和维护",由于经营者只进行运营而不进行建造和服务升级,因此即便授予人具有对服务及其价格影响的能力,租赁仍应根据国际会计准则第17号租赁准则对租赁合同进行处理。如果是以租赁而非特许经营协议运营基础设施,那么租赁款事实上还未发生时,不应确认与租赁安排相关的负债。在特许经营协议整个期间,当租赁款实际发生时,经营者再确认租赁费用。列报与计量问题涉及经营者是否作为租赁安排中的代理人,如果是,则需考虑是否影响已确认资产和负债的列报与计量。有些人认为经营者是租赁安排中的代理人,因此任何与租赁款相关的金融资产和金融负债都不应确认。在第一类安排中,法律主体出租人和授予人被同一政府机构控制,授予人和经营者之间的租赁款事实上是没有经济实质的现金流交换。在第二类安排中,授予人为租赁款和剩余利益向租赁公司提供担保,并在第一个租赁期结束后控制租赁协议。支持者认为从经济实质上看,授予人才是租赁安排的承租方。

(2) 可变对价的会计处理

PPP项目周期横跨数十年,对价支付受到外部因素影响较大,因此协议采用可变对价模式计量能够较好地反映外部环境的变化。可变对价支付是指随着购买日期后事实或情况的变化而变化的无形资产项目的合同付款。可变对价的影响因素包括银行间拆借利率、通货膨胀率或居民消费价格指数等,从居民消费价格指数或其他一些指数或比率来看,每年年底的支付金额将会增加。另一类可变对价支付也非常常见,大多是基于业绩或者卖方未来活动的对价支付,如基于销售收入或生产产出的支付。当产出活动无法事先合理预计或者存在绩效付费协议时,可能采用此类可变对价设计。此类协议约定在未来特定日期内所获得资产符合商定的标准生产能力或标准业绩时选择可变对价支付。如果资产不能达到商定业绩,买方则减少或不支付款项,付款额不取决于卖方的未来活动。可变对价的存在使负债确认变得困难,负债确认的时点、负债确认的范围存在变动的可能性。需要明确,是当需要付款的活动被执行时确认负债,还是当发生资产转移时确认负债;对修改付款额估计数所引起的负债的后续调整是在损益中确认,还是应当作为相应无形资产购买成本的一部分确认。

根据 IFRS9 的规定,当一项合同确定采用可变对价支付方式结算义务时,应在资产购买日按为可变对价支付的公允价值确认一项金融负债。可变对价支付初始会计核算的中心问题是决定购买者在资产购买日是否有义务采用可变对价支付。IFRS 处理可变对价支付的方法主要有两种:一是所有可变对价支付在资产购买日都符合金融负债的初步确认标准,即购买合同中达成的所有可变对价支付,都符合金融负债的初始确认标准,因此首先应将其纳入单独购买资产时对负债的计量;二是依赖卖方未来活动的可变对价支付,只有执行需要支付的活动才符合金融负债的初始确认标准,因为可变对价支付是可以避免的,收购者没有义务支付这些费用。按照 IFRS9 的规定,买方和卖方对不同于初始购买资产的合营安排形式达成一致的,与可变对价支付相关的负债仅当要求支付的活动被执行之后才进行确认。因此,不能得到一致估计的可变对价,应在获得可靠的信息可以确认支付金额时才确认金融负债。

6.2.2 IPSASB 关于 PPP 项目的会计处理

随着 PPP 模式在全球的深入推进,IPSASB 也开始着手对公共部门的 PPP 交易事项进行研究。2008 年 3 月,IPSASB 发布了《服务特许协议会计与报告》的咨询文件。在此基础上,2010 年 1 月 IPSASB 公布了《披露草案 43 号》,并于 2011 年公布了《国际公共部门会计准则第 32 号——服务特许协议:授予方》(IPSAS32),专门针对服务特许协议中政府(授予人)所采用的会计处理方法进行规范。特许经营协议涉及的通常是重要和复杂的交易,IPSAS32 则是一项具有里程碑意义的新标准,有助于公共部门通过报告特许经营协议资产及其相关融资来提高公共部门的透明度,以及公共部门对特许经营协议解释和报告的一致性。

IPSAS32 对资产进行了界定,符合该准则的资产范围包括:①基于特许经营协议的目的,运营方建造、开发或者从第三方获取的资产;②运营方基于特许经营协议而提供给授予人使用的现有资产;③运营方基于特许经营协议将授予人的现有资产进行更新改造(只有更新改造的成本方可确认为特许经营资产);④授予人基于特许经营协议将现有资产提供给运营方使用,但授予人保留对资产的控制权。

特许经营资产需满足两个确认条件:第一,在服务内容的确定、服务对象的选择以及服务价格的调整方面,授予人能够对运营方实施控制或监管;第二,授予人在服务特许协议结束时可以通过所有权、受益权或者其他方式对项目设施的重大剩余利益加以控制。其中,满足资产范围第①项、第②项或第③项,同时符合特许经营资产确认条件的资产,授予人应确认为特许经营资产;满足资产范围第④项,同时符合特许经营资产确认条件的资产,授予人应进行重分类。

如果符合资产范围第④项的授予人的现有资产满足特许经营资产的确认条件或满足全生命周期资产定义①,授予人不能按照 IPSAS32 规定将其确认为特许经营资产,而应该按照披露要求对该项资产的重分类进行披露,同时视不同情况按照《国际公共部门会计准则 17 号——不动产、厂房和设备》(IPSAS17)或《国际公共部门会计准则 31 号——无形资产》(IPSAS31)予以计量。其他资

---

① 该项资产在服务内容的确定、服务对象的选择以及服务价格的调整方面,授予人能够对运营方实施控制或监管(特许经营资产确认条件一),并在其全部经济寿命周期内使用。

产满足特许经营资产确认条件或满足全生命周期资产定义时,授予人也应视情况按照 IPSAS17 或 IPSAS31 予以计量。

IPSAS32 明确了授予人对运营方的补偿方式,授予人可以通过以下方式对运营方的特许经营服务予以补偿:①向运营方付费;②通过其他方式进行补偿,例如,授予运营方向第三方使用者收取费用的权利,授予运营方使用另一种创收资产的权利(例如私人医疗机构,允许运营方对公共停车场收取费用)。当授予人对运营方的特许经营服务予以补偿时,无论通过哪种方式,都意味着授予人为自己设置了一项义务。授予人应按照《国际公共部门会计准则 19 号——准备、或有负债和或有资产》(IPSAS19)进行确认。对于收入和费用的确认与计量,IPSAS32 要求收入按照《国际公共部门会计准则 9 号——交换交易收入》(IPSAS9)进行确认和计量;特许经营服务安排的财务费用和其他确认费用按照《国际公共部门会计准则 1 号——财务报表的列报》(IPSAS1)的相关要求进行确认和计量。根据 IPSAS32,IPSASB 对特许经营协议授予人的具体会计处理如图 6-2 所示。

IPSAS32 与 IFRIC12 形成了镜像互补关系,分别对授予人、运营方的会计处理问题进行了界定,从而弥补了 PPP 项目资产不被任何一方确认的制度缺陷。IPSAS32 使用与 IFRIC12 相一致的"控制法"来确认特许经营协议中授予人的会计处理问题。授予人对运营方建造、开发或现有资产具有付费义务时,授予人确认金融负债,同时运营方应终止确认不动产、厂房和设备,并按照获得资产的性质确认为金融资产;授予人对运营方进行补偿时,授予人确认一项负债,运营方确认一项无形资产;授予人因对授予运营方使用的资产不再具有控制权从而终止确认时,运营方应对资产予以确认并同时确认该项资产交换所应承担的义务。

6.3 主要国家关于 PPP 项目的会计处理

6.3.1 英国关于 PPP 项目的会计处理

英国是最早采用 PPP 模式开展公共基础设施建设并最早针对 PPP 项目制定专门会计准则的国家。英国对 PPP 项目会计处理的方式大致可以分为两个阶段:

第一阶段遵从英国一般公认会计原则(the United Kingdom Generally Accepted Accounting Principles,UKGAAP);第二阶段遵从国际财务报告准则(Inter-

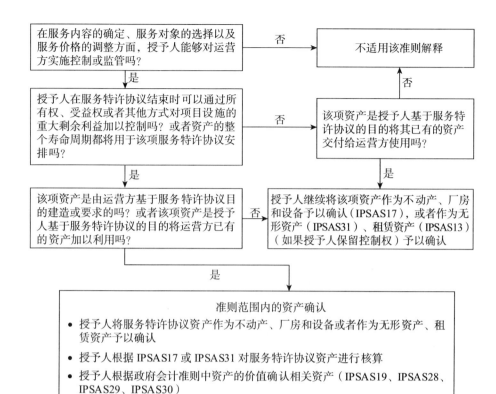

图6-2　IPSAS32对特许经营协议授予人会计处理的内容

资料来源：根据IPSAS32对特许经营协议授予人会计处理的内容翻译整理。

national Financial Reporting Standards，IFRS）。

1. 遵从UKGAAP阶段（2009年10月之前）

在英国采用IFRS之前，英国政府或相关公共部门资产的确认以《财务报告准则第5号修正条款——PFI及类似合同》（Amendment to FRS5 "Reporting the Substance of Transactions"：Private Finance Initiative and Similar Contracts，FRS5A）和《PFI技术说明1号》（Private Finance Initiative Technical Notes1，PFITN1）为基础。FRS5A和PFITN1以风险报酬法为资产确认的判断标准，即PPP项目合作中的一方拥有基础设施带来的收益，并承担大部分风险时，PPP项目资产应在享有收益、承担风险的一方予以确认。具体来讲，FRS5A要求承担大部分需求风险和残值风险的一方确认PPP项目资产，而《财政部技术说明1号

(修订)》(Treasury Technical Note1 (Revised), TTN1R, PFITN1 的修订版) 鼓励考虑第三方税收、设计风险等其他因素。相比之下,采用 FRS5A 导致大多数 PPP 项目资产计入政府资产负债表,而采用 TTN1R 则导致 PPP 项目资产落在表外。标准不统一造成实务中随意选择资产确认标准的情况。英国 PPP 项目会计处理方式具体如表 6-4 所示。

表6-4 英国PPP项目会计处理方式

时间	内容
1997年9月	财政部专门工作组(Treasury Taskforce)发布《PFI 技术说明第 1 号》(PFITN1),但该技术说明并没有指出公共部门如何对 PPP 项目资产进行会计处理
1997年12月	会计准则委员会发布征求意见稿,提出实质重于形式准则修正案,从而明确对 PPP 项目的会计处理
1998年9月	会计准则委员会发布《财务报告准则第 5 号修正条款——PFI 及类似合同》(FRS5A),以对 PFI 项目及类似合同的会计处理方法加以明确
1999年6月	财政部对 PFITN1 进行修订,并发布《财政部技术说明 1 号(修订)》(TTN1R)
2001年2月	中央政府采用权责发生制的第一年。会计准则委员会和财政部对 PPP 项目会计处理的分歧在操作层面产生影响
2006年3月	在多年对 PPP 项目会计处理准则不足和相互矛盾进行批评后,财政部建立 PFI 事务委员会,其成员来自财政部、审计委员会、国家审计局和大型事务所
2007年2月	PFI 事务委员会提出废除 PFITN1,财务报告咨询委员会声明会建议撤销该技术说明,但是为了使财政部有更多时间评估此举对财政预算的影响,财务报告咨询委员会并没有提出这一建议
2007年3月	英国政府宣布公共部门会计原则由遵从英国一般公认会计原则(UKGAAP)向遵从国际财务报告准则(IFRS)转变,于 2008 年 9 月生效。这表明 FRS5A 和 PFITN1 从 2008 年 9 月起不再适用
2008年3月	英国政府宣布 IFRS 延期到 2009 年 10 月生效。财务报告咨询委员会对下议院的财政委员会作证指出,原先的时间安排对于特定的部门来说由于工作量大导致时间太紧张(例如国防和医疗部门无法按时完成)
2009年6月	财政部在其网站上更新了统一的预算编制表,并通知各实体部门,国会预算和资源账户对 PPP 项目的会计处理要以 IFRS 为基础,而编制预算要以本国的会计处理方法为基础

1997年英国财政部专门工作组(Treasury Taskforce)发布的PFITN1并没有指出公共部门如何对PPP项目资产进行会计处理。1998年英国会计准则委员会发布的《财务报告准则第5号修正条款——PFI及类似合同》(FRS5A)增加了"私人融资计划(PFI)及类似合同应用第6部分说明"一章,该标准规定PFI资产的认定基础是风险报酬法。根据英国财务报告准则,确认资产的一方有权从中获得收益并由此承担报酬风险,服务购买者承担按PFI协议要求支付款项的义务。在确定特许服务资产归属时,FRS5A第6部分说明指出,应考虑合同服务因素但要与服务财产付费相区分,因可区分服务因素与应把协议服务财产确认为哪一方资产无关,应剔除其影响。剔除可区分服务因素后,PFI可以分为两种类型的合同:一是仅为资产的使用而支付款项的协议方,该协议与租赁合同相同,遵循英国《第21号标准会计实务公告——租赁和租用购买合同》(UKSSAP21);二是大多数PFI合同,剩余因素包含服务内容的,应按FRS5A第6部分说明来核算。FRS5A规定了资产权属采用风险报酬法的判断标准,如果经营者收入来自第三方,则相关财产确认为经营方资产;如果第三方使用财产的可能性非常小,则相关财产确认为授予人资产。如果财产性质与经营方式是由授予人决定的且其承担相关经营风险,则相关财产确认为授予人资产;反之,则相关财产确认为经营方资产。FRS5A还考虑财产罚金风险、财产相关成本未来变化、财产陈旧风险、财产剩余利益风险等主要影响PFI项目的风险因素。但是,FRS5A没有讨论财产建造风险,在英国会计准则委员会看来,建造风险通常对财产运营寿命没有影响。2007年英国政府宣布公共部门会计原则由遵从英国一般公认会计原则(UKGAAP)向遵从国际财务报告准则(IFRS)转变。FRS5A和PFITN1从2008年9月起不再适用。

2. 遵从IFRS阶段(2009年10月至今)

2009年10月,英国政府公共部门会计原则由遵从UKGAAP向遵从IFRS转变,FRS5A和TTN1R不再适用(英国政府于2007年3月宣布公共部门会计原则的转变,原计划2008年9月生效,但由于项目和时间安排延期至2009年10月生效)。英国采用IFRS之后,由于IFRIC12仅对特许经营协议中运营方的会计处理问题进行了规定,而对公共部门的会计处理缺乏指导,因此英国政府对IFRIC12进行了扩展。扩展后英国政府和相关公共部门的会计处理方法如图6-3所示。

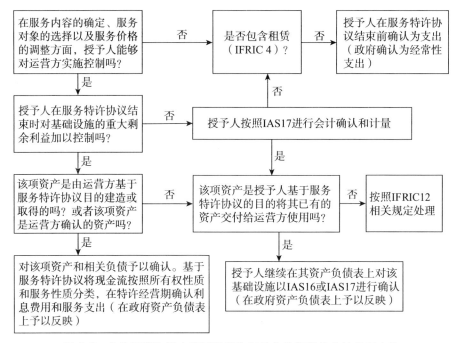

图 6-3　特许经营协议中英国政府和相关公共部门的会计处理方法

资料来源：HEALD D,GEORGIOUS G.The substance of accounting for public-private partnerships[J]. Financial Accountability & Management,2011,05:233.

英国特许经营协议中运营方的会计处理也经历了由遵从 UKGAAP 向遵从 IFRS 转变的过程。在 UKGAAP 下，以 FRS15 为指导，项目资产确定为固定资产进行会计核算，并确认于运营方的资产负债表上。固定资产采用直线法计提折旧时，因运营方盈利时间后置而影响了股东分红。随着 PPP 项目规模的不断扩大，运营方会计处理转向合同应收款核算法。此时运营方将 PPP 项目资产在合同应收款借方予以确认，运营方在整个特许期内都可获得较好的盈利能力。英国采用 IFRS 之后，运营方改按 IFRIC12 的要求进行会计处理。IFRIC12 要求采用控制法对 PPP 项目资产进行会计处理，运营方在特许经营协议目的下使用基础设施但并不享有控制权，由此运营方不再将 PPP 项目资产作为不动产、厂房和设备进行会计处理，而是根据不同情况确认为无形资产、金融资产或混合资产。实践中，由于 IFRIC12 无法满足复杂的 PPP 项目合同与财务安排，运营方仍然默认使用 UKGAAP 进行核算；有上市母公司的运营方，则将采用 IFRIC12 进行会计处理的非公开财务信息提供给母公司作为合并报表的编制依据。

6.3.2 美国关于PPP项目的会计核算

1. 美国一般公认会计原则(GAAP)关于PPP项目的会计处理

2014年之前,美国一般公认会计原则(GAAP)没有与特许服务协议相关的具体指引。经营实体可能无法在特许服务协议的条款下断定特许服务协议是否符合美国840号租赁准则(Topic840)的标准。美国财务会计准则委员会(FASB)紧急任务工作组认为,有必要为涉及公众部门实体授予人的这类协议提供清晰的指导。2014年1月,FASB颁布第5号会计准则:特许服务协议(Topic853)。GAAP下,特许服务协议是一项授予人和经营实体之间的协定,该协定赋予经营实体在特定期间运营基础设施(如机场、道路、桥梁、隧道、监狱和医院等)的权利。经营实体也可能对基础设施进行后期维护。在特许服务协议期间,基础设施可能已经存在,也可能正在由经营实体建造或修缮。特许服务协议的收费方式主要分为两类:一是经营实体提供服务,作为交换授予人给付的确定的报酬,支付时点可能在经营实体提供服务时,也可能延期支付;二是经营实体可能被赋予向第三方用户收费的权利,协议可能包含保底条款,当经营实体从第三方用户收取的费用未达到最低限额时,授予人将无条件支付担保的最低限额。Topic853定义的特许服务协议与IFRIC12类似,要求授予人控制或有能力修改或批准经营实体所提供的服务的内容、服务提供的对象和服务的价格,或者授予人拥有所有权、权益或者通过其他方式,在协议结束时能够控制基础设施的所有剩余利益。Topic853并没有为特许服务协议的各个方面都提供具体的会计指导,而是指明经营实体应参考其他准则对特许服务协议进行会计确认和计量。特许服务协议一般不符合租赁定义,因为经营实体根据协议条款不能控制或拥有基础设施的所有权,行使基础设施的权利不会被认定为经营实体的不动产、厂房和设备。另外,基础设施的所有经济产出的收费并不是按市场定价,因此特许服务协议一般不符合Topic840所规定的一个或多个条件。

Topic853要求经营实体应参考其他准则来核算特许经营权,然而应用收入准则时产生了关于建造、升级和运营服务方面的问题,增加了使用收入准则其他内容的复杂性。2017年5月,FASB发布了第10号会计准则:特许服务协议——确定特许经营服务的客户。第10号会计准则认定经营服务的客户是委托人,因为经营实体是作为委托人的服务提供者(或外包商)运营和维护由委托人控制的基础设施的,行使特许经营权的是经营实体。这与IFRIC12的范围产生了差异,在 IFRIC12 中,经营服务的客户可以是委托人或第三方用户。同时 GAAP 目前并未说明经营实体在特许经营权中需求风险的作用和权利,需求风险只是在特许经营权的谈判和定价中需要考虑的经济参数。

Topic853 前后一系列准则并没有为特许服务协议的各个方面提供具体的会计指导,相比较而言,IFRIC12 就经营实体何时确认以及 PPP 项目作为金融资产和无形资产的条件做出了具体说明。IFRIC12 规定,当经营实体获得无条件契约权利,能够获得确定数量的现金或者其他资产作为建设或升级服务的报酬时,可以将其确认为一项金融资产;当经营实体获得授予人赋予的向使用者收费或使用该基础设施的权利时,可以将其确认为一项无形资产。

2. 美国政府会计准则(GASB)关于 PPP 项目的会计处理①

美国政府会计准则(GASB)于 2010 年 11 月发布的《财务会计报告第 2010—30 号服务特许协议》(GASB No.60),对特许经营协议的相关会计处理原则做出规定,确认该类特许经营协议区别于租赁,相关资产不能确认为运营方的不动产、厂房和设备,并采用"控制法"原则对协议范围划定约束条件,基本原则与 IFRIC12 相一致。但 GASB 对合作主体的界定范围更加广泛,不仅包括公私部门间的合作,还包括政府部门作为运营方与其他政府部门间的合作,这与 IFRIC12 有所不同。此外,GASB 中的付费模式只包括使用者付费,运营方收到授予方的补贴,项目作为管理和服务协议以及建造合同项目进行会计确认与处理。GASB 对特许经营协议的判断标准做了详细规定(见图 6-4)。

GASB No.60 涵盖的特许经营协议具有以下四个特征:一是授予人(政府)向经营方转让资本资产权利及其提供公共服务的义务,经营方支付转让对价;二是经营方收取费用并从第三方获得费用补贴;三是授予人决定或者有能力控制或批准经营方所提供服务的内容、服务提供的对象、服务的价格或者支付比率;四是授予人享有资本资产特许权到期时的剩余利益。针对项目资产的权属与负债确认问题,GASB No.60 提出的方案与 IPSAS32 相类似:如果特许服务协议与现存资本资产直接相关,则授予人不应终止确认该项资产;如果特许服务协议是经营方购入或建造资产或对现存资产进行更新改造,则授予人应确认一项新的资产并将更新改造支出资本化,任何与其相关的义务确认为负债,它们之间的差额确认为递延资产。除上述成本法计量属性外,GASB No.60 规定,如

---

① 孙永尧,徐玉德. PPP 项目会计问题研究[R].中国财政科学研究院财务与会计研究中心. 2018.5.

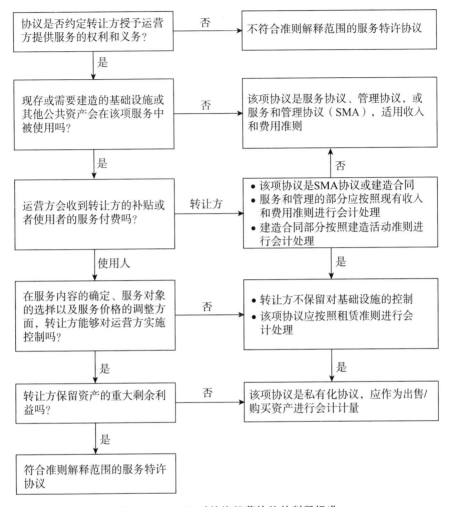

图 6-4　GASB 对特许经营协议的判断标准

资料来源：根据《财务会计报告第 2010—30 号服务特许协议》整理，具体会计处理与 IF-RIC12 基本类似。

果合同负债重大且满足以下任一条件的以现值计量：一是合同义务与资产直接相关且与授予人存在所有者关系，授予人有责任保持该安排的特殊目的；二是合同义务与授予人承诺保证服务资产最低水平直接相关。准则要求资产后续计量遵守现行准则规定，但如果要求经营方按原初状态或者附加条件移交的资产，则不应计提折旧。与之相关的递延资产应当从资本资产投入使用开始按系统合理的方法确认为收入。如果负债反映了授予人的合同义务，则授予人应在履行义务时减少政府负债；同时，确认为一项递延资产与相关收入。此外,经营方的更新改造支出应予资本化并按要求进行折旧、减值与披露。如果授予人要求经营方支付预付款或分期付款,那么授予人应将收款金额确认为一项资产,将合同义务确认为一项负债,并将它们之间的差额确认为一项递延资产。

GASB No.60 要求 PPP 项目授予人与经营方在财务报表附注中披露四方面内容:一是特许服务协议总体说明;二是与特许服务协议相关的资产、负债以及递延项目;三是特许服务协议权利的性质与范围;四是担保与承诺等。

6.3.3 其他国家关于 PPP 项目的会计处理

1. 新西兰关于 PPP 项目的会计处理

西方掀起新公共管理运动以来,基于公共受托责任观,国际会计师联合会(International Federation of Accountants,IFAC)和国际货币基金组织(International Monetary Fund,IMF)积极倡导推进政府会计改革,新西兰、澳大利亚、美国、英国等国相继实施了以权责发生制为标志的一系列政府会计改革。其中,新西兰修订了企业会计准则,使之既适用于企业,也适用于政府公共部门。新西兰政府会计改革的主要领导人随后在世界银行的支持下,牵头制定了公共部门会计准则。国际会计师联合会于 1986 年成立了公共部门委员会。1989 年,新西兰通过《公共财政法》,在所有政府公共部门推行权责发生制会计;1991 年 12 月,新西兰政府的总体财务报告转向权责发生制会计。从 1994 年开始,整个政府财务管理体制实现了完全权责发生制。公共部门委员会于 1996 年开始实施《公共部门会计准则》,自 2005 年以来,根据权责发生制形成了 31 个系列的《公共部门会计准则》。这些指引有效地指导和推动了与权责发生制政府财务报告相关制度的建设(潘琰和蔡高锐,2016)。

对于 PPP 项目的确认和计量,《新西兰公共部门会计准则第 17 号——不动产、厂房和设备》(PBEIPSAS17)做了相应规定。PPP(也称服务特许安排,Service Concession Arrangement)是政府和私人部门参与方之间的合作安排,其中,私人部门参与方使用特定的资产,代表政府在特定期间内供给公共服务,并因其在安排期间的服务取得报酬。特定资产的成本由私人部门参与方融资,除非政府的现有资产(通常是土地)被分配至该安排,服务特许权安排期间政府向私人部门参与方付款,用以覆盖供给服务的成本、利息费用以及购买特定资产产生的负债。依据 NZIPSAS17 对 PPP 项目资产的规定,PPP 项目资产应被确认为政府的资产。如果资产是逐步建成的,则政府应按成本逐步确认在建工程和等值的金融负债。当资产建成后,全部资产成本以及相应的金融负债应能反映因该资产未来应向私人部门参与方提供的对价。对于PPP项目资产的后续计量,则按应适用的相应类别的具体资产的会计政策予以核算,其中金融负债以摊余成本计量。

新西兰国际财务报告准则(New Zealand International Financial Reporting Standards,NZIFRS)对PPP项目的指导原则适用NZIFRIC12。然而,NZIFRIC12并没有专门处理公共部门"授予人"在服务特许安排中的会计问题。通常情况下,对于DBFO模式的PPP项目来说,公共部门可能会控制基础设施资产并计入资产负债表,即使它已经建成并由私人部门合法"拥有"。控制以通过对私人部门运营商使用基础设施所必需的服务来规定,判别的标准包括为谁提供相关服务,以什么价格,以在特许期结束时对基础设施的收益权和剩余索取权。有关资产的相关负债及责任亦可能被记录。新西兰政府外部报告委员会(XRB)已经着手推动现有财务报告框架的改革。在新框架中,大中型公共利益实体(PBE)将使用新的PBE会计准则,该准则主要依据国际公共部门会计准则(IPSAS)来制定。在该准则下,大型PBE(投资额超过3 000万新元)将完全采用PBE会计准则,而中等规模PBE(投资额在200万到3 000万新元之间)将减少披露的信息。2012年,新西兰议会提出财务报告修正案,拟将政府财务报告的法定框架进行改革,新草案对PBEIFRIC32特许权协议规定,特许权授予人需要采用"镜像对照"原则,与NZIFRIC12(PBE准则下的PBEFRS45)的指引形成互补。

2. 欧盟成员国关于PPP项目的会计处理

IPSAS32定义了PPP项目资产和负债的确认时间,假定政府遵循IPSAS权责发生制会计原则,即在发生时记录收入和支出,而不管现金交易何时发生。根据IPSAS32的规定,PPP项目资产和负债出现在政府的资产负债表上,用于反映政府控制或管理的由运营方提供的PPP资产的服务以什么样的价格向谁提供,同时需要披露政府在合同结束时对资产有多少重大剩余索取权。根据这个定义,政府付费PPP项目将出现在政府的资产负债表上,使用者付费PPP项目的会计处理取决于合同的细节。过去几十年间,欧盟成员国越来越多地采用服务特许安排或PPP模式建造基础设施及提供公共服务,如水处理和供水设施、高速公路、停车场、隧道、桥梁、机场、电信网络、监狱的运营等。

欧盟议会提出将于 2020 年在 28 个成员国全面实行欧盟公共部门会计准则（European Public Sector Accounting Standards，EPSAS），超过 20 个欧盟成员国的中央政府列报了以服务特许安排或 PPP 模式持有的资产，但欧盟成员国在实施《公共部门会计准则第 32 号》方面存在较大差距。英、法、奥三国都建立了预算权责发生制，但其他国家仍坚持收付实现制，德国只有地方政府采用权责发生制。权责发生制在政府会计中的运用缺乏协调已成为欧洲议会和国际会计师联合会公认的问题。2008 年世界金融危机后，欧盟对 IPSASB 的民事性质和资源是否充足提出了质疑，并决定设立欧洲公共部门会计准则（潘琰和蔡高锐，2016）。2013 年一项欧盟资助的研究指出，以 IPSAS 为基础制定公共部门会计准则是适宜的，但需做出一定的调整。截至 2015 年，2PSASB 包含了中国在内的 15 个主要国家。IPSAS 要求政府即授予人对资产的确认是基于其对该项资产拥有控制权，而非基于其是否享有与该项资产相关的风险和回报。随着 PPP 模式的应用越来越广泛，一些欧盟成员国政府对 PPP 项目资产和负债仍在表外处理，显然不符合 IPSAS 规定。欧盟部分成员国对 IPSAS 中公共基础设施的相关准则提出了意见：一是鉴于政府规模，对所有固定资产进行实物登记并评估其价值非常耗时、耗力；二是在整个政府部门对固定资产适用组成部分法很困难（组成部分法下，若某项固定资产的主要组成部分具有不同的使用年限，则应将该项资产的每一个部分作为单独一项资产予以入账并单独计提折旧）；三是对于一项交易是确认为非金融负债，还是直接确认为净资产，按 IPSAS32 对该类交易进行处理过于复杂；四是确定已登记项目的减值很困难。

从上述分析可以看出，对于 PPP 模式形成的资产，英国、美国和新西兰都通过制定准则来予以规范，大多采用与 IFRIC12 规定形成"镜像对照"的方式来确定授予人的处理方式，即以"控制"为条件，确认授予人的相关资产，并按照有关资产的准则规定进行后续处理。控制要求无论是否拥有所有权，只要同时满足以下两个条件：一是在服务内容的确定、服务对象的选择以及服务价格的调整方面，授予人能够对运营方实施控制或监管；二是在服务合同期末，授予人可以通过所有权、收益权或其他形式控制资产的所有重大剩余利益。对于符合控制条件的基础设施，除授予人（政府主体）已有的资产外，其他服务特许资产均应以公允价值进行初始计量。对于授予人已有的资产，则需要将其以账面价值重分类至基础设施的服务特许资产，并应同时确认一项负债，而该项负债的性质是依授予人向经营方支付对价的性质而定的。其中，由授予人向经营方无条件支付现金的义务被定义为金融负债;授予经营方从第三方使用者处取得收入的权利,或授予经营方使用其他产生收入的资产的权利被确认为递延收入,或者两种负债的混合模式。至于PPP项目形成的基础设施的后续计量,与一般项目形成的基础设施的核算基本相同。

6.4 中国关于PPP项目的会计处理与信息披露

6.4.1 中国对PPP项目会计处理的规定

1. PPP项目会计处理的现行政策依据

PPP项目的会计处理主要包括政府与社会资本方以及项目公司的会计处理,从2016年开始,财政部先后制定了6项政府会计准则,但仅在《政府会计准则第5号——公共基础设施》第一章第三条中规定:"采用政府和社会资本合作模式(即PPP模式)形成的公共基础设施的确认和初始计量,适用其他相关政府会计准则。"社会资本方的会计处理主要涉及《企业会计准则第14号——收入》《企业会计准则第15号——建造合同》及《企业会计准则解释第2号》(以下简称"准则解释第2号")等。但尚未制定与PPP项目相关的统一会计处理规范,准则解释第2号主要规范了BOT项目的会计核算,会计准则层面的缺失致使实践中PPP项目的会计处理仍存在诸多问题。目前财政部仅对BOT项目的会计处理问题分别通过复函和准则解释的方式进行了回复和说明。[①] 如果社会资本方与政府之间签订的合同名义上是BOT模式,但合同中约定企业对所建造的设施拥有自主经营权,政府对其服务的对象、收费标准及后续调整等问题并无特殊管制,则实质上该项目不符合BOT模式的适用条件,而是企业与政府之间的土地租赁或者其他商业交易,应按照《企业会计准则第21号——租赁》或者其他适用的会计准则进行会计处理。表6-5列示了准则解释第2号对资产性质确认的相关要求,项目公司建造的基础设施根据不同情形确认为金融资产、无形资产或者混合资产,而不能确认为固定资产。

---

① 财政部在2004年8月24日通过复函的方式对上海市财政局"关于企业以BOT方式参与公共基础设施建设业务的有关会计处理的请示"给予了答复(财办会〔2004〕26号),此外,在《企业会计准则解释第2号》(财会〔2008〕11号)中对企业采用BOT方式参与公共基础设施建设业务应当如何处理的问题进行了回复。

表 6-5　资产性质确认依据

资产性质分类	准则解释第 2 号对资产确认的要求	典型行业
金融资产	• 公共基础设施建成后,在一定期间内项目公司可以无条件地自合同授予方收取确定金额的货币资金或其他金融资产 • 提供经营服务的收费低于某一限定金额时,合同授予方按照约定补偿差价	通常适用于可经营性系数低或不具备营利性的公益行业,如垃圾焚烧、污水处理、市政道路、河道治理等
无形资产	在一定期间内项目公司具有向获取服务对象收取不确定金额费用的权利	通常适用于可经营系数高、财务效益良好的行业,如高速公路、供水、供气、机场等
混合资产	项目公司收取的对价一部分源自金融资产、一部分源自无形资产	授予方承担差额担保部分的需求风险,经营方承担超出部分的需求变动风险

对于项目公司收入的取得与确认,准则解释第 2 号列举了三种情形:第一,收取确定金额或者补偿差价时确认为金融资产;第二,收取不确定金额费用时确认为无形资产;第三,收取的对价部分源自金融资产、部分源自无形资产时确认为混合资产。对建设期间和运营期内具体的收入确认问题,准则解释第 2 号也做出了一定的说明。表 6-6 列示了金融资产模式和无形资产模式下的具体会计处理。

表 6-6　金融资产和无形资产模式下会计处理的比较

各阶段收入类型	金融资产	无形资产
确认建造或改良服务收入	以建造收入的公允价值作为金融资产初始确认时的金额	按照建造收入的公允价值确认无形资产的初始成本
借款费用	费用化	资本化
不确认建造或改良服务收入	以建造过程中支付的工程价款作为金融资产初始确认时的金额	按照建造过程中支付的工程价款确认无形资产的初始成本
运营服务收入	不承担需求风险,运营服务收入为固定或可确定金额。现金流入需要区分收回建造工程款部分和运营服务部分	承担需求风险,全部现金流入作为运营收入

(续表)

各阶段收入类型	金融资产	无形资产
利息收入	对于长期应收款项应按实际利率确认利息收入	无
无形资产摊销	无	需要摊销

资料来源:财政部政府和社会资本合作中心.政府和社会资本合作项目会计核算案例[M].北京:中国商务出版社,2014:12-13.

准则解释第2号与IFRIC12对PPP项目相关会计处理的规定是高度一致的,即与IFRIC12对资产、收入、费用的核算基本一致。但IFRIC12适用于BOT、ROT、TOT、BOOT等模式,而准则解释第2号仅针对BOT模式。另外,两项准则在外包建设项目的收入及毛利确认方面也略有不同(详见表6-7)。

表6-7　IFRIC12和准则解释第2号会计处理的比较

内容	IFRIC12	准则解释第2号	差异比较
范围	适用于BOT、ROT、TOT、BOOT等模式	明确针对BOT模式	准则解释第2号虽未提及其他运作模式,但原则上无差异
经营方对基础设施的权力	不应确认固定资产	不应确认固定资产	无
对价的确认和计量	无形资产、金融资产和混合资产	无形资产、金融资产和混合资产	无
建造改良服务	按照建造合同确认收入	按照建造合同确认收入,但如果项目公司未实际提供建造服务,则不应确认收入	对于外包建设项目,建造收入及毛利确认要求不同,相应的递延所得税计量等方面也有后续差异
运营服务	按照收入准则核算	按照收入准则核算	无
借款费用	按照借款费用准则核算	按照借款费用准则核算	无
金融资产和无形资产的后续处理	分别按照金融资产和无形资产准则核算	分别按照金融资产和无形资产准则核算	无

(续表)

内容	IFRIC12	准则解释第 2 号	差异比较
授予方向经营方提供的项目方构成授予方应付对价的一部分	不应作为政府补助处理,项目公司自授予方取得资产时,应以公允价值确认	不应作为政府补助处理,项目公司自授予方取得资产时,应以公允价值确认	无

资料来源:籍丽华.PPP 项目公司会计核算相关问题探讨(二)——无形资产模式和混合模式[EB/OL].[2018-01-17].http://www.360doc.com/content/17/0530/09/33229722_658386557.shtml

对于建造期间,准则解释第 2 号规定,按照建造合同准则对建造期间内的工程建造进行相关会计处理。项目公司应区分自行建造和将工程发包两种情况:自行建造时,应确认所提供建造服务的收入和费用;通过发包方式将项目建造转给其他方时,不确认建造服务收入。实际建造过程中与支付工程价款相关的支出,按照合同规定分别确认为金融资产或无形资产。按照特许经营合同,项目公司提供多项服务时(例如,项目公司提供基础设施建造服务并在建成后提供经营服务),如果各项服务可以单独区分,则依据准则解释第 2 号"其收取或应收的对价应当按照各项服务的相对公允价值比例分配给所提供的各项服务",即对于需要提供多项服务的工程项目,项目公司在确认收入时需要将取得的收入合理分摊至每一项服务。

对于运营期间,准则解释第 2 号要求"基础设施建成后,项目公司应当按照收入准则确认与后续经营服务相关的收入"。无形资产的摊销应计入当期营业成本,金融资产的后续计量以摊余成本为基础;对于合同约定的对公共基础设施进行的定期维护和更新,项目公司应按照或有事项准则的要求进行最佳估计并确认为预计负债。

2. 不同运作模式下 PPP 项目会计核算要点

PPP 项目可以采用多种运作模式,每种模式涉及的业务流程阶段会有所差异,因而会计核算也不尽相同。表 6-8 列示了不同 PPP 项目运作模式下各阶段的会计核算方法。

表 6-8　不同 PPP 项目运作模式下各阶段会计核算矩阵

运作模式＼各阶段	项目发起筹备	项目公司设立及前期融资	社会资本建造/改建/升级/扩建	政府将存量资产移交给社会资本	社会资本拥有项目资产	社会资本运营维护	项目终止社会资本将项目设施移交给政府	政府补助	核算要点
各阶段的会计核算	项目发起和项目筹备谈判	项目融资和项目公司成立	项目建设及完工验收			后续运营维护	项目移交和项目后评估	其他相关事项	
委托运营（O&M）	√	—	×	×	×	√/(3)	×	—	政府将存量公共资产的运营维护职责委托给社会资本或项目公司，社会资本或项目公司不负责用户服务。社会资本或项目公司从政府处取得的委托运营费，按收入准则核算
管理合同（MC）	√	—	×	×	×	√/(3)	×	—	将存量公共资产的运营、维护及用户服务职责授权转移给社会资本或项目公司。社会资本或项目公司从政府处取得的管理费，按收入准则核算
建设—运营—移交（BOT）	√	√	√	×	×	√	√	—	社会资本或项目公司承担新建项目公共资产规划、设计、融资、建造、运营、维护和用户服务职责，合同期满后项目资产移交给政府。一般适用准则解释第2号，其他参照固定资产或租赁准则核算

（续表）

运作模式 \ 各阶段	项目发起筹备	项目公司设立及前期融资	社会资本建造/改建/升级/扩建	政府将存量资产移交给社会资本	社会资本拥有项目资产	社会资本运营维护	项目终止社会资本将项目设施移交给政府	政府补助	核算要点
建设—拥有—运营（BOO）	√	√	√	×	√/(2)	√	×	—	社会资本或项目公司承担新建项目公共资产规划、设计、融资、建造、运营、维护和用户服务职责，并拥有法律上的项目所有权
转让—运营—移交（TOT）	√	√	×	√/(1)	×	√	√	—	政府将存量资产所有权或经营权有偿转让给社会资本或项目公司，并由其负责承担运营、维护和用户服务职责，合同期满后资产所有权和经营权交回政府
改建—运营—移交（ROT）	√	√	√	√/(1)	×	√	√	—	政府将存量资产所有权或经营权有偿转让给社会资本或项目公司，并由其负责承担改扩建、运营、维护和用户服务职责，合同期满后资产所有权和经营权交回

注："√"表示该运作模式涉及本阶段，参照本表中"各阶段的会计核算"进行处理；特殊阶段根据"/"后符号对应内容处理；"×"表示该运作模式不涉及本阶段；"—"表示该运作模式可能涉及本阶段。(1)项目公司对转让资产不具有控制权的，有偿移交时应以移交价款作为取得无形资产（特许经营权）或金融资产的对价进行会计核算；无偿交付时无须进行会计

核算。项目公司对转让资产具有控制权的,需根据合同规定的具体权利义务关系判断是否应按固定资产或租赁准则进行会计核算。(2)项目公司对"拥有"资产不具有控制权的,参照项目各阶段的会计处理;项目公司对"拥有"资产具有控制权的,应按固定资产或租赁准则进行会计核算。(3)社会资本从政府处取得的委托运营费(或管理费),应按照《企业会计准则第14号——收入》进行会计核算。

资料来源:财政部政府和社会资本合作中心.政府和社会资本合作项目会计核算案例[M].北京:中国商务出版社,2014:17.

6.4.2 社会资本方的会计处理与信息披露

从社会资本方的角度来看,PPP项目全生命周期涉及会计核算的主要包括以下几个阶段(以PPP中最为典型和完整的BOT模式为例):①项目采购、准备和识别阶段,包括项目发起和项目筹备谈判;②项目执行阶段,可细分为成立项目公司(包括项目融资和项目公司成立)、项目建设(包括项目建设和项目完工验收)、项目运营(包括后续运营维护、资产更新升级);③项目移交阶段,包括项目移交和绩效评价。具体流程如图6-5所示。

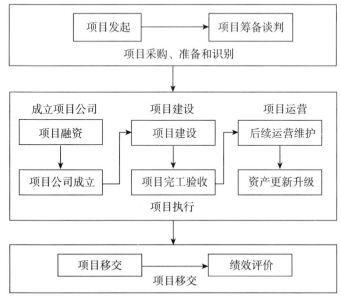

图 6-5 PPP 项目业务主要流程

资料来源:根据财政部政府和社会资本合作中心.政府和社会资本合作项目会计核算案例[M].北京:中国商务出版社,2014:5 整理。

1. 社会资本方与项目公司会计核算要点

全生命周期内,项目所处阶段不同,相关资产和费用的会计处理也存在差异。表 6-9 至表 6-19 分别列示了项目采购、准备和识别阶段,项目执行阶段,项目移交阶段以及信息披露阶段的会计核算要点及涉及的中国相关企业会计准则。

表 6-9 项目采购、准备和识别阶段会计核算要点

项目阶段	会计核算要点	涉及的企业会计准则
项目发起	社会资本发起方式下,发起阶段通常会发生调研费、咨询费、中介机构费、业务招待费等各类费用;上述费用一般不满足资本化条件,应在发生时直接费用化	CAS13 或有事项 CAS22 金融工具确认和计量
项目筹备谈判	• 项目合同签署之前,社会资本在准备相应文件以及谈判的过程中,通常会发生调研费、咨询费、中介机构费、业务招待费等各类费用;上述费用在合同签署之前通常不满足资本化条件,应在发生时进行费用化处理 • 社会资本应将提交相应文件时根据要求提交的投资竞争履约保证金金额确认为金融资产应收款项,退还时冲回(或冲抵后续的建设期履约保证金);对于因提交其他形式担保(如履约保函)而产生的费用,应视具体情况在合适的期间计入费用 • 合同签署后发生的与建造合同直接相关的支出在满足资本化条件时,予以资本化 • 对于合同约定的尚未支付的现时义务,应预提准备或根据合同约定计提应付款项	CAS15 建造合同 CAS13 或有事项 CAS22 金融工具确认和计量
项目融资	• 股本和其他权益融资:公司普通股股东和/或其他权益融资工具(包括权益类优先股/永续债/永续中票等)投资者向项目投入权益资本,按照股本或其他权益融资工具发行价格扣减符合条件的交易成本后的金额确认权益,无须对权益进行后续计量 • 债务融资:项目公司通过发行企业债券或债务类优先股/永续债/永续中票等工具或直接取得银行贷款的,按公允价值扣减符合一定条件的交易成本后的金额作为负债的初始成本,并按摊余成本法进行后续核算(指定为以公允价值计量的除外)	CAS22 金融工具确认或计量

(续表)

项目阶段	会计核算要点	涉及的企业会计准则
项目公司成立	• 项目公司:股本会计核算方法参照"项目融资";项目合同签署后,为筹建项目公司而发生的费用,在发生时计入当期费用 • 社会资本:①社会资本控制项目公司时,应合并项目公司;对于非全资设立的项目公司(如政府与社会资本分别持有一定股份,但社会资本控制项目公司),社会资本的合并报表应体现少数股东权益,社会资本对项目公司投资在个别财务报表处理,应根据CAS2 长期股权投资进行会计核算。②社会资本共同控制项目公司或对项目公司具有重大影响时,应根据CAS2 长期股权投资进行会计核算	CAS2 长期股权投资 CAS33 合并财务报表

注:根据财政部政府和社会资本合作中心.政府和社会资本合作项目会计核算案例[M].北京:中国商务出版社,2014:6-9整理。

2. 项目准备、识别和采购阶段的会计处理

项目发起阶段通常会发生调研费、咨询费、中介机构费、业务招待费等各类前期支出,如约定由社会资本方承担上述费用,则在不满足资本化条件时,借记"管理费用"科目,贷记"银行存款""应付账款""其他应付款"等科目。社会资本方基本确定能够收回政府的补偿时,冲减已确认的费用,借记"银行存款""应收账款"科目,贷记"管理费用"科目。

社会资本方提交相应文件时,根据要求交纳的投标保证金或者投资竞争履约保证金,多以现金方式支付,特殊情况下有采用本票、支票、汇票等非现金方式支付的,在提交时确认为其他应收款,在退还时确认回收。待项目合同签订,需交纳建设期履约保证金的,可依据约定将投资竞争履约保证金转为履约保证金,无明确约定的应先退还,在正式签约后交纳履约保证金时,借记"其他应收款——投资竞争履约保证金"科目,贷记"银行存款"科目。

项目公司成立时发生的相关筹备费用,一般应在发生时进行费用化处理,借记"管理费用"科目,贷记"银行存款""应付账款""其他应付款"等科目。

3. 项目融资阶段的会计处理

社会资本投入项目公司的投资既可能是货币资金,也可能是土地或者固定资产等实物资产。采用土地等实物资产投资的,项目公司以实际收到实物资产

的评估价值入账;采用货币资金投资的,货币资金为银行存款的以实际收到的金额入账;采用其他权益融资工具投资的,以其他权益融资工具发行价格扣减符合条件的交易成本后的金额入账。若政府在相关文件中规定,政府部门以现金、厂房、设备、土地使用权等形式的投入,不作为股本投入,而作为资本公积核算,则项目公司应在收到投资时贷记"资本公积——股本溢价"科目。

融资阶段的会计事项主要是项目公司资金来源的会计处理,这一阶段资金以股权或者债权的形式投入项目公司,为项目建设提供资金,项目公司在接受投资和获得项目融资款时进行会计处理。社会资本方针对项目进行融资并将相应资金投入项目,在融入资金和对项目公司投资和拆借时进行会计处理。社会资本方可能包含单一主体或多主体组成的联合体,联合体需按照社会资本各参与方会计主体单独记录长期股权投资,投入股权的比例根据 PPP 协议约定的投入比例按照出资责任认缴。具体会计处理如表 6-10 所示。

表 6-10 融资阶段主要会计分录

会计事项	项目公司的会计处理	社会资本的会计处理

股权投资	借:银行存款
	  贷:实收资本——社会资本/产业基金/政府授权投资单位
	借:固定资产/无形资产(土地使用权)
	  贷:实收资本——社会资本/产业基金/政府授权投资单位(资本公积——股本溢价)
	借:银行存款
	  贷:其他权益工具——社会资本/产业基金/政府授权投资单位/机构投资者
		借:长期股权投资——某 PPP 项目
		  贷:银行存款/无形资产等

发行企业债券或债务类优先股/永续债/永续中票或直接取得银行贷款	借:银行存款
	  贷:应付债券——××债券/××优先股等(面值)
	    应付债券——××债券/××优先股等(利息调整)
		借:银行存款
		  贷:应付债券——××债券/××优先股等(面值)
		    应付债券——××债券/××优先股等(利息调整)
		借:银行存款
		  贷:长期借款/短期借款——××银行

(续表)

会计事项	项目公司的会计处理	社会资本的会计处理
从社会资本方取得转贷款项/对应社会资本方转贷给项目公司	借:银行存款 贷:长期借款——社会资本	借:长期应收款——项目公司 贷:银行存款

4. 项目建设及完工验收阶段的会计处理

项目建设按照对项目设施是否具有控制权在建设阶段依据不同的准则确认项目资产,不具有控制权的情况下项目设施计入无形资产、金融资产或者混合资产,如果拥有项目资产则直接按照完工百分比法计入固定资产。根据建设过程中承建主体的不同,在资产确认过程中主要划分为项目公司自行建造、社会资本承建、外包给第三方建造三种情形。建造合同核算在会计科目设置上可以根据PPP合同约定的相关条款分设二级、三级明细科目,如果合同涉及多个工程项目,可以将"工程建设其他费"先在"待摊投资"科目的二级科目核算,"待摊投资"科目的三级科目可设置"项目公司管理费"等明细科目。建设过程中的收入,在财政部2017年7月新修订的《企业会计准则第14号——收入》(财会〔2017〕22号)下采用以"控制权"转移为核心的五步法来确认,这改变了原来建造合同准则以完工百分比法确定建造合同收入的方式,但与PPP项目有关的新收入准则有待财政部进一步出台相关解释,本书对建设阶段收入的确认仍采用原计量方法编制相关分录。

建设阶段如果收到政府方对项目的融资补偿或者专项补助资金,可计入"递延收益"科目。PPP项目合同相关条款规定有融资补偿的,根据合同条款规定,项目公司可按每笔资金进入项目公司银行账户的时间计算融资成本补偿额。会计处理可按每笔资金进入项目公司银行账户的时间开始起算,既可以与银行结息日同步计提,也可以每月最后一日计提,并取得政府相关部门签字认可。补偿收益借方记入"长期应收款"科目,贷方记入"递延收益"科目。在PPP项目有政府专项补助资金的情况下,如果该笔款项是指定用于某一工程项目并为政府方提前付费的一部分,则在收到款项时借记"银行存款"科目,并根据PPP项目合同具体规定以及款项用途,先记入"递延收益——××项目政府专项补助款"贷方核算,待建设期满转入运营维护期,再分期摊销确认收入,借记"递延收益——××项目政府专项补助款"科目,贷记相关收入科目(肖太寿,2018)。

表 6-11　项目建设及完工验收阶段会计核算要点

核算情形	会计核算要点	涉及的企业会计准则
对项目资产不具有控制权	• 项目公司或社会资本自行建造时,应按完工百分比法确认建造收入,同时根据收取对价类型的不同分别核算:如果在未来特定期间特许运营该已建成的基础设施并拥有就其提供的服务收取费用的权利,则计入无形资产;如果拥有无条件收取可确定金额的现金或其他金融资产的合同权利,则计入金融资产;如果项目公司收取的对价一部分源自金融资产、一部分源自无形资产,则采用混合资产模式 • 将基础设施建造发包给第三方施工单位时,项目公司和社会资本均无须确认建造服务收入,但应按照建造过程中支付工程价款等合同规定,根据从政府处收取对价的不同,分别计入无形资产、金融资产或混合资产 • 项目公司在开始建设之前,通常需要提交建设期履约保证金,提交时应将支付的保证金金额确认为金融资产应收款项,退还时冲回(或冲抵后续的运营维护保证金);若保证金期限较长,则应酌情考虑对履约保证金按照实际利率确认融资收益;对于因提供其他形式担保(如履约保函)而产生的费用,应视具体情况在合适的期间计入费用 • 借款费用:无形资产模式下,应在符合资本化条件时予以资本化;金融资产模式下,应于发生时直接费用化;混合资产模式下,应针对无形资产所占份额部分进行资本化,具体比例参照所确认的金融资产和无形资产的相对公允价值确定,或者按照其他合理的方式进行分配	CAS4 固定资产 CAS6 无形资产 CAS7 非货币性资产交换 CAS13 或有事项 CAS15 建造合同 CAS17 借款费用 CAS21 租赁 CAS22 金融工具确认和计量 准则解释第 2 号
对部分或全部资产具有控制权	项目公司应根据项目合同的约定分析该部分资产交易的实质,按照适用的会计准则(例如《企业会计准则第 4 号——固定资产》《企业会计准则第 21 号——租赁》等)进行会计处理	

资料来源:根据财政部政府和社会资本合作中心.政府和社会资本合作项目会计核算案例[M].北京:中国商务出版社,2014:6-9 整理。

(1) 项目公司自行建造

项目公司应根据建造合同准则及准则解释第 2 号关于 BOT 项目会计处理

的规定进行会计处理。提交建设期履约保证金时计入往来账项,完工退还时冲回。项目的设计方案既可以从社会资本方采购,也可以从第三方采购。但是无论从哪一方采购,发生的采购成本均应记入"工程施工"科目。项目建设工程材料、机械设备采购及其他成本的归集,应在取得材料和工程用设备时记入"原材料"科目,工程领用材料、设备,发生人工费用、保险费用时,记入"工程施工——合同成本"科目。前期借款发生的借款费用根据《企业会计准则第 17 号——借款费用》的规定判别是资本化记入"工程施工——合同成本"科目,还是记入"财务费用"科目,并按照借款合同约定按期支付利息。

资产负债表日,项目公司应根据完工百分比法和项目合同约定的毛利率确认建造合同收入,并分别在金融资产模式、无形资产模式、混合资产模式下确认金融资产或无形资产。经过试运营,达到预定可使用状态的,经政府、项目公司、监理公司等各方验收合格后最终结算全部工程施工成本。项目完工时,工程结算至相应资产科目。无形资产模式和混合资产模式属于通过非货币性资产交换取得的无形资产,采用混合资产模式时,还需要根据项目合同约定将对价进行拆分。

项目公司需要对已确认的长期应收款和无形资产依据 CAS8 资产减值及 CAS22 金融工具确认和计量进行判断。如有减值迹象的,应进行减值测试;确实发生减值的,应确认减值损失。对于金融资产,如果有确凿证据表明价值已经恢复的,原确认的减值损失应予以转回,并计入当期损益;但是转回后的账面价值不应超过假定不计提减值准备情况下该金融资产在转回日的摊余成本。无形资产已确认的减值损失则不允许转回。具体会计处理如表 6-12 所示。

表 6-12 建设阶段项目公司自行建造主要会计分录

会计事项	项目公司的会计处理
提交建设期履约保证金	借:其他应收款——保证金——履约保证金 　　贷:银行存款
设计方案采购	借:工程施工——合同成本 　　贷:银行存款/应付账款等
材料与设备、人工等成本费用归集	借:原材料——材料/设备 　　贷:银行存款/应付账款/应付票据 借:工程施工——合同成本 　　贷:工程物资/银行存款/应付账款/应付职工薪酬等

(续表)

会计事项	项目公司的会计处理
借款费用	1.符合资本化条件： 借：工程施工——合同成本 　　贷：应付债券——××债券/优先股（利息调整）（也可能在借方） 　　　　应付利息 2.不符合资本化条件： 借：财务费用 　　贷：应付债券——××债券/优先股（利息调整）（也可能在借方） 　　　　应付利息
支付利息	借：应付利息 　　贷：银行存款
确认收入和成本	借：主营业务成本 　　工程施工——合同毛利 　　贷：主营业务收入
试运营	借：银行存款等 　　贷：工程施工——合同成本
项目验收	借：长期应收款（金融资产模式） 　　无形资产——特许经营权（无形资产模式） 　　长期应收款及无形资产（混合资产模式） 　　贷：工程结算 借：工程结算 　　贷：工程施工——合同成本 　　　　——合同毛利
资产减值	借：资产减值损失 　　贷：坏账准备——长期应收款减值准备 　　　　无形资产减值准备
金融资产减值准备转回	借：坏账准备——长期应收款减值准备 　　贷：资产减值损失

（2）社会资本方承建

项目公司委托母公司承建项目的情况下，项目公司自身应根据《企业会计准则第15号——建造合同》的规定进行会计处理。对于一般的社会资本方承建项目，项目公司应根据准则解释第2号关于BOT项目的规定进行会计处理，设计方案采购、保证金等业务同项目公司自行建造的会计处理。在资产负债表日,社会资本建造收入应当根据完工百分比法确认,与项目公司进行结算确认应收款项。项目最终验收达到预定可使用状态时,结转工程成本与利润。社会资本将贷款转贷给项目公司时(合同授予方允许的情况下),确认长期应收款,并按合同利率确认相应的利息费用。

一方面,项目公司根据完工进度确认工程费并对施工单位办理工程进度计量,工程费包括建筑安装工程费和设备购置及安装费,其中,"建筑安装工程费"包括临时工程、路基工程、路面工程等;"设备购置及安装费"包括设备工程费、办公及生活家具购置费等。另一方面,项目公司按期办理工程建设其他费结算,"工程建设其他费"包括土地及征用拆迁补偿费、建设项目管理费、研究实验费、建设项目前期工作费等。项目建设期结束后,如果是政府付费PPP项目或"使用者付费+政府可行性缺口补助"PPP项目,则项目公司根据政府方竣工决算审计确认价,确定政府付费总金额。工程审计结束后,政府或业主认定的回购基数与该科目有差额的,做一次性调整。在合同约定期限内,项目公司向施工单位支付款项;在项目建设期内,项目公司按期向社会资本方以及银行等融资单位支付建设期银行利息。具体会计处理如表6-13所示。

表6-13 建设阶段社会资本方承建主要会计分录

会计事项	社会资本的会计处理	项目公司的会计处理
提交建设期履约保证金	借:其他应收款——保证金——履约保证金 贷:银行存款	
设计方案采购	借:工程施工——合同成本 贷:银行存款/应付账款等	
建造收入(完工百分比法)	借:主营业务成本——合同成本 　　　　　　　——合同毛利 贷:主营业务收入	
与项目公司结算工程计量款与工程建设其他费/项目公司向施工单位支付款项	借:长期应收款/应收账款—— 　××项目公司 贷:工程结算 借:银行存款 贷:应收账款	借:长期应收款/无形资产——某PPP项目成本——建筑安装工程费/设备购置及安装费等 　应交税费——应交增值税——进项税额 贷:银行存款等 借:长期应收款/无形资产——某PPP项目成本——工程建设其他费

（续表）

会计事项	社会资本的会计处理	项目公司的会计处理
		应交税费——应交增值税——进项税额 　贷：银行存款等
项目最终验收达到预定可使用状态	借：长期应收款/应收账款——××项目公司 　贷：工程结算 借：工程结算 　贷：工程施工——合同成本 　　工程施工——合同毛利	借：长期应收款/无形资产——某PPP项目 　贷：长期应收款/无形资产——某PPP项目——建筑安装工程费 　　长期应收款/无形资产——某PPP项目——工程建设其他费
政府方竣工决算审计		借：长期应收款——××政府（××财政） 　贷：长期应收款——某PPP项目 　　投资收益（实际投资与审计值差额） 　　未实现融资收益
社会资本向项目公司贷出款项	借：长期应收款/其他应收款——××项目公司 　贷：银行存款	借：银行存款 　贷：其他应付款——××社会资本
计提对项目公司的利息	借：应收利息 　贷：财务费用	借：财务费用 　贷：应付利息
收到项目公司的利息/项目公司支付银行贷款利息	借：银行存款 　贷：应收利息	借：应付利息 　贷：银行存款 借：长期应收款——某PPP项目——利息 　贷：银行存款/应付利息

（3）外包给第三方建造

外包给第三方建造时，项目公司和社会资本均未提供实际建造服务，而是将基础设施建造发包给第三方施工单位，根据准则解释第2号，项目公司和社会资本均无须确认建造服务收入。除按不同模式确认资产外，其他会计处理同项目公司自行建造工程的会计处理。确认相关对价时，会计处理如下：

借：长期应收款（金融资产模式）

无形资产——特许经营权(无形资产模式)
　　贷:应付账款——建造单位
　　　　工程施工——合同成本

5. 项目运营阶段的会计处理

运营维护阶段,社会资本方需提交运营维护保证金对项目运营绩效、服务质量标准达标情况、安全保障、移交保证金递交等提供担保,根据建设期履约保证金是否转为运营维护保证金可分为按约定将履约保证金退还与重新支付运营维护保证金两种情形,对于因提交其他形式担保(如履约保函)而产生的费用,应视具体情况在合适的期间计入费用。

表 6-14　项目运营阶段会计核算要点

项目阶段	会计核算要点	涉及的企业会计准则
运营维护	• 建造期间确认的无形资产、金融工具或两者兼有的混合模式,应分别摊销无形资产或以摊余成本后续计量金融资产 • 运营期间可能存在诸如运营、维修等多种收入类型,项目公司通常需要首先确定合同总对价的公允价值,然后在不同类型的服务中分配 • 当基础设施的状态低于合同约定的移交时应达到的资产状态时,项目公司应计提相应的维护准备 • 运营阶段的常规维修和日常维护支出,通常属于待执行性质,应在发生时确认 • 对于合同约定的基础设施的改良或升级活动,属于单独的合同履行义务,应参照项目建设阶段的核算指引确认资产或收入 • 项目公司在获得商业运营许可的同时,通常需要提交运营维护保证金,在提交时应当将支付的保证金金额确认为金融资产应收款项,在退还时冲回(或冲抵后续的移交后维修保证金)。当保证金期限较长时,应当酌情考虑对运营维护保证金按实际利率确认融资收益。对于因提供其他形式担保(如履约保函)而产生的费用,应视具体情况在合适期间计入费用	CAS1 存货 CAS6 无形资产 CAS8 资产减值 CAS13 或有事项 CAS14 收入 CAS22 金融工具确认和计量准则解释第 2 号

资料来源:根据财政部政府和社会资本合作中心.政府和社会资本合作项目会计核算案例[M].北京:中国商务出版社,2014:6-9 整理。

项目建成后进入运营阶段,会交纳运营维护保证金,即运营阶段的履约保证金,在交纳时确认为其他应收款,在退还时冲回。如果在项目建设阶段交纳了建设期履约保证金,则可以使用建设期履约保证金冲抵部分运营维护保证金。以建设期履约保证金冲抵部分运营维护保证金的,会计处理如下:

借:其他应收款——运营维护保证金

 贷:其他应收款——建设期履约保证金

  银行存款

运营阶段的其他会计核算,因资产确认的不同模式而异。项目公司在运营期间应当根据《企业会计准则第 8 号——资产减值》以及《企业会计准则第 22 号——金融工具确认和计量》的规定来判断金融资产及无形资产是否发生减值,如发生减值要计提减值准备。具体会计处理如表 6-15 所示。

表 6-15 项目运营阶段三种资产模式的会计处理

金融资产模式	无形资产模式	混合资产模式
发生运营支出时: 借:主营业务成本 贷:原材料/燃料/应付职工薪酬等 借:管理费用/销售费用 贷:银行存款/其他应付款/应付职工薪酬等	发生运营支出时: 借:主营业务成本 贷:原材料/燃料/应付职工薪酬等 借:管理费用/销售费用 贷:银行存款/其他应付款/应付职工薪酬等	发生运营支出时: 借:主营业务成本 贷:原材料/燃料/应付职工薪酬等 借:管理费用/销售费用 贷:银行存款/其他应付款/应付职工薪酬等
提供本期的产品或服务时: 借:应收账款 贷:主营业务收入(按提供服务的公允价值确定)	对特许经营权进行摊销时: 借:主营业务成本 贷:无形资产(特许经营权)——摊销	提供产品或服务时: 借:银行存款 贷:主营业务收入(通过消耗无形资产——特许经营权,从使用者处赚取的收入)
资产负债表日确认期初应收款项利息收入: 借:长期应收款 贷:利息收入	提供产品或服务时: 借:应收账款/银行存款 贷:主营业务收入(按合同约定的产品或服务对价确定)	对特许经营权进行摊销时: 借:主营业务成本 贷:无形资产(特许经营权)——摊销

(续表)

金融资产模式	无形资产模式	混合资产模式
收到使用者或政府支付的款项时： 借：银行存款 　贷：长期应收款 　　　应收账款		期末确认应收款项的利息收入时： 借：长期应收款 　贷：利息收入
发生减值损失时： 借：资产减值损失 　贷：坏账准备 　　　无形资产减值准备	发生减值损失时： 借：资产减值损失 　贷：坏账准备 　　　无形资产减值准备	

资料来源：根据财政部政府和社会资本合作中心.PPP项目会计核算方法探讨[M].北京：经济科学出版社,2015:79-83整理。

项目维护整修时，若政府偿付该部分维修支出，则应在发生费用支出时确认收入和成本。若政府无须对该部分维修支出进行偿付，则应根据《企业会计准则第13号——或有事项》的相关规定进行会计处理，资产负债表日按项目公司在项目设施上承担的不可避免的义务，即对履行维修义务支出的最佳估计，确定相应的准备金额，同时考虑时间价值影响。具体会计处理如表6-16所示。

表6-16　项目运营阶段维修支出的会计处理

会计事项	项目公司的会计处理
政府对维修支出进行偿付	借：主营业务成本 　贷：原材料/燃料/应付职工薪酬/银行存款等 借：应收账款/银行存款 　贷：主营业务收入
政府无须对维修支出进行偿付预提负债时	借：主营业务成本 　贷：预计负债 借：财务费用 　贷：预计负债（按实际利率计算得出）
发生维修和维护成本时	借：主营业务成本 　贷：原材料/应付职工薪酬/银行存款等

6. 项目移交阶段的会计处理

项目移交分为有偿移交与无偿移交,按照是否到期分为期满移交与提前终止移交。移交前,项目公司需向政府方缴纳移交保证金,作为资产可用性的保证。项目期满无偿移交的,无形资产模式和金融资产模式均无须进行会计处理。项目期满有偿移交的,可按照合同约定以合同固定价值移交或以公允价值移交。项目初始确认建造服务对价时,应对预计的公允价值进行折现确认金融资产,但是如果后期该公允价值发生变化,则应重新进行修订,修订后的公允价值与原价值的差额确认为当期损益。移交过程中发生的各项费用,直接费用化处理,计入管理费用。

6-17 项目移交阶段会计核算要点

项目阶段	会计核算要点	涉及的企业会计准则
项目移交	• 基础设施移交过程中发生的各项费用,应当直接费用化处理	CAS13 或有事项 CAS22 金融工具确认和计量
绩效评价	• 项目后评估主要由政府进行,通常无须社会资本或项目公司参与。若存在需要社会资本承担的支出,应当费用化	CAS13 或有事项 CAS22 金融工具确认和计量
移交后维修	• 移交后仍然需要承担维修责任的,运营方需提交后维修保证金 • 政府对维修支出提供补偿情况下维修时,收到政府补偿时确认收入;政府不提供补偿情况下维修时,同时作为或有事项确认预计负债,实际发生时计入成本 • 质保期满预计负债有余额时,按照适用会计准则冲减。移交后维修责任解除,退回移交后维修质量保证金,冲减相关应收款项	CAS13 或有事项 CAS14 收入
其他相关事项	• 在整个特许服务权合同约定期内,还需考虑员工薪酬、政府补助、当期及递延所得税费用等一般事项的会计核算,并按照适用的会计准则进行处理 • 对于合同约定的政府补贴,如果判断为实质是政府作为PPP项目的授予方向项目公司支付的对价部分,则此类补贴应作为提供服务的对价进行会计核算	CAS9 职工薪酬 CAS16 政府补助 CAS18 所得税

(续表)

项目阶段	会计核算要点	涉及的企业会计准则
	• 某些政府补贴实质是政府无偿支付给项目公司的,具有无偿性和直接从政府取得的特征(如财政拨款、财政贴息、无偿划拨非货币性资产、先征后返(退)、即征即退等办法返还的税款等),应根据CAS16政府补助的相关规定,区分与资产相关的政府补助和与收益相关的政府补助分别进行会计处理	

提前终止移交的,无形资产尚未摊销完毕,部分金融资产尚未收回,对相关资产未收回金额计入营业外支出;如果是有偿移交的,收到的对价可能大于或小于无形资产的账面价值或金融资产的账面价值,差额计入营业外收支。PPP项目合同一般约定,在项目移交后一段时间内如果项目达不到约定的性能或服务能力,则项目公司负责进行相关维修。存在这种维修义务的PPP项目通常在移交时需要交纳移交后维修保证金。对于未来移交期的恢复性大修理费用支出,应当按照《企业会计准则第13号——或有事项》的规定,确认为项目公司的预计负债;大修理费用发生变化时,应当按照《企业会计准则第28号——会计政策、会计估计变更和差错更正》进行处理。维修的补偿与运营期对项目资产维修的会计处理相同。维修义务期满,退回维修保证金。移交相关设施、资料、档案等的性能测试、评估、接管、验收等手续费应直接费用化处理。具体会计处理如表6-18所示。

表6-18 项目移交和维修的会计处理

会计事项	项目公司的会计处理
提交维修保证金	借:其他应收款——移交后维修保证金 　贷:其他应收款——移交保证金 　　银行存款
政府对维修支出进行补偿情况下维修时	借:主营业务成本 　贷:银行存款
收到政府补偿时	借:银行存款 　贷:主营业务收入

（续表）

会计事项	项目公司的会计处理
政府不提供补偿情况下维修时	借：主营业务成本 　贷：预计负债
实际发生支出时	借：预计负债 　　主营业务成本（和先前计提存在差额时） 　贷：银行存款
质保期满预计负债有余额时	借：预计负债 　贷：主营业务成本
退回移交后维修保证金	借：银行存款 　贷：其他应收款——移交后维修保证金
移交中的各项费用	借：管理费用等 　贷：银行存款

7. 社会资本方信息披露要点

对于信息披露，IAS16 政府补助适用于不动产、厂房和设备项目的取得，IAS21 租赁适用于资产租赁，IAS38 适用于无形资产的取得。《国际会计准则解释公告第 29 号——服务特许权安排：披露》要求，按每一项服务特许权协议分别披露，或者按同一类服务特许权协议合并披露。同一类是指一组涉及类似性质服务的特许权协议（例如，收费、通信和水处理服务）。披露附注时应考虑一项特许服务权安排的所有方面。经营方和授予方应在每一会计期间披露如下信息：对协议的描述；可能影响未来现金流量金额、时间和确定性的重要协议条款（例如，特许权期间、重定价的日期和确定重定价或重新协商的基础）；相关事项的性质和范围（例如，合适的数量、期间或金额）；相关的权利与义务（例如，使用指定资产的权利；提供服务的义务或在特许权期末取得指定资产的权利；续约或终止选择权；提供义务或期望服务提供的权利；购买或建造不动产、厂房和设备的义务；其他权利和义务）；本期发生的协议的变更。[1]

---

[1] 转引自：财政部政府和社会资本合作中心.PPP 项目会计核算方法探讨[M].北京：经济科学出版社，2015：16-17.

表 6-19 信息披露中的会计核算要点

项目阶段	会计核算要点	涉及的企业会计准则
报表列示与信息披露	除上述业务中涉及的具体会计准则对特定资产和业务的披露要求外,还要遵循一般列报和披露的准则要求	CAS30 财务报表列报 CAS31 现金流量表 CAS32 中期财务报告 CAS35 分部报告 CAS36 关联方披露 CAS37 金融工具列报 CAS39 公允价值计量 CAS41 在其他主体中权益的披露

资料来源:根据财政部政府和社会资本合作中心.政府和社会资本合作项目会计核算案例[M].北京:中国商务出版社,2014:6-9整理。

8. PPP 项目的合并报表问题

根据财政部 2014 年修订的 CAS33 合并财务报表准则规定,合并财务报表的合并范围应以控制为基础予以确认。控制是指投资方拥有对被投资方的权力,通过参与被投资方的相关活动而享有可变回报,并且有能力运用对被投资方的权力影响其回报金额。新准则对控制的定义主要包含三个要素,即权力、可变回报、权力和可变回报的联系。如果社会资本方拥有对基金或项目公司的权力,通过参与基金或项目公司的相关活动而享有可变回报,并有能力运用对基金或项目公司的权力影响其回报金额,则应视为控制。同时,社会资本方还应按 CAS40 合营安排准则判断是否对项目进行共同控制,按 CAS2 长期股权投资准则判断对项目是否施加重大影响。

(1) PPP 项目控制的判断

控制强调投资方应拥有对被投资方的权力,表现为拥有主导被投资方相关活动的现时权利。CAS33 合并财务报表准则规定,"权力"是指当投资方拥有的权利使其目前有主导被投资方相关活动的权力时,投资方拥有对被投资方的权力。这一概念强调权力的主导性。权利不同于权力。权力强调的是能力,权利强调的是其性质。权力的主导性是两个或两个以上投资方分别享有能够单方面主导被投资方不同相关活动的现时权利,能够主导对被投资方回报产生最重大影响的活动的一方拥有对被投资方的权力。在判断投资方对被投资方所拥有的权力时,还应区分该权力是实质性权力还是保护性权力。实质性权力是指持有人在对相关活动进行决策时有实际能力行使的可执行的权力,表现为对相关活动的是否进行或其他细节事宜的决定权。实质性权力不仅包含提出方案以供决策的主动权力,还包含对已有方案做出决策的被动权力。保护性权力只有在被投资方发生根本性变化或一些特殊情况发生时才能使用,旨在保护持有这些权力的当事人的权益,而不赋予当事人对这些权力所涉及的主体的权力,投资方仅持有保护性权力不能对被投资方实施控制,也不能阻止其他方对被投资方实施控制。

被投资方的相关活动是指对被投资方的回报产生重大影响的活动,通常经营活动和财务活动被认为对其回报产生重大影响。就相关活动做出的决策包括但不限于对被投资方的经营、融资等活动做出的决策,包括编制预算,任命被投资方的关键管理人员或服务提供商并决定其报酬,以及终止关键管理人员的劳务关系或终止与服务提供商的业务关系。权力主要作用于被投资方的经营管理活动决策,既包括战略性的决策(如收购和处置),也包括经营管理性的决策(如资产的购置、管理人员的任命和薪酬的决定等),还包括对公司经营利润的分配决策等。决策一般由董事会或股东会做出,因此权力的主要安排也包含对决策机构人员的指定和表决权的占有等方面。

表决权是权力判断的首要标准。除非有确凿证据表明其不能主导被投资方的相关活动,下列情况表明投资方对被投资方拥有权力:一是投资方持有被投资方半数以上的表决权;二是投资方持有被投资方半数或以下的表决权,但通过与其他表决权持有人之间的协议能够控制半数以上表决权。例如,甲公司和乙公司分别出资50%成立丙公司,公司的相关活动以董事会会议上多数表决权主导,甲公司在董事会中占有多数席位,不存在其他相关因素条件下则甲公司对丙公司拥有权力。半数以上表决权的特殊情况是,当这些投票权不是实质性权力时,其并不拥有对被投资方的权力。

投资方持有被投资方半数或以下的表决权,但综合考虑下列事实和情况后,判断投资方持有的表决权足以使其目前有能力主导被投资方相关活动的,视为投资方对被投资方拥有权力:一是投资方持有的表决权相对于其他投资方持有的表决权份额的大小,以及其他投资方持有表决权的分散程度。例如,甲公司持有乙公司40%的表决权,但其他股东非常分散,均未超过1%的股权,不存在其他因素的情况下则认为甲公司拥有权力。二是投资方和其他投资方持有的被投资方的潜在表决权,如可转换公司债券、可执行认股权证等。确定潜在表决权是否给予其持有者权力时需考虑的因素包括:是否为实质性表决权,投资方是否持有其他表决权或其他与被投资方相关的决策权,这些权利与投资方持有的潜在表决权结合后是否赋予投资方拥有对被投资方的权力,潜在表决权工具的设立目的和设计,以及投资方参与被投资方的其他方式的目的和设计。三是其他合同安排产生的权力。例如,股东协议约定大股东具有任命主要管理人员及确定其薪酬的权利,其他条件不变可认为大股东因协议安排拥有了权力;在股东成为一致行动人的情况下,具有主导地位的股东被视为拥有权力。四是被投资方以往的表决权行使情况等其他相关事实和情况。例如,被投资方的其他股东是否均为被动的财务投资者,以及被投资方以往股东大会的表决权行使情况。当表决权不能对被投资方的回报产生重大影响,如仅与被投资方的日常行政管理活动有关,且被投资方相关活动由合同安排所决定时,投资方需评估这些合同安排,以评价其享有的权利是否足够使其拥有对被投资方的权力。

考虑可变回报时需同时考虑法律实质与其业务形式。可变回报是不固定的并可能随被投资方业绩而变动的回报,广义的可变回报包括股利、利息、服务费、对外投资公允价值的变化、信贷或流动性支持造成的风险敞口、税收优惠、获得未来流动性、规模经济、成本节约及获得专有技术等。在分析可变回报时,需要从可变回报的量级和对可变动性的吸收程度两个维度进行定量分析。使用权力影响可变回报应分析权力与回报之间的因果关系。只有当投资方拥有对被投资方的权力,通过参与被投资方的相关活动而享有可变回报,并且有能力运用对被投资方的权力来影响其回报金额时,投资方才控制被投资方。

(2) 社会资本方个别财务报表的处理

当项目不满足控制标准,但判断社会资本方对项目公司具有共同控制或重大影响时,应当根据 CAS2 长期股权投资准则进行核算。社会资本方对项目公司的投资在个别财务报表中,以"长期股权投资"科目反映。其中,应判断该项投资是属于共同控制、重大影响还是合营安排。对联营企业、合营企业投资的初始确认中,以现金支付取得的,按照实际支付的购买价值确认初始投资成本,包含购买过程中支付的手续费等;以发行权益性证券取得的,按照权益性证券的公允价值确认初始投资成本;以债务重组、非货币性资产交换等方式取得的,按照 CAS12 债务重组、CAS7 非货币性资产交换等相关准则规定处理。

出于公益性考虑,社会资本方的控制权一般通过合约安排进行限制,即项目的重大剩余利益一般归属于政府方,同时政府方能够决定项目期限、价格、运营方式等内容。如果社会资本方或项目公司有权自主决定如何运作 PPP 项目,而且社会资本方或项目公司在较大范围内能够确定或者调整收费标准,则实质上构成了对相关资产的控制权,应按 CAS4 固定资产准则对项目资金进行会计处理(宋晓敏,2018)。

(3) 参与方并表需求分析

社会资本方是项目公司的大股东,并且负责项目融资、建设、运营,从逻辑上看应该具有最大的并表可能性。但从并表的需求角度来看,各参与方都出于规避债务披露和资产负债率过高等存在不并表的动机。从并表的几类安排来看,可以分为真股权并表型与"假股权"出表型。真股权模式下,主要包含两种方式,一是由社会资本方以自有资金投入项目公司并占有多数股权比例,二是联合金融机构组成联合体投资 PPP 项目同时为金融机构投入资金提供保本和固定收益承诺。这种情况下,社会资本方具有项目公司的主导权力,并能获得运营 PPP 项目带来的可变回报,同时可变回报的风险由社会资本方承担。此时社会资本方应合并项目公司报表。"假股权"模式下,股权投资并不是没有出资,而是通过刻意的股权安排让参与方满足自身利益需求的同时达到不并表的目的。如《关于加强中央企业 PPP 业务风险管控的通知》(国资发财管〔2017〕192 号)对央企参与 PPP 项目进行了包括资产负债率等在内的关键指标的考核,在考虑并表影响指标考核的情况下,企业多选择通过特殊安排规避并表。例如,社会资本方与基金共同投入参与 PPP 项目,但在基金的结构化设计上,社会资本方采取认购较少的出资份额的形式,且不提供融资增信,不为主要风险和报酬兜底,可认定社会资本方控制项目公司相关活动,不并表。同时,金融机构采用两个一般合伙人(双 GP)设计,平均分配权力,以达到不合并 PPP 基金的目的。

从政府方角度来看,现行的政府会计制度包括总预算会计制度、行政单位会计制度、事业单位会计制度,制度的分离把三类公共部门的会计隔离起来,导致政府方无法编制统一的合并财务报表。政府方出资代表为公司的,才具备合并 PPP 项目公司的条件。PPP 项目公司一般由政府方或其出资代表参与出资或者由社会资本方单独出资。但政府在项目公司中的持股比例一般低于 20%(个别项目政府方不出资),且其出资目的是项目增信,从 PPP 政企合作的实际出发,社会资本方主导项目公司运营,政府方不具有实际控制力及管理权。因此,政府方参与项目公司投资但不能控制项目公司,也就不能合并项目公司报表。

金融机构参与 PPP 项目主要通过债权融资与股权融资两种方式。但出于风险回报的考量,金融机构大多采用债务资金参与的方式接入 PPP 项目。《中华人民共和国商业银行法》规定:"商业银行在中华人民共和国境内不得从事信托投资和证券经营业务,不得向非自用不动产投资或者向非银行金融机构和企业投资,但国家另有规定的除外。"《中华人民共和国银行业监督管理法》规定:"银行业金融机构业务范围内的业务品种,应当按照规定经国务院银行业监督管理机构审查批准或者备案。需要审查批准或者备案的业务品种,由国务院银行业监督管理机构依照法律、行政法规作出规定并公布。"因此金融机构表内股权投资PPP项目的选择十分有限,可采用境外子公司直投、理财资金或者投贷联动等方式。以江西省鄱阳湖产业基金为例,工商银行与江西省政府共同成立了江西省鄱阳湖产业投资管理公司,并在此基础上启动设立了鄱阳湖产业投资基金。金融机构以股权投资形式参与PPP项目建设运营的,根据公司章程,确实与其他投资方共享项目公司收益、共担风险且确实可以控制项目公司的,金融机构应该对项目公司合并报表。但该方式较为少见,因为商业银行投资非标资产要求较高,且PPP项目风险较大,作为风险的主要承担方与较低的资金回报率不匹配。

结构化主体作为特殊问题一度游离于合并报表之外。由于投资方对结构化主体的权力并非源自表决权,因此不将其纳入合并报表范围。合并、在其他主体中权益的披露等准则与国际准则趋同后,针对银行理财产品、证券化产品、资产支持融资工具、部分投资基金等结构化主体的控制判断也归入"控制三要素"判断的框架之下。以理财产品为例,理财产品说明书一般会约定理财产品的价格、财务条款,投资决策与投资存续期间多由银行占据主动权,因此符合权力判断。银行一般而言可从理财产品中取得包含托管费、销售管理费等可变回报,但由于银行只有在保本理财中才承担可变回报的风险,因此对不含本金担保责任的非保本理财产品银行并不纳入合并报表范畴。其他结构化产品也存在不符合控制认定的问题,在PPP项目结构化产品融资仍占据主流的情况下,由此产生的结构化产品的合并问题和与项目公司的合并问题,产品设计时会主动选择有利于资金提供方出表需求的安排。

6.4.3 政府方会计处理与信息披露

当前政府方对PPP项目主要采用预算会计进行确认和计量,《政府会计制度——行政事业单位会计科目和报表》的第一部分"总说明"中的第五条明确规定:"单位对于纳入部门预算管理的现金收支业务,在采用财务会计核算的同时应当进行预算会计核算;对于其他业务,仅需进行财务会计核算"。财政部会计司有关负责人在答记者问时提出"平行记账":同一笔涉及资金收支的业务,针对同一原始凭证同时登记财务会计分录与预算会计分录。该科目报表体系自2019年1月1日起执行。政府会计具体准则已经出台了《政府会计准则第1号——存货》到《政府会计准则第6号——政府储备物资》六项权责发生制准则,但仍没有覆盖PPP业务的会计处理,财政部会计司有关负责人就印发《政府会计准则第1号——存货》等四项具体准则答记者问时提出:"关于PPP模式中政府的投资,鉴于其涉及的核算内容较为复杂,我们拟单独制定相关准则。"现阶段,政府会计准则与PPP模式发展还不相适应,造成PPP项目移交前政府方不确认PPP项目相关服务资产,对应的支出责任也不确认相关负债与净资产,政府的资产负债不能如实反映的情况。对于PPP项目资产的主体确认问题,由于实施单位既有政府方出资代表,也有行业管理部门、事业单位等,由谁确认相关资产存在争议,从管理责任与支出责任的角度来看,由政府预算管理单位或者特许权授予单位来确定比较合理。对于政府方如何确认项目资产,普遍认为应参照IPSAS32相关规定,按照项目完工的公允价值确认。有观点认为要根据土地使用权和项目基础设施实物资产投资权权属来确认,对于由项目公司(社会资本方)同时拥有土地使用权和实物资产投资权的,如BOO模式下的项目资产,应由项目公司确认"固定资产",政府方不再确认相关资产(崔志娟,2018)。相较于IPSAS32强调双控测试的资产确认方式,该观点忽略了BOO模式下符合双控测试的情形,在不符合"政府方通过约定资产运营期占资产使用寿命的全部或大部分,合同期末政府方取得资产的所有权、收益权等方式享有PPP项目资产的重大经济利益"的条件时,该类BOO项目才由项目公司按照固定资产准则核算。对于是否采用对称确认相应负债,现阶段争议较大。有观点认为不能确认为负债,因为《中华人民共和国预算法》规定,政府部门不能采用除发行政府债券之外的方式举债,同时《政府会计准则——基本准则》对负债的定义要求负债为一项"导致经济利益流出政府会计主体的现时义务",而PPP项目提供服务支付的承诺由于按绩效考核付费,属于未来的经济义务,因此不能确认为负债。也有观点认为应借鉴IPSAS32按不同付费模式确认金融负债或者经营类负债(张德刚和刘耀娜,2016)。实际上后者更能反映符合PPP项目资产确认条件项目未来政府方的支付义务,对提高政府负债的透明度更有益处。对于法律遵从问题,可在出台相关准则前修订上位法,保障准则效力。

中国现阶段政府方确认项目各阶段的收支采用预算会计核算,未来将逐步向权责发生制会计转型,《国务院关于批转财政部权责发生制政府综合财务报告制度改革方案的通知》(国发〔2014〕63号)提出,最终目标是力争在2020年前建立具有中国特色的政府会计准则体系和权责发生制政府综合财务报告制度。财政部发布的《政府会计制度——行政事业单位会计科目和报表》(以下简称《制度》)自2019年1月1日起施行,鼓励行政事业单位提前执行。《制度》彻底改变了中国政府单位的会计核算模式。未来PPP项目政府方的会计核算将在权责发生制会计模式下进行。按照《制度》的规定,中国政府会计将采用"平行记账"模式同时记录权责发生制与收付实现制下的业务分录。同时,《政府和社会资本合作项目财政承受能力论证指引》(财金〔2015〕21号)提出,政府对PPP项目的投入、政府方相关资产及项目相关预算收支按照收付实现制会计反映,并且在政府财务报告、决算报告中反映。整体来说,现有准则尚不能满足PPP业务核算需求,预期后续财政部可能针对PPP业务出台相关会计准则。

1. 现阶段政府方会计处理要点

(1) 项目识别阶段的会计处理

对于政府方发起的PPP项目,财政部政府和社会资本合作中心会向各行业主管部门征集项目。各行业主管部门通常会聘请中介机构编写项目建议书、项目尽职调查报告、项目可行性研究报告、存量项目转换PPP相关评估及测算报告等文件,发生的各项支出应当在发生时进行费用化处理。对于"两评一案"由财政部门前期实施的,在发生时进行费用化处理。具体会计处理如表6-20所示。

表6-20 项目识别阶段会计处理

事项	财务会计	预算会计
前期费用	借:业务活动费用 　贷:财政拨款收入/零余额账户用 　　款额度等	借:行政支出/事业支出 　贷:财政拨款预算收入/资金结存—— 　　零余额账户用款额度等

(2) 项目准备阶段的会计处理

问题一——方案调整费的会计处理

项目准备阶段,政府方指定实施机构,并对实施方案进行调整,发生的各项支出应在发生时进行费用化处理。

问题二——履约保证金的会计处理

对于政府方向社会资本方收取的各个阶段的履约保证金,如建设期履约保证金、运营维护保证金等。政府方在取得各项履约保证金时,应在"其他预算收入"科目中核算。政府方在支付各项履约保证金时,应在"其他支出"科目中核算。具体会计处理如表6-21所示。

表6-21 项目准备阶段会计处理

事项	财务会计	预算会计
方案调整费	借:业务活动费用 　贷:财政拨款收入/零余额账户用款额度等	借:行政支出/事业支出 　贷:财政拨款预算收入/资金结存——零余额账户用款额度等
履约保证金	借:银行存款 　贷:其他应付款 借:其他应付款 　贷:银行存款	借:资金结存——货币资金 　贷:其他预算收入 借:其他支出 　贷:资金结存——货币资金

(3) 项目采购阶段的会计处理

项目采购阶段政府方的主要工作包含资格预审、采购文件编制、相应文件评审、谈判与合同签署等。项目实施机构自行或聘请中介机构编制资格预审文件并进行公告过程中发生的各项支出,项目实施机构自行或聘请专业的采购代理机构办理采购发生的各项支出,政府方需要聘请评审专家组成评审小组对相应文件进行评审发生的会议费、专家聘用费、材料制作费等相关支出,项目实施机构组织专门的采购小组以及在整个谈判和签署过程中发生的各项支出,应在发生时进行费用化处理。具体会计处理如表6-22所示。

表6-22 项目采购阶段会计处理

事项	财务会计	预算会计
采购相关费用	借:业务活动费用 　贷:财政拨款收入/零余额账户用款额度等	借:行政支出/事业支出 　贷:财政拨款预算收入/资金结存——零余额账户用款额度等

(4) 项目执行阶段的会计处理

问题一——政府方投资的会计处理

项目执行阶段,政府以多种方式参股项目公司或为其提供经济补偿。由政府方参股的,政府方指定出资代表参股项目公司,出资一般为现金,资金来源可能为自有或者由政府方发债融资;不采用现金出资的,政府方授权投资单位将相关资产、土地等作为出资。特殊情况下,社会资本方投入100%的股权,政府方给予财政补贴或者投资补贴,以权益资金名义投入项目公司,但不占股权。政府指定出资代表参股项目公司到股权投资支出的会计处理,按照"投资支出"科目核算事业单位以货币资金对外投资发生的现金流出。政府方现金投资会计处理如表6-23所示。

表6-23 政府方现金投资会计处理

事项	财务会计	预算会计
现金投资	借:短期投资/长期股权投资 　　贷:银行存款	借:投资支出 　　贷:资金结存——货币资金

问题二——土地、水、电等配套支出的会计处理

PPP项目的土地获取包含了征地拆迁以及土地使用权。征地拆迁和安置将农村集体土地转变为国有土地。项目建设土地可由政府方采用划拨、租赁、作价出资入股、出让等方式将土地转移给项目公司。政府方根据补偿需求,采用补偿或者与社会资本方分担方式支付土地获取过程中发生的土地出让金、征地补偿费用及恢复平整费用等。PPP项目可分为土地一级开发与土地二级开发,《关于联合公布第三批政府和社会资本合作示范项目加快推动示范项目建设的通知》(财金〔2016〕91号)规定,土地一级开发不再采用PPP模式,土地一二级开发产生的相关费用由政府方承担的从政府性基金中予以安排。根据《政府收支分类科目》,土地获取相关收入在"非税收入"项下的"政府性基金收入"科目核算,三级科目为"新增建设用地土地有偿使用费收入"的"国有土地收益基金收入""农业土地开发资金收入""国有土地使用权出让收入";支出在"城乡社区事务"项下的"国有土地使用权出让金支出""国有土地收益基金支出""农业土地开发资金支出"和"新增建设用地土地有偿使用费安排的支出"科目核算。

通常水、电、气、道路配套支出由本级财政下属各行政单位或事业单位负责。根据《政府会计制度——行政事业单位会计科目和报表》,预算支出主要包括行政支出、事业支出、经营支出、上缴上级支出、对附属单位补助支出、债务还本支出、投资支出和其他支出。对各行政事业单位而言,提供的附属配套设施是与其履行自身职责相关的支出,故应作为行政支出或事业支出,在支付相关费用时进行费用化处理。具体会计处理如表6-24所示。

表 6-24 水、电、气等配套支出会计处理

事项	财务会计	预算会计
水、电、气支出	借:业务活动费用 贷:财政拨款收入/零余额账户用款额度等	借:行政支出/事业支出 贷:财政拨款预算收入/资金结存——零余额账户用款额度

问题三——专项补助资金的会计处理

PPP 项目专项补助既有来自中央的部分,也有来自地方政府因地制宜给予项目的前期费用和资本金补助。《财政部关于推广运用政府和社会资本合作模式有关问题的通知》(财金〔2014〕76 号)提出,财政部"将积极研究利用现有专项转移支付资金渠道,对示范项目提供资本投入支持"。同时鼓励地方对规范项目给予适当补助,《政府和社会资本合作项目前期工作专项补助资金管理暂行办法》(发改办投资〔2015〕2860 号)提出,对于"PPP 项目规划编制,以及重点 PPP 项目的前期决策咨询、实施方案编制、招标文件确定、合同文本拟定、法律财务顾问和资产效益评估等",安排中央预算内投资对 PPP 项目前期工作给予专项补助。按照现行《财政总预算会计制度》中拨付预算的支出来源,可以分为一般公共预算本级支出、政府性基金预算本级支出、国有资本经营预算本级支出、财政专户管理资金支出和专用基金支出等。对于从本级财政直接拨付给社会资本的 PPP 专项资金,需要看从哪个预算口径拨付,有可能计入财政专户管理资金支出或专用基金支出。补助收支由于涉及中央与地方两个层级,因此会计处理也包含收到上级补助款与本级财政支付两步。收到款项可借记"国库存款""其他财政存款"等科目,贷记"补助收入"科目。专项转移支付资金实行特设专户管理的,政府财政应当根据上级政府财政下达的预算文件确认补助收入,以"上下级往来"科目核算,年终转账时补助收入贷方余额应根据不同资金性质分别转入对应的结转结余科目,结转后无余额。支出在"补助支出"科目核算,年终转账时补助支出借方余额应根据不同资金性质分别转入对应的结转结余科目,结转后无余额。

问题四——运营期政府方的会计处理

在符合授予人控制的条件时,政府方自项目完工当年开始确认项目资产。按 IPSAS32 对特许服务资产的规定,项目资产的初始计量可以按完工当年的公允价值确定(张德刚和刘耀娜,2016)。政府方在资产负债表内核算非流动资产,可依据项目具体用途在"固定资产""无形资产"项下设置明细科目,如"公

共基础设施"等。政府方在确认资产的同时按 IPSAS32 的要求确认等额负债，但这一做法并未得到认同，争论集中于负债与资产等额确认是否扩大了负债确认的额度，而确认相关负债已成为共识。因此，无论未来 PPP 相关准则如何规定，都需在相应的负债科目核算相关负债，如在非流动负债项下的"长期应付款""应付账款"等科目核算 PPP 项目负债，将政府贷款贴息等补贴性质的款项确认为流动负债项下的"应付政府补贴款"等(崔志娟，2016)，在支出时以预算内资金支付。费用支付时按不同的付费模式记录：有使用者付费部分的，首先确认特许权即无形资产转让，特许期内的服务费以一般公共预算资金支付；政府完全付费的，计入金融负债科目，按摊余成本法计量；具有使用者付费特征还需政府支付一定费用的，按经营负债科目计量，政府仅承担兜底责任、支付金额不确定的，可按预计负债反映。预算会计履行职责过程中发生的现金流出，均应在"行政支出"或"事业支出"科目核算。另外，由于风险分配结果会产生政府方的风险承担责任，相应法律和政策风险发生时，政府方会产生因承担风险带来的支出，此类风险发生的概率较低，通常应在报表附注中反映。具体会计处理如表 6-25 所示。

表 6-25　运营支出会计处理

事项	财务会计	预算会计
运营补贴支出	借：长期应付款/应付账款/预计负债等 贷：财政拨款收入/零余额账户用款额度等	借：行政支出/事业支出 　贷：财政拨款预算收入/资金结存—— 　　零余额账户用款额度
风险承担支出	不记账	借：行政支出/事业支出 　贷：财政拨款预算收入/资金结存—— 　　零余额账户用款额度

在 PPP 项目全生命周期内，涉及的预算收入主要包括资产权益转让收入、特许经营权转让收入、股息收入、超额收益分成收入以及 TOT 模式下涉及的存量资产转让收入等。同时，政府方通常也会承担提供配套设施的责任，包括土地配套等，这类情况下会涉及资产的转让收入。资产的转让通常是行政事业单位的会计事项。按照《政府会计制度——行政事业单位会计科目和报表》，对于出售固定资产、无形资产、公共基础设施等，处置净收入留归本单位时，根据最

终处置结果记入"其他预算收入"科目;处置净收入按规定上缴时,仅按相关税费支出大于处置收入的净额部分记入"其他预算支出"科目。具体会计处理如表6-26所示。

表6-26 资产转让会计处理

事项	财务会计	预算会计
资产处置	借:资产处置费用/固定资产累计折旧/无形资产累计摊销/公共基础设施累计折旧(摊销) 贷:固定资产/无形资产/公共基础设施等	
资产处置收入	借:库存现金/银行存款等(取得的价款) 贷:其他收入/应缴财政款	
资产处置支出	借:资产处置费用 贷:银行存款/库存现金等	借:其他支出 贷:资金结存——货币资金
按规定留存本单位		借:资产结存——货币资金 贷:其他预算收入等
按规定上缴财政		借:其他支出 贷:资金结存——货币资金

股息收入主要来自政府方参股项目公司所取得的股利收入。按照《政府会计制度——行政事业单位会计科目和报表》,取得被投资单位分派的现金股利时,按照实际取得的数额确认投资收益。

"投资预算收益"科目核算事业单位取得的股权投资收益以及出售或收回债券投资所取得的收益。对于使用者付费的PPP项目合同,政府和社会资本可能在合同中设置了超额收益分享机制。设置超额收益分享机制的,社会资本或项目公司应根据项目合同约定向政府及时足额地支付其应享有的超额收益。《政府会计制度——行政事业单位会计科目和报表》规定,超额收益分成收入应在"其他预算收入"科目核算,发生亏损时应冲抵长期股权投资账面价值。具体会计处理如表6-27所示。

表 6-27 股利与分成收入会计处理

事项	事项阶段	财务会计	预算会计
分配股利	按照应享有或应分担的被投资单位实现的净损益的份额	借:长期股权投资——损益调整 　贷:投资收益(被投资单位实现净利润) 借:投资收益(被投资单位发生净亏损) 　贷:长期股权投资——损益调整	
	已宣告发放现金股利	借:应收股利 　贷:长期股权投资——损益调整	
	收到被投资单位发放的现金股利	借:银行存款 　贷:应收股利	借:资金结存——货币资金 　贷:投资预算收益
	被投资单位发生净亏损,但以后年度又实现净利润的,按规定恢复确认投资收益	借:长期股权投资——损益调整 　贷:投资收益	
超额分成		借:其他应收款/银行存款/库存现金等 　贷:其他收入	借:资金结存——货币资金 　贷:其他预算收入

2. 政府方的财务信息披露

PPP 项目政府方的财务信息在政府财务报告内进行披露。财务报告包含财务报表和直接或间接与会计系统有关的其他信息。IPSAS1 财务报表的列报指出,通用财务报表的目标是为财务信息使用者决策提供相关主体财务状况、经营成果和现金流量的信息。该准则下的公共部门财务报表,不仅包括公共部门主体财务资源来源、业务活动融资及财务状况变化等信息,还包括资源获得及使用与预算及法律要求是否一致的信息。中国财政部 2015 年发布的《政府综合财务报告编制办法(试行)》(财库〔2015〕224 号)规定,政府部门财务报告和政府综合财务报告的会计报表包括资产负债表、收入费用表及当期盈余与预算结余差异表等。

在现行规定下，政府综合财务报告中有关 PPP 项目的信息在主要财务报表及报表附注或文字说明中予以反映。针对 PPP 项目的投资，主要反映在政府综合财务报告的主要报表中。其中，各地方政府的股权投资在资产负债表中长期股权投资科目反映，政府方控制的资产在非流动资产科目反映，相应的经营负债和金融负债在资产负债表中负债类科目反映，重要项目在有关科目的明细表中反映，如公共基础设施明细表等。项目运营过程中的收入和费用在收入费用表中列示，报表附注反映政府方的风险承担等或有负债。预算结余差异表反映权责发生制会计和预算会计模式下，最终形成的当期结余的差异。按照现有指南要求，政府财政经济分析部分，需反映政府资产和负债的结构、规模和变化等内容，PPP 项目资产和负债在政府资产中具有重要地位，相应变化应在分析中进行说明，同时 PPP 项目支出与财政中长期可持续性关系密切，有关财政中长期可持续性内容的分析也会包含 PPP 项目相关内容。

第7章　PPP项目的定价、绩效评价与监管

PPP项目的定价所要做的是以科学的方法确定特许期与单位产品价格,以保证政府方、社会资本方及使用者利益的重要环节。流量与价格共同构成项目的收益,在非全部由市场付费的模式下,政府往往需要借助绩效评价工具作为定价的基础。价格作为一种调节机制,会影响项目的最终收益。绩效评价的目标是多元的,既要考虑项目的经济效益,又要兼顾项目的社会效益,因此绩效评价指标的设计也是多元的。在评价绩效的过程中,评价主体既可能是政府机构也可能是第三方,同时承担评估与监督的双重作用。在项目质量等特定环节,项目的外部监督作用突出,多方契约环境下,外部监督有助于项目顺利达成预期目标并最终完成退出。本章以项目定价为核心,沿着价格主线逐步介绍项目绩效评价以及对项目价格监督管理的理论逻辑与实践操作。

7.1　PPP项目的定价与调整机制

PPP项目的定价机制是指项目运作过程中构成价格的要素及其相互关系,主要用于解释为什么由这些要素组成和价格最终怎样形成。盈利但不暴利是PPP项目成功的前提,也是由PPP项目的特点和性质所决定的,是一个PPP项目成功运行的内在要求。这其中,无论是使用者付费、政府购买服务,还是政府可行性缺口补助,定价机制牵动着各方神经,是合理分配风险的条件下均衡各参与方利益的结果。在设定定价机制的过程中,保证社会资本方利益的同时也要保证合作效率,体现物有所值,让社会资本方不会过于暴利地实施项目运作。价格形成是产品价格、特许期与政府补贴三个重要因素共同作用的结果,三个因素构成了价格结构的主要部分。风险承担的责任划分决定了价格补偿的基

础,最终影响价格的高低与结构。定价是一项专业性工作,需要建立有合理依据的价格形成和调整机制,在项目运作周期内实现价格与风险因素的互动。在PPP项目合同中,价格形成和调整机制在考虑行业特性的条件下被协商约定,价格条款往往设置了预期的风险条件,给价格调整机制留足空间。总体而言,价格形成机制的主要内容就是确定风险条件—识别影响因素—选择测算方法—建立定价模型—形成价格—确定价格调整方式的过程。

此外,PPP项目的定价在实施过程中受到多方监管和政策制约,价格的测算和调整在很大程度上受制于政策如何规定。以中国的价格政策为例,财政部、国家发改委、中国人民银行联合制定的《关于在公共服务领域推广政府和社会资本合作模式指导意见》(以下简称《意见》)明确提出,在13大领域推广政府和社会资本合作(PPP)模式。《意见》要求,围绕增加公共产品和公共服务供给,在能源、交通运输、水利、环境保护、农业、林业、科技、保障性安居工程、医疗、卫生、养老、教育、文化等公共服务领域,鼓励采用政府和社会资本合作模式,吸引社会资本参与。其中,在能源、交通运输、水利、环境保护、市政工程等特定领域需要实施特许经营的,受到《基础设施和公用事业特许经营管理办法》的制约,需在特许合同中明确定价和调整机制。《中华人民共和国价格法》规定,政府在必要时可以对五类商品或服务实行政府指导价或者政府定价:一是与国民经济发展和人民生活关系重大的极少数商品价格;二是资源稀缺的少数商品价格;三是自然垄断经营的商品价格;四是重要的公用事业价格;五是重要的公益性服务价格。同时规定,政府指导价、政府定价的定价权限和具体适用范围以中央和各地方的定价目录为依据。一般而言,公共交通、邮政、电信、城市自来水、供电、供热、燃气、教育、医疗、公园、供电网等价格与收费都可以列为听证项目,具体听证范围以中央和各地方的定价目录为准。《基础设施和公共事业特许经营管理办法》规定,关系群众切身利益的公用事业价格、公益性服务价格、自然垄断经营的商品价格等政府指导价、政府定价,应当建立听证会制度,由政府价格主管部门主持,征求消费者、经营者和有关方面的意见,论证其必要性、可行性。《政府制定价格听证办法》规定,制定关系群众切身利益的公用事业价格、公益性服务价格和自然垄断经营的商品价格等政府指导价、政府定价,应当实行定价听证。从PPP项目大多具有一定公共事业和公益性服务项目的特性来看,多数PPP项目价格的形成最终需通过听证程序确定,而医疗、养老、科技、文化等领域的PPP项目的收费标准主要依靠市场定价,并由合同约定价格调整。

总体来看,定价因政策限制和公益性特征分为市场定价和政府定价两种形式。定价在操作层面也是专业性的体现,价格结构主要由产品价格、特许期和政府补贴组成,根据实际情况协商确定合理的期限和补贴水平。无论是政府定价还是市场定价,价格的确定过程都需要精确的流量预测,并且运用一定的数学方法。在定价过程中,政府的监督角色非常重要,政府方需要履行举行听证和监督等监管职责,在遇到预测偏差较大、流量因素难以匹配特许期的情况下,还需要决定政府补贴机制的调整。价格规制的行政过程要有法可依,且需在法律的框架下执行。

7.1.1 PPP项目的定价目标与要素

客观上讲,PPP项目的定价目标是实现项目成本的覆盖与社会资本的合理收益。但实践当中,由于信息不对称,最终的价格形成是参与方之间博弈平衡的结果,本节从政府、社会资本与使用者三方出发,分析各方的基本诉求。

1. PPP项目定价的基本目标

公私合作的重要作用就是让参与方实现各自的利益诉求,政府方在这一过程中承担着公共利益维护者的角色,主要目标是实现社会福利最大化。政府采用PPP模式建设项目的主要目的是实现短期内基础设施需求得以满足,公共服务水平快速提高,基础设施能够为当地经济发展带来便利。此外,政府方以财政补贴或设施收费的方式,让社会公众承受一定的价格负担。新增基础设施提高了公众的边际收益,社会公众付出成本,收益与成本的平衡是实现社会福利最大化的一个可行解。

社会资本方作为投资者,无非是为了获得最大化的股东回报。PPP项目涉及的行业大多具有一定的垄断性,甚至是自然垄断的公共产品,如果没有专业人员在项目建设管理过程中对项目实施的成本收益做出较为精确的计算,那么垄断者就有在监管漏洞中获取超额收益的可能。因此,PPP项目监管的专业性不亚于实施的专业性,是项目全生命周期内不可或缺的重要内容。

社会公众或者公共产品或服务的使用者对PPP项目基础设施的直观诉求就是使用成本尽可能低,且既有利益不会受到侵害。但是项目建设过程中涉及的拆迁安置,以及新建的能源、水利设施对社会造成的一定污染,都会让与项目相关的社会公众受到影响。因此这一过程中社会公众的利益需要首先得到补偿。其次,新增设施难免会对公众收费,使用者的天然诉求是以最小的付出使用到最多的服务。价格监督机制让公众在听证等价格制定环节中有权参与价格制定,从而平衡了收费与付费,实现了服务提供方与使用者的和解。从各主要利益相关方利益博弈的角度出发,PPP项目定价的总体目标是在政府社会效益、使用者利益与项目公司效益之间实现平衡。

2. PPP项目定价的要素

PPP项目的定价与PPP项目的资产属性及经营属性关系密切,由于大多数PPP项目固定资产比重较大,且总投资额较高,相对应的融资需求较大,融资金额较高,因此更适合采用PPP模式跨期收取项目前期回报,而经营属性的强弱则决定了项目的收费是使用者付费还是政府付费。PPP项目按照资产的形成水平和经营市场化程度的强弱可以划分为四个主要类别:一是强资产属性和强经营属性的项目,市场付费能够覆盖项目成本,而且具有天然的垄断性,如管网和道路资源;二是弱资产属性和强经营属性的项目,该类项目不适用于PPP项目定义,但作为对比,有利于理解PPP项目本身的特征,典型的例子就是出租车牌照作为稀缺资源被授予运营公司;三是典型的强资产属性和弱经营属性项目,该类项目或者是政府付费PPP项目,没有收入来源,依靠政府付费,价格无须采用听证模式,或者纳入政府购买服务范畴而不采用PPP模式;四是典型的强资产属性和弱经营属性PPP项目,该类项目多数情况下政府是其唯一用户,多采用"照付不议"为保底量提供付费,满足基本费用要求,由此价格调整也无须采用听证模式,而根据要素变动自动启动调价机制。对PPP项目的属性进行划分能够更好地为项目定价和调价提供判断依据,项目建设运营成本是强资产属性PPP项目首要考虑的因素,运营期对于经营属性强和弱的项目来说均是定价测算的重要影响因素,经营属性强的项目需要考虑市场付费部分的定价与定价听证问题,经营属性弱的项目则需要考虑补贴机制设计与合理回报的关系。

PPP项目包含三类定价要素,分别是建设投资和运营成本、特许经营期设计以及政府补贴设计。由于PPP项目投资往往较大,建设期产生的成本及融资成本均依赖于运营期收入,因此控制建设期投资和运营成本,将决定项目最终服务收费的基数,在流量因素的影响下项目价格得以最终确定。由于项目对应的流量多基于模拟与预测,而模拟数据的精度往往受到假设条件的制约从而与最终的现实结果差异较大,流量预测差异可能会导致项目公司面临亏损或利润过高。为此,特许经营期设计往往需要有经验的咨询团队为成本预测做出较为精确的假设,同时建立针对特许经营期或者价格的调整机制来应对超过预期或未考虑到的风险的影响,价格调整的主要标的是最终价格和特许经营期。政府在PPP项目中可能对收益不足的项目提供政府补贴,部分项目可能完全不面对市场,只能借助政府付费实现项目预期目标。补贴机制往往与政府方的监督管理相结合,在绩效考核的基础上支付项目费用。本节分别对三类定价要素进行介绍,分析其主要构成并确定要点。

(1) 建设投资和运营成本

项目建设投资和运营成本主要包含建设期的建设投资、运营期的运营费用以及项目设施的修理与恢复费用。项目的建设投资主要包括项目必需的设备购置、建筑安装成本以及建设期利息和预备费等;运营成本主要包括项目的运维费用、设备的修理费以及还本付息成本和各项税费等。

(2) 特许经营期设计

特许经营期主要受到项目完工风险的影响以及政策性因素的制约。项目建设期容易受到外部因素的影响,从而难以完全按照施工进度进行,存在提前完工或者延迟交付的情况。因此,特许经营期如果采取固定期限可能造成由于受到外部风险因素的干扰,导致实际运营期与计划不符的情况。在设计合同时,可以适当考虑工期进度问题,在保证工程质量的前提下,设计特许经营期的调整机制。为了更好地管理项目的建设运营,可以设计激励条款,奖励符合质量条件的提前完工,惩罚超期建设,并可将全周期设定为固定时段,给调整机制以合理的激励空间,此时完工进度与特许经营期可作为两种激励措施同时使用,也可以只采用其中一种。具体实施过程中,可以根据谈判情况或者施工难度等因素综合判断。一般而言,施工难度高、公益性强的基础设施项目,不宜轻易改变运营周期,因为工期延误对社会资本方惩罚措施的设定已经在一定程度上增加了社会资本方的成本,对运营周期的大幅修改可能会影响社会资本方的收益,最终造成项目履约风险暴露。

政策性因素的制约源于特种行业的特许经营期受到特许经营政策的影响。以中国公路行业为例,《市政公用事业特许经营管理办法》第十二条规定:"特许经营期限应当根据行业特点、规模、经营方式等确定,最长不超过30年。"《基础设施和公用事业特许经营管理办法》第二十条规定:"特许经营协议应当明确价格或收费的确定和调整机制。特许经营项目价格或收费应当依据相关法律、行政法规规定和特许经营协议约定予以确定和调整。"《收费公路管理条例》中,对于除高速以外的其他收费公路,政府收费公路的收费期限最长不得超过15年,但中西部省市区最长不得超过20年。特许经营公路中的一级公路和独立桥梁、隧道的经营期限最长不得超过25年,但中西部省区市最长不得超过30年。转让政府还贷公路权益中的收费权,可以申请延长收费期限,但延长的期限不得超过 5 年。2015 年修订稿中对收费高速公路的期限做出了修订,提出经营性高速公路经批准后可不受 30 年收费权限制。而对于价格调整,则须由省、自治区、直辖市人民政府交通主管部门报同级价格主管部门审核后,报本级人民政府审批。因此,无论是项目的运营期限调整还是价格调整,都受到行业相关法律法规的束缚,调整的过程需事先在合同中明确约定,待调整条件达成,相关价格调整程序即认定,最终生效。

（3）政府补贴设计

政府补贴的目的是弥补项目收入的不足,因此政府补贴的设计首先需要分析项目收入,以实现项目收益目标。项目收入主要包括主营业务收入与第三方收入。所谓"第三方收入",是指基础设施和公共服务从第三方获得的对价或用户付费收入。政府付费模式主要可划分为政府付费和可行性缺口补助模式两种。

PPP 项目差别化定价目标和政府方的资源禀赋以及行业特征等因素决定了政府补贴设计的模式。补贴的主要内容包括补贴方式的选择、补贴模式的确定以及补贴的调整等。补贴方式主要考虑到政府方的资源禀赋和项目的行业类型,分为资本性补贴、资源性补贴和运营性补贴三类。资本性补贴是指政府方直接通过投入项目资本,提高政府出资比例,减少社会资本方的股权份额和融资压力。资本性补贴以最为直接的方式,解决了社会资本方最为关切的资金问题。资源性补贴是指政府方通过给项目公司划拨土地、授予附属设施经营权等方式,让社会资本方以极低的成本获得经营性资源,提高项目的盈利能力。运营性补贴主要是指政府方在项目进入运营阶段后给项目运营提供直接或间接的补贴,直接补贴即通过财政资金安排,对运营收入不足的部分给予直接的补贴;间接补贴主要是针对特定项目在税收、水电动力费等方面给予减免或补贴,降低项目的运维成本。就运营性补贴而言,需要选择合适的标的(如选择客流量、通车里程等)进行测算。《政府与社会资本合作项目财政承受能力论证指引》(财金[2015]21 号)将政府补贴定义为建设与运营成本和合理利润后由使用者付费所不能弥补的部分,这样的定义将补贴的测算圈定在整个项目周期内,因此合理的标的选择和测算模型对政府补贴的具体水平影响巨大。补贴机制是在合理测算下实施的,财政承受能力测算考虑到了可预测的风险因素,而未能识别的风险暴露会导致项目补贴水平发生变化,因此合理的调整机制必不可少。

7.1.2　PPP 项目的特许定价流程

PPP 项目定价有非常强烈的行业特征，主要在于不同行业的收入来源不同。政府付费为主的行业，价格测算主要是成本加上合理利润之后分时段付费；而市场付费为主的行业，价格测算主要依赖于对流量的预测，财务测算是支撑价格形成的主要工具。由于市场化手续往往需要经过价格听证程序，而政府付费项目一般按照可用性付费，无须经历这一过程，因此收费模式直接决定了定价流程。定价方法依据定价策略确定，控制特许收益定价模式下，特许经营区间往往提前确定，投标人按照可接受的价格水平投标，收费标准受到政府限价等因素的影响，项目运营收益恒定，当达到预定收益时，即使特许经营期未到，项目亦进入移交程序，转移经营权。特许收益定价模式下进行项目特许决策，政府将完全承担各类外生不确定性的影响。控制特许价格定价模式下，同样由政府先行确定一个特许经营区间，投标人依据合理的利润目标计算投标价，招投标价格最低的投标人中标。实际操作中多采用控制特许价格定价模式，招投标过程中的价格虽然权重较大，但往往不是唯一的评判标准。

经营性或者准经营性项目的定价，可能涉及价格审批流程。项目公司聘请专业咨询机构对项目成本费用与价格进行测算，完成后向价格主管部门申报价格。如果通过价格评审，则项目报价即成为试运行的价格标尺；如果价格主管部门对报价存有异议，则项目公司需要根据价格主管部门决议重新申报价格，直到价格最终确定。这一过程主要包括审核报价资料合理性与试运行价格制定。PPP 项目公司向价格主管部门提出定价方案，价格主管部门依据 PPP 项目专业咨询机构编制的 PPP 项目咨询报告中有关项目投资成本、运营费、风险论证、特许经营期限和合理回报等信息资料，审定收费标准，价格主管部门主要考虑项目成本和可比案例的收费标准。PPP 项目建设完工达到拟试运行阶段时，价格主管部门根据项目成本测算资料、投资概算等进行成本价格测算，审定价格合理性，并与项目公司进行沟通，在计算成本可覆盖且利润水平合理的前提下拟定试运营收费标准。后续根据实际运行情况进行价格调整，需要听证的进行相关程序。项目定价过程主要包含项目前期调研、项目定价方法的选择、项目定价影响因素的识别、项目定价建模、项目价格形成、项目价格的审核与听证等环节。

1. 项目前期调研

项目定价受到诸多因素影响，在定价过程中需要对项目的影响参数进行全面调研,确保参数识别完整、参数定义合理准确、针对参数设计的模型能够描述项目的现实状况。如产品供需预测影响了未来收入测算,通货膨胀、汇率、利率、工资水平等宏观因素决定了项目融资与建设成本,政治稳定性影响了项目未来收入的稳定性和违约风险,同类项目定价政策和经验决定了项目定价的参照对象,在一定程度上确定了项目的定价区间。缜密的项目前期调研,是项目实施环境考察的第一步,项目定价的实施方依据全面的调研信息做出项目定价决策。

2. 项目定价方法的选择

PPP项目定价机制的核心是如何对运营期内产生的投资收益现金流进行价值评估,定价受到理论模型设计和现实政策法律制约的双重影响。从理论角度分析,可以将项目定价看作一个经济学问题,考虑到资源配置效率提高的基本目标,可以采用边际成本定价,让边际成本成为项目收费标准的依据,但边际成本定价存在的问题是固定成本的投入难以得到回报;而保障企业收支平衡则可以采用平衡成本定价。在实践中多采用成本加成定价,弥补固定成本、变动成本并附加一定的利润。成本加成定价法的优点是价格稳定,可操作性强;缺点是从经济视角看社会福利没有最大化。折中的办法是两部定价法——与流量无关的部分按照固定费用总额付费,与流量有关的部分按照从量定价,即按照边际成本定价(李明,2010)。有关定价方法的理论和方法还包括雷姆西定价法、巴莫尔定价法、最大利润定价法等(骆启东,2011)。运用到具体的项目实践中时,价格理论需转化为定价模型,不同定价模型切入的侧面不同。最为常用的是成本加成定价模型,该方法通过识别主要的成本要素并构建成本模型,在成本的基础上以合理的投资收益率加成,最终根据流量预测反算项目价格。在成本加成的基础上,由于项目风险不同,可将不同行业类别的风险因素纳入模型,并对因素进行量化,经过风险修正的模型用于测算最终的定价标准。在流量测算中,多借助模拟来对流量进行描述,常见的如蒙特卡洛模拟等。

3. 项目定价影响因素的识别

行业特征和项目特性决定了不同的PPP项目成本构成千差万别,同样地,对项目收入的影响也各不相同。政府付费项目主要考虑成本因素,而经营性项目同时受到成本与收益因素的影响。总体来看,项目的定价影响因素包含成本费用因素、投资回报率因素、风险分担机制因素、使用者付费因素等方面。以经营性高速公路为例,成本费用因素主要包括建设成本、管理和运营成本;投资回报率是项目谈判的结果,市场的收益率水平影响到项目的基准收益率;风险分担对应风险分担机制,风险的量化评价影响定价模型的风险因素赋值;交通流量因素受宏观经济影响较大,流量评估大多采用模拟方式进行;消费者使用意愿在交通领域影响的是级差效应,不同等级的公路,使用者付费的意愿有着不同的经验水平。根据合理的理论方法,识别出项目定价的影响因素后,应对不同的影响因素进行量化,融入定价评估模型,形成评估整体定价水平的标准。

4. 项目定价建模

项目定价模型的构建过程主要是建立基本模型,对项目基本的成本及收益因素进行刻画,然后根据行业和具体项目特性识别特殊的影响因素,修正模型或者附加约束条件,最终根据识别的所有约束条件求解项目价格。

(1) 政府付费项目的定价模型

2015年4月,财政部发布《政府和社会资本合作项目财政承受能力论证指引》(财金[2015]21号),其中第十六条是计算运营期内各年政府运营补贴支出数额的公式(以下简称"21号文公式")。《关于规范政府和社会资本合作(PPP)综合信息平台项目库管理的通知》(财办金[2017]92号)(以下简称"92号文")将项目按效付费明确列为新项目入库的前置准入条件,严格规定新项目入库标准,项目建设成本不参与绩效考核,或实际与绩效考核结果挂钩部分占比不足30%,固化政府支出责任的不得入库。PPP项目可用性付费与运营绩效考核结果要按照最低30%挂钩。因此,项目补贴根据政府付费和可行性缺口补助需要依照不同的测算公式获得回报付费,可行性缺口补助需除去当年使用者付费的影响,具体公式为:

当年运营补贴支出数额 = 项目全部建设成本×(1 + 合理利润率)×

(1 + 年度折现率)^n/财政运营补贴周期(年) +

年度运营成本×(1 + 合理利润率) − 当年使用者付费数额

项目的建设成本按照每年政府付费额度进行摊销,按照92号文所称最低比例折算,摊销后每年建设成本的70%由政府刚性兑付,其余30%与绩效考核结果挂钩。一般情况下,可用性付费的计算基数包括:工程建设投资、工程前期费用、建设期利息等。按照绩效考核得分与绩效考核占比确定最终付费标准,考核方案可根据实际情况设计,后面将对绩效考核方案做进一步介绍,本节以将季度考核得分平均分作为年度考核得分标准为例,考核得分与按效付费的公式如下:

年度可用性付费考核得分 = 各季度考核得分之和 ÷ 4

$$年度运维绩效付费考核得分 = 各季度考核得分之和 \div 4$$
$$可用性付费额 = 年度付费额基数 \times (70\% + 30\% \times 可用性付费考核得分)$$
$$运维绩效付费 = 年度运营成本 \times 运维绩效考核得分$$

考核得分与绩效挂钩的方法通常可采用直接法、阶段取值法与差值法,绩效考核在实际得分值的水平上按照不同方法进行折算,作为最终的考核得分。直接法的得分为实际得分值;阶段取值法实际得分值落于考核得分区间,即按照区间值获得分段得分,如实际得分在 90—100 分,就按照 100 分计算;差值法在区间考核的基础上设置差值区间,如实际考核得分在 90—100 分按照 100 分计算,在 60—70 分按照 60 分计算,在 70—90 分则按照差值法计算,实际得分超过 70 分的部分除以 20 分得出考核系数,基础得分 60 分加上考核系数与绩效分数 40 分的乘积即为考核得分。

(2)特许经营项目的定价模型

PPP 模式下的特许经营项目需要私人参与部分或全部投资,与公共部门分担项目风险,并通过一定的合作机制分享项目利益。在风险分担和利益分享的模式下,政府可以控制公益项目的所有权,提高服务水平。PPP 模式下,特许经营具有三方面的特征,具体如表 7-1 所示。

表 7-1　特许经营模式的主要特征

特征	性质
垄断性	垄断性导致如果纯粹通过市场机制决定价格,将会导致社会福利损失
排他性	排他性使得产品和服务能够通过向使用者收费的形式弥补投资者的投入和形成利润
规模大、周期长	此类项目一般而言投入较大,引入社会资本可以起到弥补政府投入不足的问题,有利于提升公共部门的资源配置效率

从经济学的角度来看,对项目定价的主要方法包括垄断价格法、平均成本定价法和边际成本定价法。当价格为垄断价格时会造成较大的福利损失。采用边际成本定价的负面后果是政府负担加重。为了防止企业发生亏损,同时限制企业的超额利润,采用使社会福利达到次优状态的平均成本确定产品的价格成为自然垄断条件下费用定价的可行选择。从技术实现的角度来看,项目定价大多采用现金流折现方法,即计算投资收益达到社会资本预期的条件下的合理价格。以高速公路为例,高速公路的预期投资收益率考虑了风险因素,可借鉴资本资产定价模型来估计预期投资收益率;高速公路的流量受到机动车保有

量、当地 GDP 水平以及人口数量等影响,通过拟定合理的影响因素,构建交通流量模型;高速公路相较于其他可替代道路如国道等,节约了时间,缩短了行车距离,由于高速公路修筑质量更高,车辆会有更低的通行成本,受诸多因素影响产生的优势是价格的合理性来源,收费标准就是单位里程的收益下,道路提供方和消费者共同意愿的价格,理论上此价格应该小于等于单位收益与级差效益分享比的积。通过上述判断,可以构建出一个包含可遇见的所有因素的数量模型,在实际操作过程中,咨询机构会根据模型进行模拟,将所需变量和限制条件一一定义,最终测算出一个高置信水平的预测价格,并以该价格为定价方案的申报基准,在指导定价的范围内确定价格。此外,车辆通行费也可能采用国家统一车型分类标准,并不以实际测算水平来制定价格,此时如果价格低于成本费用标准,则需要政府补贴来支持项目收益。在测算价格的基础上,由于公共基础设施项目的特殊性,价格往往需要经过听证程序才能最终确认。在有完整的测算过程并形成定价方案后,项目实施方应根据相关规定履行价格听证程序。建模时需考虑高速公路特有的风险因素、交通流量因素和级差效益因素①等,具体如图 7-1 所示。

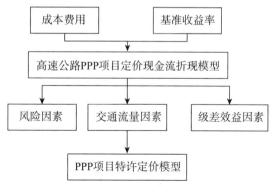

图 7-1　高速公路 PPP 项目特许定价模型

资料来源:蔡新民.高速公路 PPP 项目特许定价机制研究[J].价格理论与实践,2015,(09):100-102.

5. 项目价格的审核与听证

测算工作完成之后,按照是否需要听证确定不同的价格审批方式。根据各

---

① 如同土地级差效益一样,不同等级的高速公路上,使用者完成运输任务所投入的成本效益也有所差异,时间节约、成本降低、安全舒适都是影响级差效益的因素,模型中考虑高速公路级差效益就是将这些因素量化的过程。

地方价格听证政策,需要进行听证的,由项目主管单位组织听证程序;无须听证的,由价格主管部门对项目成本进行监督审核,出具监审报告。

无须听证的,当地物价部门(多为发改部门)会对《项目成本监审报告》进行审核,根据项目的成本利润和税金情况审定价格标准,并比较周边城市同类项目的价格标准,最终确定审核结论。

需要听证的,依据《中华人民共和国价格法》《政府制定价格听证办法》等相关法规,执行听证流程。项目如果遇到临时接管等特殊情况,可申请听证。听证工作由定价机关发起并向价格主管部门提供定价方案,根据不同行业监管需求,确定听证机构和听证人员。听证机构在举行听证会 30 日前,应通过正式渠道向社会发布听证公告,包括公告时间、地点、内容和申请参加听证会的须知。听证机构根据情况确定听证会代表,听证机构在举行听证会 15 个工作日前将听证会材料送至听证会代表处。政府价格主管部门应在听证会举行后 15 日内将听证笔录、听证报告一并提交定价机关。听证结果向社会公布,即为最终的价格确认结果。①

7.1.3 PPP 项目的价格调整机制

PPP 项目的价格调整机制是各环节相互影响的一个系统,包括基础数据系统、内部运行机理、绩效评价系统以及制度保障体系等,目标是调节政府、社会资本、使用者三方之间的利益关系,以保障 PPP 项目的长期运营和健康发展。作为双方关系的核心条款,PPP 授权协议自然会规定价格确定和调整机制问题,以提高协议的可预测性,确保项目后续实施。但是 PPP 项目涉及的商品或服务的价格调整需通过听证程序进行确认,听证程序是价格调整的必要程序。

1. 价格调整的原则

价格调整实际上是调整基础设施产品或服务的供应商与消费者之间的分配关系,即需求价格与利润之间的关系。在这个问题上,有两个非常重要的概念,那就是合理的价格和利润。消费者关心价格,而项目公司关心税后利润。价格调整是在风险条件下价格调整条件触发后的补偿措施,目的是保护项目持续运营。但价格调整的趋势往往是上调价格,意味着社会资本方的利益得到补偿往往以伤害公众的福利为代价,因此价格调整的同时要设置容忍边界,以促进运营方提高效率,同时平衡双方的利益关系。

---

① 根据《政府制定价格听证办法》发展改革委令 2008 年第 2 号整理。

政府方与社会资本方共担项目风险、共享项目收益,因此价格调整是双方按照约定的风险分配标准共同承担的结果。具体来说,价格调整应遵循以下原则:一是持续经营原则。价格调整的首要目标是保证项目的持续经营,调整的标准就是行业的平均收益率,给项目一个合理的收益水平。但公共产品定价应避免频繁波动,这是一种激励相容的约束,也是公众利益与社会心理的平衡、妥协。为了满足激励相容的约束,项目价格调整应设定一定的阈值范围,借鉴燃油价格调整机制,在一定范围内不实行价格调整,而是通过项目公司自行提高效率应对风险,超过阈值则触发调价机制,进行价格调整。但这样的定价逻辑有适用性局限,部分项目的效率提升难以带来流量增加,设置触发条件时应充允考虑各种因素的制约。二是收益共享原则。由于价格调整机制是双向的,因此在风险条件向有利于社会资本方变动时,价格调整机制也应该启动,即降价也未尝不可,此时社会资本方的收益率可能过高,降价可以更好地照顾公众利益。或者在阈值范围内,将项目收益以合理的方式分配给政府方和社会资本方,并约定按照一定的比例投入项目服务和设施维护等领域,以更好地促进项目为公众服务。三是风险共担原则。风险分担是整个 PPP 项目建设和运营过程中的核心条款,有什么样的风险分担机制就有什么的价格调整结果,全面考量的、量化的风险分担能更有效地在收益和成本发生变动时处理价格调整问题,给出明确的解决方案。因此,前期约定风险分担,由政府方承担的价格风险由政府补贴解决,由社会资本方承担的价格风险只能由其自行承担。同时风险分担条款可以事先约定将部分风险转移给第三方,给项目运作提供更大的决策空间。

2. 价格调整的对象

价格调整未必仅指价格的调整,首先要明确价格调整的内容,才能满足项目公司的具体需求和更好地实现项目的既定收益目标。广义的价格调整包括调整项目的价格、收入或者利润。基于利润的基本会计表达式,PPP 项目的价格调整可基于不同阶段的概念界定设计价格调整模型,实施价格调整方案。

$$销售额 \times 价格 = 销售收入$$
$$销售收入 - 运营维护成本 - 贷款本息 - 折旧 = 税前利润$$
$$税前利润 - 税费 = 税后利润$$

一般说来,调整基数不同,价格调整的方式也不同。价格调整既可能以销售价格为标准,该模式直接从终端控制价格,还可以采用影子价格做出调整;也可能以销售收入为标准,收入的影响因素包括数量与价格,该模式可能侧重于其中的一个方面;还可能以税后利润为标准,该模式主要考虑收益率问题。

3. 价格调整的模式

(1) 调整销售价格模式

以产品或服务的销售价格为基础进行调整,常先设置价格上下限。该模式主要有两种设计思路:一种是直接寻找影响价格的因素,根据各因素的增减变动调整价格;另一种是采用边际价格方法或者影子价格方法,以不同数量下的边际水平为价格依据。

PPP项目特许经营期一般较长(达10—30年),直接法下价格影响因素主要包括当期价格、通货膨胀率、生产率因子、资本回收系数、汇率等。其中,生产率因子是单位投入的产出,用于表达投入产出比效率;资本回收系数即年金现值系数的倒数。调整公式如下所示:

$$P_t = P_{t-1}(1 + I_t + E_t + A_t)(1 - \alpha_t + \alpha_t \lambda_t)$$

其中,P_t表示当期价格,I_t表示通货膨胀率,E_t表示生产率因子,A_t表示资本回收系数,α_t表示受汇率变动影响的比例,λ_t表示汇率影响因子。

以销售价格为基数进行调整,可以有效地规避通货膨胀和汇率风险。这种模式对项目公司的激励作用最大。由于价格调整得到保证,项目公司可以提高销售量、改进管理、降低运营维护成本、使用低成本资金,同时政府部门给予税收优惠等可以保证获得合理的利润。但是,这种模式不能规避市场需求变动、运营维护成本激增(原材料与能源价格上涨)、银行还款利率上涨以及税收政策变动等风险。

影子价格是指某种资源处于最佳分配状态时的边际产出值,是指数量有限的资源增加一个单位时总效益的改变量。这种价格调整模式一般用于收费道路、桥梁、隧道等PPP项目。例如,重庆曾家岩嘉陵江大桥采用了影子付费与影子价格调整模式:道路使用者在通过道路或路口时不直接付款,而是由政府定期向投资公司按交通量提供道路收费;同时,对超出部分下调影子价格,当交通量超过11.7万辆/天时,对超出部分下调影子价格,当交通量超过14万辆/天时,多余部分不再计入影子通行费,当交通量小于10.1万辆/天时,对小于部分补贴影子通行费。

(2) 调整销售收入模式

以销售收入为基础进行调整,目的是确保实现预期的销售收入,一般采取直接补贴的方式将收入维持在固定水平。国外高速公路特许经营采用了LPVR(最小收益现值)方法,以特许经营期为调节对象,保证社会资本收益现值达到预期水平。销售收入的最大影响因素是需求量。项目提供的产品和服务需求量有较大不确定性时,利用这种方式可以保证项目公司实现预期的销售收入。其逻辑在于价格与销售数量的乘积为销售收入,其调整公式为:

$$P_t = R_t / Q_t$$

其中,P_t 是预期价格,R_t 是预期收入。市场需求增加,则产品价格降低,反之亦然。以销售收入为基数进行调整也可以将通货膨胀和汇率浮动等因素考虑在内:

$$R_t = R_{t-1}(1 + I_t + E_t + A_t)(1 - \alpha_t + \alpha_t \lambda_t)$$

从成本端来看,这种方式能够有效地应对成本价格的上涨。以电力供应为例,能源材料的消耗是项目的主要运营成本之一,以收入为调整内容隔离了能源材料价格波动的风险。可以看到,这种调整方式规避了通货膨胀、汇率和市场需求等风险。同以销售价格为基数的调整相比,优点是不管市场对本项目提供产品的需求量如何,项目公司都能够获得预期的收入,都能够规避市场的不确定性因素;缺点是缺乏激励,项目公司旱涝保收,失去了提高运营效率的动力。

LPVR 方法最早由 Engel、Fischer 和 Galetovic 在 2001 年提出[①]。其核心思想是特许项目的竞标参数是受让人愿意接受特许项目的收入现值,报价最低者获得特许经营权。灵活收费期限的让调价机制成为天然的禀赋。当受让人的实际收入等于其标价时,特许经营期结束,设施移交国家所有。中国招投标主要采取两种方式:固定经营期限,以最低收费标准进行招标;固定收费标准,以最少收费期限进行招标。《关于印发政府和社会资本合作模式操作指南(试行)的通知》(财金〔2014〕113 号)第三章第十一条规定,需"明确项目合同期限",LPVR 方法与中国现有政策存在矛盾,因此目前无法在国内运用。

(3)调整税后利润模式

以税后利润为基础进行调整,目的是确保投资回报达到预期水平。这一调整实际上是基于投资回报。典型做法是政府调整产品的销售价格或购买数量,以保证项目的投资回报。税后利润是现金流的最后一个环节,其他环节的变化将影响到项目的投资回报。因此,基于税后利润的调整更加复杂,需综合考虑通货膨胀、汇率、市场需求、原材料价格、银行贷款利率、税收等诸多因素。这种

---

① ENGEL M R A. FISCHER R D, GALETOVIC A. Least-present-value-of-revenue auctions and highway franchising[J]. Journal of Political Economy 2001,109(5):993-1020.

调整可以有效地规避上述风险,因为它通过调整产品的销售价格来保证预期的投资回报。不过,项目公司可能会以此为保护伞而不思进取。例如,项目公司可能希望通过提高价格而不是提高管理和生产效率来获得预期的投资回报。因此,为了鼓励项目公司有效开发和运营特许项目,可以确定投资回报的合理范围或上限(没有最低投资回报的保证)。

以上三种价格调整模式各有利弊。不同的调整基础可以避免不同的风险。基于销售价格的调整只能避免通货膨胀和汇率风险,而基于税后利润的调整几乎可以避免各种风险(不可抗力除外),基于销售收入的调整的风险规避能力介于二者之间。不同的调整基础对项目公司有不同的激励作用。销售价格调整风险通常与激励效果呈正相关关系。调整基数不同,所需的信息量也不同。以销售价格为基础进行调整最为直接,无需大量的信息;而以税后利润为基础进行调整最复杂,需获取诸如通货膨胀、利率、市场需求、原材料价格、税收等多方面的信息。因此,制定价格调整方式时,信息的获取因素也应加以考虑。

4. 价格调整的流程

价格调整机制用于防范和规避 PPP 项目长期合作中的成本波动风险,一般包括以下四种机制:一是公式调整机制。当某一特定因素的变化导致按照价格调整公式计算的结果达到约定的价格调整条件时,将触发价格调整程序,按照约定的范围自动调整价格。常见的价格调整因素包括:居民消费价格指数变动、汇率变动、生产者价格指数变动、利率变动、税率变动等。二是市场测试机制。在 PPP 项目合同规定的特定时间,在市场范围内重新购买项目中的特定服务,以更好地实现项目价值。通过竞争性采购程序,政府和项目公司能够谈判更换经营者或调整此类服务的价格。三是基准比价机制。定期将项目公司提供服务的定价与同类服务的市场价格进行对比,如发现差异,则项目公司与政府可以协商对 PPP 项目的价格进行调整。四是谈判调价机制。一些不可预见的因素可能现阶段无法穷尽和分析,参照约定的收益水平,在 PPP 项目合同中约定定期谈判周期,以达到价格调整预期。但后两种机制通常适用于社会公共服务项目,很少用于公共交通或公共事业项目。

(1) 政府付费项目的价格调整

政府付费项目每年的运营维护成本应根据一定的比例进行调整,调整比例可参照对运营维护成本影响较大的经济指标,如居民消费价格指数进行调整,居民消费价格指数一般取值在 2%—3%,调整的时间依据谈判结果确定,根据实际需求两年或者三年调整一次(潘鹏程和陈红帅,2017)。每年的运营绩效付费可在运营维护成本的基础上加上收益进行支付,既可以每年支付一次,也可以每季度或者半年支付一次。运营绩效付费是在基础设施正常运营负荷情况下支付的金额,PPP 项目也可能由于超负荷运行而产生额外的补偿费用。一般而言,超负荷运行虽然具有不确定性,但发生的概率不大,因此不单独在财政支出中列出。对于超负荷风险较高的项目,政府与社会资本合作双方可在 PPP 项目合同或者其他合同中补充说明。

(2) 使用者付费项目的价格调整

本质上来说只有某一类触发条件发生变化,才能对项目价格进行调整,价格调整流程如图 7-2 所示。价格调整因素需要根据定价模型进行修订和完善,并设置阈值。当达到价格调整的上限或者下限时,触发调整条件。价格调整的方向是双向的,当影响成本的因素大幅上涨时,价格调整需要涨价;而当影响成本的因素大幅下降时,则需要设立收益共享机制,将超额收益在政府方和社会资本方之间进行合理分配。在价格调整过程中,需要举行价格听证的,在价格调整完成后,调价方案进入听证流程,以听证结果为调节与否的最终依据。如果根据有关政策无须举行价格听证的,则有关价格管理部门对价格进行监查,以监查结果作为价格调整依据。

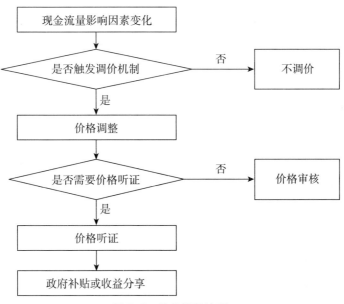

图 7-2 价格调整流程

7.2 PPP 项目的绩效评价及实施

7.2.1 PPP 项目绩效评价的目标与要素

1. PPP 项目绩效评价的原则

项目绩效评价最著名的标准当属英国效率小组在 20 世纪 80 年代初提出的 3E 原则,即经济性、效率性和效果性,随后英国审计委员会将该标准应用到政府绩效审计框架之中。经济性主要是在保证质量的前提下,尽量减少资源消耗,降低成本,强调以相对低的价格获得同样的产品。效率性侧重于投入产出的比较水平,目标是既定产出水平下投入最小。在政府公共部门的绩效工作中,该指标被视为最终指标之一。效果性表示最终产品实现的效果是否达到了预期的程度,如产出物的质量和数量是否得到公众认可,是否达到公共部门的目标,是否达到经济性的目标。

PPP 项目的特殊性体现在它不仅仅是公共项目,还具有私人属性,社会资本方与政府方关系的公平性为其一;另外,PPP 项目可能需要社会公众在使用时付出代价,其在收费定价方面是否能够与使用者达成和解,提前完成既定的项目收益是否可以让渡多余的收益给使用者都体现一种制度设计上的公平性。因此,在考虑 PPP 项目绩效评价的过程中,学界赋予公正原则一席之地。

2. PPP 项目绩效评价的目标

对 PPP 项目进行绩效评价需要多方面的审视,经济性不能作为唯一的甚至是主要的目标,PPP 项目的收益率水平可能并不是非常高,2016 年中国 PPP 项目的平均收益率水平在 6.5% 左右[1],较私人投资项目收益率低,但是 PPP 项目的社会效益巨大,在长期对经济有积极影响。绩效评价过程中只有保证评价的客观独立才能对项目评价起到良好效果。一般而言,PPP 项目绩效评价是指外部评价,实践中多以监管方和第三方评价居多,它的评判标准融合了内部评价和外部评价的综合效果。不同行业的绩效评价差异巨大,在项目评价时具体目标的选择和具体指标的设计要考虑绩效评价的差异性。在对 PPP 项目进行定价时要从评价原则出发,设立有关经济性、效率性、效果性和公平性的多维度评价目标,以满足评价需求层次的多样性。

---

[1] 中国 PPP 市场发展分析(2014—2017)明树数据报告。

(1)经济性目标

由于 PPP 项目收益率水平较低,经济性目标主要为注重成本节约,包括资金成本节约、单位造价节约、人力资本投入少等。成本的节约可以从成本结构出发,选择提出更为节约合理建设方案的建设方。考虑到经济性指标主要由货币计量,经济性指标以定量指标为主。

(2)效率性目标

效率性目标旨在关注单位时间内的投入产出水平。效率高低主要取决于工程施工难度和关键技术水平等因素,效率性目标可将落脚点侧重于工程技术水平、规划设计能力、组织管理水平、装备利用效能、项目施工难度等方面。

(3)效果性目标

首先需要对效果性的评价对象做出区分,即评价效果性不是评价项目的产出,而是评价产出能否提高社会整体的福利水平。产出本身是工程达标的基本条件,是否达到预期效果实际上评判的是产出效果。因此,评价效果性首先是评价产出是否达到基本的施工要求,其次是评价公共设施是否达到公众的需求,如交通项目是否缓解了客运和货运压力,污水处理项目是否提高了当地污水处理能力等。

(4)公平性目标

公平性的体现如前所述是两个层次的,首先是社会资本方与政府方之间的公平,其次是项目实施方与被项目影响到的使用者和利益相关方之间的公平。一方面社会资本方和政府方之间的公平是在风险分配方面得到的妥协,双方的风险分配是否合理在一个较长周期内可以进行考核,社会资本方实现项目收益是政府方作为强势地位一方提供的必要保证。另一方面的公平在很大程度上是指项目的社会效益和社会责任,即项目的建成是否让使用者获得了更大的效益,是否改善了周围的环境,是否在具有负外部性时让利益相关方得到了足够的补偿。

3. PPP 项目绩效评价的参与方

(1)绩效评价的主体

PPP 项目包含众多参与方和利益相关方。项目参与方是指政府、社会资本、金融机构等,而利益相关方包括项目产品的用户和非用户。对于 PPP 项目的绩效评价,中国多由政府部门负责执行,如财政部、审计署、发改委、国开行下属机构等。PPP 项目的投资评价还应考虑 PPP 项目的特殊性,主体更加多元。

（2）绩效评价的客体

绩效评价的客体是指主体行为的受体，也就是针对什么进行绩效评价。PPP模式最初主要应用于道路桥梁、通信、能源电力、医院、学校、城市供水与污水处理等项目。不同的项目具有不同的特点，有的项目同时包含两项基础设施及针对设施运营的服务。PPP项目的绩效评价从立项阶段开始，结束于移交阶段，包含对立项、招投标和特许权授予进行管理、对其风险分配和资源评价的合理性进行评价，故绩效评价覆盖了PPP项目立项—招投标—建设—运营—移交的全流程，从而也包含对应阶段的资产及服务，因此客体包含了整个项目实施的环节和项目的最终产出以及投资方承诺对项目产出所附带的服务。

4. PPP项目绩效评价的影响因素

PPP项目建设期较长，一般达3—5年，持续性强的项目如城市轨道交通项目可达几十年，各方关系和项目面临的内外部因素均能影响到项目预期目标的实现。

（1）项目参与方的能力

项目参与方是在各个环节经过严格筛选后最终确定的，从程序上看已经具备了相当的专业能力。各方担任的角色不同，主要的优势体现在不同的侧面，如果有一方的实际能力没有达到承诺的标准，那么项目的绩效水平就会受到影响。表7-2罗列了主要的项目参与方所应具备的能力，项目实施过程中应对项目参与方达成的结果进行考评，也是对其专业能力进行考评。

表7-2 项目参与方能力范畴

项目参与方	各方的能力范畴
政府	项目决策与监督、信用担保、承担风险、法律保证、政策支持
社会资本	资金实力、资源整合能力、风险承受能力
承包商	融资能力、建设能力、开发经验
运营商	专业能力、运营管理经验
第三方评估机构	专业能力、项目实施经验

（2）合作

参与方执行的指南是合同，按照合同的约定履行好自己的义务是各参与方的首要责任。在履约过程中，不同参与方之间是项目补偿、项目合作的关系，因此应重视资源共享,促进合作,针对项目的认知,分享实施的经验和知识,减少其他参与方的信息不对称,提高合作效率。如果参与方之间矛盾丛生,利益不能协调,则会有损项目绩效。

(3) 风险分担

风险分担的基本原则是将风险分配给最有能力承担的一方,并让风险承担方获得对应的报酬。理论上合理的风险分担可以降低工程造价,提高产出效率。风险分担不合理,则会造成一方损失,最终的效果是社会福利受损。如果社会资本方承担了过高的风险,则会诉诸提高收费标准,让公众利益受到损失。

(4) 法律环境

完善的法律法规体系对PPP项目绩效影响重大,各方的权利义务在法律文件中被准确地反映出来,法律环境的优劣决定了项目合同的签署能否规定项目涉及的诸多条件。PPP发展成熟的国家大多建立了专门的PPP立法,并对涉及PPP的相关法律做出了修订,因此良好的法律环境是项目成功的必要条件。

(5) 宏观经济环境

高波动性的宏观经济环境将影响项目的融资成本和收费水平等诸多方面,最终可能导致项目失败,因此宏观环境的影响不容忽视。

(6) 政治环境

政治风险对于任何项目建设而言都是至关重要的,对于建设期和运营期都很长的PPP项目,社会资本方的利益受政治环境因素影响很大。在中国可能存在政府换届导致的责任不连续,如果新的政府负责人不承认前任的承诺,则项目将面临巨大的损失,而在政治不稳定的国家,这种风险更为敏感,政治更迭和不稳定甚至会让项目中途停滞,前功尽弃。因此,不同政治体制下的政治环境都对项目有重大影响,也是合同履约过程中需要考虑的重要问题。

7.2.2 PPP项目绩效评价的方法

1. 关键绩效评价方法

绩效评价是指评价主体对照工作目标和绩效标准,采用科学的评价方式,评定工作任务完成情况、工作职责履行程度,并且将评定结果反馈给工作执行者的过程。传统的项目绩效评价方法主要包括成本效益分析法、比较法、最低成本法、专家评价法等。由于合作项目的效率要实现比公共部门自行建造更高,PPP项目绩效评价相较于传统的项目绩效评价有着更为复杂的目标,因此选择适当的评价方法是项目顺利实施的保障。当前绩效评价指标较为单一，建设期可用性评价指标以合同规定的工程质量、环保等指标为依据，运营期则根据运营要求设计简单的评价指标，根据得分进行付费，并没有体现绩效评价的综合性和立体性。个别项目评价指标设计过于复杂，过分强调技术性，结果增加了绩效评价的成本。服务于付费的绩效评价应当切中基本的目标原则，选择具有一定综合性的考评方式，而且要注重根据项目特征设计个性化的评价方案，避免千篇一律，将评价沦为形式。好的 PPP 项目绩效评价，必须根据不同的 PPP 项目，尤其是不同的运作方式、回报机制等，设计不同的评价机制。

（1）关键成功因素（CSF）与关键绩效指标（KPI）结合的方法

政府、社会资本与公众对 PPP 项目的绩效目标有不同侧重（见表 7-3），不同利益相关方对绩效目标的关注点不同，利益诉求也不同。针对不同诉求可建立不同利益相关方绩效目标下的关键成功因素，即衡量成功因素的标准是以达成利益相关方诉求为准绳的。

表 7-3 PPP 项目利益相关方的绩效目标

序号	政府	社会资本	公众
1	可靠的工程质量	可靠的工程质量	可靠的工程质量
2	按时竣工	长期稳定的项目收益	高质量的公共服务
3	缓解政府预算不足	按时竣工	获得及时便捷的服务
4	转移风险	达到预算目标	满足公共设施需求
5	高质量的公共服务	获得政府的优惠政策	按时竣工

资料来源：根据 YUAN J, ZENG A Y, SKIBNIEWSKI M J, et al. Selection of performance objectives and key performance indicators in public-private partnership projects to achieve value for money[J]. Construction Management & Economics, 2009, 27(3):253-270 整理。

通过总结项目核心阶段的逻辑关系，可以针对不同要素设定关键绩效指标（见图 7-3）。在具体的项目实施过程中，可以借鉴理论界对研究成果的总结，根据项目自身特点，通过专家方法或可比法，识别关键成功因素，进而根据关键成功因素设定适合项目行业和自身特性的绩效评价指标。在具体的项目实施过程中，绩效评价指标根据项目特性和行业经验进行必要的修正，各指标予以赋值，并根据各分项绩效得分计算项目综合绩效得分。最终得分作为项目绩效评价的标准。

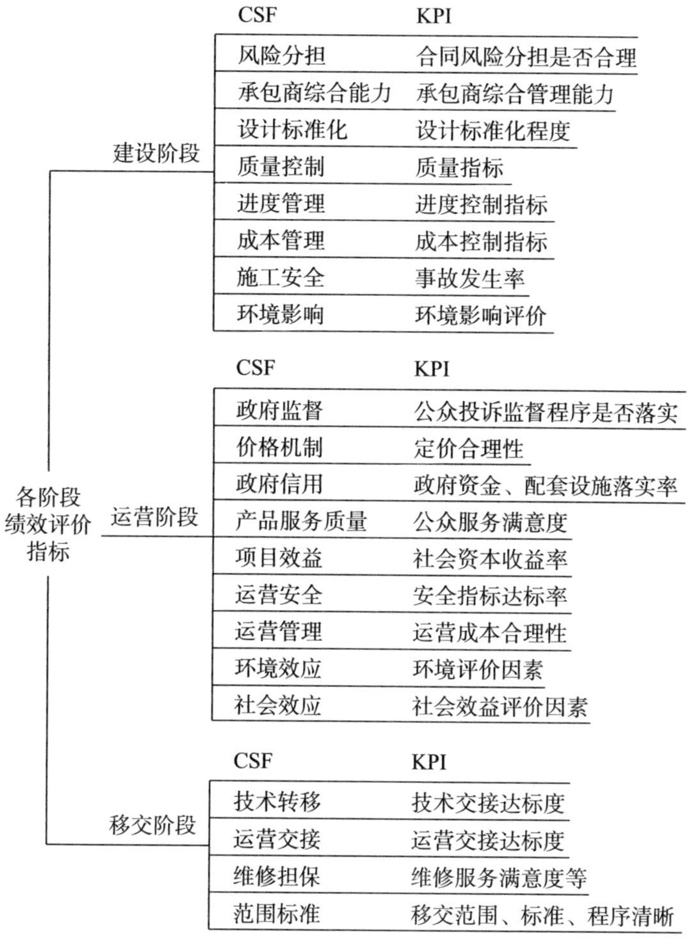

第7章 PPP项目的定价、绩效评价与监管

```
                    CSF           KPI
                  ┌─────────────┬──────────────────────┐
                  │ 风险分担     │ 合同风险分担是否合理  │
                  │ 承包商综合能力│ 承包商综合管理能力    │
          建设阶段 │ 设计标准化   │ 设计标准化程度        │
                  │ 质量控制     │ 质量指标              │
                  │ 进度管理     │ 进度控制指标          │
                  │ 成本管理     │ 成本控制指标          │
                  │ 施工安全     │ 事故发生率            │
                  │ 环境影响     │ 环境影响评价          │
                  └─────────────┴──────────────────────┘

                    CSF           KPI
                  ┌─────────────┬──────────────────────┐
                  │ 政府监督     │ 公众投诉监督程序是否落实│
                  │ 价格机制     │ 定价合理性            │
  各阶段          │ 政府信用     │ 政府资金、配套设施落实率│
  绩效评价 运营阶段│ 产品服务质量 │ 公众服务满意度        │
  指标            │ 项目效益     │ 社会资本收益率        │
                  │ 运营安全     │ 安全指标达标率        │
                  │ 运营管理     │ 运营成本合理性        │
                  │ 环境效应     │ 环境评价因素          │
                  │ 社会效应     │ 社会效益评价因素      │
                  └─────────────┴──────────────────────┘

                    CSF           KPI
                  ┌─────────────┬──────────────────────┐
          移交阶段 │ 技术转移     │ 技术交接达标度        │
                  │ 运营交接     │ 运营交接达标度        │
                  │ 维修担保     │ 维修服务满意度等      │
                  │ 范围标准     │ 移交范围、标准、程序清晰│
                  └─────────────┴──────────────────────┘
```

图 7-3 PPP 项目各阶段关键绩效指标

资料来源：根据王超，赵新博，王守清.基于 CSF 和 KPI 的 PPP 项目绩效评价指标研究[J].项目管理技术，2014，12(8)：18-24 整理。

关键绩效指标评价模式下，首先要确定指标及权重。实施机构组织相关专家，拟订绩效评价方案，根据项目实际确定关键绩效指标，并合理确定其权重。其次，要明确指标量化标准，尤其是确定不同分数段得分的依据。最后，要根据项目情况设置由谁打分，可设置为监管机构打分、专家打分或多方参与打分，应确保项目提供的公共服务得到客观评价。为了确保得分科学公平，初步结果要向项目公司及社会资本反馈，听取项目公司对评价结论的意见。为了公平公正，便于社会监督，须适时公开信息，公开内容包括绩效评价全过程。

（2）平衡计分卡方法

平衡计分卡方法是管理咨询专家大卫·诺顿与罗伯特·卡普兰联合开发的管理工具，后经不断改进深入绩效评价的各个领域当中。平衡计分卡应用领域非常广泛，各类涉及管理会计的问题都在使用这一工具。平衡计分卡主要从四个维度评价企业或者项目的绩效，分别是财务维度、顾客维度、内部业务流程维度和学习与成长维度。财务维度主要对财务指标进行设计与分析，考虑到财务指标的滞后性，其他维度的指标设计弥补了财务指标的不足；顾客维度主要考虑产品与服务方面顾客的满意度；内部业务流程维度旨在对业务流程进行控制与分析，为流程的优化、改进提供经验依据；学习与成长维度是其他三个维度目标的纽带，它包含了更多柔性指标的检验与设计。PPP项目采用平衡计分卡进行绩效评价，可以从上述四个维度展开。财务维度方面，设计利润、成本及效率指标，来度量项目的盈利情况，由于营利性并非BOT项目的唯一诉求，因而在设计指标时需考虑项目收益率水平和平均收益率水平的关系，评分的标准设定为接近社会平均收益率水平，即成本控制良好又不暴利；同时借鉴财务报表分析的思路，加入周转效率指标，对项目运营的效率进行评估。顾客维度方面，顾客的满意度与满意度的变化率是衡量项目对公众社会责任履行状况的指标，该指标需借助调查方获得。内部业务流程维度方面，从质量、创新、合作与营销四个方面刻画业务的完成情况。学习与成长维度方面，主要对人力资本、信息资本和团队沟通进行量化考核，以增进与否作为判断标准。

平衡计分卡方法的初始目标需要考虑项目的战略，较关键绩效指标方法更加注重多维度评价。平衡计分卡方法的优点是，将传统的项目绩效评价方法中以工程质量控制和付费为基础的可用性与效益指标评价拓展到更多的维度，给PPP项目绩效评价提供了新的思维角度。但是实践中由于调研成本与信息采集等诸多困难，该方法难以在没有完整的信息系统的条件下实施。

（3）赢得值方法

赢得值方法又称挣得值方法，是1967年由美国国防部开发应用于国防工程中的方法。该方法的主要过程是将一系列的工程进度指标转化为货币、人工工时、工程量指标，旨在完整监控工程项目的进度和费用，优点是能够针对工期延后和费用超支采取纠正措施，提高项目管理控制的水平。赢得值法主要借助三个基本参数描述工程进度指标，一是计划工作量的预算费用（BCWS），二是已完成工作量的实际费用（ACWP），三是已完成工作量的预算费用（BCWP）。该方法利用主要指标间的差异和比值来刻画费用偏差、进度偏差、费用执行指标、进度执行指标。赢得值法运用绝对数和相对数指标描绘偏差,并以此为采取措施的依据,如调整费用支出计划和资金筹措计划等,克服了过去费用与进度不同时控制的缺陷,二者的分离对项目进度的管理提出了直接的分析方向,定量的判断提高了项目的管理水平。

(4) 虚拟标杆方法

虚拟标杆方法是在标杆管理理论的基础上,瞄准虚拟的标杆目标,并根据虚拟目标制订改进方案的方法。PPP 项目的虚拟标杆包含最优价值和绩效目标两个部分。虚拟标杆不是实际项目可以达到的目标,也不是实际存在的竞争对手或者竞争性项目,而是为项目确定努力的方向。虚拟标杆包括内部标杆与外部标杆,在项目的全生命周期内,将关键绩效指标与虚拟标杆不断比较,并根据差异的方向调整标杆值或调整项目运作。虚拟标杆运用 TOPSIS 思想[①]、灰度理论,通过计算明氏距离,评判关键绩效指标值与内部标杆和外部标杆的差距来判断绩效水平。对绩效指标执行效果的评判,可采用运筹学方法,形成可比的标杆计算结果。运筹学与数学方法的大量应用让虚拟标杆方法看上去更加理论化,但是若将整个计算过程模型化,通过专家设计输入值和输出值指标,该理论模型的应用前景将更为广阔。

2. 项目评价方法评述

以上四类方法借助不同的管理工具。关键成功因素与关键绩效指标结合的方法以工程领域的经验和理论研究为基础,对能够引导项目成功的特殊因素进行分析,并形成理论上具有共识的结果,并且可根据咨询机构专家的意见对具体项目进行改进分析,可操作性强,成本低,但缺点是评价指标分散,缺乏整体评判标准。平衡计分卡方法具有很强的理论价值,但实际操作过程中对项目不同方面的评价均需重构一套适用性强的平衡计分卡体系,针对行业特点需聘请不同领域的专家,实施成本高,而且由于应用经验较少,该方法缺乏实际案例检验。赢得值方法将资金投入转化为工程量来评价项目,是工程领域使用较多的方法,赢得值的主要作用是纠偏,评价范围对于 PPP 项目来说不能覆盖运营期的绩效,同时 PPP 项目涉及利益相关方的绩效评价,需结合其他方法才能满足 PPP 项目评价范围广的需求。虚拟标杆方法是定量操作最为完整的理论方

---

① TOPSIS(Technique for Order Preference by Similarity to an Ideal Solution)法由 C.L.Hwang 和 K.Yoon 于 1981 年首次提出,是根据有限个评价对象与理想化目标的接近程度进行排序的方法,在现有对象中进行相对优劣的评价。

法,对项目关键绩效指标值进行数学运算,评判绩效水平,理论上的可行性很高,实施成本也不高,但是实际操作中由于专家知识背景的限制,可能难以找到合适的人选实施项目评价操作。PPP项目绩效评价设计既可以结合几类方法综合运用,也可以采用单一方法根据项目特点量体裁衣。

PPP项目一般采用简单的绩效挂钩方式为付费服务,即将得分与系数的乘积作为付费金额。但考虑到PPP项目的公益性和特殊性,还应考虑"一票否决"式评价指标与单独重点评价指标,为项目的公益性和特殊性做出特别规定。如安全、环保等指标在相应的触发事件发生时,直接将该部分的相应得分扣减为0,能够更好地体现底线思维。借鉴例外管理,PPP项目如有特殊评价要求,如具有一定阶段性的指标,可设置为例外评价单独进行,在整体评价之外单独加分,也单独兑现相应付费。

在简单的评价方法之外还可以运用更加具有技术性的项目绩效综合评价方法。常见的综合评价方法有专家评价法、运筹学方法、模糊综合评价法、灰色关联分析法、物元分析法等。不同的理论方法,有着不同的方法创新,对项目绩效评价的贡献都是重要的。实践当中多采用专家评价法进行综合评价,因为理论方法操作难度大、专业程度高,而专家评价法有着良好的评价效果,可行性高,更加适用于项目绩效评价的现实需求。

7.2.3 PPP项目绩效评价的流程

1. PPP项目绩效评价的政策依据

绩效是指组织目标达成程度的一种衡量。项目的绩效评价是指利用统一的评价标准,采用科学、合理、规范的评价方法对项目的预期目标进行考评,同时对项目施工的过程以及结果进行考评,从科学、客观、公正和全面的角度对项目的经济性、效率性、有效性、可持续性和公平性进行综合评判。PPP项目绩效评价是对采用PPP模式的项目,从项目利益相关方的项目目标出发,从项目投入、过程、结果、影响等维度,对项目实施过程中出现的技术、经济、社会和环境等因素进行全面评价的活动。"绩"是指项目是否达到预先设定的目标,侧重于反映项目的结果;"效"则是指完成项目的效率,侧重于反映项目的过程,PPP项目绩效评价是PPP项目实施结果与过程的综合反映(王超等,2014)。从实践层面来看,国家各部委近年来出台的政策均规定,绩效评价工作是监督与管理PPP项目规范执行的重要手段。中国在近年来大力推广PPP模式运用,各主要负责部门出台的政策均提及绩效评价的作用,并对绩效评价的主体、客体和内容做出了规定(见表7-4)。

表7-4 绩效评价政策依据

主管部门	文件名称	文件内容
财政部	《关于推广运用政府和社会资本合作模式有关问题的通知》(财金〔2014〕76号)	省级财政部门要督促行业主管部门,加强对项目公共产品、服务质量和价格的监管,建立政府、服务使用者共同参与的综合性评价体系,对项目绩效目标实现程度、运营管理、资金使用、公共服务质量、公众满意度等进行绩效评价。评价结果应依法对外公开,接受社会监督。同时根据评价结果,依据合同约定对价格或补贴等进行调整,激励社会资本提高公共服务质量
财政部	《关于印发政府和社会资本合作模式操作指南(试行)的通知》(财金〔2014〕113号)	项目移交完成后,财政部门(政府和社会资本合作中心)应组织有关部门对项目产出、成本效益、监管成效、可持续性、政府和社会资本合作模式应用等进行绩效评价,并按相关规定公开评价结果
国务院	《国务院办公厅转发财政部发展改革委、人民银行关于在公共服务领域推广政府和社会资本合作模式指导意见的通知》(国办发〔2015〕42号)	政府依据公共服务绩效评价结果向社会资本支付相应对价,保证社会资本获得合理收益。政府以运营补贴等为社会资本提供公共服务的对价,以绩效评价结果为对价支付的依据。建立综合性评价体系,建立事前设定绩效目标、事中进行绩效跟踪、事后进行绩效评价的全生命周期绩效管理机制,将政府付费、使用者付费与绩效评价挂钩,并将评价结果作为调价的重要依据,确保实现公共利益最大化
财政部	《关于在公共服务领域深入推进政府和社会资本合作工作的通知》(财金〔2016〕90号)	要加强项目全生命周期的合同履约管理,确保政府和社会资本双方权利义务对等,政府支出责任与公共服务绩效挂钩
财政部	《关于印发〈政府和社会资本合作项目财政管理暂行办法〉的通知》(财金〔2016〕92号)	各级财政部门应当会同行业主管部门在PPP项目全生命周期内,按照事先约定的绩效目标,对项目产出、实际效果、成本收益、可持续性等方面进行绩效评价,也可委托第三方专业机构提出评价意见

（续表）

主管部门	文件名称	文件内容
国家发改委等6部委	《基础设施和公用事业特许经营管理办法》	实施机构应根据特许经营协议，定期对特许经营项目建设运营情况进行监测分析，会同有关部门进行绩效评价，并建立根据绩效评价结果、按照特许经营协议约定对价格或财政补贴进行调整的机制，保障所提供公共产品或公共服务的质量和效率。实施机构应将社会公众意见作为监测分析和绩效评价的重要内容
国家发改委	《关于印发〈传统基础设施领域实施政府和社会资本合作项目工作导则〉的通知》（发改投资〔2016〕2231号）	项目实施机构应会同行业主管部门，根据PPP项目合同约定，定期对项目运营服务进行绩效评价，绩效评价结果应作为项目公司或社会资本方取得项目回报的依据
财政部	《关于规范政府和社会资本合作（PPP）综合信息平台项目库管理的通知》（财办金〔2017〕92号）	新项目未建立按效付费机制，包括通过政府付费或可行性缺口补助方式获得回报，但未建立与项目产出绩效相挂钩的付费机制的；政府付费或可行性缺口补助在项目合作期内未连续、平滑支付，导致某一时期内财政支出压力激增的；项目建设成本不参与绩效考核，或实际与绩效考核结果挂钩部分占比不足30%，固化政府支出责任的，不得入库

从各部委的政策中可以看出，政策监管部门对PPP项目绩效评价的要求渗透到项目生命周期的全过程，并对评价主题、信息公开时间等做出原则性约定，同时绩效评价结果是政府付费、项目公司获得收益的关键评判标准。但整体而言没有统一的政策文件规范绩效评价过程，同时也没有针对特定行业的评价指引，因此造成实务操作中缺乏坚实的政策依据，实际评价过程无法可依，评价指标简单粗暴，难以达到各项文件的要求。

2. PPP项目绩效评价的步骤

整体来看，PPP项目的绩效评价可分为以下六个步骤：第一，识别与分析项目绩效评价环境因素；第二，确定项目绩效评价目标；第三，选择适当的评价方法；第四，建立项目绩效评价指标体系；第五，项目绩效评分；第六，编制项目绩效评价报告。

（1）识别与分析项目绩效评价环境因素

项目绩效评价的第一步是识别项目所处的环境，并对这些环境因素进行分析。项目的主要环境因素包括内部因素和外部因素,内部因素主要是项目利益相关方的能力和合作关系的界定,外部因素主要是项目面临的政治、经济、法律环境。针对各类因素,要对环境进行分析,可视具体需要采用不同的环境分析方法,如 PEST 分析或者 SWOT 分析等。

(2) 确定项目绩效评价目标

绩效评价管理的首要步骤是明确项目绩效评价的目标。评价目标建立在环境分析和基本原则指导之下,即有了针对项目所处环境的分析,需要明确评价所遵循的核心价值标准。本书采用"4E"标准作为评价原则的价值指引,并依据不同的目标侧面建立有针对性的项目绩效评价目标体系。

(3) 选择适当的评价方法

项目绩效评价是在合理的评价方法下实施的因素输入和结果输出的系统过程,评价方法是处理输入数据的核心结构,选择适宜项目实施成本和项目特点的实施方法是评价结果及时、准确的重要保证。主要的绩效评价方法有:关键成功因素方法、平衡计分卡方法、虚拟标杆方法等。

(4) 建立项目绩效评价指标体系

任何评价方法都需要借助定性和定量的标准来评价对象的特征、范围和归属。完整的绩效评价体系,需要细致、可靠的指标工具支撑管理目标的实现。评价方法是一个完整的评价框架,隐含了评价的目标和范畴,如关键成功因素方法,确定了不同侧面的关键绩效目标,具体指标是根据经验和项目具体形式进一步细化的。指标选取要注重定性和定量相结合,对无法量化的指标应采取定性评价方式,而对被评价对象特征可以进行数量表述的指标均应采取定量评价方式,以提高指标的可比水平。指标选取要坚持可比性、相关性、重要性和独立性原则:可比性是指指标在发挥评价作用时既可以在不同的项目间横向比较,也可以在不同的时间范围内纵向比较;相关性是指反映评价对象本质的指标与设定目标之间有直接关系;重要性是指选取的指标应以最有代表性和最能反映指标含义的因素为变量;独立性是指指标代表的含义之间不应该相互重叠,而是独立反映信息,这样指标的内生性影响会被降低。定性指标一般而言需要刻画指标的量度,通常是核定取值范围,对指标取值上、下限进行限定。

(5) 项目绩效评分

项目绩效评分可采用简单评分加总或综合评价评分两类方法。简单评分加总即对建设期、运营期、移交期各阶段评分事项的得分进行简单加总得到总得分,并将其作为最终得分确定绩效评分。综合评价是对项目评价指标进行整合,将各具体指标通过数学方法,拟合为一项单一指数的过程。一般而言,具体指标存在定性指标的,需将其量化,可以采用专家打分方法对其进行程度描述;指标刻画的内容可能与绩效水平变化的方向不一致,可以采用正向化方法将指标符号统一;指标的单位不同导致指标间不可比,不能累加计算,可以采用无量纲化方法对指标进行量度的统一。综合评价还需要对不同指标的权重进行确定,可采用熵值法、模糊综合评价法等,权重确定后,采用加权平均方法进行综合绩效水平的测算。

(6) 编制项目绩效评价报告

整个绩效评价过程结束后,需要对绩效评价的结果进行分析和解读,绩效评价报告是绩效评价结果的反映。报告内容要求简洁明了,对主要假设、分析方法和结果进行介绍,同时注重不同时间的比较、与既定标准的比较等,并针对绩效评价结果进行综合得分的评述。

以上六个步骤组成了绩效评价的全过程,无论采用何种方法进行绩效评价,其过程都是为目标服务的,因此目标导向是项目绩效评价的关键。不同绩效评价目标下,评价的内容各有不同。这里所阐述的绩效评价目标是项目全生命周期的绩效管理过程,现实的绩效评价可能是分段的,或者是由外部主体单独发起的单一绩效评价,根据不同的出发点,对整体过程的设计可适当增减。

7.3 PPP 项目的监管

PPP 项目的监管主要解决的是保证社会资本合作投资的公共产品能够达到使用目标,所提供的服务能够满足公众需求,并且实现物有所值。政府当仁不让是监管的主要责任人,PPP 项目多由政府发起,在中国社会资本方以国有资本居多,从项目监管与国资监管的双重逻辑上讲均有不同的政府单位负责监管。由于 PPP 项目参与方为政府与社会资本,因而被监管者不仅包括项目公司和社会资本,地方政府也应是被监管的对象。各国国情不同,监管模式和组织结构设计也有各自的独特性,本节旨在整理出一个具有普遍适用性的监管逻辑,对 PPP 项目的监督管理进行理论分析。

7.3.1 PPP 项目监管的目标和原则

1. PPP 项目监管的目标

PPP 项目的监管要分主体、分阶段进行,建立适当的监管方式和流程,出发

点就是监管的目标。本书结合国内PPP项目监管的经验,将监管目标概括为如下几点:

第一,保证公平,提高效率。社会资本方在投资公共基础设施时可能由于信息不对称或者急于中标等对项目的各环节缺乏预测,也可能由于信息不对称产生机会主义行为,利用规则从项目中谋取暴利,从而损害公众与财政的利益。监管方需解决这一过程中的信息不对称问题,预防道德风险,让参与方都能得到公平的待遇,实现社会效益最大化;同时,达成PPP项目建设效率高于政府单独投入的目标,让效率与公平在监管下得以实现。

第二,明确交易边界,防止市场失灵。特许经营的公共基础设施和服务具有政策垄断的属性,独占型的公共产品还具有自然垄断的性质,市场在配置资源时由于缺乏竞争,会导致成本约束不足,存在市场失灵的可能性。因此,动态持续的监管是明确交易边界、防止市场失灵、提高公共产品供给效率的重要保证。

第三,提高程序透明度,杜绝变相举债。中国PPP项目的监管有着非常浓重的中国特色,中国PPP项目建设在一定程度上是为了提高基础设施投资力度,加快地方经济发展,从而与其他国家相比有着更为复杂的监管目标。在中国特色PPP项目建设的背景下,地方政府存在为了实现债务出表而采用隐蔽手段变相融资、为了快速实现项目落地而承诺固定回报等冲动。而治理这类行为的关键是将程序公开透明,严格PPP项目筛选,从准入到运作全流程真正实现以效率为中心,坚决杜绝各种非理性担保或承诺、过高补贴或定价,避免通过固定回报承诺、明股实债等方式进行变相融资。

2. PPP项目监管的原则

根据以上监管目标,制定以下监管原则:

第一,独立性原则。独立性原则有两个侧面,其一是需将监管部门和地方财政部门以及国有资本出资代表的资金与行政联系切断,从财务与管理上脱离原实施单位,这样独立的外部监管才能更好地实现权力制衡与独立运作;其二是独立性的根基是专业主义,监管者只有由具有丰富行业经验的人员构成,才能让独立性更好地发挥作用。监管者首先要对规则有良好的认识,对实践中的问题有相当的经验,这样才能针对常见的风险和问题有针对性地实施监管。

第二,依法监管原则。中国已有法律体系对公共基础设施的法律范畴做出了较为明确的规定,但PPP专业法律尚在拟定当中。PPP项目的监管要让监管机构的存在及监管责任的界定具有法律依据,依法监管不仅是对监管对象的规制,也是对监管者自身权力的限制,让权力在制度限定的范围内实施是依法监管原则的内涵。

第三,激励相容原则。监管的作用是保证项目顺利实施,在全流程的关键节点监督项目质量、风险分配、成本价格等信息,这些关键节点的监督并非只是以寻找项目公司存在的问题为导向,同时也要监督在项目实施过程中,项目配套优惠政策、融资便利、产业基金支持、政府补贴等是否到位,即监管既要注重查找问题,也要注重外部扶持的激励是否落到实处。

第四,垂直管理,权责清晰。监管的层级越多,监管的效率越低,只有事权与财权相匹配才能让监管部门更好地发挥作用。各地方政府在监管机构授权时应考虑监管机构设计的扁平化与垂直化,让监管机构可以直接对接具体的项目监管责任,避免政出多门,重复监督;根据监管有关的法律法规,设计机构权责,覆盖项目流程中的各个关键节点,防止新生事物没有监管经验而导致监管缺位。

第五,最小化监管成本。监管是否到位,关键在于监管的机制设计是否合理,监管成本与监管效果是否匹配。在合理的监管责任约束下,尽量控制监管成本,可以提高 PPP 项目整体运作的效率,同时节约财政资金,并避免监管过度给项目公司造成治理负担。

7.3.2 PPP 项目监管的依据

监管的目标决定了监管的层次,最低水平的监管要求项目不违反相关法律与国家政策,中等水平的监管要求项目履行合同约定的基本事项,较高水平的监管要求项目较好地达成绩效目标。此外,政策法规会针对监管流程做出具体规定,对基本监管政策要求的遵守是项目公司行为的底线。如中国的监管政策规定项目实施需要进行中期考核,政府针对项目建设运营的效果进行考察,并将有关信息通过官方平台进行披露。如果有绩效评价约定,则绩效评价的细则也是项目监管的一部分。按照监管依据效力的高低进行排序,分别是法律法规、合同条款、中期考核机制、绩效考核机制。

1. 法律法规

监管的底线是不得违法违规。政府方在投资过程中需遵守信诺,不得随意变更投资额和改变双方风险分担的条件,同时政府方受到财政预算的制约需遵守预算法等相关法律法规,不得违规提供担保,也不能超过 PPP 项目支出在地方预算中的比例;社会资本方需遵守合同法,并对项目公司的组织形式、财务核算、税务申报、收益分配等做出保证,遵守税务、会计、金融、公司等领域的相关法律法规;金融机构需遵守金融相关法律法规,不得为项目违规融资或为违规项目融资;建筑施工单位需遵守建筑施工相关法律法规,保证建筑施工质量、进度;原材料供应商等需遵守招投标法律法规以及相关民商法律。PPP 模式发展较早、市场比较成熟的国家大多制定了专项立法和专门领域立法,如 PPP 模式发展最为成熟的英国在 20 世纪 80 年代颁布了《自来水法》,虽然英国没有 PPP 项目专门领域立法,但是在《公共合同法》和《公用事业单位合同法》中都有针对 PPP 项目的专门条款。中国 PPP 项目立法正在快速发展的进程中,这些专项法律明确了监管机构的职责范围和监管的内容与方式,为监管的贯彻落实提供了制度基础。

政策引导是法律法规的补充完善,对项目活动起到调节和约束作用。PPP 领域的相关政策也是监管的有力工具。英国《公共部门参股 PF2 项目的条款磋商》《PFI/PPP 采购和合同管理指引》《PFI/PPP 金融指引》等规范性文件,规定了 PPP 项目的融资股权和合同关系内容,同时也可作为内部和外部监管的依据。中国财政部发布的《政府和社会资本合作项目政府采购管理办法》(财库〔2014〕215 号)、《政府和社会资本合作项目财政管理暂行办法》(财金〔2016〕92 号)、《财政部政府和社会资本合作(PPP)专家库管理办法》(财金〔2016〕144 号)、《政府和社会资本合作(PPP)咨询机构库管理暂行办法》(财金〔2017〕8 号)等对政府采购、财政监督、专家与咨询机构等做出了详尽的规定,同时也是项目监管可循的依据。

2. 合同条款

PPP 项目合同体系涉及各利益相关方,是详细规定各方权利和义务的复杂整体。合同的详尽程度决定了各方利益划分的细致程度,监管的依据也就更加明晰。监管本身可能也是合同约定的一部分,合同的完整性、适用性对监管的有效运作起到了至关重要的作用,合同会对项目的融资、用地、建设、使用、绩效评价、股权变更、付费机制、履约担保、保险和政府承诺等方方面面进行约定。合同的违约可能触发参与方的利益争端,甚至可能诉诸法律,争端的解决手段之一就是外部监管的介入。外部监督机构以合同条款为监管依据,可以弥补政策手段的不足。

3. 中期考核机制

对项目进行严格的中期考核,是将微观监管融入国家利益和社会利益的重要手段。其作用在于通过一系列经济技术指标,评价项目的建设是否达到双方协议约定的工程质量和最终效果。同时评估运营管理是否存在显著的风险问题,对于存在的风险问题,根据风险分担约定及时找到解决办法,应对风险发生。政府方作为中期考核的主导力量,还要负责收集、整理项目各阶段的运行数据,依据历史监管经验,为监管范围和工作方法提出优化建议。保证项目健康发展是中期考核的关键所在。

4. 绩效考核机制

公共项目的绩效考核不以盈利为目标,主要是让项目的社会效益达到最大化。绩效考核的手段是绩效评价机制,本质上来说,检验的是项目在合同约定的各个方面是否达到既定的目标,主要是为政府方对项目的补贴付费提供考评依据。绩效考核首先要实现项目成本的硬约束,公共项目以政府出资建设的,预算超支普遍存在,建设工程外包的目的就是解决预算软约束问题,将责任和风险分配给社会资本方,并要求其承担相应的成本约束。绩效考核的主要标准之一就是成本节约,从发达国家的历史经验来看,PPP 模式对于成本的节约有较好的效果,这也是 PPP 模式效率高于传统模式最直接的体现。成本的绩效考核也是政府方付费的主要依据,付费包括使用者付费、政府付费和可行性缺口补助三种类型,成本控制得好,政府方就可以保证项目收益率为目标,按照计划进度支付相关费用而不至于超支。

绩效考核的另一个重要内容是项目提供产品和服务的质量水平保证,政府方自行提供产品或服务的问题在于,由于既是"运动员"又是"裁判员",评判自身提供的产品或服务时可能有所偏差。而社会资本方的介入,给产品或服务的评判标准提供了不同的视角,政府方既可以作为监督评价机构介入其中,也可以聘请第三方机构进行评价,项目成果展现在外部监管者的放大镜下。针对产品或服务的绩效评价,可以对服务水平高的设计激励措施,对服务水平不达标的设计利益分配制裁措施。有关绩效评价方案的设计包含在合同中,具有很强的法律约束力。

7.3.3 PPP 项目全生命周期监管机制

当前中国 PPP 项目监管以政府部门为主导,覆盖项目准入、立项、建设、运营、移交等阶段,必要时引入第三方监管填补监管缝隙。作为具有一定公益性的公共基础设施项目,公众在项目实施过程中也被赋予参与监管的权利。政府监管涉及项目全生命周期,第三方监管主要负责项目财务审计与产品或服务的专业技术指标评测等方面,如宁波市区内河水污染治理项目,第三方水质监测机构每周取样测定水质,政府根据水质达标水平进行绩效考核,依据结果分期支付维护费用。公众参与项目监管的信息获取渠道来自项目方和监管部门披露的信息,在项目建设和运营过程中,政策要求项目方或监管部门对信息进行必要的披露,当涉及民生和项目周边社区拆迁等问题时,信息公开成为公众监管的主要渠道。监管的介入大体上可以划分为准入监管和建设运营监管,这两阶段的划分主要是考虑到项目前期工作的重要性。监管的主要依据是项目方与政府间达成的合同,针对合同约定的工程建设目标和运营服务标准进行符合性考察。此外,绩效考核机制不仅是一种激励机制,也是一种监管手段,绩效评分过低的项目一定是存在严重的工程或管理问题。在建或者已完工项目每隔3—5年都会进行一次中期考核,中期考核会对项目建设、控制、财政、会计等指标进行全面评估,并形成评估报告。阶段性的政府方考核与其他考核手段相互补充,形成一套相对完整的考核评估机制。

PPP项目监管框架如图7-4所示。

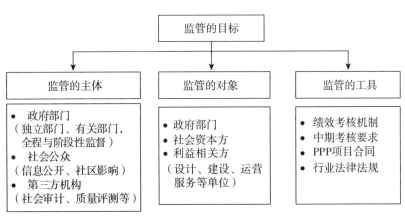

图7-4　PPP项目监管框架

1. PPP项目监管的主体

在PPP模式下,政府承担更多的责任,成为合作秩序建设的领导者,这意味着政府角色的界定将成为影响PPP项目运行效果和公共产品与服务供给效果的最重要因素。在上述监管架构中,政府应当始终追求公共利益的实现,以使PPP合作秩序更加有效地运作。PPP是为了提供公共产品和服务而进行的公私合作,在监管架构构建的过程中政府要起到适当的规制作用,既要避免干预过多,又要防止损害公共利益,致力于PPP项目平稳、有序、健康地发展。PPP

项目监管的主体分为五类:政府部门、政府方出资代表、第三方机构和社会公众。不同监管主体各司其职、相辅相成,形成有机的监管主体。

(1) 政府部门

政府部门与第三方机构合作,对项目不同阶段进行监管。国家发改委是项目的监管机构之一,主要负责审批项目、确定项目运行方式和组织社会资金采购。建设行政主管部门负责监管工程的招标和施工过程。行业管理部门负责制定技术标准、授予特许经营权、监管服务质量。环保部门、安全监管部门、物价部门有义务对其负责的部分进行监管。政府对早期决策和社会资本监管负有部分责任。

(2) 政府方出资代表

大多数PPP项目由政府指定的相关机构和社会资本共同建立。政府方出资代表作为股东,通常通过提名和任命董事、监事、副总经理和财务经理等方式实施股东监管。政府方出资代表不参与项目公司的日常经营管理,但有权对其进行监管。政府方出资代表委派的董事对涉及公共利益或者公共安全的事项享有否决权。由政府方出资代表提名的财务副总经理有权参与项目公司预算、会计、财务管理等基本管理制度的制定,并发表意见,有权了解和查阅项目公司的财务支出、会计账簿和经营等财务资料。

(3) 第三方机构

政府方可以借助第三方机构的专业力量进行项目绩效评价与监管。涉及专业领域的评测与监管,政府方容易被资本"捕获",监管会异化。第三方作为独立力量,可以代政府方实施监管,由于受到付费方的制约,第三方机构更具有独立性。

(4) 社会公众

社会公众可以通过公众投诉及建议平台对产品和服务质量进行监管,并通过听证会程序对价格进行监管。

2. PPP项目监管的对象

(1) 政府部门

项目执行机构是政府方负责实施项目的主管单位,同时在存在监管机构的条件下,项目执行机构的办事程序与实施效果都需要接受监管机构的考评。

(2) 社会资本方

社会资本方在项目实施过程中的主要作用是请专业的人做专业的事,为项目融资并提供必要的专业资源。监管机构会对其出资情况、项目建设情况、经济和社会效益做出评估,以对社会资本形成除合同约束外的监管制约。

(3) 利益相关方

PPP项目监管的对象既包括项目公司本身,也包括与项目公司有联系的设计单位、施工单位等,涉及各个阶段的所有参与方负责的事项以及各单位之间的一系列事项。

3. PPP项目监管的内容

PPP项目大体上可以划分为准入、建设、运营和移交四个阶段,综合性独立监管机构参与项目全生命周期监管,对私人部门准入、成本、价格、服务内容和质量、安全、环境等实施专业化监管。其他监管主体各司其职,在相应阶段配合综合性独立监管机构进行监管。表7-5显示,政府部门在项目监管工作中以发改委和财政部门为主,多部门协同监管,覆盖从项目审批到移交的各个环节。各阶段项目监管采取不同的监管方式、人员配置和监管权力分配模式。

表7-5 项目分阶段监管主体与内容

项目阶段	监管内容	监管主体
准入阶段	项目审批	发改委
	社会资本采购	财政部门
	项目设计	发改委、财政部门
	项目开工条件	建设部门
建设阶段	工程进度	财政部门
	质量控制	工程质量监督机构
	施工安全	安全监管部门
	建设成本	审计部门
	环境安全	监察部门、环保部门
运营阶段	价格	发改委
	服务质量	质量监督部门
	项目中期评估	财政部门
	绩效	财政部门
移交阶段	移交条件	政府代表、第三方机构
	项目整体评价	财政部门

资料来源:根据相关文献资料整理。

(1) 项目准入阶段

项目准入阶段首先是对项目进行识别,项目首先要适合采用PPP模式,从国外经验来看,项目准入需要进行PPP模式适用性评价,这一阶段大多由PPP项目政府主管部门主导监管。其次是对项目投入做出估算,做可行性研究,并评价项目的财政承受能力和是否物有所值。项目具有财政上的可行性且物有所值后进行社会资本招募,社会资本方的遴选需要进行基本条件的审核。社会资本方需要根据项目需求进行投标,投标结果与前期文件一同交与立项审批部门、行业主管部门审核,并针对项目特许权等事项进行谈判,最终确定立项方案。以中国的行政体制为例,准入阶段,监管主体主要涉及发改委与财政部门,以及规划部门、国土资源部门、建设部门等。发改委负责审批项目可行性方案等;财政部门负责遴选项目、物有所值评价和财政承受能力论证等,并会同行业主管部门做好合同审核和履约管理工作;建设部门负责对承建商准入、开工条件等进行监管。

(2) 项目建设阶段

建设阶段是指项目从开工建设到建设完成的全过程。监管机构对项目的进度、质量、安全、环境保护、建设成本等进行外部监管。监管主体包括财政部门、质量监督部门、环保部门、审计部门等,监管对象以施工单位和项目公司为主。财政部门主要关注项目建设是否超支;质量监督部门主要对项目建设质量、进度进行检测,对施工单位、监理单位的违法行为以及不合格建筑材料签字等行为进行监管;国土资源部门主要对项目建设违规用地、用地审批不全等进行监管;监察部门主要对项目建设过程中的突发事件进行监管;环保部门主要对项目环境治理、环境保护违法行为进行监管。此外,建设阶段还涉及诸多其他监管主体(如税务、工商、消防等部门),因其监管性质与项目建设没有太大的关联性,本节列为次要监管主体不做介绍。监管主体在对项目进度进行监管时,可以要求项目公司定期提交《建设工程进度报告》,确保项目施工进度与合同约定的进程安排一致。在工程质量和资金监管方面,要求外部工程监理单位和受托银行定期向综合性独立监管机构提交相关报告。

(3) 项目运营阶段

项目运营阶段是特许期内项目提供公共产品或服务的阶段。该阶段监管的主要内容是项目设施的修理和维护、项目价格、服务质量、项目绩效及中期评估。项目设施都会有一定的损耗,项目完成后需要定期维护(如高速公路的养护),对设施的修理和维护是否达到可用性目标是项目公司和监管机构关注的内容。项目运营过程中的服务质量与价格监管的理论逻辑在于项目公司有提高自身收益,未经许可提高价格的冲动。绩效评价结果是项目付费依据。中期评估覆盖项目的整个周期,而多数项目由于建设期为3—5年,大多从运营阶段开始接受中期评估。中期评估可采用竞争性磋商等方式选择合适的中介机构进行评估管理。对于绩效评价与中期评估中发现的问题,要针对问题分析偏差产生的原因,并提出解决方案。

(4) 项目移交阶段

项目移交完成后监管工作才能结束,项目要达到继续使用标准或合同约定的移交条件,才可以移交给政府方。移交如果发生在项目运营过程中,则需要监管部门全面分析制定标准后进行移交。针对移交的监管主要由接收部门进行,要对项目的全流程文件进行审核并验收,移交按照合同约定和相应的移交管理政策实施。项目完成后,还要由财政部门对项目进行整体评价,一是评判财政支出是否在合理的范围内,二是对PPP项目监管工作进行分析评价,以为后续监管提供经验材料。

第8章 主要国家或地区PPP发展的基本经验

8.1 相关法律法规或制度规范提供良好保障

PPP领域立法是指立法部门针对PPP领域实施专门立法或修订现有基础设施和财政、税收、金融、土地等领域的法律,立法的目的是明确PPP领域的范畴,针对项目实施规范参与方的法律行为,提高程序透明度并为可能存在的争议提供解决方案。普通法系国家大多没有针对PPP的专门立法,通常遵循先例原则,先例判决对法院之后处理的同类案件具有约束力,上级法院判例对下级法院判决更有约束力。一般将PPP视为适用民商法律,争议以私法领域规则为判断依据。大陆法系国家在PPP发展多年后会根据经验和本国法律实践针对PPP专门立法,而在法律适用上大多以公共行政法律约束双方行为,出现争议或分歧时通过行政法庭解决。

普通法系国家主要包括美国、英国及原英属殖民地国家。英国虽然是世界上PPP实践最为成功的范本,但其并没有对PPP进行专门立法。另外,联邦制国家立法权分散,州与联邦均有立法权,如美国宪法修正案第11条规定,凡是宪法未授予联邦或未禁止各州行使的权力,均属于各州。因此美国在PPP领域各州有针对不同项目范围的成文法。大陆法系国家主要包括法国、德国、西班牙等,南美洲和中美洲主要国家,以及中东欧国家与东亚诸国。大陆法系中PPP发展较好的国家大多订立了专门的PPP法律,针对PPP的内容、程序、监管等进行了规制,并在实践中不断修订,如法国政府2004年出台了第一部PPP合同行政法规,针对PPP合同问题进行了细致的规定。从各国经验来看,立法主要侧重于对PPP合同的范围和内容进行规制,同时PPP合同属于行政合同还是民商法合同的判定也影响到合同主体的法律地位和争议解决适用法律问题,各国对合同法和政府采购相关规定的修订决定了争议解决的途径。PPP 的法律实践有效地推动了 PPP 项目的顺利实施。

8.1.1 规范社会资本甄选制度,明确各级政府支出责任

1. 英国:社会资本甄选制度较为规范且兼具灵活性

英国 PFI(民间主动融资)制度的核心之一是详尽、动态的社会资本甄选制度,这种甄选机制旨在规定项目目标和标准,引入竞争机制并保证公平、公正、公开,同时英国的实践给予项目甄选过程以非常大的弹性空间,为私人部门的方案设计留有时间上的余地。英国可采取的四种政府采购方式分别为:公开招标程序、限制性招标程序、竞争性谈判制度和商谈制度。其中,PFI 项目由于多属于特别复杂合同(Particulaly Complex Contracts),多数采用了竞争性谈判制度。英国 PFI 法律以欧盟发布的关于政府采购的指令(Directive)为法源,最新的欧盟指令于 2014 年发布,英国本身并没有针对 PFI 的专门立法,国家立法权之外的地方立法权规制具体实施的 PFI 项目。与甄选程序有关的法律涵盖在政府采购法律框架之内。在欧盟法和英国国内法下,公共部门采购根据采购主体的不同分由《公共合同法》和《公用事业单位合同法》管辖。二者的适用对象有所不同,但程序、事项相似。两部法律主要规定了政府采购的基本制度和程序,其中,竞争性谈判制度专门针对特别复杂合同加以设计,构成了英国法律制度的核心内容。

英国在欧盟指令和英国《公共合同法》之外制定了《关于竞争性谈判的解释指南》,此外,英国财政部和政府商业办公室制定了《关于新法规中竞争性谈判程序的指南(2006)》与《竞争性谈判指南(2008)》。项目确认为特别复杂合同后,采用竞争性谈判制度。英国竞争性谈判制度的优势是:第一,制定详尽的流程规范,对谈判时间、阶段前期准备工作以及后期提交的正式标书评审等提出统一的规定,保证竞争的效果;第二,选择标准采用优势竞标人标准而不是最低价格标准;第三,注重对金融法律等特别复杂问题的解决谈判,不仅关注价格谈判,还在谈判过程中形成最终标的的标准。

英国将 PFI 项目统一纳入政府采购体系为法制建设打下了良好的基础,在政府采购法律体系内规范其内容。一方面,它为政府各部门在不同领域的统一应用提供了具体的实施细则;另一方面,通过制定《公共合同法》中适用于特殊复杂项目的竞争性谈判制度,加强了公共部门对具体项目的审计能力,保证了项目竞争的效果。

2. 美国：厘清不同层级政府间财政支出责任

PPP 项目中,作为参与者,政府应该与社会资本建立长期稳定友好的合作关系,共同提供高质量的基础设施和公共服务。然而,PPP 项目的公益性要求政府进行适当的引导和监督,以提高社会资本的积极性,保护其合法合理的收入,同时最大限度地提高财政效率,满足公共利益。美国有关法律规定,当政府是 PPP 项目的合作伙伴和参与者时,应适用美国合同法,通过商业仲裁解决争议,以确保政府与社会资本合作的权利和义务的平等及对称。比如,为了授权政府在 PPP 项目中进行监管,引入价格调整机制、收益共享机制等,以确保 PPP 项目服务于公共利益。

PPP 是政府与社会资本长期合作的安排,财政支出方是地方政府,而政策制定往往涉及国家财政部门的制度安排。PPP 项目投资大、周期长,在地方政府预算硬约束条件下,财政资金的管理权限以地方政府为中心更能保证项目的持续性。美国财政体制下,PPP 领域的立法权主要在各州,美国 50 个州中 37 个州有 PPP 相关法律法规,各州所辖事项由州财政提供支持,联邦政府的作用是在权力范围内通过复苏法案等对 PPP 模式进行调整,包括附条件地提供联邦财政支持,在联邦税收层面进行减免,或在金融领域对资本市场法律进行调整。项目的财政支出责任在州政府,州政府同时承担较大的其他责任,这种权责的划分和不同层级间关系的界定能够更好地适应项目的实际需求。

8.1.2 推动 PPP 立法,创新非诉讼机制解决争议

1. 推动 PPP 立法,规范行业有序发展

大陆法系国家在 PPP 项目发展一段时间之后,逐渐形成了针对 PPP 的专门立法,专门立法往往具有较高的法律地位,在立法完成后专门法律替代或者规范了前期临时性政策的规定,成为具有统御地位的法律指引。法国和日本的 PFI 法产生于实践当中,在行业发展过程中不断完善。

法国公私伙伴关系合同制在 2004 年通过法律形式予以确定,2006 年法国政府颁布了《公共事业市场法》,旨在指导、监督、规范和调整所有占用和使用财政资金和行政财产的合同,以及所有涉及公法和参与社会经济活动的不同方式的法律行为。该行政法规由法国前总理让-皮埃尔·拉法兰牵头负责,并请法国总统签署总统令。《公共事业市场法》根据资本折旧率和投资回收率确定具体经营期限。第三人即社会资本,由行政机关或公法人授予一定权限,参与公

共服务领域的具体项目,并可通过实际资本投资承担部分或全部项目股本(徐琳,2016)。2008年,法国国民议会颁布了PPP模式的《公私伙伴关系合同法》,首次将PPP模式的公私伙伴关系合同纳入法国立法体系,比2004年的行政法规更加专业和程序化。法国PPP立法是从实践中汲取经验的过程,立法权由立法机关驱动,具体的法律规定经过专家讨论和公众协商形成,最后通过实践检验对其进行修改。

日本1998年拟定了"PFI法草案",由于日本是大陆法系国家,公私部门的业务范围泾渭分明,为了鼓励民间资本参与公共建设,故以专门立法的方式,确立民间厂商参与兴建营运业务的法源;1999年通过了《促进民间资金活用进行公共建设等整备法》,设置"民间资金活用事业推动委员会",作为推动PFI发展最重要的单位,其委员皆由首相遴选聘任;2000年公布了基本的政策方针;2016年对PFI法进行了修正。

2. 消除相关法律限制,鼓励民间投资

德国的联邦制独具特色,被称为"合作的联邦制"。联邦和州分别拥有自己的宪法和权力体系,在《基本法》框架下两层政府都把合作置于重要地位。德国受新公共管理思潮和英国PFI模式的影响,采取了专门的公私合作立法体系,2005年9月生效施行的《公私合作制促进法》,针对德国政府采购暨许可民间参与法(营业竞争限制禁止法)、远距离道路私人财务法(费用或对价收取)、预算法及税法等方面有不适合公私合作的条件或不利实施公私合作的阻碍予以排除。日本2016年修订的《日本有效应用民间资金等促进公共设施等整备的法律》规定,在"国家认为必要时"可不遵守《国有财产法》《土地出让法》等有关规定,"将作为行政财产的土地以不影响其用途及目的为限,借给该特定民间设施的受让者"。

3. 创新非诉讼纠纷解决机制

由于法国将PPP合同定义为行政合同,因此涉及PPP合同的纠纷适用行政法,由行政法院管辖。公私伙伴关系涉及面广,法律关系复杂,诉讼往往产生连带效应,导致案件积压严重。为此,法国在传统纠纷解决机制之外采用了大量的非诉讼纠纷解决机制。这样既节省了司法资源,快速解决与公私伙伴关系相关的法律纠纷,又起到了提前防范法律风险的作用。

韩国在诉讼制度之外建立起了异议制度和纠纷调解制度来解决PPP合同纠纷。异议通过PPP项目纠纷调解委员会协调。PPP项目纠纷调解委员会根据韩国 PPP 法设立、组成和运行。PPP 项目纠纷调解委员会的设立和运作机制成为韩国 PPP 法的一大特色与亮点。韩国 PPP 纠纷解决机制门槛低、时间短，能够及时纠正 PPP 项目的不足和缺陷。如果出现更复杂的问题，可以向纠纷调解委员会申请更高层次的解决。PPP 法中的异议制度和纠纷调解制度为利益相关方提供了一条便捷的利益救济渠道。

8.1.3 有效的风险分担和利益分配机制

1. 建立风险分担框架，提供风险分担指引

PPP 合同中需明确政府和私人部门应承担的风险，建立合作谈判组织或机制，分配承担不同风险所获得的利益。项目公司可以化解部分资金、技术和管理等方面的风险，政府承担的土地、拆迁、规划和政策风险则超出了项目公司的能力范围。因此，在项目启动前，必须正确识别、分析和评估可能面临的风险并合理分配。英国《PFI/PPP 采购和合同管理指引》为项目运作提供了完善的指引，同时由于英国政府在降低合约风险以及法律风险方面积累了大量的案例经验，公私合作可参照的标准丰富，大大降低了合同签订及执行过程中双方法律风险的不确定性。政府在 PPP 合同中明确规定，对于双方均不能承担的风险，则建立一个开放的合作框架，共同协商克服困难，这为风险分担提出了协商的道路。

印度尼西亚基础设施担保基金（IIGF）撰写的《印尼公私合作风险分配指引》为印度尼西亚 PPP 项目风险分担提供了专业指导。指引涵盖了供水、垃圾处理、收费公路、能源电力等 18 个涉及 PPP 模式的行业的典型运作模式、交易结构和风险分担建议，如收费公路行业 BOT、O&M、SBOT、AP（Availability Payment）四个典型模式的交易结构安排，为项目交易结构设计提供了参照样本。同时，指引对风险分担流程给予了详尽的解释，并将风险进行了分类，按照定义风险、描述风险、由谁承担、缓释风险策略以及最佳实践和特殊条件下的风险分担五个部分绘制了风险管理矩阵，其中，特殊条件下的风险分担特别针对难以分配的风险问题给出了原则性的建议，这对风险分担框架的建立提供了极大的帮助。该指引认为，风险分担的原则是，风险应该分配给管理风险能力相对较强的一方，或者能够以最小的成本吸收这些风险的一方。如果这项原则可以恰当地执行，那么风险的溢价和项目成本都会降低，从而给项目的利益相关方带来积极的影响。此外，指引根据风险分担原则建立了风险分担模型和具体指

引,将项目全生命周期主要风险因素进行了描述,通过风险分担指引协助使用者确定风险分担需要考虑的事项。IIGF还对PPP项目风险提供担保,提高了项目运作的可靠性。

2. 明确财务指引,提高财务测算效率

英国《PFI/PPP财务指引》涵盖了应对利率与通货膨胀风险、内部收益率计算、再融资等事项的解读,规范性文件为项目运作提供了完善的指引,大大降低了合同签订及执行过程中双方法律风险的不确定性。英国财政部对物有所值评价程序做出了标准化规定,既能够帮助采购当局评价项目资金价值,进行风险识别并做出决策,也能够使私人部门看到稳定的政策和利益所在。

澳大利亚基础设施和区域发展部公布的《基础设施项目交付指南》针对PPP项目设置了折现方法指引。该指引涵盖了对项目折现率评价方法和敏感性分析的讨论,并以新南威尔士医院为例演示了风险溢价测算的操作流程,给项目进行现金流折现分析提供了实践指南,提高了不同部门评测的效率,给量化评估制定了参照标准。

3. 完善信息公开制度,满足相关方风险评价需求

最早PPP合同没有主动披露的惯例,2000年维多利亚州政府对1992—1999年的项目资料进行了一次审计,经与私人部门协商后,对大部分合同内容进行了披露。合同一经签订就需要在采购程序完成的3个月内于指定网站进行披露,信息披露分为主动披露与申请披露两种方式,包含合同、补充协议以及时间表与附件等内容。完善主动信息披露制度,能够给同类项目承包商或投资者提供良好的经验借鉴,同时应强调政府方和社会资本方双向的信息披露义务。

英国政府要求私人部门提供实际和预测的净资产收益率,用于信息发布;及时披露未来项目产生的负债情况,为项目发包方提供必要的信息,使纳税人相信项目的资金价值能够实现。此外,项目资金的使用是适当公开的,项目公司董事会引入了政府和相关代表的观察员制度,以满足公众对私人承包商的信息需求。

4. 合同管理标准化,降低签约成本

英国风险分担的经验首先是完善的法律体系有效地降低了合同风险。英国虽然没有针对PPP的专门立法,但《公共合同法》和《公用事业单位合同法》

为项目运作提供了重要保障。英国财政部下辖 PPP 政策小组（The PPP Policy Team），负责制定 PFI 标准合同（Standardisation of PFI Contracts）。标准合同的目的是促进在 PFI 项目上对风险的一致理解，同时在类似的项目上保持定价及条款的一致，最重要的目的是降低协商谈判的时间与成本。标准合同适用于英格兰和威尔士的 PFI 合同，同时在标准合同规制下行业管理部门还制定了行业合同（李继忠和李菡君，2013）。

南非的 PPP 指引包含 PPP 法律指引模块，用于指引采购、建设、移交与退出四个阶段中的合作关系事项，并对服务移交事项和合同执行内容进行了分析，建立了一个双方可用的合同管理框架。其中，合作关系管理的目的是建立一个如何管理政府方和社会资本方相互关系的责任结构，服务移交管理的目的是描述一个管理风险和绩效的执行系统，合同执行管理的目的是覆盖合作关系中需要执行的合同内容，提高合同管理的效率。

综上所述，英国模式重在通过合同的标准化，节约缔约成本，提高合同签订效率；南非模式注重对重点问题的管理和解决。两种经验并非不相容，而是在标准合同与管理之间存在交叉，不同制度环境的国家可以适当地选择借鉴。

8.2 税收优惠政策推动 PPP 深入发展

政府对企业的税收优惠，会激励或吸引企业尤其是外商投资企业投资基础设施项目，基础设施投资的税收优惠还会在一定程度上抵消由该国腐败带来的负面影响。政府的优惠措施通常包括补贴、资助、减税等。各项措施中对社会资本的补偿和特许经营安排，在一定程度上激发了社会资本参与 PPP 项目的积极性。在 PPP 项目中，私人部门对政府奖励的最高评价是减税。税收优惠形式主要有直接减税、降低企业税负比例、降低税基和延期纳税等。从各国经验来看，发达国家主要以直接税为主，所得税占直接税比例较高，因此税收优惠主要以所得税优惠为主；发展中国家主要以间接税为主，增值税占间接税比例较高，因此税收优惠主要以增值税优惠为主。PPP 项目建设以基础设施为主，需占用公共或私人土地，因此，针对土地的获取、转让、增值等政策通常也是税收优惠的一个重要部分。部分交易环节的税费减免可以有效地降低 PPP 项目的交易费用，促进交易以更低的成本达成。各国发展经验表明，税收优惠政策已成为许多国家吸引民间资本参与 PPP 项目的重要激励措施，但是除韩国、马来西亚等部分国家外,很多国家并未建立相对完善的PPP项目税收优惠政策。

8.2.1 所得税优惠提高了企业投资回报的预期

发达国家直接税占比达70%—80%,其中,所得税是直接税的重要组成部分。因此,以直接税为主的国家,有关所得税的优惠政策是PPP项目税收优惠的主要来源。所得税优惠一般有免税优惠,降低企业所得税税率,降低利息、股息所得税及预提所得税,允许亏损结转和扣除合理费用,投资抵免税等五种形式(马蔡琛和袁娇,2016)。

1. 免税优惠

免税优惠主要是在特定的区域(如经济特区)或者特定的行业实行一定期限内的所得税减免征收,大多涉及税收优惠手续的办理与认证。代表性的政策如表8-1所示。

表8-1 免税优惠代表性国家与政策

代表性国家	具体措施
印度尼西亚	满足条件的PPP项目公司(高附加值、正外部性、引进新技术、经济战略价值),免征5—10年的企业所得税,免税期结束后2年内减半征收
菲律宾	自注册之日起,分别免征6年或4年的所得税,经投资局批准可适当延长免税期限,但最长不得超过8年
马来西亚	豁免5年的所得税
肯尼亚	豁免了通信和采掘业PPP项目的相关税收;经济特区的PPP项目公司免征头10年的企业所得税,此后5年减按10%征收企业所得税

2. 降低企业所得税税率

由于所得税的累进特性,所得税优惠大多与应纳税所得额有关。如韩国企业适用的所得税平均税率为24.2%,对PPP项目公司收入低的给予税收优惠,而收入高的则采用较高的税率,但仍给予优惠。代表性的政策如表8-2所示。

表 8-2 所得税税率优惠代表性国家与政策

代表性国家	具体措施
韩国	针对 15 年及以上的 PPP 基础设施债券利息收入,单独适用 14% 的低税率;基础设施建设基金所分配的股息收入、股权投资股息收入在 300 万韩元及以下的适用 5% 的税率;股权投资股息收入超过 300 万韩元的适用 14% 的税率
菲律宾	克拉克经济特区、苏比克经济特区和自由港区的 PPP 项目公司免税期结束后,适用 5% 的优惠税率
越南	私人企业在 PPP 项目持续期内享受 10% 的优惠税率;企业所得税的返还
马来西亚	沙巴、沙捞越经济特区 PPP 项目公司 85% 的法定所得免征所得税
印度尼西亚	PPP 项目公司支付给国外股东的股息预提所得税税率由 20% 降至 10%

3. 降低利息、股息所得税及预提所得税

利息与股息优惠主要服务于项目融资与利润分配。在美国,州和市政府经常通过发布免税债券为 PPP 基础设施项目筹资,PPP 项目的私人活动债券免征联邦所得税和利息所得税,另外个别项目收益债免缴联邦所得税和一些地方税。对于小国而言,国际投资对基础设施的辅助作用十分重要,给予国外资本股息红利免税优惠和在跨国税收协定中约定不予缴税是小国主要的利息与股利优惠措施。代表性的政策如表 8-3 所示。

表 8-3 利息与股息优惠代表性国家与政策

代表性国家	具体措施
美国	发布免税债券为 PPP 基础设施项目筹资;项目收益免缴联邦所得税和一些地方税
越南	汇出利润所得税
印度尼西亚	外籍股东的预提所得税税率从 20% 降至 10%
韩国	社会基础设施债券的利息和股息不纳入全球税基的计算

4. 允许亏损结转和扣除合理费用

亏损结转也是一项重要的优惠政策,所得税法大多规定了亏损结转以后年度补亏的做法,除正常的补亏之外还考虑到 PPP 项目盈利后置,而将亏损结转的时间拉长;另外,由于 PPP 项目盈利微薄,为提高社会资本的参与度,设计加计扣除项以降低项目运营成本。代表性的政策如表 8-4 所示。

表 8-4 亏损结转优惠代表性国家与政策

代表性国家	具体措施
越南	自取得第一笔利润年度起,亏损可向后结转 5 年
印度尼西亚	固定资产加速折旧、税务亏损结转期从 5 年扩展到 10 年
韩国	基础设施建设信用担保基金的可偿还债务所计提的坏账准备可作为费用列支;企业收购或重组时使用的政府补贴可作为费用列支
菲律宾	员工培训费用和劳务开支实行加计扣除;员工工资实行加计扣除

5. 投资抵免税

投资抵免是指政府对纳税人在境内的鼓励性投资项目允许按投资额的多少抵免部分或全部应纳所得税额的一种税收优惠措施。考虑到 PPP 项目资本化支出占比较高,资本形成数量大,很多国家为了吸引资本投资设置了投资抵免优惠制度,抵免力度从部分抵免到超额抵免,此外还有投资补贴等形式,以帮助企业减少前期投入。代表性的政策如表 8-5 所示。

表 8-5 投资抵免税优惠代表性国家与政策

代表性国家	具体措施
越南	土地使用费的减免;资本化的进口资产可以免征进口关税
美国	销售收入抵免
印度尼西亚	PPP 项目公司实行 30% 的投资补贴;固定资产加速折旧
马来西亚	PPP 项目公司合理资本支出的 60% 可享受投资抵免;沙巴、沙捞越经济特区 PPP 项目公司可享受 80% 的投资抵免;基础设施 PPP 项目可抵免当年法定收入的 85%,未抵免完的额度可结转至以后年度抵免
肯尼亚	内罗毕、蒙巴萨和基苏木三个城市的 PPP 项目可享受 100% 的投资抵免,其余城市可享受 150% 的投资抵免
巴基斯坦	允许符合条件的 PPP 项目公司就改善政府拥有建筑物的投资享受投资抵免

8.2.2 增值税减免降低了建设运营环节的流转成本

全球220多个国家和地区中超过70%的国家和地区有增值税(或近似税种)。增值税与其他税种相比,征管机制更为透明,更加接近税收中性。增值税实行环环抵扣,单一税率从理论上讲最有利于消除双重征税。增值税税收优惠主要有出口环节增值税优惠、特殊产品增值税优惠、特殊行业增值税优惠与特殊地区税收优惠四种。大多数国家从实现税收中性原则的角度考虑,基于目的地原则,在商品和劳务的出口环节实施零税率,在进口环节征收增值税,由于PPP项目基础设施不可移动,较少涉及出口环节增值税。

1. 特殊产品增值税优惠

PPP项目的产出由于具有公共属性可能在收入环节享受税收优惠。对于具有外部性的产品和服务,如体育活动、节能环保产品、医疗教育等,各国可能采取低税率来增加社会福利。例如,法国对音乐演出征收低税率,英国对非营利性的体育比赛门票和文化服务免征增值税,荷兰对社会文化服务、体育服务免征增值税。

2. 特殊行业增值税优惠

PPP项目所属的公共事业行业是财政支持的主要对象,包括公共交通、电力、通信等为公众提供公共服务的行业。韩国是一个公私伙伴关系立法比较完善的国家,但公私伙伴关系税收激励政策并没有单独立法,而是纳入《特别税收待遇管理法》,中央对城市铁路等基础设施建设服务实行零增值税,对学校设施免征增值税,对公私伙伴关系项目免征购置税、财产税和增值税;加拿大对桥梁、道路渡口通行费免征增值税;荷兰对公共交通按照低税率征收增值税;挪威对公共客运建设、维护公路铁路的劳务实行零税率;德国对公共部门的资助免征增值税。PPP项目的融资对项目成败影响巨大,金融业的税负最终会转移给项目贷款方。对金融保险、不动产租赁的税收优惠会间接传导至PPP项目所属的行业,如果针对特定行业的金融服务实施定向税收优惠则可以降低项目融资成本。法国、德国、英国、日本等国家都将不动产租赁纳入增值税范围免征金融服务税。

3. 特殊区域增值税优惠

经济特区一般而言最主要的特征是税收优惠,经济特区建设初期对基础设施建设需求较大,因此许多国家针对经济特区内的基础设施等PPP项目实施增值税减免政策。肯尼亚对经济特区内的电厂建设项目直接进口或购买的设备免征增值税。在菲律宾经济特区,与 PPP 项目有关的增值税和关税已降至零,PPP 项目的地方税也已免税。

8.2.3 土地与财产等税费减免降低了投资成本

1. 土地相关税费减免

土地成本是 PPP 项目建设的主要成本之一。各国对 PPP 项目的政策优惠基于其土地制度与项目建设开发制度,土地购置税的课税对象是地产的转让交易。在土地国有化的国家,土地出让权掌握在政府手中,土地出让优惠主动权大;而在土地私有化的国家,政府就其掌握的土地资源可以给予适当的投资优惠。附着于土地之上的建筑也面临多项税收,如房产税、土地增值税等。由于 PPP 项目不完全为了盈利而持有,因此很多国家对其建筑物所应缴纳的房产税也予以优惠,以降低项目税负。项目建设完工后,所有权转移给政府方,此时项目税收抵免应持续有效,因为即使运营外包给第三方,项目依然是公益属性。代表性的政策如表 8-6 所示。

表 8-6 土地减免税优惠代表性国家与政策

代表性国家	具体措施
美国	降低或免除土地的使用租金或出售价格
加拿大	城市土地上建设 PPP 项目可免征房产税和开发费
印度尼西亚	土地购置税减免
越南	土地使用费的减免优惠
德国	免交土地购置税

2. 财产等相关税费减免

财产税是对纳税人拥有及可以支配的财产课征的一类税的总称,全世界超过 130 个国家课征各种形式的财产税,财产税是地方政府的主要税收来源。财产包括一切积累的劳动产品(生产资料和生活资料)、自然资源(如土地、矿藏、森林等)和各种科学技术、发明创作的特许权等,国家可以选择某些财产予以课税。PPP 项目的财产税优惠是各国地方政府吸引项目投资的有力手段。通常 PPP 项目需采购特殊设备或进口先进仪器等,因此对国际进口的设备、零部件等的进口优惠也是支持PPP项目建设的主要措施之一,一般而言,进口关税优惠往往建立在资本形成和特殊行业的设备引进等方面。除主要税种外,小税种的税收优惠也非常普遍,印花税优惠就是其中之一,虽然税率通常较低,但项目收入可能较高,对于与政府签订的采购合同尤其如此。印花税一般而言双向征收,对社会资本减免税的同时也是避免对政府重复征税。主要的财产税、关税和印花税优惠政策如表8-7所示。

表8-7 财产等减免税优惠代表性国家与政策

税种	代表性国家	具体措施
财产税	美国	协商确定土地价格;投资赋税减免;减免租金与财产税
	韩国	免征购置税、收购税;财产税减半征收
关税	韩国	免征设备购进关税与购置税减免
	菲律宾	免征新进口或扩大生产所购置的机器、设备、零部件和配件的进口关税
	巴基斯坦	免征PPP模式建立的私立学校的教育设备进口关税
	越南	PPP项目投入资本的资产免征进口关税
	泰国	免征PPP项目购进机器设备的进口关税
印花税	马来西亚	政府之间签署的服务协议减免印花税
	韩国	印花税减半征收

8.3 金融创新与国际多边合作助推PPP

8.3.1 金融支持与创新提高资源配置效率

1. 国际引导基金全程辅助项目建设运营

世界各主要经济体或国际组织都针对PPP项目推广进行了广泛的实践,其中,引导基金通过资助特性行业或特定国家,有力地促进了PPP在世界范围内的发展。国际主要引导基金如表8-8所示。

表 8-8 国际主要引导基金

名称	规模	发起人	管理人	主要职能	投向
欧洲 2020 项目债券计划	500 亿欧元	欧洲投资银行、欧洲委员会	欧洲投资银行	通过为债券提供担保和次级贷款等方式为项目债券增信 引导养老金、保险公司等机构投资者购买债券	主要投资于欧洲交通网计划及欧洲能源网计划内的项目和信息与通信技术行业的基础设施项目
欧洲交通网络项目贷款担保工具（LGTT）	10 亿欧元	欧洲投资银行、欧洲委员会	欧洲投资银行	通过提供还款担保为项目增信，以吸引商业银行为 PPP 项目授信；为运营期的备用贷款提供担保*	TNE-T 项目下具有使用者付费还款来源的交通基础设施项目
美国交通设施金融与创新法案（TIFIA）	2.75 亿美元（2017 年）	美国交通部	美国交通部信用委员会	为大型交通基础设施项目提供低成本次级贷款、贷款担保和授信（备用贷款）	美国交通基础设施
加拿大 P3 基金	12 亿美元	加拿大 PPP 中心	加拿大 PPP 中心	为基础设施 PPP 项目提供无偿或有偿捐助，或以发展基金投资个别项目	交通、水务、能源、安全、固体垃圾、文化、宽带通信、海运、航空和旅游等行业 PPP 项目的建设与修缮
世界银行全球基础设施基金（GIF）	1 亿美元（种子基金）	世界银行	世界银行	项目全生命周期辅导与咨询 设计灵活的资金支持机制，为项目增信，鼓励更多的创新融资工具应用于 PPP 项目中	交通、水务、能源、安全、固体垃圾、文化、宽带通信、海运、航空和旅游等行业 PPP 项目的建设与修缮

(续表)

名称	规模	发起人	管理人	主要职能	投向
亚洲开发银行亚太项目准备基金（AP3F）	7300万美元（2015年）	亚洲开发银行	亚洲开发银行PPP办公室（OP-PPP）	扶助有利于上游产业变革的项目，为其提供构建法律政策体系与发展建议 全面尽职调查（涵盖技术、融资、经济、社会、法律、政策、安全、机构、政府权力、交易结构和管理事务等方面） 编写信息备忘录，组织路演，建立项目信息库，组织招投标，协助项目的评估、授予和协商 利用优质项目吸引潜在投资者参与	为PPP经验不足国家的新项目提供资金支持，倾向投资于能够促进可持续发展和区域经济融合的项目
巴西PPP担保基金（FGP）	60亿雷亚尔	巴西"PPP模式法"联邦管理委员会	巴西PPP担保基金	减小PPP项目投资风险，帮助特许经营企业更好地吸引私人部门投资。	投资于公路、铁路、港口等

注：*当项目现金流不足以偿还优先贷款时，启动备用贷款，备用贷款的偿还次序次于优先贷款，并且每一期的偿还额度根据现金流进行调整。LGTT为备用贷款到期日的还款提供担保，如果在到期日仍有未偿还的备用贷款，则贷款方可要求LGTT偿还剩余债务，同时LGTT成为项目的次级贷款债权人。

资料来源：他山之石.PPP投资引导基金的国际经验［EB/OL］.［2018-01-15］.www.sohu.com/a/112200401_131990

国际引导基金的主要作用在于：第一，政府信用担保提高了基金的杠杆作用。国外PPP引导基金由政府和开发性金融机构出资设立，委托管理机构进行市场化管理，通过担保、次级贷款和备用贷款为项目增加信贷，目的是增加项目融资，引导社会资本投资PPP项目。第二，开发性金融机构覆盖多行业，提高了资源配置效率。从国际经验来看，PPP引导基金由政府、开发性金融机构及其他潜在标的项目非利益相关人出资，同时确定基金规模的下限，减少管理资源的重复配置，多为行业投资基金或区域性引导基金，如加拿大P3基金，服务于交通、水务等诸多行业,很少为单独项目设立基金,提高了资源配置效率。第三,专业技术援助,辅助项目运作。国际上基金的扶助主要分为两大类:技术援助与金融支持。PPP引导基金不仅要项目融资市场有充足的资金,还要提高PPP项目全生命周期内的运作效率,股权投资的作用较债权有更多的目的性。国际引导基金,不仅提供金融支持,还针对项目建设运营提供综合全面的财务、法律咨询服务,为项目成功运作起到了提携作用。第四,合理时间介入,平衡效用与风险。对于PPP项目,建设期和运营期对现金流的需求存在很大差异。PPP的合理设计应使初始融资满足建设需要,因此收入运行不稳定阶段是国际上资金支持的主要阶段。同时,为了控制基金风险,合理的使用期限和确定的限额是基金运作的明确标准,基金效用和资本风险的平衡是基金功能设计的首要考虑因素。

2. 金融创新扩充融资来源

PPP项目的融资方式主要有银行贷款、股权融资、债券融资、国际银团贷款、融资租赁等。一般来说,银行贷款和资本市场是主要的融资方式。境外PPP项目融资以债务融资为主,股权融资占少数。具体到每个项目,融资结构会有很大的差别,但一般来说,项目公司股权融资较少,其余大部分是债务融资,包括银行贷款、发行公司债券、资产证券化和信托等。项目公司自有资金一般较少,大部分需通过债务融资获得。PPP项目融资成本相对较低,政府对项目实施会有一定程度的隐性支持,借款成本往往低于商业贷款利率。常规手段之外,各国在PPP项目融资方面都会拓展融资渠道,引入各种投资需求的资金进入PPP市场当中,或为特殊渠道的资金引入,或为项目设计的金融创新工具。

(1)项目收益证券,降低融资成本

PPP模式和项目收益证券已经广泛应用于基础设施领域,欧美发达国家均已发展得非常成熟。作为最早采用PPP模式的国家之一,英国PPP模式的应用越来越广泛,涉及一般公共服务、国防、公共秩序、交通、燃料和能源、环境、卫生、娱乐、文化、教育等领域。美国是使用项目收益证券最好的国家之一,项目收益证券是美国公共基础设施债务融资的主要渠道,是仅次于政府债券和公司债券的第三大债券市场。美国联邦收入所得税对项目收益证券有税收优惠,一般而言,有政府拨款、地方税收收入或者租赁付款作担保,可以大大降低融资成本。

(2)养老基金介入,扩充融资来源

从资金来源来看,国际PPP项目严重依赖银行渠道资金,占总资金的70%

以上。各国正研究如何减少对银行渠道资金的依赖,包括通过债券融资提高资本市场的比例。加拿大和澳大利亚正在推动股权投资者在股权投资领域发挥更大的作用,其中,重要的方式是养老基金投资基础设施项目。PPP 项目利润率低,追求高风险高收益的产业资金不适合投资 PPP 项目,寻求长期稳定回报的养老基金和保险基金与 PPP 项目的回报特征高度匹配。加拿大养老基金是国内参与基础设施建设的一支重要力量,PPP 模式的养老基金有很多。养老基金参与的形式包括以权益形式参与或持有 PPP 相关债券。

(3)结构化融资创新,开发新的投资市场

在 PPP 项目的债券融资中,由于债券期限较长,通货膨胀指数债券可以用来规避通货膨胀风险。通货膨胀指数债券是一种根据一定的价格变量定期调整的债券。如澳大利亚皇家妇女医院项目,债券融资为 2.93 亿美元(穆迪评级为 Aa2),其中,包括 1.45 亿美元的 28 年指数年金债券。2009 年墨西哥开发了混合型投资工具 CKDs(Certificadosde Capitalde Desarrollo),CKDs 是一种结构化股权融资工具,是以信托形式发行的可交易证券,信托用于投资基础设施公司资产或特许权,享有可变回报。作为一种股权融资工具,CKDs 与股东权益不同的是有持有期限,一般约为 20—30 年。CKDs 在墨西哥股票交易所上市交易,截至 2011 年已经发行 18 只 CKDs 产品,养老保险资金等参与到投资当中。

8.3.2 开发二级市场增强资本流动性

1. 英国 PPP 项目二级市场发展的经验借鉴

英国 PPP 项目发展较早,二级市场也较为发达,2000—2001 年英国股权投资者就开始对 PPP 项目进行大规模投资。根据欧洲服务策略小组(European Services Strategy Unit,ESSU)的数据,2004—2010 年间,英国 PPP 项目二级市场上股权交易的数量几乎占到了项目总数的 1/2,部分项目经历了多次的股权变更。项目通过股权转让、资产证券化等方式实现退出。

PPP 项目二级市场的经验表明,在以债务融资为主的建设阶段,项目股权占比约为 30%,为项目设立创造了有利环境。在项目进入运营阶段后,各类投资者进入 PPP 基础设施投资市场,前期投资得以退出,同时市场化程度的高低是投资者进入与否的基本前提,高度市场化的英国市场,造就了完善的股权转让机制和二级市场,给投资者退出提供了畅通的渠道,同时为项目融资提供了完善的市场机制,值得其他国家借鉴。

2. 健全的信用约束机制

开放的市场是以信用为基础的,尤其是在不成熟的 PPP 基础设施领域,大量社会资本包括外资)在寻求投资机会。社会资本方与政府方之间的信用约束机制可以看作猎鹿博弈①,双方均衡是都放弃机会主义行为而选择为长期利益服务,由此可以获得帕累托效率。发达国家往往具有良好的经济环境和健全的法律制度,对于项目的合约签订与争议解决有公开透明的程序,同时金融市场发达,金融市场中借款主体的信用可以被公允地评价。发展中国家制度建设则相对落后,在吸引社会资本参与 PPP 项目的过程中,社会资本的信用往往较高,而政府方在处理合约问题和法律问题时存在不专业、不守规的情况,需要健全双方的信用约束机制。

(1) 保护私人产权,避免政府机会主义行为

产权保护有利于吸引更多的投资者参与到 PPP 项目投资中,主要体现在对项目资产财产权和项目运营收益权的保护上,以避免在政府换届和宏观影响因素的作用下,项目财产被收归国有、项目收益与承诺偏差较大。在法律机制不健全的国家,专门立法约定对私有产权的保护将对政府方机会主义行为有良好的规避作用。发达国家大多在项目决策安排和审批方面也有法制化的程序规则,能够为后续行使行政权力且较少破坏前期契约提供保证。

(2) 建立多层次的争议解决机制,确保公平裁定争议

在发展中国家,司法发展不够完善,监管机构作为独立的监管方,对争议解决起到了重要的调节作用。当争议仍然存在,国际仲裁的介入让外资有更多的申诉渠道,最终仲裁仍没有达成时,项目所在国可以通过司法途径解决问题。通过建立多层次的争议解决机制,可以让争议解决在一个公正的法律框架下进行,避免了争议解决无法可依、强势方主导争议解决、弱势方没有救济渠道的问题。

(3) 保护公众利益,维护公私合作公益性底线

公众利益的保护在于对涉及公众环境和公众利益的公私合作项目,要明确项目的技术标准和价格调整模式,并实现信息公开,让项目的机制设计符合公众利益的底线。公共服务本身是面向公众的,如果因引入私人投资而损害了公众利益,那么这样的合作便难以成功。公众利益的保护体现在三个方面:一是

---

① 猎鹿博弈(Stag Hunt Game,SHG)源自法国启蒙思想家卢梭的著作《论人类不平等的起源和基础》中的一个故事。两个人出去打猎,猎物为鹿和兔,他们互不知道对方选择的猎物。如果选择鹿,则需要另一人也选择鹿,双方合作才能成功狩猎。如果选择兔为猎物,则不需要合作也能成功,但是猎兔的收益要小于猎鹿。

信息公开,项目从立项到完结整个过程都涉及社区和消费者的利益,因此应将相关信息主动公开给公众;二是价格监管透明,无论是政府方采用听证方式定价,还是独立监督机构管理调价,都应强调公众参与的作用;第三是司法救济,当环境受到破坏或公众利益受到损害时,应有适当的法律来规范危害公众利益的行为,给利益受损方提供通过法律表达诉求的途径。

8.3.3 多边金融机构与国际合作助推PPP发展

近年来,国际多边金融机构在为发展中国家的基础设施和可持续发展提供资源和财政支持方面发挥了重要作用。全球主要的多边金融机构如世界银行、国际货币基金组织、欧洲复兴开发银行、亚洲开发银行以及中国主导的亚洲基础设施投资银行等,大多参与到发展中国家的基础设施建设当中,为当地的基础设施提供融资支持以及政策咨询帮助。本小节主要对多边金融机构的PPP实践进行介绍并分析多边金融机构对PPP发展的推动作用。

1. 辅导政策立法

联合国在辅导各国制定PPP政策的过程中起到了纽带作用,其下属机构亚洲及太平洋经济和社会委员会的主要职责包括提升发展中国家PPP发展的能力建设,为各国官员和各国PPP中心工作人员提供线上与线下培训课程,以及组织召开研讨会、开展专题研究等。针对PPP政策欠缺的国家,亚洲及太平洋经济和社会委员会设置专门机构,为所在国制定PPP指南及培训等提供服务。

2. 提供项目融资

世界银行是为PPP项目提供贷款的主要国际金融机构之一。世界银行长期以来致力于支持全球基础设施建设,其下属机构多边投资担保机构(MIGA)是推动全球基础设施建设的主要部门。多边投资担保机构为新兴市场长期融资项目提供风险保证和信用增强服务,所涵盖的风险范围主要包括政府责任、国有化的可能性、战争的可能性和其他干扰因素,以尽量减少难以获得外国投资的可能性。PPP模式下,基础设施项目存在许多非商业风险,多边投资担保机构通过协助担保融资,促进了PPP项目顺利实施。此外,多边投资担保机构还和世界银行伙伴、股东以及国际金融公司(IFC)加强合作,使用了一套完整的政治风险担保和信贷增强产品,以提高私人部门在基础设施投资方面的风险承受能力,包括PPP模式。

3. 专业技术援助

世界银行的附属机构国际金融公司与欧洲投资银行多年来致力于向发展

中国家提供高质量的金融服务、技术援助和咨询服务,对发展中国家的可持续发展发挥了重要作用。国际金融公司的 PPP 咨询小组在过去 10 年中,已经推动了近 200 亿美元的私人基础设施投资。通过这些资金和咨询服务,国际金融公司帮助各国政府改善了电力、交通、医疗、供水和卫生等基本服务。欧洲投资银行积极引导和吸收社会资本投资基础设施,并于 2009 年成立了欧洲 PPP 专业技术中心(EPEC)。该中心汇集了欧洲公私伙伴关系领域的高级专家,致力于分享公私伙伴关系领域的经验,为整个欧洲公私伙伴关系项目的规划、开发、招标、实施和监督提供专业咨询服务,并为欧盟公共部门应用公私伙伴关系提供技术援助。

4. 推广最佳实践

国际合作促进了 PPP 最佳实践的推广,其中最为耀眼的是 G20(20 国集团)的全球合作。G20 一直重视以 PPP 模式支持全球基础设施建设。2014 年,G20 领导人峰会上批准成立的全球基础设施中心(GIH),旨在通过分享全球基础设施投资的最佳实践、投资战略和风险管理工具等信息,促进政府和社会资本在基础设施方面的合作,优化政府和社会资本在基础设施方面的投资。此外,全球基础设施中心还推出了基础设施项目库,为国家社会资本提供免费的全球基础设施项目信息,帮助国家政府部门开展基础设施项目,以加强政府与社会资本的合作,促进项目融资。全球基础设施中心项目库在收录澳大利亚、哥伦比亚、韩国、墨西哥、新西兰和乌拉圭等国的项目之后,还将不断收入更多国家的项目。此外,全球基础设施中心已发布了《PPP 合同风险分配》(2016 版)等工具。

亚太地区国际合作的代表性力量是亚洲太平洋经济合作组织(以下简称"亚太经合组织")和亚洲开发银行。亚太经合组织专门成立了公私伙伴关系专家咨询小组,为印度尼西亚的公私伙伴关系示范中心提供自愿援助。亚太经合组织的前景之一是在各自的经济中建立更多的 PPP 中心,形成 PPP 中心区域网络,分享良好做法,并相信从长远来看,这些中心将在亚太经合组织范围内的基础设施融资市场建设中发挥重要作用。亚洲开发银行在推广 PPP 模式的过程中,采用了区分度方式进行推广,将项目经验、透明度政策和项目融资的成功案例和失败经验分享给基础设施建设需求大的国家和地区。亚洲开发银行偏向于在小城镇推广 PPP 模式,并为合同签订和项目融资提供经验分享和专业资讯服务。

5. 促进信息公开

信息公开是保证 PPP 项目采购程序合法合规、维护利益相关方利益以及预防腐败的关键手段。国际组织的专业力量为促进信息公开制定了涉及 PPP 项目全生命周期的信息公开方案,其中,世界银行、亚洲开发银行和欧洲投资银行等都为 PPP 领域的信息公开制定了各具特色的指南。欧洲投资银行为了保护国家秘密、商业秘密、个人隐私及知识产权,在《欧洲投资银行融资项目采购指南》第 5 章中列举了可不公开的内容,例如含机密信息的第三方文件、带有信贷额度的个人投资信息等(陈贺阳,2016)。具体披露的标准和内容如表 8-9 所示。

表 8-9 主要金融机构信息公开标准与内容

制定机构	方案名称	信息披露内容	披露时间	披露渠道	服务对象
世界银行	《世界银行采购指南》	● 项目总概况 ● 开标一览表、中标结果和最终签约结果 ● 分析和咨询活动	● 项目筹备前期 ● 项目开标后 ● 项目履约过程中	● 公共信息中心系统 ● 世界银行集团档案库 ● 申诉机制	● 政府方 ● 投标人 ● 公众
亚洲开发银行	《多边开发银行政府项目采购和 PPP 交易指引》《公共信息交流政策》	● 投标价、投标人、合同授予的期限和范围等 ● 环境影响评价、土地征迁、移民安置和少数民族发展等 ● 进度报告、绩效报告和独立第三方的外部监测报告 ● 亚洲开发银行项目管理手册、采购指南、评标指南、合同范本、支付手册、社会保证指南等	● 项目筹备前期 ● 开标后 ● 项目履约过程中	● 报纸或网站 ● 亚洲开发银行官网	● 政府方 ● 投标人 ● 公众
欧洲投资银行	《欧洲投资银行融资项目采购指南》	● 项目发起人信息 ● 中介机构信息 ● 工程项目的位置 ● 采购数据信息 ● 项目花费信息 ● 客观环境信息 ● 社会因素信息	● 项目筹备前期 ● 开标后 ● 项目履约过程中	● 欧洲投资银行官网 ● 社会媒体和研讨会	● 政府方 ● 投标人 ● 公众

8.4 会计核算及相关信息披露确保"如实反映"

8.4.1 以"控制"为基础"如实反映"PPP项目资产

从PPP项目会计处理的发展历程来看,国际上主要采用风险报酬法和控制法对PPP项目资产范围加以规范。英国政府FRS5A和TTN1R以风险报酬法为资产确认的判断标准,即PPP项目合作中的一方拥有基础设施带来的收益,并承担大部分风险时,PPP项目资产应在享有收益、承担风险一方的资产负债表中予以确认。在风险报酬法下,公共部门和运营方会根据自己对风险的判断做出会计处理,风险划分较为复杂且主观性较强,从而导致某项边缘资产既不存在于公共部门的资产负债表中,又没有反映在运营方的资产负债表上。2006年以后,在IFRIC12和IPSAS32相继出台后,控制法逐渐取代了风险报酬法,成为许多国家或地区制定PPP会计准则采用的方法。

IFRIC12、IPSAS32以控制为基础,对PPP项目资产范围分别从运营方和授予方的角度加以规范。在控制法下,只要满足控制条件,授予方就应将PPP项目资产以公允价值为计量基础在资产负债表中予以确认。与风险报酬法相比,控制法将资产确认的关注点聚焦于授予方是否控制PPP项目资产,而非是否承担对运营方的支付义务。比如,在使用者付费模式下,授予方不负有向运营方支付费用的义务,如果采用风险报酬法,则授予方无须在资产负债表中确认相应资产,而在控制法下,只要授予方满足资产的控制条件,则应将资产按照不动产、厂房和设备加以确认和计量。

从本质上而言,控制法"如实反映"了PPP项目相关资产的信息。会计信息只有如实反映主体的客观经济活动,才具有生存和发展的空间,才能进一步显现会计的监督职能,更好地为决策服务。如实反映是会计存在和发展的基石,也是会计信息的生命,只有如实反映的信息才是可靠的。从信息经济学的角度来看,也只有高质量如实反映的会计信息才能够有效地减少逆向选择和道德风险,减少委托人与代理人之间的信息不对称,实现良性的公司治理。如何使契约得到有效履行,如何客观地评价代理人的业绩,均有赖于如实反映的会计信息。FASB/IASB联合概念框架指出了如实反映的三个特征:完整性、中立性和无重大错误。其中,完整性要求为信息使用者提供全部所需信息;中立性要求没有偏见地选择和反映财务信息;无重大错误要求反映的经济实务没有重大差错或疏漏。以控制为基础核算PPP项目资产,符合"如实反映"对完整性、中立性和无重大错误的要求。

8.4.2 统筹制定PPP项目相关会计处理规范

1. 统筹制定授予方和运营方的会计处理规范

2006年之前,只有英国等少数国家针对PPP项目制定了专门的会计准则。2006年11月,国际会计准则委员会(IASC)下属国际财务报告解释委员会(IFRIC)发布IFRIC12,弥补了PPP项目会计准则的空白。但IFRIC12仅对运营方的会计处理加以规范,对政府方如何处理PPP项目资产问题并未涉及。英国政府方和运营方均以权责发生制为会计核算基础,并于2009年10月起采用国际财务报告准则(IFRS),从而导致政府方缺少会计处理的规范指引,无法满足全部PPP项目资产确认的要求,英国政府因此对IFRIC12进行了扩展。2011年,国际公共部门会计准则委员会(IPSASB)发布IPSAS32,对授予方的会计处理加以规范,并与IFRIC12形成了"镜像互补",至此,特许经营协议授予方、运营方的会计处理有了国际性的参照标准。国际组织和其他主要国家在PPP项目会计准则发展历程中的经验是,对政府方和运营方的权利、义务分别进行规范,以确保资产确认的完整性。例如,政府方对授予运营方使用的资产不再具有控制权从而终止确认时,应同时规定运营方对资产予以确认并确认该项资产交换所应承担的义务。

2. 结合PPP项目付费模式制定相应的会计处理规范

与通常的使用者付费、政府付费以及可行性缺口补助模式不同,美国政府会计准则委员会(GASB)制定的PPP项目会计准则中只涉及使用者付费模式,而将运营方收到转让方的补贴项目作为管理和服务协议以及建造合同项目进行会计确认与处理。IPSAS32结合政府付费模式、使用者付费模式以及可行性缺口补助模式分别予以规定,使多种付费模式下的PPP项目会计处理都有规则可寻。例如,在政府付费模式下,授予人应将特许经营资产以其公允价值列示为不动产、厂房和设备,同时确认与初始确认公允价值相等的金融负债,并按照有效利率计算财务费用;在使用者付费模式下,授予人应将特许经营资产以其公允价值列示为不动产、厂房和设备,同时确认一项与每年支付费用相等的履约义务;在可行性缺口补助模式下,授予人支付费用与运营方收取使用费应作为两个单独项目进行计量,并将运营方的义务拆分为履约义务与金融负债。

8.4.3 强化授予人和运营方的信息披露

在运营方信息披露方面,IFRIC12 要求运营方按照《国际会计准则解释公告第 29 号——特许经营协议:披露》进行信息披露,包括对特许服务协议的分类以及以建造服务换取金融资产或无形资产期间内所确认的收入和损益金额进行披露。在授予人信息披露方面,IPSAS32 要求授予人对特许经营资产进行信息披露,具体包括:特许经营协议安排、可能影响未来现金流量的金额、时间和确定性安排的重要条款(例如特许权期间、重新定价日期、重新定价或重新协商的依据)以及使用特定资产权利或期望运营方就服务特许权安排提供指定服务权利的本质和内容(例如数量、期间或金额等)。这样既可以打消各利益相关方对政府支付责任的各种疑虑,增强各相关方尤其是社会资本的信心,也可以更好地约束各级地方政府的履约意愿和履约能力,进而倒逼优化项目前期方案以提高财政资金使用效率。

8.5 健全的监管体系确保 PPP 有序运转

8.5.1 明确 PPP 项目的专门管理机构及其职能

1. 建立 PPP 项目管理机构,合理划定职责权限

(1) 英国基础设施处

英国 PPP 专门管理服务机构经历了四个阶段的发展:第一阶段是 1992—1997 年,这一阶段以私人融资小组(Private Finance Panel)的形式出现;第二阶段是 1997—1999 年,更名为财政部公私合作工作小组(Treasury Task Force);第三阶段是 1999—2009 年,更名为广为人知的英国公私合作伙伴关系处(PUK);第四阶段是 2009 年至今,更名为英国基础设施处(IUK)。英国基础设施处由政府和私人投资者共同投资设立,英国财政部与苏格兰财政厅合计占股 49%,私人部门占股 51%。虽然私人部门占据大部分股权,但基础设施处成立的初衷并非盈利而是为英国基础设施的更新和发展提供协助。基础设施处的主要职能包括:促进私人部门参与基础设施建设;修订基础设施长期规划,确定优先次序;牵头与中央和地方政府、地方企业、政策制定者、投资者和基础设施部门,共同实施《国家基础设施规划》中的 PFI 项目;为财政部起草 PF2 项目规划、主要政策和指南等;为政府 PF2 项目和规划部门提供支持,提高基础设施交付能力;开展国际合作,包括在 PPP 规划和基础设施方面为外国政府和开发性金融机构

提供帮助;在项目交付方面为外国政府官员提供培训;借鉴国际最佳实践,推进 IUK 工作规划;支持英国其他部门与机构的基础设施项目开发和投资等。

(2) 南非财政部公私合作局

2000 年,南非财政部颁布了《公私合作财政监管条例》,并成立了公私合作局(PPP Unit)。南非财政部公私合作局是财政部的内设部门,主要职能是实施审查程序,保证项目符合国家法律法规要求。其对项目审查主要从三个方面入手:一是项目的财政承受能力,二是风险转移最优化,三是社会经济效益最大化。审查职能之外,公私合作局还需协助中央与省级财政部门共同监督公私合作项目,完善合作监管框架,制定公私合作指南,向相关政府职能部门提供技术援助等。

(3) 加拿大 PPP 中心及英属哥伦比亚合伙关系组织

加拿大于 2008 年组建了国家层级的 PPP 中心,即加拿大 PPP 中心。该中心是一个国有公司,专门负责协助政府推广和宣传 PPP 模式,参与具体 PPP 项目开发和实施。其中,由英属哥伦比亚财政厅独资成立的非营利组织英属哥伦比亚合伙关系组织最具代表性。该组织主要致力于为 PPP 项目提供专家咨询和指导服务,通过私人部门创新为纳税人利益服务。其主要职能包括:公私合作政策的拟定、项目可行性分析、公私合作项目的监管、公私合作方案的制订、公私合作方案草案的拟定以及咨询服务等。

(4) 法国经济财政部与工业部公私合作工作小组(MAPPP)

2004 年,法国颁布《公私合作法》(The PPP Law),同年在经济财政部设立公私合作工作小组,以"专家评审团"的身份负责公私合作项目的初评审查工作,工作小组受经济财政部部长直接领导,2010 年调整为法国经济财政部与工业部财政司的下属机构。其主要职能包括:对采购机构的项目初步评估报告进行审查与确认;在项目筹备、谈判以及监管过程中,向中央采购机构提供帮助,制定综合性公私合作方法指南;通过信息交流宣传活动,推动公私合作的发展等。

(5) 澳大利亚基础设施管理局及州 PPP 中心

澳大利亚基础设施管理局为联邦政府的 PPP 专门管理机构,负责管理全国的 PPP 项目,并审批所有 PPP 建设项目。州政府设立 PPP 指导委员会,由财政、交通、医疗、教育等相关部门人员及专家担任委员。州财政局是 PPP 的主管部门,负责制定政策和规章,审批项目,监管 PPP 项目的重大问题,向财政局局长及内阁提出独立建议。以维多利亚州 PPP 中心(2000 年成立)为例,该中心隶属于财政局商务与基础设施风险管理小组,主要职能是:制定财政局的 PPP

政策与规章;在项目准备阶段帮助采购部门从费用角度审核PPP的适用性;制定合同管理政策,对政府的合同管理经理进行专业培训,监督合同管理并就重大问题向财政局局长和内阁提出独立建议,分享合同管理经验;向PPP项目提供咨询意见,落实相关政策,维护政策的完整性,评估项目成本和预算,协助财政局审批项目;开展相关业务培训等。

2. 主要国家PPP项目管理机构设计与组织形式

(1) 职能定位与预期目标相适应

各国PPP项目管理机构的主要职能大致可分为两类:一是审查职能,二是服务职能。在项目的不同阶段,主要国家PPP项目管理机构的主要职能如表8-10所示。

表8-10 在项目不同阶段主要国家PPP项目管理机构的主要职能

	英国	南非	加拿大	法国	澳大利亚
项目规划阶段					
可行性研究报告评估	是	是	是	是	是
方案审查	是	是	是	是	是
审批	是	否	否	否	是
向审批机构提供咨询意见	是	是	是	是	是
帮助政府选择顾问	是	是	是	是	是
项目招标阶段					
设计项目合同文本	是	是	是	是	是
顾问服务	是	是	是	是	是
标书评估	是	是	是	是	是
项目执行阶段					
项目管理	是	否	是	否	是
融资服务	是	否	否	否	是
技术服务	是	否	是	否	是
市场培育阶段					
经验共享	是	是	是	是	是
政策制定	是	是	是	是	是
合作关系管理	是	是	是	否	是
项目市场拓展	是	是	是	是	是

（2）设立形式以政府机构或公司为主

PPP 项目管理机构主要包括政府内设机构、独资公司、合伙企业等形式。以上述案例为例，南非财政部公私合作局属于政府内设机构，这种形式的好处是政府政策上通下达更顺畅，权力也更大，但没有社会资本参与，难以兼顾行政目标与效率提升，官僚结构可能造成与市场融合存在盲区。加拿大英属哥伦比亚合伙关系组织以政府出资的独资公司形式进行管理，这种形式的好处是注重服务效率的提升，定位倾向于服务机构而不是管理机构，运营效率较高，但监管职能被弱化。英国基础设施处以合伙企业形式存在，并面向客户收取费用，兼具公益性与营利性，政府方可以在管理上加强政策引导，私人部门以专业的人员提供接近实践的专业服务。而依附于政府但不是政府内设机构也非公司形式，如菲律宾的 BOT 促进中心（指改革前的情形），对项目监管和服务起到了和政府机构相类似的作用。[①] 具体形式并无优劣之分，各国应根据本国法律、经济和行业市场状况进行选择。

（3）主管部门以财政部门为主导

主管部门的选择是决定 PPP 项目管理机构设立成功的关键环节。由于政府采购职权隶属于各国财政部门，从国际经验来看，各国大多将财政部门设立为 PPP 项目管理机构。当然，也有将 PPP 项目管理机构归口到经济规划部门、工业部门或者商务部门的案例。财政部门作为主管部门，能够更好地在 PPP 项目发展初期起到组织协调的作用。从逻辑上来讲，公共部门的采购预算都需要由各国财政部门进行审核，英国基础设施处、南非公私合作局、法国公私合作工作小组均为财政部下辖业务机构，财政部门作为 PPP 项目监管机构，有利于将 PPP 与其他财政支出、政府债务等统筹管理，从而能够更好地将各国推行的 PPP 远期计划融入具体的实践当中去。

8.5.2 覆盖项目全生命周期的监管体系

1. 政府方参与监管和评审，增强评价权威性

以英国为主的发达国家建立了覆盖项目全生命周期的监管和评审制度。英国的经验是，对 PPP 项目招标阶段和运营阶段的服务价格、服务水平和重要事件监管等提出具体要求，能够提高物有所值的执行效果。英国通过《标准化

---

① 菲律宾政府于 1993 年 9 月在菲律宾援助方案协调会设立了 BOT 中心，由涉及基础设施管理的政府部门、机构和国营公司领导组成 BOT 中心管理层，援助方案协调会主席任执行官员。每一个涉及基础设施建设的政府部门、国营公司等都 BOT 中心的成员。

PFI 合同》(第四版),对监管对象、监管时间和监管注意事项做出了具体规定。此外,《标准化 PF2 合同》规定,政府和承包人应对合同问题、承包人的履约情况、承包人提交的建议书说明、政府对设施当前和未来运行的要求以及这些要求给服务带来的影响进行年度评审,除此之外还应对合同效率进行评审。

2. 引入专家监管和评审,保证评价专业性

从国外经验来看,PPP 项目多由独立的监管机构负责监管,以便对政府方履约形成监管力量,更重要的是独立监管机构多由专业人士组成,能够较好地评估项目参与各方对目标的贡献。

美国采用行业独立监管机构模式对 PPP 项目进行监管。独立监管机构由 5—7 名委员组成委员会。委员一般为行业专家,任期一般为 5—7 年,为避免单一党派对委员会的政治影响过大,委员会规定各委员需来自不同党派。该独立监管机构由国会授予立法、行政与司法权,具有制定行政规章、标准和提出立法建议的权力,在具体事件的处理上有准司法裁决权。联邦层面按照不同的行业成立分行业的监管委员会。在分级管理方面,州一级监管委员会也是类似于联邦监管委员会的独立组织,但主要是横向管理,负责具体的经济监管,市一级不设监管机构,由市政府通过财政和行业管理部门进行监管。州与联邦监管委员会共同分担监管成本。

8.5.3 高度透明的信息公开或披露制度

信息充分公开,会减少政府与公众的信息不对称,极大地改善社会公众的监管条件,提升公众的监管能力,对政府的腐败行为也会产生极大的抑制效果。无论是社会资本监管还是政府监管,最有效的监管制度是信息披露和公众参与。政府应主动披露在 PPP 项目整个生命周期中获得的所有信息。信息披露应当遵循例外原则,即除例外情况信息应得到充分披露。另外,对于社会资本方来说,它们也有信息披露、通知和报告等义务。英国、南非、印度、巴西、澳大利亚、加拿大等国均有信息披露方面的良好经验,其中央政府或者有立法权的地方政府不断推动 PPP 项目信息公开。

1. 完善的信息披露制度,满足相关方及其风险评价需求

信息披露通常分为主动披露和被动披露。主动披露是指政府有关部门或 PPP 项目实施机构在规定的期限内通过指定和公开渠道披露相关信息;被动披露是指政府有关部门或 PPP 项目实施机构在收到相关信息查询要求后,在规定

的时间内通过指定渠道披露相关信息。被动披露并不降低披露的程度,但在形式和基础上不同于主动披露。

主要国家信息披露标准与内容如表 8-11 所示。

表 8-11 主要国家信息披露标准与内容

主要披露类别	国家	主要披露信息	公开方式
PPP 项目论证文件	澳大利亚:新南威尔士州、维多利亚州	物有所值评价详细信息	主动披露
	巴西:巴伊亚州、米纳斯吉拉斯州	PPP 项目的可行性研究报告 PPP 项目论证报告	主动披露
	加拿大:英属哥伦比亚省	物有所值评价	主动披露
	南非	PPP 项目论证报告	被动披露
合同及采购信息	巴西:巴伊亚州、米纳斯吉拉斯州	PPP 项目合同全文	主动披露
	印度:交通行业	PPP 项目合同全文	主动披露
	澳大利亚:新南威尔士州、维多利亚州	合同核心条款的摘要	主动披露
	加拿大:英属哥伦比亚省	PPP 项目合同全文(处理敏感内容)	主动披露
	英国	PPP 项目合同全文(处理敏感内容)	主动披露
交易结构、财务模型、风险分配	澳大利亚:维多利亚州	项目公司融资额度、成本和交割信息(仅公布总价支付信息)	主动披露
	英国	单价和支付日期	主动披露
政府保障和支持措施	英国	授权文件 项目相关批复文件 风险分担责任 政府财政可承受能力信息 PPP 项目支出预算安排等	主动披露
绩效信息	智利、秘鲁	项目绩效审计报告	被动披露
	南非、英国、澳大利亚等	运营绩效报告	被动披露
	巴西:巴伊亚州	回应信息查询要求	被动披露
	印度:公路和医疗行业	项目绩效信息	主动披露

2. 敏感信息特殊对待,保证商业利益不受侵犯

PPP项目价格形成的方法和元素、基础财务模型、项目交易结构中的特殊安排等大多为敏感信息,是社会资本方判别盈利与否的商业机密,因此一般允许豁免披露。敏感信息的界定并没有统一的标准,因此保密要求与信息公开的博弈成为政策制定中重要和艰难的部分,涉密信息应经过充分的探讨和立法授权,不应扩大涉密信息的范围,原则上,有关法律法规要求达到确保公平采购、保护公共利益、促进工程实施和提高工程质量的目的。可预见的可能损害有关当事人利益以及无法判断其负面影响的信息,可以不公开或者暂缓执行。有关法律和政策应尽可能明确和具有可操作性。同时,敏感信息属性往往随时间变化,应明确保密期限。

3. 实施外部审计,提高信息披露信度

政府有关部门、项目实施机构或项目公司是项目信息披露的实施者和责任人,对项目信息的质量负责。许多国家已在相关政府部门内建立了信息审查机制。一些国家对项目合同信息提出了审计要求,以提高信息质量。澳大利亚新南威尔士州的相关法律要求在PPP项目信息披露前进行外部验证,项目实施机构需在合同签订后30日内将合同摘要送达审计机构审计,审计机构须在90日内完成审计并将审计后的合同概要送达议会,之后要求在政府指定网站上公示信息。澳大利亚维多利亚州则采取了由财政部门审核合同的方式。印度审计署出台的《PPP基础设施公共审计监督指引》(PPP in Infrastructure Projects Public Audit Guideline)规范了对PPP项目的事后审计。审计署需要对涉及项目全生命周期的风险和成本因素进行评估,并定期披露审计报告,追踪项目实施动态,并公开信息。官方部门对项目的审计,增强了项目执行结果评定和项目绩效评价工作的可靠性。

第 9 章　中国 PPP 模式发展状况分析与现实反思

9.1　中国 PPP 模式的历史演进与发展状况

9.1.1　中国 PPP 模式的发展与演进历程

中国自 20 世纪 80 年代首次引入 PPP 模式建设项目,至今已走过三十余年,经历了行业起步(1984—2002 年)、行业扩容(2003—2012 年)、快速扩张(2013—2016 年)和规范发展(2017 年至今)四个阶段,涉及能源、城市基础设施、城市供水、垃圾处理、交通运输、电厂、学校、医院乃至城镇开发等领域。2017 年,财政部、发改委两大部委接连发布重要政策文件规范 PPP 项目运作,防止 PPP 模式异化,国资委与人民银行等部门也顺势发布新规严控金融风险,PPP 模式融资环境和对项目合规性的要求达到了新高度,高杠杆粗放发展的时代已经过去,未来项目会朝着高效可持续的路径不断发展。

1. 行业起步阶段(1984—2002 年)

改革开放以来,部分资金尝试以 BOT 方式进入中国基础设施领域,第一个 BOT 项目——深圳沙角 B 电厂项目于 1984 年由国有资本和香港民营资本共同建设,受到了国内外的广泛认可,并已在 15 年特许经营期满后于 2000 年成功移交。这一时期并没有专门的特许经营或政府与社会资本合作相关的法律和政策,当时招投标法律法规不健全,项目没有招标过程,地方政府自发引入资金,投资人发起、通过谈判和政府达成一致。十四大关于建立社会主义市场经济体制的决定推动了基础设施市场化的投融资改革,中国原对外贸易经济合作部、国家计委和建设部先后颁布相关政策文件鼓励国有资本、民营资本和外国资本与政府部门合作建设公共基础设施,国家计委是这一时期政策制定的主导力量。1995年是特许经营发展的一个分水岭,国家计委、电力部、交通部联合下发了《关于试办外商投资特许权项目审批管理有关问题的通知》,同年对外经济贸易合作部发布了《关于以BOT方式吸收外商投资有关问题的通知》,为试点项目的实施提供了法律依据。在政策推动下,各地上马了一批代表性项目,比较成功的有1995年由外商投资的广西来宾B电厂项目(已于2015年移交广西政府)。受到1997年亚洲金融危机的影响,基础设施建设经历了三年的调整期,随后特许经营重新焕发生机,国内迎来了水行业特许经营风潮,代表性项目有1999年开工的国内首个采用BOT模式建设的成都市自来水六厂BT项目(已于2017年8月移交给成都市人民政府)以及2000年开始建设的武汉汤逊湖污水处理厂(因配套设施和排污费收取等问题以失败告终)。2002年年底原建设部颁布了《关于加快市政公用行业市场化进程的意见》(以下简称《意见》),政府与社会资本合作的范围进一步扩大到市政基础设施领域,《意见》提出,"鼓励社会资金、外国资本采取独资、合资、合作等多种形式,参与市政公用设施的建设"。这一阶段PPP模式经过探索与发展,积累了成功与失败两方面的经验,为后续的行业发展奠定了良好基础。

2. 行业扩容阶段(2003—2012年)

随着2003年党的十六届三中全会明确提出"放宽市场准入,允许非公有资本进入法律法规未禁入的基础设施、公用事业及其他行业和领域",中国的政府与社会资本合作进入全面扩容时期,这一阶段原建设部的主导作用不容忽视。2004年,原建设部发布了《市政公用事业特许经营管理办法》,将特许经营概念正式引入市政公用事业行业,地方政府随即出台一系列政策法规,极大地推动了城市供水、污水处理及燃气供应等领域的项目实践。2005年,国务院颁布的《关于鼓励支持和引导个体私营等非公有制经济发展的若干意见》("国36条")再次明确,"允许非公有资本进入公用事业和基础设施领域",从而全国各主要城市掀起了推广PPP模式的高潮。

1999年8月30日,第九届全国人民代表大会常务委员会第十一次会议通过《中华人民共和国招标投标法》,政府与社会资本合作引入了规范的竞争性招投标机制。

这一阶段,各地在城市供水、污水处理、地铁、新城、开发区、路桥及燃气供应等领域发起了大规模的项目实践,其中,污水处理项目居多。外资企业、民营企业、国有企业同台竞争;项目竞标过程公开透明,竞争达到白热化;传统企业受到了前所未有的压力。尽管多数项目是成功的,但由于PPP项目数量快速增加,有些地区思想不够开放、项目运作方法不够科学,出现了一些失败案例。但值得肯定的是,在该阶段后期,建设部及各地建设行政主管部门开始在市政公用事业领域尝试特许经营模式,合肥市王小郢污水处理厂资产权益转让项目即为这一阶段涌现出来的早期经典案例。在王小郢项目的运作过程中,项目相关各方,包括中介咨询机构,对中国式 PPP 模式的规范化、专业化及本土化进行了非常有益的尝试,形成了相对成熟的项目结构及协议文本,为中国式 PPP 模式进入下一个发展阶段奠定了良好的基础。北京地铁 4 号线是这一阶段的代表性工程,4 号线工程引入香港地铁公司和首创集团参与项目建设,于 2004 年 8 月正式开工,2009 年 9 月 28 日通车试运营,是中国第一个正式批复运用 PPP 模式的地铁项目,将于 2039 年移交给北京政府。同一时期的代表性项目还有 2006 年开始建设的北京国家体育场项目等。PPP 模式虽然能够减少财政支出,提高项目运作效率,但难以满足短期基础设施项目快速建设的需求。在 2008 年金融危机引致全球经济增速下滑的背景下,中国推出四万亿经济刺激计划,巨大的基建需求催生了地方融资平台的快速发展,各地纷纷组建城投公司和行业投融资公司,以信用贷款、城投债、项目贷款等方式,将低价大额的资金投入基础设施建设,公益性和准经营性项目大多由平台公司采用委托代建、BT 回购等方式完成,PPP 模式相较而言,总量出现下滑。

与经济高速增长相伴的地方政府显性债务和隐性债务快速上升,民间投资出现下滑,中央政府随后进行了一系列政策调整,鼓励民间资本投资。具有代表性的是 2010 年国务院发布的《关于鼓励和引导民间投资健康发展的若干意见》("新国 36 条")与 2012 年国务院各部委出台的 20 多个落实"新国 36 条"的细则。政策的主要目标是鼓励和引导民间资本进入基础产业和基础设施领域、市政公用事业和政策性住房建设领域。这一阶段 PPP 模式覆盖行业逐渐增多,是基础设施建设的一支重要力量,但由于期间财政政策导向的变动,平台公司逐渐成为基础设施建设的主体,PPP 模式在曲折中发展前行。

3. 快速扩张阶段(2013—2016 年)

2013 年是 PPP 模式快速发展的预热期,国务院、财政部、发改委齐力推动,相继出台了相关 PPP 政策条文,鼓励社会资本进入城市基础设施领域。2014 年 5 月,财政部政府和社会资本合作(PPP)工作领导小组正式设立。2014 年,国家发改委推出了 80 个鼓励社会资本参与建设营运的示范项目,且项目模式不局限于特许经营。自此从中央到地方大量推出 PPP 试点项目,掀起了又一波 PPP 热潮。2014 年被称为"PPP 元年",财政部《政府和社会资本合作模式操作指南(试行)》(财金〔2014〕113号)与《国家发展改革委关于开展政府和社会资本合作的指导意见》(发改投资〔2014〕2724号)为PPP模式发展提供了政策依据。但PPP模式诞生后,很快就出现了以政府购买服务名义变相采购工程、将非经营性项目包装成准经营性项目进行PPP采购等问题,PPP模式在曲折中前行。2015年,财政部、发改委等发布了一系列规范性文件用于抑制PPP模式过热和投机行为,PPP项目两评工作指引先后发布,财政部与发改委也相继发文规范专家库管理及信息披露工作,PPP模式呈现出规范化快速发展势头。2016年,PPP模式在监管中快速发展,项目数量快速增加,但市场乱象也不断涌现。2016年5月,财政部发布了《关于进一步共同做好政府和社会资本合作(PPP)有关工作的通知》(财金〔2016〕32号);同年10月,财政部连发三项政策(财金〔2016〕90、91、92号文),其中,《关于在公共服务领域深入推进政府和社会资本合作工作的通知》(财金〔2016〕90号)着力于进一步加大PPP模式推广应用力度,《政府和社会资本合作项目财政管理暂行办法》(财金〔2016〕92号)用于规范项目识别、采购、预算管理与资产负债管理事项。大力推动的结果是项目数量持续骤增,而明股实债、兜底条款等一系列问题也随之而来。

4. 规范发展阶段(2017年至今)

2017年年底是中国PPP模式发展的重要分水岭,政策导向从鼓励行业快速发展转向风险管控、可持续发展,政策层面对PPP的要求在不断鼓励金融创新、提高民营资本参与热情的同时,针对融资高杠杆、明股实债等问题进行了严格规范。国家从《关于进一步规范地方政府举债融资行为的通知》(财预〔2017〕50号)开始逐步规范地方政府举债行为,禁止地方政府为项目差额不足和违规提供担保。《关于坚决制止地方以政府购买服务名义违法违规融资的通知》(财预〔2017〕87号)则将政府购买服务的"快捷通道"封闭,明确了政府购买服务的范围和预算审批流程。随后财政部、发改委、国资委以及人民银行等部门接连发布重要政策文件,火热的PPP市场迎来了最为严格的监管风暴,《关于规范政府和社会资本合作(PPP)综合信息平台项目库管理的通知》(财办金〔2017〕92号,以下简称"财政部92号文")与《关于加强中央企业PPP业务风险管控的通知》(国资发财管〔2017〕192号,以下简称"国资委192号文")要求PPP项目遵循更高的入库标准,更加市场化的招投标规则,更严格的融资监管,并对中央国有企业参与主体和债务约束等予以明确,监管升级涉及从项目入库到落地的各个环节。

2017年监管风暴以来,中国PPP市场逐渐回归理性。2018年3月,财政部发布《关于规范金融企业对地方政府和国有企业投融资行为有关问题的通知》(财金〔2018〕23号),着手解决PPP项目融资捆绑地方政府、捆绑国有企业、堆积地方债务风险等问题。市场降温背后应看到PPP模式依然是提供公共基础设施与服务的重要手段。在投资拉动经济整体格局没有大变化的前提下,基础设施投资是投资的重要引擎。2017年,全国固定资产投资(不含农户)为631 684亿元,比2016年增长7.2%;基础设施投资(不含电力、热力、燃气及水生产和供应业)为140 005亿元,占固定资产投资的22.16%。[①] 而PPP项目中大约有75%的项目为基础设施投资,对整个基建拉动和GDP拉动的作用仍然巨大。[②] 因此,2018年考虑到前期项目实际落地,以及既有项目库总投资额达17.69万亿元的储备,未来行业趋势仍然会保持较高投资水平,且政策的严格要求提高了项目参与门槛,最终PPP模式会走向运作规范透明且更加注重项目质量和精耕细作的可持续发展阶段。

9.1.2 中国PPP项目发展总体状况分析

1. 全国PPP项目投资总体规模不断扩容

随着中国城镇化进程的加快,公共基础设施项目建设急需大量资金,而地方政府债务规模大,土地财政模式难以维持。2013年以来,从中央到地方大量推出PPP试点项目,掀起了继第二阶段的PPP热潮。2015年3月,财政部推出首批30个PPP示范项目(含存量和新建项目);2015年9月,推出第二批示范项目;2016年10月,推出第三批示范项目;2018年2月,推出第四批示范项目。第四批示范项目较之前条件更严格,规模更合理,向基层项目和重点地区倾斜,向重点领域和薄弱环节倾斜。[③] 2017年下半年监管政策频出,行业逐渐走向规范发展阶段,其中,对市场情绪影响较大的是财政部92号文和国资委192号文。财政部92号文主要是重新强调和细化此前对规范PPP项目的要求;国资委对央企PPP业务扩张开始限制,地方政府和央企对PPP项目开始自查,因部

[①] 新鲁班. 2017年我国固定资产投资情况[EB/OL].[2018-05-13].www.sohu.com/a/223012074_202836

[②] PPP操作实务及案例分析. 2017年中国PPP发展现状及发展趋势分析[EB/OL].[2018-01-10]. www.sohu.com/a/213540488_99958743

[③] 唐川,王同金. 在规范中引领PPP稳步发展——财政部公布第四批PPP示范项目[EB/OL]. [2018-05-14].http://jrs.mof.gov.cn/zhengwuxinxi/gongzuodongtai/201802/t20180206_2806290.html

分项目被退库致使2017年10月PPP项目入库首次出现负增长。① 据第三方机构统计,自财政部92号文发布至2018年4月1日,PPP项目管理库清库项目合计609个,涉及投资额6 114.39亿元;PPP项目储备清单清库项目合计1 798个,涉及投资额1.78万亿元。

根据财政部政府和社会资本合作(PPP)中心平台的统计,截至2017年年末,按照项目阶段划分,处于识别阶段的项目从2016年年末的5 504个上升到7 287个,处于准备阶段的项目从2016年年末的943个上升到2 116个,处于采购阶段的项目从2016年年末的252个上升到2 292个,处于执行阶段的项目从2016年年末的298个上升到2 729个,示范项目落地率从20%上升到38.2%。其中,第一批和第二批示范项目落地率达100%,第三批示范项目落地率达76%,第四批示范项目公布时落地率达48.48%。识别阶段项目在2017年6月达到高点后开始回落,进入准备后程序的项目逐渐增多。

从回报机制来看,截至2017年年末,采用使用者付费的项目总数为4 962个,占总体水平的34.4%;采用可行性缺口补助的项目总数为4 249个,占总体水平的29.46%;采用政府付费的项目总数为5 213个,占总体水平的36.14%。整体来看,政府付费项目占比最高,且有逐步上升的趋势,同时可行性缺口补助项目占比逐年递增,使用者付费项目占比逐年递减,随着入库项目不断增加,政府的支出责任将不断扩大。进一步从投资额角度分析发现,使用者付费项目总投资额达41 830.56亿元,占总体水平的23.03%,较2016年年末占比降低11.07%;可行性缺口补助项目总投资额达89 179.47亿元,占总体水平的49.1%,较2016年年末占比提高8.19%;政府付费项目总投资额达50 600.03亿元,占总体水平的27.86%,较2016年年末占比提高2.88%。使用者付费项目从体量上看也处于下行趋势。

2. 各地区政府积极推进PPP项目运作

分地区来看,2016—2017年,东部、中部、西部地区PPP签约项目和投资额都有大幅提高。截至2017年年末,东部地区入库项目3 486个,落地项目128个,投资额51 170.10亿元;中部地区入库项目3 344,落地项目670个,投资额38 732.47亿元;西部地区入库项目6 845个,落地项目972个,投资额81 739.55亿元;东北地区入库项目716个,落地项目132个,投资额10 109.32亿元。西部

---

① 孟杰,黄杨,许盈盈.兴证建筑行业每周观点:PPP政策频出 长期向上趋势不受影响[EB/OL]. [2017-12-18].http://www.cfi.net.cn/p201712180010_0.html

地区在项目数、项目落地数和项目投资额方面都领先于全国其他地区,对PPP项目需求最旺盛;东北地区在项目数、项目落地数和项目投资额上都占比较小,排四个地区最后(见图9-1、图9-2)。

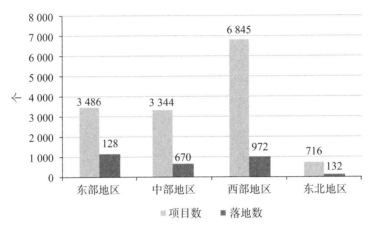

图 9-1　截至 2017 年年末各地区项目数

资料来源:Wind 数据库。

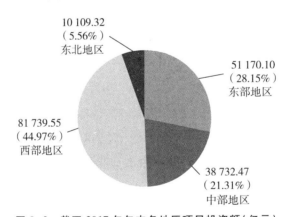

图 9-2　截至 2017 年年末各地区项目投资额(亿元)

资料来源:Wind 数据库。

分省市来看,截至 2017 年年末,江苏省、浙江省、山东省 PPP 项目数分别为 470 个、421 个、1 141 个,投资额分别为 10 104.15 亿元、8 120.99 亿元、11 927.22 亿元,明显高于东部地区其他省市;河南省、河北省、湖南省、湖北省 PPP 项目数分别为 1 339 个、574 个、578 个、569 个,投资额分别为 15 712.87 亿元、7 607.07 亿元、9 023.08 亿元、7 189.88 亿元,高于中部地区其他省市;西部地区增长较快,特别是贵州省、新疆维吾尔自治区、四川省,PPP 项目数分别为 1 829 个、

1 420个、1 293个,投资额分别为17 836.14亿元、13 070.61亿元、15 747.65亿元。从全国来看,贵州、新疆、四川、河南、山东等省(自治区)的项目数超过1 000个,远高于其他省、市、自治区。项目落地方面,上海市由于PPP项目数少,落地数2个,落地率达100%;紧随其后的是安徽省,落地数197个,落地率达76.36%;福建省落地数160个,落地率达69.57%;广东省落地数109个,落地率达55.9%;山东省、新疆维吾尔自治区落地数较多,分别为360个、274个,但由于二者项目数较多,落地率相对较低,均在50%左右。具体如图9-3、图9-4所示。

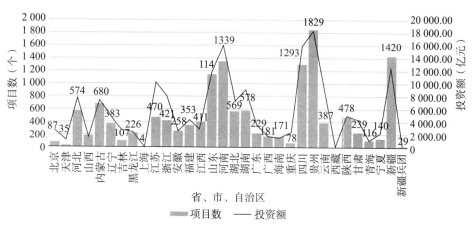

图9-3 截至2017年年末各省市、自治区PPP项目数及投资额

资料来源:Wind数据库。

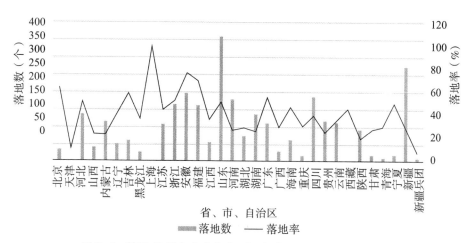

图9-4 截至2017年年末各省、市、自治区PPP项目落地情况

资料来源:Wind数据率。

9.1.3 中国PPP项目投资的主要领域及分布状况

1. PPP项目投资的大类行业分析

中国对PPP模式的应用主要集中在新建基础设施投资方面,涉及公共交通、公用设施和社会公共服务等三大领域,包括公路、地铁、桥梁、隧道、保障性安居工程、污水以及垃圾处理设施等。由于这些基础设施的初始投资规模大、建设周期长,单靠中央及地方政府财政投入已经不能满足人们的需求,因此,由社会资本参与投资,与政府组成伙伴关系,共同提供此类公共服务成为必然要求。截至2017年年末,PPP项目投资额最高的是交通运输行业,投资额达53 885.06亿元;第二是市政工程行业,投资额达49 207.79亿元;第三是片区开发行业,投资额达18 720.88亿元(见图9-5)。

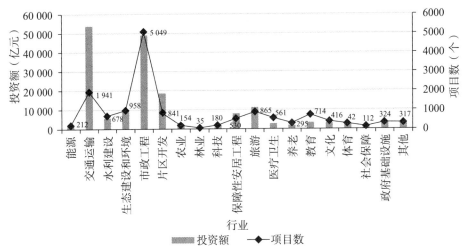

图9-5 截至2017年年末各行业PPP项目数及投资额

资料来源:Wind数据率。

从各行业项目落地数来看,与项目总数保持了同样的趋势,市政工程、交通运输、生态建设和环境以及城镇综合开发行业PPP项目落地数较高,分别达1 152个、369个、212个和159个,且高落地数行业维持了相对稳定的落地率,市政工程行业项目落地率为42.31%,其他三个行业项目落地率在35%左右。而能源行业PPP项目落地率达到了51.28%,虽然落地数仅为60个,但落地率远高于其他行业,可能与能源行业项目资产质量较高有关。而林业为落地数和落地率双低行业,项目落地数7个,落地率仅为33.55%,与之同样低落地率的行业是农业,可见农林行业难以吸引足够的资金落地(见图9-6)。具体行业分析如下：

（1）政府基础设施

2016—2017年，政府基础设施行业PPP项目投资持续增长。2016年1月、2016年12月、2017年12月PPP项目数分别为83个、175个、324个，投资额分别为732亿元、2 000亿元、3 103.73亿元。

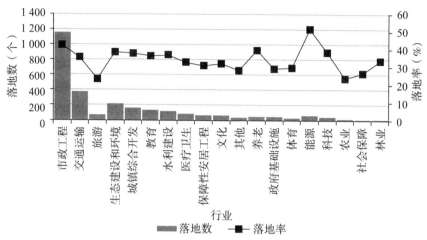

图9-6 截至2017年年末各行业PPP项目落地情况

资料来源：wind数据率。

（2）交通运输

2016—2017年，交通运输行业PPP项目投资持续增长。2016年1月、2016年12月、2017年12月PPP项目数分别为761个、1 375个、1 941个，投资额分别为2 2341亿元、39 573亿元、53 885.06亿元。交通运输行业整体投入较大，累计投资额高于其他行业。

（3）社会保障

2016—2017年，社会保障行业PPP项目投资持续增长。2016年1月、2016年12月、2017年12月PPP项目数分别为86个、103个、112个，投资额分别为238亿元、252亿元、289.27亿元。

（4）生态建设和环境

2016—2017年，生态建设和环境行业PPP项目投资数量略有下降，投资额持续增长。2016年1月、2016年12月、2017年12月PPP项目数分别为978个、633个、958个，投资额分别为5 294亿元、6 534亿元、10 502.81亿元。2017年12月投资额较2016年同期增长60.74%，增幅较大。

（5）能源

2016—2017年，能源行业PPP项目投资数量略有下降，投资额持续增长。2016年1月、2016年12月、2017年12月PPP项目数分别为123个、195个、212个，投资额分别为667亿元、1 220亿元、1 416.69亿元。进入2017年，能源行业PPP项目投资数量与投资额增速放缓。

（6）水利建设

2016—2017年，水利建设行业PPP项目投资数量略有下降，投资额持续增长。2016年1月、2016年12月、2017年12月PPP项目数分别为348个、518个、678个，投资额分别为2 333亿元、3 874亿元、5 626.06亿元。2016年，水利建设行业PPP项目数增长30.89%，投资额增长45.23%，2017年增速保持较高水平，水利建设行业PPP项目投资稳步发展。2017年12月，发改委、水利部两部委联合发布《政府和社会资本合作建设重大水利工程操作指南（试行）》（发改农经〔2017〕2119号），水利建设行业迎来PPP模式规范发展新阶段。

（7）医疗卫生

2016—2017年，医疗卫生行业PPP项目投资数量略有下降，投资额持续增长。2016年1月、2016年12月、2017年12月PPP项目数分别为350个、494个、561个，投资额分别为1 590亿元、2 333亿元、2 770.91亿元。2016年，医疗卫生行业PPP项目数增长13.56%，投资额增长18.77%，项目数与投资额稳步增长进入平稳期。

2. PPP项目投资的模式与特殊行业分析

PPP项目主要采用BOO、BOT、MC、O&M、ROT、TOT、TOT+BOO、TOT+BOT以及其他模式进行建设，其中，采用BOT模式建设的PPP项目占据绝对多数，截至2017年年底，采用BOT模式建设的PPP项目达10 836个，占全部项目数的75.12%；投资额达140 180.81亿元，占全部项目投资额的77.19%。而采取MC模式、TOT + BOO模式的非常少，仅有11个和4个，投资额也仅仅达到33.04亿元和92.88亿元。现阶段主导PPP项目建设的主要还是BOT模式。不同模式下PPP项目数与投资额如图9-7所示。

不同合作期限下，从项目数来看，截至2017年年末，合作期限为11—20年的项目有6 845个，占全部项目数的47.51%；21—30年的项目有4 508个，占全部项目数的31.29%；1—10年的项目有2 746个，占全部项目数的19.06%；31年以上的项目仅有309个，占全部项目数的2.14%。从投资额来看，截至2017年年末，21—30年的项目投资额最大，达到71 135.55亿元，占比39.18%，由于

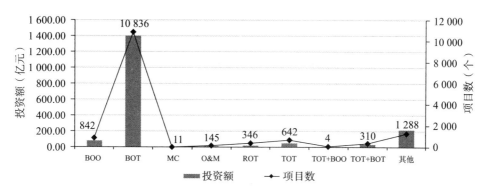

图9-7 截至2017年年末不同模式下PPP项目数与投资额

资料来源:Wind数据库数据整理。

项目数量少于11—20年的项目,单体项目投资额大;而11—20年的项目投资额也达到了69 292.58亿元,占比38.17%;1—10年的项目投资额为21 380.90亿元,占比11.78%;31年以上的项目投资额为19 749.83亿元,占比10.88%,由于项目数量仅仅为其他项目的零头,项目的合作期限越长,单体项目投资额越大(见图9-8)。

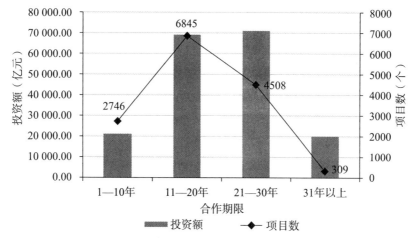

图9-8 截至2017年年末不同合作期限下PPP项目数与投资额

资料来源:Wind数据库。

公共交通、供排水、生态建设和环境保护、水利建设、可再生资源、教育、科技、文化、养老、旅游等多个领域的PPP项目都具有推动经济结构绿色低碳化的作用,因此被称作绿色低碳PPP项目。绿色低碳已成为世界的发展主题。中国在绿色低碳领域的项目投资不断加大,未来几年中国绿色低碳PPP项目会迎来更大的发展机遇。PPP 模式的引入,将为生态环境有效治理提供一条切实可行的路径。① 总体来看,绿色低碳 PPP 项目数和投资额增长较快,2016 年 12 月—2017 年 9 月,项目数从 6 612 个增长至 7 826 个,增长 18.36%;投资额从 54 669 亿元增长至 64 370 亿元,增长 17.74%。截至 2017 年 9 月末,项目管理库中绿色低碳 PPP 项目达 3 829 个、投资额为 3.9 万亿元,占同口径全国总数的比重分别为 56.5%、38.4%,但行业整体数量和投资额增加的同时,增速较其他行业下降,占全国总数的比重呈下降趋势(见图 9-9)。绿色低碳 PPP 项目落地情况如图 9-10 所示。

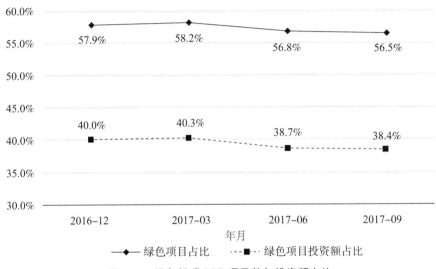

图 9-9　绿色低碳 PPP 项目数与投资额占比

资料来源:财政部政府和社会资本合作中心。

旅游、文化、教育、体育、养老五类行业被称作幸福产业。财政部在第四批 PPP 示范项目申报筛选工作的通知中提到,"优先支持环境保护、农业、水利、消费安全、智慧城市和旅游、文化、教育、体育、养老等幸福产业的项目"。幸福产业作为政策鼓励行业,未来在入库评选上将占据优势。从 2017 年发展趋势来看,幸福产业 PPP 项目数稳步增加,从 2016 年 12 月的 2 514 个增加至 2017 年 12 月的 3 093 个,增长 23.03%;投资额从 2016 年 12 月的 16 881 亿元增长至 2017 年 12 月的 23 929.15 亿元,增长 41.75%(见图 9-11)。

---

① 李季.大数据看 PPP,绿色低碳项目受关注[EB/OL].[2018-01-05].http://big5.xinhuanet.com/gate/big5/cx.xinhuanet.com/2017-11/22/c_136770702.htm

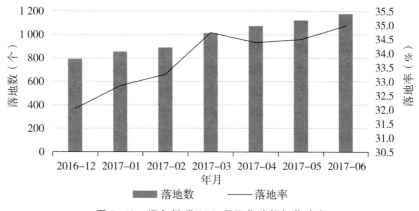

图 9-10　绿色低碳 PPP 项目落地数与落地率

资料来源：Wind 数据率。

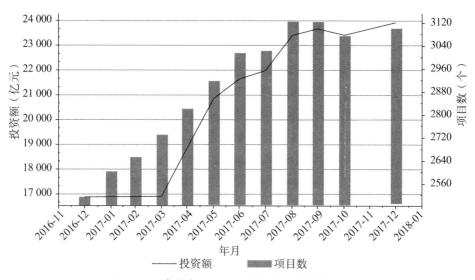

图 9-11　幸福产业 PPP 项目数与投资额变动趋势

9.2　中国 PPP 模式发展面临的问题及制约因素分析

9.2.1　PPP 上位法缺失，法律规制不协调

1. PPP 上位法缺失，条例有待进一步细化

中国 PPP 立法工作从发改委与财政部各自主导，到由国务院牵头两部委共同推进，前后经历了三年左右的时间（见表 9-1）。部委立法目标定位不同，甚

至对 PPP 的基本定义也有所差异。财政部主张广义 PPP,而发改委则将 PPP 定位于特许经营的内涵和外延,模糊了 PPP 与特许经营的关系。从各自出台的《中华人民共和国政府和社会资本合作法(征求意见稿)》(以下简称《PPP 法(征求意见稿)》)和《特许经营管理办法》来看,导向性十分明显。发改委颁布的《特许经营管理办法》明确规定,应"保护特许经营者合法权益,保障社会公共利益和公共安全";财政部出台的《PPP 法(征求意见稿)》提出,应"创新公共产品和服务供给模式,鼓励和引导社会资本参与",但对如何保护社会资本的合法权益和保障社会公共利益并无明确规定。二者对社会资本的选取方式也有分歧。财政部认为,大多数公私伙伴关系项目需要中央和地方政府的补贴,政府从社会力量手中购买公共服务,因此主张将公私伙伴关系纳入政府采购范围;国家发改委则倡导采用招标方式。由此可能导致地方政府和社会资本在项目推广过程中陷入困境。

表 9-1 中国 PPP 立法进程简表

时间	推动部门	具体法律名称	立法定位
2015 年 1 月	发改委	《基础设施和公用事业特许经营管理办法(征求意见稿)》	PPP 基本法
2015 年 4 月	发改委	《基础设施和公用事业特许经营管理办法》	PPP 基本法
2016 年 1 月	财政部	《政府和社会资本合作法(征求意见稿)》	PPP 基本法
2017 年 2 月	国务院法制办、发改委、财政部	《国务院 2017 年立法工作计划的通知》(国办发〔2017〕23 号)	协调两部委职能,共同修订 PPP 专项法律
2017 年 7 月	国务院法制办、发改委、财政部	《基础设施和公共服务领域政府和社会资本合作条例(征求意见稿)》	PPP 基本法雏形

从发达国家经验来看,PPP 立法大多产生于 PPP 项目发展到一定规模之后。大部分 PPP 项目前期现金流压力较大,为了有效缓解项目公司资金压力,发达国家的 PPP 立法多提出了 PPP 项目的贷款、税收、收费方面的优惠条款。为了提高社会资本参与 PPP 项目的热情,PPP 立法可明确民营资本与国有资本同等待遇条款,并规范地方政府信用建设,加强对地方政府行为的约束。PPP 模式的运行非常复杂,项目投资额大、运行周期长,政府和社会资本面临的风险

都比较大。因此,有必要制定统一的 PPP 法,解决目前各部门颁布的规章制度的重叠或冲突,明确 PPP 项目全生命周期各环节和利益相关方的权利和义务。

中国 PPP 立法推动相对迟缓,虽然国务院法制办 2017 年 7 月发布了《基础设施和公共服务领域政府和社会资本合作条例(征求意见稿)》,但征求意见稿涵盖的内容在规范市场秩序、协调现存法律政策需求等方面仍有较大改进空间。主要体现在(王守清,2018):

第一,条例内容不够详细,未回应部分疑难问题。2014—2017 年 PPP 模式实践以来碰到的很多核心疑难问题都没有涉及或没有进一步明确,如土地、产权、税收、会计等。以土地政策为例,项目土地的获得有划拨、出让、租赁和作价出资或入股四种渠道,根据《中华人民共和国土地管理法》第五十四条,城市基础设施用地和公益事业用地,经县级以上人民政府依法批准,可以以划拨方式取得。但是,各地的操作和理解不统一,法规对这一问题反映不佳。在土地出让方式下,特许经营权招标与项目土地使用权招标是两个独立的过程,不能保证获得特许经营权的社会资本能够同时取得土地使用权,增加了项目的不确定性。同时项目产权的划分在物权法下得到了完整的理论解释,还需要其他法律进行规范,当前条例并未承担起该项责任。此外,条例提出应制定相应的税收政策措施支持符合条件的基础设施和公共服务项目采用 PPP 模式,但并未明确与税法相协调的具体条款。发改委和财政部等部委权责划分与责任协调也未能在条例中得到处理。

第二,条例几乎没有涉及项目融资及其他相关融资问题,如金融机构的股权投资、直接介入权[①]及二次融资等。PPP 项目的融资同准入一样,存在多头监管问题,也需要一部上位法来为项目融资提供明确指引,条例仅提及政府方不得为项目提供融资担保等禁止事项,但在融资过程中监管的协调、融资规范指引的制定等方面没有过多解释,这对长期合同性质的 PPP 项目融资和运营期的风险分担是不利的。

第三,条例没有根据项目特点,因地制宜地设计激励机制,体现 PPP 较传统模式高效的优势。目前,大多数 PPP 项目投资者几乎都在考虑短期内"重建设轻运营"。一些地方政府对 PPP 概念认识不够透彻,仍然沿用传统的政府投资项目管理思路和方法。比如,政府做好项目设计,把社会资本的建设和运营交

---

① 介入权是在代理人因第三人对被代理人不履行义务的情况下,代理人有义务对被代理人披露第三人,被代理人因此处在代理人的地位直接对第三人行使权利的能力。此处指金融机构作为代理人的情形。

给地方国有企业,没有鼓励和充分发挥社会资本的主动性和创造性。有些甚至有两个业主,导致项目成本高、费力且耗时。政府应该把重点放在价格和产出监管上,即把重点放在结果而不是过程上。

第四,动态调节(含调价)机制强调不够,无法有效落实。虽然条例提到价格调整机制,但 PPP 项目提供的公共产品的价格调整权在政府手中。此外,PPP 项目合同期限一般较长,公共产品价格调整程序复杂,很难在合同中明确向用户收取的确切价格。因此,PPP 项目的定价和价格调整机制如果是由使用者支付只能通过竞争和谈判确定,如果是由政府支付则应通过影子价格在协议中确定。在动态调整机制中,还应强调投资者收益与绩效的关系。

第五,条例虽然提及要评估采用 PPP 的"必要性、合理性",但回避或不够强调物有所值理念。物有所值是一种理念,是指政府比较公共项目各种交付模式的优缺点,然后采取最合适的模式。条例可以不涉及物有所值评价的具体方法,但必须强调物有所值理念。

2. PPP 法律规制不协调,管理机构职能重叠

一方面,目前中国 PPP 有关法律政策层次较低,PPP 项目的运行大多靠各类文件来支撑,法规文件散见于国务院的决定、通知、意见,各部委的规定、办法、通知以及各级地方政府的相关规定之中。另一方面,现存法律政策之间存在不协调、不配套之处,政府和社会资本合作受到诸多方面法律法规的约束,具有极强的综合性:民法领域的合同法、担保法、物权法构成项目基本合同关系;商法的公司法、证券法、保险法约束项目公司构架和融资行为;经济法领域的土地法、财政法、价格法等协调社会资本与政府方之间的交易关系;(与政府发生法律冲突时)行政法领域的行政许可法、行政处罚法、行政公开法保护社会资本的合法权益。此外,政府和社会资本合作涉及的参与部门众多,行政主体与民事主体之间的法律关系都需要衔接。

部分法律规制没有涵盖 PPP 项目运作的具体情况,法律政策间的不协调直接影响到项目的落地。例如,项目通过竞争性磋商或谈判确定 PPP 项目实施方后对特许经营权是否还需要再招标,《招投标法》没有明确规定;又如,PPP 项目的社会资本周期长、投资大,往往要求土地开发具有约束力,必须通过招标、拍卖或挂牌方式进行,与《物权法》及国有土地使用权拍卖等相关规定形成冲突。如果按照现行法律法规进行处理,则社会资本不可能因为参与 PPP 项目而获得相应的土地开发权(张德勇,2017)。从政策目标来看,多元多层次主体追求的政策目标是不同的,有些可能是矛盾的。为服务经济增长,国家发改委关注

PPP项目的数量和速度,而财政部关注财政支出的效率。为防范财务风险,在项目推广过程中往往要保证项目质量,对后续监管也提出了较多给PPP降温的政策要求。监管主体制定的政策内涵了监管权力的博弈,政策制定存在部门利益与公共利益的矛盾。因此,立法时必须在坚持法律品性和价值追求的前提下对政策目标进行甄别,从而将具有正当性与合法性的政策目标转换为立法目标,避免法律沦为政策合法化的外衣。从内容上来看,发改委和财政部因竞争立法主导权而对PPP政策文件侧重点有所不同。

9.2.2 PPP融资功能异化,金融市场尚不健全

1. PPP融资功能放大且异化为地方融资工具

中国地方债源于分税制改革带来的地方事权与财权不匹配,经济发展过程中财政支出责任与地方税收权力的缺口迫使地方政府利用其他融资手段满足财政支出的刚性需求。地方债可以分为地方政府债务和地方政府性债务,地方政府性债务除包括政府举借的债务外,还包括事业单位、融资平台公司等举借的政府性质的债务。从发展脉络可以将地方债划分为三个主要阶段:一是1997—2007年地方政府债务初步发展;二是2008—2014年融资平台快速发展;三是2014年至今开源节流综合解决地方债问题。近年来,为化解地方政府债务问题,国务院提出了政府债务置换计划,以时间换空间缓解地方债务问题。2017年,财政部与交通部、国土资源部共同发布土地储备和高速公路专项债券管理办法,落实专项债券管理措施;深圳发行全国首例地铁专项债,地方专项债探索迈出重要一步。由此地方政府形成了地方政府债券、地方政府主导的平台公司举债与基金和PPP模式三种途径并行的融资体系(见图9-12)。

PPP模式通常被赋予两种职能,一种是促进基础设施项目建设运营效率的提升,防止预算超支;另一种是解决短期财政支出能力与基建需求不匹配问题。在中国PPP模式快速发展的三年里,后一种职能被放大,甚至很多没有使用者付费的项目在效率提升方面并没有发挥什么作用,PPP模式承担了过多拉动经济增长的功能,挤出公共投资,融资功能被过分放大。

虽然政企合作蕴含着成本降低、效率提高的崇高精神内核,但PPP模式备受地方政府的青睐主要是因为PPP模式下政府方承诺的支出可拉长,解决了短期公共投资需求与资金不匹配的问题,同时项目公司特殊目的实体设计实现了破产隔离,政府无须承担担保责任。但PPP模式带来了更大的杠杆,以产业基金为例,通过产业基金的方式,地方政府仅出资10%就可以撬动十倍资金用于

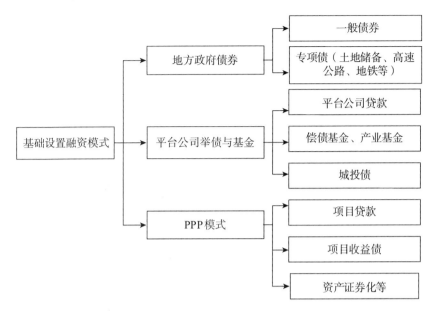

图 9-12　基础设施融资三种主要途径

投资项目公司股权,突破了地方政府财政不足的局限;其余 90% 的社会资金大多来自银行、保险等大型金融机构。而基金作为权益主体投资后,外部金融机构会再次通过贷款或者资产证券化等手段为项目融资,整个过程被又一次放大。在 PPP 模式没有良好规范的条件下,将难逃被异化的命运。在海绵城市、园林景观、综合管廊等领域,支出责任"固化"问题较为突出。而 PPP 模式引入专业社会资本进行运营,提高公共资产和服务运作效率的原则也在现实需求下被忽略,少数 PPP 项目中规定社会资本和政府方代表共同出资成立项目公司,但在某些条款或补充协议中约定项目运营维护由项目公司委托政府方代表负责,由此,借 PPP 模式实现公共服务供给质量和效率提升的目的将落空。此外,为了追求项目快速上马,满足银行对融资主体信用担保以及固定回报的要求,满足社会资本方对项目资产不并表的要求,以及满足政府方中长期预算考核的要求,提高项目落地率,各地出现了各类违规融资和监管规避的行为,典型的有债务资金充当项目资金本、明股实债等。

2. 融资方式日益多元,但依旧倚重债务融资

对债务融资的依赖存在于项目建设的全生命周期之中。项目执行阶段,债务性资金充当资本金便是融资债务化的主要问题之一。资本金债务化的主要原因是项目收益率难以满足股权回报,金融机构资金参与项目依然与项目在长

期存续时间上不匹配,资本金债务化能够满足其退出需求,后续金融机构出资可实现按时退出。同时,债务性资金充当项目资本金可以起到税盾作用,资本金可以计入负债科目,其利息费用可以税前列支。

项目执行阶段的债务融资倾向是项目方与金融机构在激励机制不足的条件下的必然选择。项目融资是国际公认的 PPP 融资方式。与公司贷款不同的是,项目融资使用项目资产和预期收益或权利作为发放贷款的抵押品,因此债权人对项目发起人的追索权有限或没有追索权。中国提供项目融资贷款的金融机构较少,也缺乏适合项目融资的保险、担保等配套政策,使得 PPP 项目融资更加困难,融资成本增加。项目融资的贷款一般占总投资的六至八成,融资利率较基准利率高,同时期限一般不到 15 年,与长期运营的 PPP 项目存在期限错配问题。虽然有诸多障碍,项目贷款依然是 PPP 项目最主要的融资来源。以 2017 年 8 月四川省财政厅发布的 PPP 项目融资成本信息为例,在融资落地的 42 个项目中,向银行融资的项目共计 37 个,占比 88.1%。其中,国有银行与全国股份制银行占比最高。[①] 目前,中国形成了多品种、多方参与的 PPP 项目融资市场,但多数项目不符合直接融资要求。除银行贷款外,产业基金、保险资金、资产证券化、项目收益债等融资品种陆续推出,但大多在优质项目上试点,推广作用并不明显。对于大多数 PPP 项目,其本身收益质量不高,不符合发债要求。另外,资产证券化产品的存续期限一般在 5—7 年,单个资产支持专项计划不能覆盖 PPP 项目的全生命周期。如果持续发行资产支持专项计划,则程序烦琐,会增加融资成本。

项目融资中长期资金来源缺乏制约了行业发展,间接提高了项目融资成本。一方面,专注于中长期投资的养老与保险资金受相关监管与项目管理制度的约束,基本养老金不允许投资基础设施领域。另一方面,PPP 项目担保制度不健全、股东权益得不到保障等原因使得社保基金、企业年金和保险资金参与基础设施建设时并不青睐 PPP 类项目。

3. 融资市场不规范,退出机制不健全

现阶段,PPP 项目资金大多来自银行体系,而为了实现高杆杆运作和满足出表需求,出现了很多不符合 PPP 项目本质要求的操作手段。如将债务性资

---

① 四川省财政厅.四川省财政厅政府与社会资本合作(PPP)项目融资成本信息发布(第一期) [EB/OL].[2018-01-15].http://www.sccz.gov.cn/NewShow.jsp? action = 1&id = 3160&tname = %E6%94% BF%E5%BA%9C%E7%A4%BE%E4%BC%9A%E8%B5%84%E6%9C%AC%E5%90%88%E4%BD% 9C&TS = 1495590140811

金作为项目资本金,社会资本并不愿意拿出太多资金投入项目,项目真正的权益资本非常少。另外,金融机构以 PPP 产业基金等模式参与项目投资,大多由于"刚性兑付"的需求而采取明股实债的方式,股权投入资金实际上获得了固定收益和保底承诺,金融杠杆被进一步放大。小股大债模式也起到了类似作用,项目资本金被划分为注册资本金和股东借款两部分,"小股"是指注册资本金占比较小,"大债"是指项目资本金大部分以对项目公司的股东借款形式充抵。

项目债务融资过于依赖银行贷款且存在期限不匹配等问题,导致更大的退出需求,而且社会资本也需要中短期退出安排。PPP 项目投资的退出渠道不够通畅,主要原因是 PPP 项目缺乏足够的投资退出渠道,资产证券化、股权交易市场受多种因素影响发展滞后,难以适应社会资本退出要求;另外,退出手续复杂,面临严格审查程序,流程长、速度慢,给投资退出造成了不利影响。退出不仅仅是简单的再融资安排,还需要完善投资退出市场与 PPP 项目交易的二级市场。

PPP 项目交易的二级市场应该能够在 PPP 项目完成投融资主体设立和架构搭建(包括成立项目公司和不成立项目公司)以及完成初次融资和项目建设之后,为项目股权投资人、债权投资人、资产所有人提供股权、债权、资产(物权)交易和流转。在时间节点上,通常为已过建设期、进入运营期的项目;在交易和流转内容上,通常为股权、债权、资产(物权)等。2017 年,财政部政府和社会资本合作(PPP)中心先后与天津金融资产交易所、上海联合产权交易所共建"天津金融资产交易所'PPP 资产交易和管理平台'"和"上海联交所 PPP 资产交易中心",旨在提高 PPP 金融资产的流动性、PPP 项目的可融资性,推动 PPP 模式更好、更快地发展。2017 年年底,证监会就《关于建立 PPP 退出机制的提案》做出回复,积极支持 PPP 项目公司进行股权融资、挂牌上市和股权转让,并大力推进债权融资和资产证券化,为二级市场建立提供初步的政策基础。[1] 但二级市场整体而言缺乏足够的投资者,配套的政策、制度、交易基础设施等还不健全,二级市场培育需要较长的过程。

---

[1] 证监会.关于政协十二届全国委员会第五次会议第 2915 号(经济发展类 144 号)提案的答复[EB/OL].[2018-01-03].http://www.csrc.gov.cn/pub/zjhpublic/G00306201/201712/t20171229_329934.htm

9.2.3 PPP 项目税收激励不足,税收政策有待完善

1. PPP 项目所得税征收现状与问题

现阶段的税收政策与 PPP 项目公司业务发展不相适应,激励措施强度不大,政策存在矛盾或空白。项目成立阶段,所得税因项目公司设立方式不同略有差异。新设成立的,在以实物资产或无形资产出资时视同销售缴纳所得税,如果资产作价高于新购资产的购买成本或者已有资产的摊余价值,则出资方需就高出部分缴纳所得税。收购方式成立的,社会资本方以股权交易方式收购原项目公司出资人的股权,根据《关于企业重组业务企业所得税征收管理若干问题的公告》(国税〔2015〕48 号),出让股权方(原出资方)需针对出让实现的资本利得缴纳所得税,对受让方(社会资本方)没有所得税税务影响。

项目融资阶段,项目公司向金融机构贷款所支付的利息准予税前扣除,向非金融机构借款的利息支出不超过按照金融机构同期同类贷款利率计算的数额的部分,准予税前扣除。

项目运营阶段,按照付费来源不同,项目公司所得税处理存在差异。在使用者付费模式下,PPP 项目本质上是政府与社会资本达成合同后形成的购买关系,项目公司提供的公共产品或服务,无论是使用者支付还是政府支付,都应与普通形式的商品或服务的买卖相同,税收待遇没有差别,属于企业销售行为,项目公司应缴纳企业所得税。在可行性缺口补助模式下,由于中国可行性缺口补助主要包括土地划拨、投资补助、优惠贷款、贷款贴息、放弃分红权、授予项目相关开发收益权等多种形式,因此税收风险很大,税收待遇不易确定。可行性缺口补助模式下的政府支付实质上是政府对项目公司提供的差额补偿,它是社会资本经营收入的一部分,有缴纳所得税的义务。但实施 PPP 项目的目的之一是减轻地方政府的财政压力。在可行性缺口补助项目缴纳所得税的情况下,地方财政无疑是在补贴中央财政,这与 PPP 项目的初衷背道而驰。PPP 模式常常采用基金投资项目,基金经营所得由于法律形式差异存在双重纳税等问题。契约型 PPP 基金不是纳税主体,根据《关于企业所得税若干优惠政策的通知》(财税〔2008〕1 号),对证券投资基金从证券市场中取得的收入,包括买卖股票、债券的差价收入,股权的股息、红利收入,债券的利息收入及其他收入,暂不征收企业所得税。而公司型 PPP 基金买卖股票、债券的差价收入,则需计入当年应纳税所得额,缴纳企业所得税,存在投资者个人与公司的双重纳税问题。

项目移交阶段,如果只是股权移交,那么对于项目公司而言,只是股东发生

变化,不影响项目公司的资产、负债和利润,只需调整"实收资本"明细科目,不涉及相关税收问题。如果存在资产移交,则根据《关于企业处置资产所得税处理问题的通知》(国税函〔2008〕828号),资产转让的税务处理主要取决于移交环节中是否存在项目资产权属的转移。其中,BOT模式下,由于资产权属在形式和实质上均不发生改变,则可以作为内部处置资产,不视同销售确认收入,而根据《企业会计准则解释第2号》,确认相关资产的计税基础应在特许经营期限内摊销完毕;TOT模式下,项目资产的权属属于项目公司,在项目运营阶段结束后,项目公司需将PPP项目资产移交给政府或其投资平台等机构,按规定在所得税上应视同资产销售进行税务处理(余秀娟,2018)。

中国现阶段所得税税收优惠政策散见于各行业优惠政策与国家扶持政策之中。例如,垃圾处理、污泥处理、污水处理、工业废气处理、饮水工程、港口码头、机场、铁路、公路、城市交通、电力、水利等项目,根据《财政部、国家税务总局关于执行公共基础设施项目所得税优惠目录有关问题的通知》(财税〔2008〕46号)和《国家税务总局关于实施国家重点扶持的公共基础设施项目企业所得税优惠问题的通知》(国发〔2009〕80号),符合条件的环保、节能、节水项目所得,自项目取得第一笔经营收入所属的纳税年度起,享受三免三减半优惠。对于核能发电、环境保护、节能节水、安全生产专用设备则分别在《财政部、国家税务总局关于核电行业税收优惠政策有关问题的通知》(财税〔2008〕38号)和《财政部、国家税务总局关于执行环境保护专用设备企业所得税优惠目录、节能节水专用设备企业所得税优惠目录和安全生产专用设备企业所得税优惠目录有关问题的通知》(财税〔2008〕48号)中做出规定。同时,扶持政策还有西部大开发和高新技术企业优惠等,但没有相应的专门税收优惠政策。

2. PPP项目增值税征收现状与问题

相较于所得税,增值税在PPP项目全生命周期内出现的频率更高。项目成立初期,增值税发生于投资和筹办活动中。采用非货币形式投资的,股东让渡非货币性资产标的获取相应股权,属于增值税的应税行为,股东应就非货币性资产出资缴纳增值税。筹办期间的相关费用有进项发票的可认证抵扣。项目建设阶段主要涉及工程建设取得的进项税费,如建安工程费、工程建设其他费用、预备费、贷款利息进项税等。2018年5月1日起,根据《财政部、国家税务总局关于调整增值税税率的通知》(财税〔2018〕32号)规定,增值税税率由17%、11%、6%调整为16%、10%、6%,该期限之前开具的发票认证期限内(开具之日起360日内)依然可以认证。施工单位不是项目公司的,项目公司接受施工方开具的增值税发票抵扣进项税。运营阶段主要涉及增值税的销项税开具。使用者付费的向使用者开具增值税专用发票,所取得的收入按照其销售货物、服务适用的10%的税率缴纳增值税;政府付费可分为可用性付费与运营绩效付费两部分,根据《关于全面推开营业税改征增值税试点的通知》规定,可用性服务按照金融服务或转让无形资产适用的6%的税率缴纳增值税,运维绩效服务按照为政府提供劳务、服务适用的16%的税率缴纳增值税;可行性缺口补助一般情况下与公共产品的数量或公共产品提供的服务有关,可界定为项目公司取得的主营业务收入的一部分,按照6%的税率缴纳增值税。项目移交阶段,项目资产权属从社会资本方转移给政府方的需视同销售按照16%的税率缴纳增值税(余秀娟,2018)。

增值税优惠与所得税一样,没有专门针对PPP项目的优惠政策。《财政部、国家税务总局关于继续实行农村饮水安全工程建设运营税收优惠政策的通知》(财税〔2016〕19号)对引水工程免征增值税;《财政部、国家税务总局关于继续执行光伏发电增值税政策的通知》(财税〔2016〕81号)及《财政部、国家税务总局关于印发〈资源综合利用产品和劳务增值税优惠目录〉的通知》(财税〔2015〕78号)对太阳能和垃圾发电发热行业施行增值税即征即退50%和100%,还对垃圾处理等行业实行增值税即征即退70%;《财政部、国家税务总局关于核电行业税收优惠政策有关问题的通知》(财税〔2008〕38号)对核电行业实施先征后退,按5年为一个档次逐年降低返还比例;《财政部、国家税务总局关于大型水电企业增值税政策的通知》(财税〔2014〕10号)对水电行业实施增值税实际税负超过12%的部分即征即退;公共交通、道路出行和不动产租赁则按照各行业税收优惠采取简易计税方式。

增值税存在的主要问题是"营改增"带来的税收法规不完善,造成税收激励扭曲,不适应项目长期纳税均匀需求。税收法规的不完善一是体现在没有针对PPP项目制定合理的退税或转移政策。征地拆迁费用基本上直接支付给市民,对方无法提供任何可以抵扣的增值税专用发票,此类票据也不可以作为进项税抵扣销项税的凭证,金额较大的情况下则进项损失巨大。项目公司在项目建设过程中会取得施工单位提供的大量增值税进项税额,若项目公司所从事的项目可享受增值税税收优惠政策,则项目公司无法取得足够的增值税销项税额以抵扣基建期的进项税额,存在大量留抵税额。中国税法目前未规定增值税留抵税额可进行退税或转移,若项目公司在运营期结束后仍有未抵扣进项税额,则只能将其放弃,被迫降低项目公司的项目投资回报率。二是在税率适用等存在争议的事项上,缺乏明确指引。公益性PPP项目中政府采购服务费的税率是适用服务业收费、无形资产还是分期销售不动产,税法没有明确规定,各地方的理解不同。"营改增"后,BT模式运营的项目中,项目转让时收入的定性不同也决定了适用不同的增值税税率和政策。如果按建筑业,增值税税率为10%(2018年5月1日后),按扣除取得时的原价或作价后的差额征收;如果按服务业(代理业)或金融业,增值税税率为6%;《纳税人转让不动产增值税征收管理暂行办法》(国家税务总局公告2016年第14号)规定,如果按销售不动产处理,则适用5%的征收率和预征率;如果建筑公司相当于项目公司,承建项目完成后转让,则按建筑业10%的税率全额征收。

另外,虽然增值税没有专项优惠,但专享优惠政策已经散见于行业优惠政策之中,PPP项目涉及的行业众多,很多项目收益较少,依靠政府付费的项目一方面将补贴作为主要收入,另一方面还需就补贴缴纳税费降低了收益。项目公司取得的政府付费或者以贴息、财政返还、土地开发、收益补贴等形式给予的财政补贴,税法并未明确定性。此外,增值税还存在税收政策变动问题。根据《财政部、国家税务总局关于印发〈资源综合利用产品和劳务增值税优惠目录〉的通知》(财税〔2015〕78号),污水、垃圾处理项目的增值税优惠由免税变为即征即退70%。污水处理是关系国计民生的公益事业,大多属于特许经营。增值税税收政策的改变,加大了PPP模式下污水处理项目的风险,降低了回报率,影响了民间资本的投资意愿,增加了地方政府PPP项目的融资成本。

3. PPP项目的特殊税务问题

除项目周期内主要的税务问题外,PPP项目实施过程中还有一些较为常见的特殊问题,税务问题涉及从项目投资到退出的各个环节。问题主要集中于增值税和所得税的认定方面,增值税由于进项税额抵扣政策存在盲点,企业实际操作过程中无所适从,希望能够将可以抵扣的部分尽量多抵扣。所得税问题则是整个PPP产业链在收入认定上的一些障碍给投资、运营和退出造成的税收风险。例如,增值税的代表性问题之一是,如果BOT项目确认为金融资产不确认固定资产是否形成进项税额抵扣,目前没有明确的规定,可能的选择是参照无形资产一次性抵扣,或参照不动产分期抵扣,也可能不抵扣。对这一适用问题缺乏明确的标准,企业存在涉税风险。所得税的主要问题在于收入不征税的标准认定,《中华人民共和国企业所得税法》规定,财政拨款、依法收取并纳入财政管理的行政事业性收费、政府性基金、国务院规定的其他不征税收入无须缴纳所得税。对于从政府处取得的政府补助等收入,《关于专项用途财政性资金有关企业所得税处理问题的通知》(财税〔2009〕87号)指出,凡同时符合以下条件的,可以作为不征税收入,在计算应纳税所得额时从收入总额中减除:企业能够提供资金拨付文件,且文件中规定该资金的专项用途;财政部门或其他拨付资金的政府部门对该资金有专门的资金管理办法或具体管理要求;企业对该资金以及该资金发生的支出单独核算。PPP项目很多引入了基金投资,有限合伙基金关注的一个重大问题是股息红利免税政策。目前税收政策对于法人合伙人收到该形式的收入是否应该缴纳企业所得税没有明确的规定。是否缴税理论上需要运用穿透原则,如果能够穿透最终合作人则可以享受免税政策。地方政策对这一部分已有指导规定,如《北京市人民政府关于创新重点领域投融资机制鼓励社会投资的实施意见》(京政发〔2015〕14号)第34条规定:"新增PPP项目要将现行的财政运营补助政策转变为政府购买服务,按照主营业务计入收入。"实务当中税务问题与时俱进,代表性税务问题总结如表9-2所示。

表9-2 PPP项目存在的主要税务问题

事项	具体税务处理	存在问题
BOT项目确认为金融资产不确认固定资产	按照现行政策不抵扣进项税额	巨额进项税额无法抵扣
项目公司自行立项建设并拥有基础设施所有权,可能无法完全抵扣进项税额	无票成本如征地支出,不抵扣进项税额	销项多,进项少
资产二次转移,即存量资产在政府和项目公司之间二次转移(TOT项目)	按照现行政策,均涉及增值税、企业所得税、契税、印花税、土地增值税等	双向征收导致负担较重,政府方受限于开具专票或进项税额抵扣,购买成本增加
明股实债问题	是否适用实质课税原则	具有税务风险
有限合伙基金持有架构	有限合伙人是否穿透合伙企业享受居民企业股息红利免税政策	法规不明确,存在重复征税风险
政府付费(可行性缺口补助)的收入定性问题	属于政府补助? 属于企业主营业务收入? 属于投资回报?	法规空白(北京已明确为主营业务收入,增值税和所得税均需缴纳)

(续表)

事项	具体税务处理	存在问题
股利让渡,即政府与社会资本方分红比例与持股比例不一致,政府向社会资本让渡股利	视同股利性质收入? 按照政府补贴收入处理? 视作投资收回?	法规空白,基层税务机关的解释易带来争议
资产证券化(社会资本退出方式)	是否构成权益转让而需缴纳所得税和增值税	法规空白

资料来源:吕敏,廖振中.税收中性视野下PPP的税收制度嵌入路径[J].税务研究,2017,(05):68-71.

9.2.4 会计规则缺失,难以真实反映项目资产及负债

1. PPP项目政府会计规则缺失,项目债务被"隐藏"

目前中国并没有专门的PPP政府会计准则或监管制度。2015年4月,财政部发布的《政府和社会资本合作项目财政承受能力论证指引》要求财政部门按权责发生制会计原则,对政府在PPP项目中的资产投入以及与政府相关的项目资产进行会计核算,并在政府财务统计、政府财务报告中反映;按收付实现制会计原则,对PPP项目相关的预算收入与支出进行会计核算,并在政府决算报告中反映。但并未说明如何可靠地反映PPP项目财务状况与经营成果。2017年4月公布的《政府会计准则第5号——公共基础设施》,适用对象限定为"政府会计主体为满足社会公共需求而控制"的公共基础设施,而"采用政府和社会资本合作模式形成的公共基础设施的确认和初始计量,适用其他相关政府会计准则"。目前针对PPP模式的会计准则尚未出台,政府方权责发生制会计核算还无据可依。

《政府会计准则——基本准则》和《政府和社会资本合作项目财政承受能力论证指引》要求政府预算会计实行收付实现制,财务会计实行权责发生制。计量基础的不同必然导致实践中政府部门会计核算的混乱,不利于政府真实地向公众报告其公共受托责任履行状况。项目公司按照《企业会计准则解释第2号》(财会[2008]11号)对BOT业务的规定,依是否有固定付费把PPP项目确认为金融资产或者无形资产,高杠杆的PPP项目债务既不计入政府的资产负债表也不计入项目公司的资产负债表,财政承受能力评价又可以通过调整运营期限等方式设计,保证不超过一般公共预算支出10%的红线要求。中国政府付

费 PPP 项目的会计处理是以收付实现制为基础的。然而,收付实现制基础低估了购买力平价给政府带来的财政成本和风险。正因为中国缺乏处理 PPP 项目资产和相应负债的会计准则,PPP 项目下的负债没有被视为政府负债,从而使 PPP 项目成为一些地方政府的"表外"融资工具,甚至为一些地方政府"隐藏"债务提供了便利(陈新平,2017)。

与国际公共部门会计准则 IPSAS32 可能会对 PPP 协议的经济实质进行错误的呈现,带来披露过度的问题不同,中国相关准则缺失带来的主要是信息披露不足的问题。2017 年 12 月,中央经济工作会议提出三大攻坚战,"防范化解重大风险"是其中之一,地方政府债务风险又是重大风险的关键环节。有的地方政府运用 PPP 模式进行融资,债务不在政府方报表列示,对财政风险的评估容易过分乐观。现有准则既没有反映政府方在特许经营模式下的资产和负债,也无法反映政府方在单纯作为服务和管理的长期合同(如 O&M 与 MC 模式)下的长期负债,导致业务没有反映在政府部门报表上,对宏观经济决策造成不利影响。

2. PPP 项目参与方投资表外化

PPP 项目一般是通过设立项目公司作为中间平台来完成融资、建设和运营过程的,这个中间平台的参与方包括社会资本与政府机构代表。项目公司根据《国务院关于调整和完善固定资产投资项目资本金制度的通知》(国发〔2015〕51 号)等对固定资产投资项目资本金的要求,筹集资本金并进行债务融资,进而实施整个项目的建设和运营过程。在这个结构模型里,项目公司以公司制为组织形式,政府方出资代表、银行等金融机构和建设运营商三者直接或间接持有项目公司的股权。而各自不同的诉求通过对合并财务报表控制规则的"灵活运用",实现项目资产出表的目标,进而减少表内负债规模。

首先,政府方及其出资代表的诉求是以低股权投入,回避项目资产并表。按照相关规定和政策,政府方在项目公司中出资比例较少(甚至不做投入),其主要承担监督和引导职能,以不谋求经济收益和实施管理为目的,准公益性色彩较浓,因此难以符合会计上"控制"的标准。从前述分析以及目前政府去杠杆的政策周期和大环境来看,其对 PPP 项目公司高企的资产负债率是唯恐避之而不及的。而规避掉这部分负债有着合理的政策依据,如《PPP 项目合同指南(试行)》规定,项目公司可以由社会资本出资设立,也可以由政府和社会资本共同出资设立。但政府在项目公司中的持股比例应当低于 50% 且不具有实际控制力及管理权。现实中还存在规避监管而产生的违规操作,如许多政府融资项目

（其中包括不少PPP项目），政府方以明示或暗示的方法，以到期回购承诺、流动性支持、保证或者其他各类变通的方式为社会资本方的本金（包括收益等）提供保障，甚至成为业内普遍认可的一种融资条件。

其次，基金公司将投入资金认定为金融负债，选择不合并报表。《企业会计准则第33号——合并财务报表》规定，基金核算不适用于投资性主体豁免条件，因此以控制的判断来确定合并报表范围。控制是指投资方拥有对被投资方的权力，通过参与被投资方的相关活动而享有可变回报，并且有能力运用对被投资方的权力影响其回报金额。采用有限合伙制基金法律形式，基于出资金额的表决权难以判断哪一方拥有权力。银行通过理财产品等表外资金，通过PPP产业基金投资PPP项目，基金层面来看所有条款均指向固定收益而非可变回报，按照《企业会计准则第22号——金融工具确认和计量》对金融负债的定义，"向其他方交付现金或其他金融资产的合同义务"，符合"金融负债"的定义，因此将该部分确认为金融负债，不对项目公司进行并表。除特殊情况外，金融机构等社会资本合并报表层面仍分类为金融负债。当然，对可变回报的判定可能采用实质重于形式的方式认定可变回报的经济实质，固定回报不仅限于名义上的固定，例如优先合伙人投入的资金一般为获取固定的收益，但是也存在因项目亏损而无法按计划取得回报的可能性，因此也属于可变回报（陆京泽，2017）。

最后，建设运营商（施工企业）往往将不并表作为参与条件。根据以上对社会资本方的角色分析，从参与各方的角色功能以及项目收益和风险承担角度来看，在这个预设的模型中，建设运营商在许多方面无疑是更加接近控制权的定义和标准的。但在PPP项目实务中，一方面，提供建设或运营服务的企业以国有企业居多，它们多受到《关于加强中央企业PPP业务风险管控的通知》（国资发财管〔2017〕192号）的规制，要求明确相关子企业PPP业务规模上限，资产负债率高于85%或者2年连续亏损的子企业不得单独投资PPP项目。PPP项目的大体量和高负债属性，一旦进行并表，就可能触发这些指标限制，进而使融资和项目实施受到影响。另一方面，从资产运营效率及财务指标优化、财务风险等角度考虑，避免并入期限漫长、收益偏低的"重型"资产，可能更加符合社会资本方的利益和诉求。因此，实践中参与方很可能将不并表作为重要的诉求之一而采取抽屉协议和结构安排等手段。

9.2.5 PPP 项目监管力量薄弱,滞后于发展需求

1. 监管部门分散,监管能力不足

一是监管职能重叠,多头交叉管理。由于 PPP 项目和传统政府投资项目在监管上是并行交叉的,PPP 项目监管分散在财政、发改、规划、国土、环保、住建、审计、监察等多个行政部门,当对某一事项监管适用不同的监管依据时,就可能导致多头管理。这与中国 PPP 模式发展的历史有关,早期的 PPP 项目主要是发改委牵头审批的特许经营项目,之后住建部在基础设施领域发挥了巨大作用,最近一轮的 PPP 模式快速发展主要由财政部和发改委推动。PPP 项目在顶层设计上缺乏一致性,而到了实施层面,部门之间监管责任边界缺失,监管职能交叉或监管缺位,最终导致行政监管效率低下,公共利益受损。

二是监管能力不足,人员专业程度低。目前 PPP 项目运作过程中存在"头重脚轻"的问题,地方政府普遍比较重视前期工作,如 PPP 项目识别、准备和采购阶段,而对项目建设、运营以及移交阶段的监管重视不够,行政人员对后期监管的专业能力储备也略有不足。PPP 项目多被视为一种融资手段,缺乏人才培养和引进的动力,往往寄希望于中介机构的力量实现有效监管,但中介机构的专业性在市场高速发展的情况下良莠不齐,很多项目的监管机制设计过于简单和同质化。在监管机构的业务能力普遍低于中介机构的背景下,监管实效性缺乏可靠保证。

三是外部监管缺乏,公众参与度低。当论及公众参与时,不能简单地把参与缺乏归因于制度设计不合理或者信息公开渠道缺乏,监管体系构建的重要因素之一就是培养外部监管的意识,让利益相关方首先意识到 PPP 项目的影响。由于公众对 PPP 项目的监管责任意识不足,极少有人把自己作为项目的参与者,利益相关方在项目前期大多意识不到监管不足的影响,只是在产生严重的不良后果时才进行问责,而提前监管的效果远胜于事后申诉。此外,地方缺少公众与政府之间的互动平台,执行过程中虽然信息是公开的,但是社区民众对相关公开政策并不了解,缺乏互动与沟通机制。因此,外部监管流于形式,监管机制有待完善。

2. 招投标制度不适应需求,监管权力存在滥用

一是招标自主权过大,损害招投标公平性。招投标问题主要产生在投标人资格条件的设定是不是量身定做以及"两标并一标"是不是合规等问题上。PPP 项目资格条件设置的量身定做,让招投标工作形式化。过多的财务指标、

业绩指标、资质条件、商业信誉等实质性条件的设置容易产生量身定做资格条件问题,加上财政部门文件对PPP项目采购采用更具效率性和灵活性的立法思路,并给予采购人(实施机构)更多的自主权,如允许采用竞争性磋商政府采购方式、允许资格预审时对潜在社会资本进行考察、允许未参与资格预审的潜在社会资本直接参与投标、允许社会资本在资格预审和评标环节直接指定评审专家,容易引发政府和社会资本之间串通投标的风险。从中标社会资本的实际情况来看,行业出现了两个极端,其一是大企业通吃现象,人为设置太高门槛;其二是小企业"蛇吞象"现象,针对特定企业资质设置招投标条件。这些不合理的要求甚至出现在国家示范PPP项目中,值得行业警醒和重视。按照《中华人民共和国招标投标法实施条例》第九条"通过招标方式选定的特许经营项目投资人依法能够自行建设、生产或者提供,可以不进行招标"的规定,特许经营项目投资人才能享受"两标并一标"的政策优惠,事实上很多PPP项目并不具有特许经营性,这也存在通过公开招标确定的社会资本(不具特许经营权)"两标并一标"的法律风险。2017年年底,《全国人民代表大会常务委员会关于修改〈中华人民共和国招标投标法〉、〈中华人民共和国计量法〉的决定》(中华人民共和国主席令第八十六号,以下简称"86号令")由全国人民代表大会常务委员会授权通过,2017年12月28日起正式施行。86号令带来的主要变化是招标代理资质取消,市场开放,但短期内市场规范将面临很大的挑战;另外,新修改的招投标法规定,"招标人可以授权评标委员会直接确认中标人,或者在招标文件中规定排名第一的候选人为中标人,并明确排名第一的中标候选人不能作为中标人的情形和相关处理规则"。招投标自主权的扩大给招投标公平性带来的挑战较修改之前更大。

二是同级部门间利益相关,项目审批形式化。PPP项目有两种发起方式,一是由政府方发起,二是由社会资本方发起,从法律文件规定和实践来看,绝大部分项目由政府方发起;项目的可行性研究由发展改革部门批复。按照目前PPP项目由政府方发起、同级人民政府发展改革部门立项批复的工作模式,PPP项目可行性研究实际沦落为"可批性研究"。这种立项批复模式造成了项目环评、社会风险评价、土地规划等立项前置工作未完成就已经批复通过的现象。极端的案例中,个别财政支出千万元的乡镇,竟然动辄敢以实施机构名义运作十亿级的旅游开发项目,其中,仅旅游公路两边的民房外立面改造子项目就达数亿元。而对摆在面前的类似立项批复材料,当开展物有所值评价和财政可承受能力论证的PPP项目评审专家提出质疑时,往往面临政府方严苛的回应,不得不妥协(汪才华,2017)。

9.3 新形势下推进中国 PPP 模式发展的建议

9.3.1 加速推进 PPP 立法,建立多层级制度规范体系

PPP 立法涉及多方主体,其立法过程就是不同主体在不断博弈中形成利益契合点并达成共识的过程。PPP 立法的目的一是推动投融资体制的改革和政府治理模式的转型,二是解决 PPP 模式与现行法律法规之间的冲突。以民商为基础的定位是近年来有关各方在 PPP 模式推广和落地方面形成的共识。PPP 法律应以民商为基础构建法律关系、以运营为中心明确权利义务、以公共服务能力建设为目标创新合作机制、以风险防控为抓手构建经济监管新机制(刘尚希等,2017)。中国对 PPP 模式的管理政策经验非常丰富,PPP 立法应借鉴现存政策的精华,让政策管理过渡到法律规制的过程中体现政策的延续性。政策转换为法律要经得起合法性和正当性的考量,由于政策制定主体、内容、效力和程序的特殊性,政策制定的法制化和民主化通常从规范政策制定程序入手,强调加强公众参与、公开透明和问责。只有通过公开透明、利益博弈和民主程序的协商,公共政策才能民主科学,才能得到更好的接受和执行。

全球著名研究机构英国经济学人智库受各多边金融机构委托,定期对全球主要国家和地区应用 PPP 模式的成熟度进行评估,其中非常重要的一项指标就是从四个方面去评估法规框架:一是相关法律政策的一致性和一贯性;二是决定采用 PPP 模式的决策机制;三是采购过程的公平和透明;四是争端解决机制(肖光睿,2018)。中国具有制度的特殊性,立法过程不能照搬国际经验,但国际上对一个国家应用 PPP 法规框架评估的内容为中国制定相应规范提供了参考维度。

PPP 规制对象复杂、目标复杂,因此只有立体的规制体系才能够满足需求。PPP 法律作为唯一的规制手段难以适应层出不穷的新问题,更可行的做法是在多层次的规制工具中找到适宜的方法因地制宜地处理特殊问题。[①] 2014 年,亚洲开发银行在给相关政府部门的政策建议中提出,采取包括法律、政策、操作指南和分行业合同在内的规制金字塔方案,PPP 法律主要起到规范以及制度的框

[①] BROWN C,SCOT C.Regulation,public law,and better regulation.European Public Law 2011,17(3):467-484.

架作用,而 PPP 政策主要发挥引导、扶持作用,针对项目的操作指南发挥操作指引和工作手册的作用,相应的 PPP 分行业合同发挥配置权力义务、分配风险的基础作用。相较于法律所必需的确定性、权威性和连贯性要求,政策具有创新性、导向性和灵活性特征,可以更好地适应 PPP 模式推广探索的需求。而比政策更具实操性的是操作指南和评估指引等,其对法律和政策进一步阐释,并落实到具体的操作层面,虽然强制力不及法规、政策,却具有很强的指导性和示范性,对实践和专业经验欠缺的地方政府和社会资本作用巨大。而在规制金字塔底端的 PPP 分行业合同,是 PPP 项目合作的基石。过去三年 PPP 模式在中国快速发展的过程中,PPP 行业政策、操作指南和参考合同从无到有实现了长足的发展。而作为 PPP 规制金字塔塔尖的 PPP 法律,当然应有别于其他不同层级规制工具的特征和功能,既要考虑合同的细节问题,又要平衡政策间存在冲突的现实问题。

从短期来看,应在统御前期各类政策的基础上制定 PPP 条例,以便为后续将条例进一步上升为法律的过程留下空间:一是通过条例的确定性、权威性和可预见性来明确市场对 PPP 模式在中国长期发展的预期,以增强社会资本的信任感和安全感,规范和促进市场发展;二是通过位于规制金字塔上层的条例,来规范和引领整个法规政策框架,改变目前 PPP 政策繁多、效力低且彼此冲突的现状;三是通过高位阶的条例,协调 PPP 实践中涉及的投资、价格、财政、税收、金融、土地管理、国有资产管理等领域的法律法规及政策;四是通过立法界定政府和市场的关系,约束政府的权力,以增强政府信用;五是通过对采购和争端解决等关键要素的规定,调和各方利益和合理分配风险,保障社会资本利益,实现多方共赢。从长期来看,PPP 立法应统御全局,形成具有行业最高约束力的核心法律,从条例上升至 PPP 法律,从继往政策实践中汲取优秀的经验,形成以合同为中心,涵盖合作伙伴关系、PPP 流程、政企权力与责任、税收、法律保护等的完整的独立法律体系。

9.3.2 合理定位 PPP 模式,强化金融支持与监管

1. 正本清源,有序可控,推动公共投资转型

PPP 模式引入社会资本对项目进行运营管理,大大减轻了政府的财政和管理负担,同时改变了公共投资以政府投入为主的模式。应该看到,PPP 模式的异化是对其本质的过度延伸,在运用 PPP 模式与加大基础设施和公共服务领域投入上要取得平衡,正本清源。从 PPP 模式的本质出发,结合中国特殊的制度

和经济背景适度扩展这一概念的外延。PPP 模式的风险共担不仅仅是前期的约定,更意味着长期合作的营商态度和相互信任的契约精神,从设计阶段科学分配风险,到平衡参与方利益诉求与项目期限和成本接受能力的限制,项目合作回归 PPP 模式提升效率的本源。

从经济视角出发,PPP 模式的出现意味着公共部门投入降低,以及公共部门与私人部门通过签订合同实现资源共享,降低由于搜寻、信息不对称等导致的交易成本。首先,PPP 是一种长期的合作关系,城市基础设施建设成本较高,长期合作有利于降低公共部门的短期支出,长期稳定的收益有利于激励私人部门的参与热情。其次,PPP 是一种融资模式,但更重要的是一种制度创新,中国 PPP 模式发展过快,操之过急的后果是仅仅抓住了 PPP 融资模式的工具属性,却没有把该模式提高公共基础设施建设运维效率的功能发挥出来。PPP 的本质是一种公共服务供给的新方式,旨在提高公共服务的质量和效率,增进社会公众的福利。

PPP 模式应用于应由政府提供但政府提供效率低下的项目,集中在基础设施和公用事业领域。平台公司从事的业务领域与适宜采用 PPP 模式的领域基本重合。因此,以 PPP 模式推动平台公司改革具有操作基础。选择公益性和具有准公益性的项目采用 PPP 模式运作,可以有效降低政府当期财政支出,将财政支出拉长到项目运作的时间段里,减少地方政府通过短期借贷用于长期支出的期限错配问题,在一定程度上也可以缓解地方债务问题(武若思和王春成,2014)。这一类项目类别多、具体项目差异大、项目所在地财政和债务情况各不相同,用 PPP 模式化解地方债务问题时要具体情况具体分析。当下 PPP 模式发展出现背离其本质的现象,但发展最终会走向正轨,在不断规范中逐渐回归 PPP 模式的本源。用 PPP 模式推动公共投资转型须遵循一定的前提条件:一是应将地方财力与公共服务需求相匹配。基础设施盲目赶超,基建为经济增长服务已经成为经济相对落后地区的一种常见现象。PPP 模式能够覆盖市场建设、基础设施、交通设施、保障住房等诸多领域的公共需求,但是地方政府偿债压力仅以 10% 的政策红线进行评估过于单一,应综合考虑地方经济发展潜力与财政负担,对于项目收益好的,可减少财政支出,适当采用 PPP 模式;对于项目收费时间已经接近晚期,同时地方财政偿债压力较大的,则没有必要运用该模式。二是应有序推动 PPP 项目。在 PPP 项目专业实施能力普遍不够强大的条件下,PPP 项目的实施要遵循先易后难原则,复杂项目由于边界不清晰,风险因素复杂且定价难以设计,补偿水平和频率都会影响项目成败,后续成本可能大于前期好处。此外,PPP 模式化解债务问题的功能应着眼于短期债务,不应着眼于长期债务。长期的财政情况难以评估,经济增长的不确定性很大,上马过多长期付费项目对财政风险累积的负面影响非常大。三是 PPP 总量控制应综合衡量。严守 10% 的政策红线,在防止 PPP 模式造成新的债务负担的前提下,应多角度衡量财政风险,防止古德哈特定律①下单一指标评价造成的信息价值丧失。

2. 多方面创新融资机制,完善金融支持体系

PPP 项目融资市场的管理在治理现有问题之余,应疏堵结合,重点在疏,有序进行融资机制创新,增强金融体系对项目融资的支持力度。PPP 项目融资机制的创新主要包括市场的培育、融资参与方的扩容以及金融工具的创新三个方面。市场培育方面,PPP 项目落地率不断提高,受制于参与方大多为中央和地方国有企业,以及银行资金寻求固定回报的需求,融资主要依赖于投资主体信用,未来应向依赖于项目信用转型,逐步改变以银行贷款为主的模式。另外,在项目股权融资市场上,既有的以银行债务性资金通过结构安排入股项目的方式面临监管限制,可寻求建立股权融资市场的方式为项目融资开辟新的交易场所,这也是当前证券监管机构着手推动的工作。2017 年 12 月,证监会在《关于建立 PPP 退出机制的提案》的回复中提到:"积极支持符合条件的股份制 PPP 项目公司在新三板通过挂牌和公开转让股份等方式进行股权融资。"如果项目股权融资市场进一步开放,那么将带来制度红利。PPP 项目交易所可以充分发挥二级市场让一级市场投资者退出的交易功能,同时交易所的信息披露规则可形成一个成熟 PPP 项目信息汇集和发布的平台,促进信息的公开和数据的汇总,达到促进 PPP 项目融资市场发展的作用。

融资参与方扩容方面,应逐步放宽参与准入条件,促进市场需求扩容。融资机制创新应丰富融资市场的股权参与者,海外投资基金和养老基金等对项目的投资占比较高,国内可适时开放海外投资基金投资于国内项目,并为国内养老基金等有获取长期股权回报的机构参与项目建立交易机制,同时丰富现有债权市场的参与者类别,提高资金供给能力。作为政府引导基金的中国 PPP 基金和各地政府引导基金可以开办融资担保业务,如果项目出现财务风险或政府违约等政策风险,则由基金承担还款义务。这样既可以发挥政府引导基金对融资的增信和放大作用,又可以依靠商业性金融机构的专业性筛选、评估项目,提高

---

① 古德哈特定律(Goodhart's law)是指当一个政策变成目标时,它将不再是一个好的政策。

PPP 项目融资的效率。

金融工具创新方面,在现有的债券、资产证券化等业务的基础上应及时进行业务创新,探索如何使非标资产变成标准资产,实现可交易、可估值的目标。例如,可以尝试将项目标准化,设计更丰富的资产证券化产品,如通过将优质资产与相对较差的资产组合发行资产证券化产品等方式为投资者提供风险可控、回报较高的投资产品,这样既可以分散投资者风险,又可以为投资市场扩容,实现更多 PPP 项目的投资退出。

3. 加强金融风险管控,建设长期监管能力

金融监管在 2017 年不断加码,财政部出台多项文件规范地方政府融资行为。2017 年上半年,财政部连续发布《关于进一步规范地方政府举债融资行为的通知》(财预〔2017〕50 号)、《财政部关于坚决制止地方政府以购买服务名义违法违规融资的通知》(财预〔2017〕87 号)等一系列重磅文件,禁止各地方政府违规融资行为,并坚决杜绝明股实债、政府兜底回报等不规范行为。而"一行三会"明确禁止银行利用通道业务将理财产品投资于 PPP 项目。2017 年 11 月出台的《关于规范金融机构资产管理业务的指导意见(征求意见稿)》第二十一条规定,"资产管理产品可以投资一层资产管理产品,但所投资的资产管理产品不得再投资其他资产管理产品",这对多层嵌套[①]的 PPP 理财参与影响巨大。国资委在《关于加强中央企业 PPP 业务风险管控的通知》(国资发财管〔2017〕192 号)中针对中央企业参与 PPP 项目提出了包含负债率红线、禁止中央企业投资资管产品劣后级份额等在内的多项要求。财政部根据《关于规范政府和社会资本合作(PPP)综合信息平台项目库管理的通知》(财办金〔2017〕92 号),已经启动对总投资超过 17 万亿元的万余个 PPP 入库存量项目的集中清理,以清退不合规项目,并要求在 2018 年 3 月底前完成清理。各地财政部门着力整理地方项目库,清退不合规项目,同时还连带引发了银行业对手头项目的整改。银行目前已经全面暂停包括资本金融资和项目贷款在内的所有 PPP 项目融资业务,进行全面的风险排查。[②] 金融监管的强力介入,给火热的 PPP 市场快速降温。但同时也反映出监管存在的问题,即监管行为注重短期效果,在市场过热时加强监管,在市场萧条时放松监管,并未在制度建设上下足功夫,监管政策应在短

---

① 多层嵌套是指资金通过结构化产品投资于实业之前,出于监管合规或经济效益等原因,先投资于资管产品、信托、基金等通道进行一层或多层交易结构设计形成的复杂嵌套结构。
② 候潇怡、黄斌.PPP 业务"速冻"银行热情消退静待行业规范化、专业化[EB/OL].[2018-01-09].http://epaper.21jingji.com/html/2018-01/05/content_77886.htm

期内遏制风险扩散的基础上着眼于长期监管能力的建设。

9.3.3 明确税收激励,建立 PPP 税务管理指引

1. 明确关键纳税问题,修改争议税收条款

针对 PPP 项目的税收优惠问题,财政部在《关于支持政府和社会资本合作(PPP)模式的税收优惠政策的建议》(以下简称《建议》)中提出,PPP 项目主要免除两个环节的税收:一是免除 PPP 项目在项目公司成立阶段发生的有关资产转移所涉及的税收;二是免除 PPP 项目执行到期后发生的有关资产转移所涉及的税收;同时提出将 PPP 项目融入现有的税收制度体系,明确税收优惠政策。《建议》稿称,PPP 项目从政府方取得的专项用途财政性资金,符合政策规定的还可以作为不征税收入,在计算应纳税所得税额时从收入总额中减除。《建议》稿还对 PPP 项目税收优惠的对象做出了要求。针对现阶段存在的涉税问题,建议税务征管与立法部门尽早明确一些关键性的纳税问题。

从税法的角度对 PPP 项目公司收入的定性以及项目终止后资产或股权转交的认定,对整个 PPP 项目的税收成本影响很大。随着中国 PPP 项目规模的迅速扩张,这一问题亟待解决。对于 PPP 项目公司的收入,需要有权威的解释,尤其是来自政府的收入是否应当缴税,如果应当缴税,则是根据收入性质的差异来分解进而分别纳税,还是简单地制定一种税率,统一纳税。一个更可行的办法是先不区分收入来源,上述营业收入性质的收入将由 PPP 项目资产的最终接收方支付;对投资回报性质的部分,按建筑业增值税支付建设成本;经营管理服务和货币时间价值收入,按服务业缴纳增值税。一般来说,PPP 项目资产的最终接受者是政府,由此产生的重复征税将通过退税或减免予以规避。

2. 建立税务管理指引,制定税收激励办法

税收制度与 PPP 法的整体框架存在交集,需要解决的是两者嵌入过程中的摩擦,即不适应 PPP 发展的税收制度如何改革和如何重新制定的问题。与国际横向比较可以发现,PPP 税收制度的嵌入路径通常有两类解决方案:一类是在 PPP 有关的专项立法中进行规范,有利于将税收制度嵌入 PPP 整体的法制框架之中去评估政策绩效,如德国 2005 年颁布的《公私合作促进法》包含了针对私人经营者的税收优惠和免除;另一类是立足于税收中性与公平原则,认为现行税收制度对公共基础设施和公共服务领域已经给予了一系列优惠政策,这些政策零散分布于财税与国税的税收优惠政策文件之中,如针对与垃圾处理、污泥处理、污水处理、工业废气处理等特殊行业相关 PPP 项目的税收优惠,包含了增

值税与所得税等方面。

中国针对 PPP 专门修订立法的成本巨大,PPP 法也不宜涵盖过多内容,因此可采用第一类的过渡形式,出台 PPP 税务管理指引。首先,从政策供给层面出台优惠行业目录,灵活采用先征后返、税收减免的方式避免对项目公司重复征税。其次,对 PPP 不适用或者不合理的所得税法规及时在 PPP 税务管理指引中进行调整。比如,PPP 项目亏损弥补期可根据项目特征调整为 10—20 年,将税收优惠时点后置,不从取得第一笔收入的年度而是从盈利年度开始计算,以及适当延长 PPP 项目的税收优惠年度等。从长远来看,PPP 立法完成后需制定专门的 PPP 项目增值税税收优惠办法。欧盟对 PPP 项目的增值税有专门的规定,其中政府的增值税返还力度较大。未来立法应借鉴国际经验,综合考量制定相关优惠管理办法及政策。

9.3.4 完善会计规则,强化会计治理作用

1. 制定政府 PPP 准则,推进政府财务报告编制工作

国际财务报告准则(IFRS)下没有专门针对 PPP 的会计准则,而是采用了 IFRIC12 作为私人部门会计处理的依据。英国财政部和财务报告咨询委员会(FRAB)随后颁布了与 IFRIC12 形成"镜像对照"的政府部门会计处理办法。国际公共部门会计准则理事会(IPSASB)也在 2008 年的咨询文件中提出了大体一致的处理方案,随后在 2010 年 2 月发布征求意见稿,并最终于 2011 年成稿发布 IPSAS32。至此,国际公共部门会计准则(IPSAS)与国际会计准则(IAS)形成了完整的对照处理关系,符合特许权控制条件的资产在会计处理上要求在公共部门与私人部门中的一方账户之上,理论上不会出现孤儿资产的问题,同一资产重复出现在双方账簿上也被避免。除 IPSAS32 外,PPP 项目的会计处理规范还包括多种模式。国际货币基金组织的财政事务部(The Fiscal Affairs Department,FAD)曾提出采用公共部门投资负债出表的核算方案,即将 PPP 视为公共部门对项目的投资,政府方资产负债表记录项目净资产,而政府方为获得资产而承担的向私人部门支付的金融负债则不予记录。[1] 不确认负债的理由是私人部门运营方依然是资产法律上的所有者,因此不能向政府方确认一项债权。另外,按照财政部 2017 年颁布的《政府会计制度——行政事业单位会计科目和报表》

---

[1] NAVARRO A M. The treatment of public-private partnership assets in the GFSM 2001 framework.IUF Research Paper,2005;7.

的规定,"无偿调拨净资产"科目核算无偿调入的长期股权投资或者资产与所支付对价的差额,在无偿调出时反向记账,每年年末将余额结转至"累积盈余"科目。如果将政府付费模式确认对应负债,而使用者付费或者混合模式不确认部分按照无偿调入长期股权投资理解,则取得PPP项目资产时确认对应初始金额的净资产,未来期间支付时减记。国际货币基金组织的方法出于简便,没有将项目资产权属这一根本问题考虑在内,因为大多数项目使用者付费部分都签订了保底流量条款,隐含了现金流出的义务,因此类比确认为净资产不符合现有制度拟定的情形,在最不利条件下项目付费的大部分依然可能由政府方承担,按资产金额认定为净资产难以成立。总体而言,面对质疑和其他会计处理方案,IPSAS32对资产与负债的处理逻辑虽然存在缺陷,但相对而言已更准确地反映了政府方的资产与负债。中国制定PPP会计准则时可适当借鉴IPSAS32的处理逻辑,但在核算范围和披露方式上应考虑中国PPP模式发展的特点。从改进披露不足角度来看,美国地方政府会计准则(GASB)下核算的特许权较IPSAS体系更为狭窄,但联邦政府层面PPP信息披露准则(SFFAS 49)认为,应考虑PPP业务的全面反映和可比性,将更广义的PPP纳入联邦政府会计核算当中。为解决PPP项目资产与负债都不计入政府方资产负债表的问题,可采用IPSAS32对称会计模式改善报表信息质量,虽然可能存在过度报告的问题,但能较好地反映负债的长期风险,是现实的次优选择。

从中国地方债务管理全面规范PPP的需求出发,可在PPP准则中为其他业务模式提供会计指引,在中国权责发生制准则还不健全的条件下,最大化单一准则效果。除此之外,还应在准则中提供分类信息披露要求,区分长期与短期债务责任,以利于信息使用者更好地使用会计信息制定决策。准则制定并非一蹴而就的,准则制定机构制定政府方会计准则时应充分评估PPP准则及后续配套准则的经济影响,以便为修订准则条款和准则发布及实施的进度安排提供决策依据,最大限度地避免消极经济后果带来的影响。此外,应加快政府综合财务报告的编制,将PPP项目下的资产和负债计入政府方资产负债表,并利用现行的地方政府债务限额管理制度,设定各省、市、县总投资规模的上限,以防范部分地方政府滥用PPP模式,扩大政府债务统计范围。

2. 完善企业会计规则,强化会计治理作用

IFRIC12较为充分地阐述了运营方的会计处理规范,并采用"控制"原则确定协议资产的会计确认问题,中国可在修订企业会计准则时借鉴IFRIC12关于特许经营协议运营方资产确认的相关规则。IFRIC12出台前,国际上主要采用

"风险报酬法"规范运营方的会计处理。在风险报酬法下,运营方根据自身对风险的判断进行会计处理,一方面主观性较强,另一方面运营方具有较大的可操纵空间。IFRIC12 以控制为基础,当满足控制条件时,基础设施不得确认为运营方的不动产、厂房和设备,而应由授予人将相关资产以公允价值为计量基础在资产负债表中予以确认。中国在制定 PPP 项目会计处理规范时,应避免风险报酬法带来的弊端,借鉴 IFRIC12 采用控制法对运营方的会计处理予以规范。控制的内涵可以从两方面加以规范:第一,授予人在服务内容的确定、服务对象的选择以及服务价格的调整方面,能够对运营方实施控制或监管;第二,授予人在服务特许协议结束时可以通过所有权、受益权或者其他方式对项目设施的重大剩余利益加以控制。当满足以上任一控制条件时,运营方不得将基础设施列为不动产、厂房和设备,而应按照不同情况列示为金融资产或者无形资产。如果运营方具有向授予人或按照授予人指示收取现金或其他金融资产的合同权利,则按照金融资产核算;如果运营方具有向公共服务使用者收费的权利,则按照无形资产核算。

多种资产属性并存时,一项特定的 PPP 项目既可以确认为无形资产,也可以确认为金融资产。此时企业可以根据需求任意选择不同的资产属性,以满足财务目的。因此,中国在制定 PPP 项目会计处理规范时,应借鉴 IFRIC12 的规定,对每种资产属性的适用范围和确认时点予以规范。当运营方建造或升级基础设施,在固定期间内运营该基础设施并获得协议约定的收入时,按照金融资产处理;当运营方建造或升级基础设施,在建造完成后的固定期间内运营该基础设施并向使用者收取费用时,按照无形资产处理;同时严格区分因提供服务向授予人收取现金和因提供公共服务向使用者收取费用,分别确认为金融资产和无形资产,从而降低企业操纵利润的空间,保持相似项目之间财务指标的可比性。

PPP 项目伙伴关系的形成和维系需建立在彼此认知和信息真实可靠的基础上。信息披露不完整或不真实将导致社会公众无法获知 PPP 项目的真实成本和运营状况,不利于外部监督;政府部门也不能更好地监控项目实际运营状况,增加监管难度。IFRIC12 要求按照《国际会计准则解释公告第 29 号——特许经营协议:披露》,对特许服务协议的分类和以建造服务换取资产(包括金融资产和无形资产)的期间内所确认的收入和损益予以披露。PPP 特许经营协议以公私合营为基础,双方伙伴关系的形成和维系需要建立在彼此认知和如实反映相关信息的基础之上。如果运营方信息披露不完整或不真实,则很可能为利益相关方提供道德风险和机会主义行为的空间,影响投融资决策。中国在制定信息披露相关规范时,应借鉴 IFRIC12 和 IPSAS32 对信息披露的要求,完善 PPP 信息披露机制,强化授予人和运营方的信息披露,从涉及的相关风险、或有事项、绩效披露等方面对特许经营协议安排,可能影响未来现金流量的金额、时间和确定性安排的重要条款进行全面、真实、持续的披露,从而增加运营方项目的信息透明度,提高项目实际成本和政府跨期预算约束评估的准确性,满足利益相关方的决策和监管需要,增强各相关方尤其是社会资本的信心,进而更好地约束各级地方政府的履约意愿和履约能力,提高财政资金使用效率。

9.3.5 完善 PPP 监管体系,提高相关信息透明度

1. 建立联席会议与专家咨询制度,保障项目高效顺利推进

PPP 项目的主要特征之一是长期合作,因此监管工作覆盖项目整个生命周期。PPP 项目监管的负责部门是项目实施机构,即政府或其指定的有关职能部门或事业单位负责项目的准备、采购、监管和移交等工作。当前中国经济已经进入发展的新阶段,经济增长需要改变投资依赖,PPP 模式在基础设施投资中具有重要作用,但存在杠杆增加、风险过大、效率低下等问题,单靠某一部门难以解决当前行业实践中的复杂问题,因此需要部门间协作提升行业监管效能。另外,有效的市场机制应实现微观主体有活力、宏观调控有制度。当前政出多门,监管文件前后矛盾,市场主体呈现出国有资本、上市公司主导行业投资,行业缺乏竞争,以及政府与社会资本合作在监管之下活力不足等问题,监管政策的持续性和法制化既能够防止市场投机行为,又能够激发真正有竞争力的市场主体参与 PPP 项目。因此,由国务院主导,各部委参与,形成定期的联席会议制度是现有制度环境下的可行路径。

国务院主要领导作为联席会议召集人,财政部作为主导部门负责综合协调、沟通联络工作,督促落实联席会议工作计划。联席会议的目标是提升 PPP 项目质量与效率,主要工作内容包括:一是制定 PPP 行业工作联席会议成员单位主要任务分配办法,根据行业发展存在的新问题、新形势,明确各部委在 PPP 项目管理工作中的具体工作任务,将工作任务形成"配档表"作为任务进度管理机制,以防止各部门工作内容冲突,协调因职权交叉导致的政策制定争议。二是制定和修订 PPP 条例,将管理实践中优秀的政策实践、创新的管理方案以及行业法律规制等内容逐步在 PPP 条例中进行修订,并在行业发展较为成熟的阶段形成 PPP 法,报人民代表大会审批。三是推动政务效率提升,提高 PPP 行业

信息化水平，促进部门间行业监管信息共享，以科技创新和业务流程重组等方式提高市场参与的便利程度，优化社会资本准入监管、质量监管、价格监管、合同执行监管和绩效考核评估流程。联席会议制度定期举行，如月度联席会议。

此外，业界的专业力量不应仅在项目评审、课题研究与督导调研等方面参与PPP项目，还应切实参与到PPP项目监管的实践过程中。因此，组建一个为提升项目执行专业性和行政效率的专业智库显得十分必要。专家为发改委、财政部PPP专家库成员，由联席会议确认邀请名单，参与到具体的管理决策中。其职责是为PPP决策提供参考意见以及参与项目投融资与绩效考核，形成政务与业界的制度化沟通机制，提升PPP行政效率。PPP项目具有长期性与复杂性，应在发改委投融资审批、地方财政部门PPP项目预算审批和政府采购管理以及其他行业主管部门的管理事务中，增加专家咨询的流程，更好地发挥外部监督的协同作用。

2. 增强信息透明度，建立违规追责制度

建立多层次监管体系是PPP项目实施成功的重要保障，体现了项目利益相关方尤其是项目最终消费者参与项目的公平性和公正性。高质量的信息披露，对于PPP项目而言可以建立起政府和社会资本之间的互信，提升社会资本参与PPP项目的积极性；同时，信息披露满足了公众的知情权和监督权，有助于确保PPP项目遵循公共价值方向，提升公众对PPP项目的支持度。此外，信息披露能够提升项目运作透明度，有助于减少PPP项目中的腐败风险，促进PPP项目的健康可持续开展。而现阶段在招投标、项目审批、项目运营成本、政府方违约信息等方面均存在信息披露不足或者缺失的问题。PPP项目信息公开与信用监管之间的联动不够，在PPP项目的招投标、建设、运营、移交等环节如何运用信用监管目前还没有具体的办法举措。为将PPP项目信息披露落到实处，建议政府致力于建立全流程的信息披露制度，完善信息披露渠道和方式，加大对违规行为的惩处力度，以提升PPP项目的运作透明度，切实保障公共利益。

一是加强PPP项目立项阶段的信息披露，促进公众参与阶段前移。当前中国PPP实践中，信息披露大都是在形成项目实施方案之后，而在形成项目实施方案之前的项目立项阶段往往不会充分咨询社会各界的信息需求者，通常是方案决策在前、"咨询"公众在后，同时咨询的时间往往很短，难以达成信息反馈的效果，项目公众参与形式化。建议加强PPP项目前期尤其是在方案形成过程中的信息披露，促进公众参与阶段的前移，以更好地了解公众的诉求和价值偏好，使PPP项目实施方案更加符合人民群众的切身利益。

二是加强对违反信息披露规定的 PPP 项目的惩处力度。信息披露是保障公众知情权和监督权的基础和前提,近年来国家有关部门也对信息披露做出了明确要求。财政部、发改委《关于进一步共同做好政府和社会资本合作(PPP)有关工作的通知》(财金〔2016〕32 号)对披露信息的内容做出了规定,但没有就信息披露的监督和法律责任做出规定。建议进一步完善有关规定,加大惩处力度,切实促进 PPP 项目的信息披露(杨永恒,2018)。可结合实际情况建立公众监督平台,将有关 PPP 项目招投标、项目进度、项目运营情况在相关网络和媒体上公示,做好利益相关方参与后的结果反馈。

三是合理界定涉密信息界限,避免"涉密"成为灰色地带。信息披露的界限需要合理界定,国家机密在相关文件中有明确规定,如《政府和社会资本合作模式操作指南(试行)》就明确了涉及国家秘密、商业秘密的 PPP 项目合同条款可以不公开。商业秘密的界定则需要进一步明确,根据《中华人民共和国反不正当竞争法》的规定,商业秘密是指不为公众所知悉、能为权利人带来经济利益、具有实用性并经权利人采取保密措施的技术信息和经营信息。商业秘密中不应包含专利、商标、著作权等一般知识产权,商业秘密是主体义务特定的一种权利,如生产配方、技术诀窍和工艺流程,而一般知识产权的主体义务是不特定的,应予披露。对以交易结构等所谓商业秘密为由进行的信息公开的阻挠,都要提出质疑。信息公开是促进市场竞争、落实公众监督的重要手段,应避免以"涉密"名义逃避信息披露责任。

主要参考文献

[1] 澳大利亚全球基础设施中心.政府和社会资本合作合同风险分配[M].财政部政府和社会资本合作中心译.经济科学出版社,2017.

[2] 财税大观.PPP支出算地方债务吗?这篇将会给你答案[EB/OL].[2017-07-01].http://www.sohu.com/a/153758397_47332

[3] 财政部PPP中心.建设PPP金融大市场引领标准助力改革[EB/OL].[2018-01-04]. http://www.caigou2003.com/zhengcaizixun/PPPdongxiang/2825091.html

[4] 财政部PPP中心.在规范中引领PPP稳步发展——财政部公布第四批PPP示范项目[EB/OL].[2018-05-14].http://jrs.mof.gov.cn/zhengwuxinxi/gongzuodongtai/201802/t20180206_2806290.html

[5] 财政部政府和社会资本合作中心.PPP项目会计核算方法探讨[M].北京:经济科学出版社,2015.

[6] 财政部政府和社会资本合作中心.政府和社会资本合作项目会计核算案例[M].北京:中国商务出版社,2014.

[7] 蔡丽婷.完善PPP公共项目价格机制的路径探讨——以福建PPP公共项目分析为例[J].价格理论与实践,2016,(04):137-139.

[8] 蔡明秀.合作的建构:当前我国政府与社会资本合作(PPP)的问题研究[D].南京大学,2016.

[9] 蔡新民.高速公路PPP项目特许定价机制研究[J].价格理论与实践,2015,(09):100-102.

[10] 陈爱国,卢有杰.基础设施PPP的价格调整及风险分析[J].建筑经济,2006,(03):20-23.

[11] 陈冰蓉,王立光.台湾地区PPP法律法规研究[J].济邦通讯,2012,(34):20.

[12] 陈炳泉,等.香港基础设施融资模式比较研究[J].建筑经济,2008,(10):89-92.

[13] 陈聪.我国PPP立法研究[D].安徽大学,2017.

[14] 陈帆.基于契约关系的PPP项目治理机制研究[D].中南大学,2010.

[15] 陈贺阳.借鉴国际经验推动中国PPP项目信息公开[J].石家庄经济学院学报,2016,39

(03):91-96.

[16] 陈明艺,王璐璐.PPP项目中社会资本财政依赖性的博弈分析[J].建筑经济,2018,39(02):77-82.

[17] 陈晓燕.PPP项目融资模式探究:股权融资和债券融资[EB/OL].[2018-01-30].www.sohu.com/a/154343331_532149

[18] 陈新平.用好PPP会计监管"武器"防止地方政府融资"表外"化[N].中国财经报,2017-06-29.

[19] 陈友兰.基于PPP融资模式的城市基础设施项目风险管理研究[D].中南大学,2006.

[20] 陈月梅,徐震宇.基于PPP视角的城市公共基础设施投融资模式选择——兼论南京三桥的投融资模式[J].建筑经济,2006,12(290):30-33.

[21] 陈志敏,张明,司丹.中国的PPP实践:发展、模式、困境与出路[J].国际经济评论,2015,(04):68-84.

[22] 程玉伟.PPP产业基金参与片区开发项目的成功案例[EB/OL].[2018-01-18].http://m.toutiao.manqian.cn/wz_buAokJwFxXj.html#

[23] 崔志娟.PPP项目在政府综合财务报告中确认、计量与披露的探讨[J].商业会计,2016,(03):6-9.

[24] 崔志娟.政府会计的PPP项目资产确认问题探讨[J].会计之友,2018,(01):2-9.

[25] 邓小鹏.PPP项目风险分担及对策研究[D].东南大学,2007.

[26] 东方金诚.谁的SPV?——PPP项目公司的三方并表谜题[EB/OL].[2018-01-01].http://www.sohu.com/a/203773876_465600

[27] 傅宏宇.美国PPP法律问题研究——对赴美投资的影响以及我国的立法借鉴[J].财政研究,2015,(12):94-101.

[28] 傅俊元,等.PPP项目税务实战[M].北京:中国财政经济出版社,2018.

[29] 高雨萌.他山之石 PPP投资引导基金的国际经验[EB/OL].[2018-01-15].www.sohu.com/a/112200401_131990

[30] 郗建人.城市基础设施的市场化运营机制研究[D].重庆大学,2004.

[31] 戈岐明,孔繁成.基础设施公私合作(PPP)模式的税收激励研究[J].理论月刊,2017,(03):119-123.

[32] 顾青.商业银行理财产品会计并表核算的影响及监管建议[J].银行家,2017,(04):69-71.

[33] 管清友.银行参与PPP模式全梳理[R].民生宏观.2016-11.

[34] 管清友:从金融机构角度看PPP融资难到底怎么破?[EB/OL].[2018-01-03].http://www.sohu.com/a/208777822_99917590

[35] 国家发展改革委法规司.各国推行PPP有多种因素[N].中国经济导报,2016-12-03(A02).

[36] 国家发展改革委法规司.国际PPP法制建设与实践[N].中国经济导报,2016-11-29(A02).

[37] 国家发展改革委法规司.我国PPP立法要重点解决七大问题[N].中国经济导报,2016-12-07.

[38] 国家税务总局"直接税与间接税的关系"课题组.直接税与间接税税负水平和税收结构的国际比较[J].涉外税务,2004,(04):34-38.

[39] 韩亚品,蒋根谋.敏感性分析及其改进在PPP项目风险评估中的应用[J].水利科技与经济,2009,15(01):1-3.

[40] 何旭东."利益相关方环"在工程项目关系管理中的应用[J].科技管理研究,2011,31(17):194-197.

[41] 何杨,王文静.增值税税率结构的国际比较与优化[J].税务研究,2016,(03):90-94.

[42] 候潇怡,黄斌.PPP业务"速冻"银行热情消退静待行业规范化、专业化[EB/OL].[2018-01-09].http://epaper.21jingji.com/html/2018-01/05/content_77886.htm

[43] 胡振.公私合作项目范式选择研究——以日本案例为研究对象[J].公共管理学报,2010,7(03):113-121+128.

[44] 黄小利,等.PPP项目中期评估机制探析[J].中国工程咨询,2017,(04):38-41.

[45] 慧聪防水网.多省叫停PPP!全国已清理2000多个PPP项目!或将波及防水行业[EB/OL].[2018-05-14].www.sohu.com/a/228930461_100143775

[46] 籍丽华.PPP项目公司会计核算相关问题探讨(二)——无形资产模式和混合模式[EB/OL].[2018-01-17].http://www.360doc.com/content/17/0530/09/33229722_658386557.shtml

[47] 贾俊雪.税收激励、企业有效平均税率与企业进入[J].经济研究,2014,49(07):94-109.

[48] 简迎辉,包敏.PPP模式内涵及其选择影响因素研究[J].项目管理技术,2014,12(12):24-28.

[49] 金永祥.中国PPP的发展历程[EB/OL].[2014-07-14].http://blog.sina.com.cn/s/blog_63502ea20102uxt5.html

[50] 柯永建,王守清,陈炳泉.基础设施PPP项目的风险分担[J].建筑经济,2008,(4):31-35.

[51] 柯永建,王守清,陈炳泉.激励私营部门参与基础设施PPP项目的措施[J].清华大学学报(自然科学版),2009,49(09):48-51.

[52] 柯永建,王守清,陈炳泉.私营资本参与基础设施PPP项目的政府激励措施[J].清华大学学报(自然科学版),2009,49(09):1480-1483.

[53] 柯永建.中国PPP项目风险公平分担[D].清华大学,2010.

[54] 李冲,钟昌标.融资成本差异与企业创新:理论分析与实证检验——基于国有企业与民营企业的比较研究[J].科技进步与对策,2015,32(17):98-103.

[55] 李怀寿,山西省PPP项目研究中心.从PPP折现率的确定看物有所值定量评价[EB/OL].[2017-05-04].http://www.caigou2003.com/shouye/shouyeyaowen/2119214.html

[56] 李继忠,李菡君.英国财政部Standardisation of PFI Contracts 介绍[EB/OL].[2013-03-22].http://www.law-lib.com/lw/lw_view.asp? no=23573

[57] 李洁,刘小平.知己知彼——国外PPP发展现状及对中国的借鉴[R].北京:联合资信评估有限公司,2015-03.

[58] 李军.基础设施类PPP模式项目财务计算分析评价导则.北京华智博宇咨询有限公司.

[59] 李丽等.全生命周期视角下的PPP项目风险识别[J].工程管理学报,2016,29(1):54-59。

[60] 李明.城市污水处理项目特许经营定价方法研究[J].西安电子科技大学学报(社会科学版),2010,20(05):64-67.

[61] 林华,等.PPP与资产证券化[M].北京:中信出版社,2016.

[62] 林俞利.基础建设特许合约的设计[J].商管科技季刊,2003,(2),163-183.

[63] 刘芳.PPP项目移交阶段的风险防制初探[EB/OL].[2016-10-08].http://www.ynyunling.com/news_detail/newsid=211.html

[64] 刘尚希,陈少强,谭静.政社合作(PPP)立法——我们的看法与建议[EB/OL].[2017-11-08].http://www.chineseafs.org/index.php? m=content&c=index&a=show&catid=23&id=551

[65] 刘新平,王守清.试论PPP项目的风险分配原则和框架[J].建筑经济,2006,(02):59-63.

[66] 娄黎星.基础设施PPP项目再谈判影响因素及其治理研究[J].综合运输,2016,38(04):18-24.

[67] 陆京泽.当前PPP项目中针对财务报表合并问题的结构化融资方式及其发展[EB/OL].[2017-04-02].http://www.sohu.com/a/131724621_473320

[68] 路军伟,林细细.地方政府融资平台及其风险成因研究——基于财政机会主义的视角[J].浙江社会科学,2010,(08):31-37+127.

[69] 吕汉阳.PPP项目操作流程与运作要点之项目识别篇[J].中国政府采购,2015,(08):47-48.

[70] 吕敏,廖振中.税收中性视野下PPP的税收制度嵌入路径[J].税务研究,2017,(05):68-71.

[71] 吕庆平.基于协同效应的PPP项目风险分担、激励和监督惩罚模型研究[D].西南交通大学,2017.

[72] 罗晴.我国PPP合同体系构建研究[D].重庆大学,2014.

[73] 骆启东.高速公路通行费率定价方法研究[D].华南理工大学,2011.

[74] 马蔡琛,袁娇.PPP模式的税收政策与管理[J].税务研究,2016(09):3-9.

[75] 马浩然 PPP 团队.PPP 项目资本金和注册资本的对比研究及操作对策[EB/OL].[2018-01-25].www.sohu.com/a/142876293_498771

[76] 马小锋.PPP 模式下交通基础设施建设项目收益分配模型研究[D].吉林大学,2013.

[77] 孟杰,黄杨,许盈盈.兴证建筑行业每周观点:PPP 政策频出长期向上趋势不受影响[EB/OL].[2017-12-18].http://www.cfi.net.cn/p20171218001090.html

[78] 南京卓远.解析资管新规嵌套、错配、分级、杠杆对 PPP 的影响[EB/OL].[2018-01-29].http://www.hscbw.com/a/zonghe/2018/0129/78717.html?1517193054

[79] PPP 操作实务.不同性质的 PPP 项目如何选择运作方式?[EB/OL].[2018-04-21].http://www.h2o-china.com/news/246622.html

[80] PPP 特训营.PPP 项目运营期如何再融资?[EB/OL].[2017-09-25].www.sohu.com/a/194437571_715755

[81] PPP 政策解读.PPP 项目如何编制绩效考核方案[EB/OL].[2018-03-02].http://www.zygcgl.net/hyxw/901.html

[82] PPP 资讯.特许经营(PPP)项目合同期内的再谈判与协议变更[EB/OL].[2016-07-22].http://blog.sina.com.cn/s/blog_14409f8240102wzhp.html

[83] PPP 资讯.PPP 项目监管的主要问题浅议[EB/OL].[2017-09-12].http://www.caigou2003.com/shouye/shouyeyaowen/2506239.html

[84] 潘鹏程,陈红帅.PPP 项目政府付费计算方法存在的问题及改进建议[J].建筑经济,2017,38(05):25-28.

[85] 潘琰,蔡高锐.完善与发展我国政府财务报告体系的思考——基于政府财务报告与 GFS、SNA 比较的新视角[J].财政研究,2016(06):66-77.

[86] 裴俊巍,金永祥,甄雅琪.国际 PPP 法律政策综述——基于对 52 国 PPP 法案的研究[J].中国政府采购,2015,(10):34-36.

[87] 彭博经济学家.解析中国 PPP 模式蓬勃发展背后的喜和忧[EB/OL].[2018-01-03].https://mp.weixin.qq.com/s?__biz=MzA5MDUyMjgyMw==&mid=2651838592&idx=1&sn=b75129cb4cac5e380ca7d80bbe81c5db&chksm=8bf12d28bc86a43ec97ca30cb84aa8b1174c173b165ef8d32331ee0bedf053037ebef8c7f5aa&mpshare=1&scene=24&srcid=123003EgWq8fbTNR1VQHayiF&pass_ticket=%2BD1wxxyhvEMO1YVbm59vfEWj%2BmYhk8tl%2Fg1m1bh12c7E%2BCFvzWZNDnmpaf38B5nk#rd

[88] 全国咨询工程师(投资)职业资格考试参考教材编写委员会.工程项目组织与管理[M].北京:中国计划出版社,2017.

[89] 沈建明.项目风险管理[M].北京:机械工业出版社,2010.

[90] 沈梦溪.国家风险、多边金融机构支持与 PPP 项目融资的资本结构——基于"一带一路"PPP 项目数据的实证分析[J/OL].经济与管理研究,2016,37(11):3-10.

[91] 石磊,侯军伟.PPP 融资风险管理模型研究[J].合作经济与科技,2009,(16):37-38.

[92] 宋杰.重庆PPP项目首创道路"影子收费"模式[EB/OL].[2016-10-11].http://www.caigou2003.com/shouye/shouyeyaowen/2487112.html

[93] 宋晓敏.PPP模式下社会资本方会计处理探讨[J].财务与会计,2018,(10):59-60.

[94] 孙静.PPP税收政策设计思路与操作路径[J].税务研究,2016,(9):30-34.

[95] 孙丕伟,刘世坚.浅议PPP项目的财政承受能力论证[EB/OL].[2018-02-09].http://huanbao.bjx.com.cn/news/20170721/838573.shtml

[96] 唐祥来,刘晓慧.PPP投资挤出公共投资吗？[J].财政科学,2017,(08):83-92.

[97] 汪才华.PPP项目操作中面临的法律冲突与现实问题探析[J].中国政府采购.2018,(2):64-68.

[98] 王超,赵新博,王守清.基于CSF和KPI的PPP项目绩效评价指标研究[J].项目管理技术,2014,12(8):18-24.

[99] 王春成.PPP模式法律文本体系、核心条款及公共利益[J].中国财政,2014,(09):29-31.

[100] 王海兵,汤启如,彭启发.城市轨道交通PPP融资模式的系统化方案设计研究[J].会计之友,2016,(14):63-70.

[101] 王经绫,赵伟,黄燕娜.浅析PPP项目公司的增值税问题[J].中国财政,2017,(16):42-43.

[102] 王睿.建设项目财务评价基准收益率和计算期的确定方法研究[D].南京农业大学,2008.

[103] 王世君,王涯茜.PPP模式下的政府信用问题[J].合作经济与科技,2009,(22):44-45.

[104] 王守清,刘婷.PPP项目监管:国内外经验与政策建议[EB/OL].[2017-09-12].http://money.163.com/14/1202/09/ACEU339900253B0H.html

[105] 王守清.对《基础设施和公共服务领域PPP条例(征求意见稿)》的评论和建议[EB/OL].[2018-01-01].http://blog.sina.com.cn/s/blog_4cc459ff0102xldn.html

[106] 王雪青,倪炜.香港基础设施PPP项目立项决策程序述评[J].城市发展研究,2014,(12):9-12.

[107] 王艳.PPP项目中地方政府监管分析和制度设计[EB/OL].[2018-03-02].www.sohu.com/a/114230121_480400

[108] 王玉梅,严丹良.基于平衡计分卡的PPP项目绩效评价体系研究[J].会计之友,2014,(02):14-17.

[109] 韦伯,阿尔芬.基础设施投资策略、项目融资与PPP[M].罗桂连,孙世选,译.北京:机械工业出版社,2016.

[110] 魏炜,朱武祥,林桂平.基于利益相关方交易结构的商业模式理论[J].管理世界,2012,(12):125-131.

[111] 温来成,王涛,彭羽.政府与社会资本合作(PPP)项目税收政策研究[J].兰州财经大学

学报,2016,32(03):81-86.

[112] 温阳.基于PPP融资模式的项目风险管理研究[D].大连理工大学,2009.

[113] 武若思,王春成.PPP模式与公共项目财政投资的转型[J].中国财政,2014,(03):44-46.

[114] 项目管理协会.项目管理知识体系指南[M].许江林等,译.北京:电子工业出版社,2013.

[115] 肖北庚,周斌.PPP模式行政监管权之生成逻辑及配置[J].财经理论与实践,2017,38(01):139-144.

[116] 肖光睿.《PPP条例(征求意见稿)》点评之光睿篇[EB/OL].[2018-01-03].http://www.pinlue.com/article/2017/08/3113/454350870041.html

[117] 肖萍,卢群.城市治理过程中公众参与问题研究——以政府特许经营PPP项目为对象[J].南昌大学学报(人文社会科学版),2016,47(06):89-94.

[118] 肖太寿.PPP(融资模式)项目全流程中的会计处理系列研究(三、四、五)[EB/OL].[2018-04-07].http://blog.sina.com.cn/s/blog_3e98da50 0102wzil.html

[119] 谢飞,李明聪,王雨诗.全球积极推动PPP模式,中国基础设施PPP全球领先[J].中国经济周刊,2017,(02):76-77.

[120] 谢晔,翁云骞.政府招标第三方监管宁波引入PPP模式治理内河[EB/OL].[2017-09-13].http://news.eastday.com/eastday/13news/auto/news/csj/u7ai4907033.html

[121] 新鲁班.2017年我国固定资产投资情况[EB/OL].[2018-05-13].www.sohu.com/a/223012074_202836

[122] 熊伟.从PPP模式的效率来源看当下中国PPP的问题——基于经济学理论的思考[EB/OL].[2018-04-05].http://huanbao.bjx.com.cn/news/20160711/750108.shtml

[123] 徐飞,宋波.公私合作制(PPP)项目的政府动态激励与监督机制[J].中国管理科学,2010,(03):165-173.

[124] 徐杰.我国地方政府债务政策的三次转向及反思[J].行政管理改革,2015,(8):32-37.

[125] 徐琳.法国公私合作(PPP模式)法律问题研究[J].行政法学研究,2016,(03):116-127.

[126] 徐硕,徐玉德,田琳.特许经营协议(IFRIC12)运营方的会计核算与启示[J].会计之友,2018,(4):26-31.

[127] 徐向东等.案例:基金是如何参与PPP项目的?[EB/OL].[2018-01-30].http://www.sohu.com/a/129779207_465527

[128] 徐玉德,孙永尧.企业内部控制与风险管理[M].北京:经济科学出版社,2016.

[129] 徐玉德,田琳.PPP会计处理的国际经验借鉴与启示[J].财务与会计,2018,(2):74-77.

[130] 徐玉德,田琳.我国PPP项目会计核算分析及完善建议[J].经济究参考,2017,(11):

49-53.

[131] 徐玉德.如实反映至上还是经济后果至上——危机事件中会计计量的反思[J].经济与管理研究,2009,(11):102-106.

[132] 薛涛.以二维法分析特许经营和 PPP 的关系[EB/OL].[2018-03-01].http://www.caigou2003.com/shouye/shouyehuandengpian/2532797.html

[133] 杨虹.政府"保底不兜底"[EB/OL].[2016-06-17].http://www.ceh.com.cn/cjpd/2016/06/931096.shtml

[134] 杨文宇.基础设施 PPP 项目的全生命周期动态风险管理探析[J].项目管理技术,2010,08(6):39-43.

[135] 杨晓敏.PPP 项目策划与操作实务[M].北京:中国建筑工业出版社,2015.

[136] 杨永恒.加强 PPP 项目信息披露促进 PPP 项目健康发展[EB/OL].[2018-01-04].http://www.caigou2003.com/zhengcaizixun/zhengcaiyaowen/2211408.html

[137] 姚驰.英国 PFI/PPP 法律制度研究及借鉴[D].中国政法大学,2011.

[138] 叶秀贤,孙慧,范志清.韩国 PPP 法律框架及其对我国的启示[J].国际经济合作,2011,(2):52-55.

[139] 尹贻林,李冉,王翔."双进路"视角下我国 PPP 项目经济评价方法优化研究[J].项目管理技术,2016,14(10):7-12.

[140] 余文恭.PPP 模式与结构化融资[M].北京:经济日报出版社,2017.

[141] 余秀娟.关于我国 PPP 项目所得税问题的研究[EB/OL].[2018-05-10].www.sohu.com/a/217022682_726670

[142] 喻文光.PPP 规制中的立法问题研究——基于法政策学的视角[J].当代法学,2016,30(02):77-91.

[143] 喻文光.关于《基础设施和公共服务领域政府和社会资本合作条例(征求意见稿)》的评论和修改意见[EB/OL].[2018-01-15].https://www.sohu.com/a/169188549_463907

[144] 袁竞峰.PPP 项目物有所值的国别比较[EB/OL].[2017-03-01].http://www.caigou2003.com/gj/gwzf/2101836.html

[145] 曾晓安.用 PPP 模式化解地方政府债务的路径选择[J].中国财政,2014,(09):25-26.

[146] 张波.AHP 基本原理简介[J].西北大学学报:自然科学版,1998,28(2):109-113.

[147] 张德刚,刘耀娜.PPP 项目政府主体会计核算探究[J].财会月刊,2016(28):24-28.

[148] 张德勇.PPP 落地难的困境待解[J].清华金融评论,2017,(09):55-58.

[149] 张改平,李津京.日本 PFI 法吸引民资进入公共设施领域的分析[J].综合运输,2013,(10):72-77.

[150] 张欢.基础设施建设 PPP 模式的风险分担机制与国际经验借鉴[J].甘肃金融,2015,(01):54-55.

[151] 张燎.从社会资本方角度看 PPP 项目风险闭环管理[EB/OL].[2018-04-07].http://

www.xinlicai.com.cn/news/ppp/1711.html

[152] 赵国富.PPP解困:社会资本融资攻略——某市污水处理PPP项目融资方案分析及启示[J].项目管理评论,2017,(9-10):60-63.

[153] 赵阳光.PPP资产权属问题研究[EB/OL].[2018-04-07].http://huanbao.bjx.com.cn/news/20160411/723648.shtml#

[154] 郑昌勇,张星.PPP项目利益相关方管理探讨[J].项目管理技术,2009,7(12):39-43.

[155] 郑传军,等.基于项目治理视角的PPP治理结构研究[J].建筑经济,2016,(04):28.

[156] 郑大卫.PPP融资增信创新案例[EB/OL].[2018-01-24].http://www.caigou2003.com/shouye/shouyeyaowen/2190565.html

[157] 中国产业信息网.2017年中国PPP发展现状及发展趋势分析[EB/OL].[2018-01-10].www.sohu.com/a/213540488_99958743

[158] 中至远大讲堂.韩国PPP纠纷解决机制及其启示[EB/OL].[2017-02-01].http://www.jjykj.com/view.asp?nid=2571

[159] 周兰萍.规避非经营性项目投资风险探索从BT模式转为PPP模式[N].中国经济导报,2015-05-28(B08).

[160] 周兰萍.新常态下非经营性项目的承建模式及注意要点——兼谈BT模式改良[J].中国建筑装饰装修,2015,(02):32-34.

[161] 朱静,付冬梅.律师参与PPP项目法律服务的要点与注意事项[J].中国律师,2015,(07):48-50.

[162] 朱蕾.PPP模式下合同文本总体设计研究[D].东南大学,2008.

[163] 朱武祥,魏炜.从资本结构到交易结构——探究企业金融微观结构[J].金融研究,2012,(04):195-206.

[164] 朱振鑫.PPP资产证券化:特点、模式与主要问题[R].民生证券研究院,2017-01.

[165] 左永刚.大领域开启PPP模式能源与交通等实施特许经营[EB/OL].[2017-09-09].http://www.ce.cn/cysc/ny/gdxw/201505/25/t20150525_5446010.shtml

[166] BROWN C, SCOTT C. Regulation, public Law, and better regulation[J]. European Public Law, 2011, 17(3): 467-484.

[167] COOPER D, GREY S, RAYMOND G, et al, Project risk management guidelines: Managing risk in large projects and complex procurements, 1 edition [M]. Hoboken NJ: Wiley, 2004.

[168] GRIMESY, D, LEWIS, M K. Evaluating the risks of public private partnerships for infrastructure projects[J]. International Journal of Project Management, 2002, 20: 107-118.

[169] HEALD D, GEORGIOU G. The substance of accounting for public-private partnerships[J]. Financial Accountability & Management, 2011, (05): 233.

[170] IRWIN T C. Government guarantees-allocating and valuing risk in privately financed infra-

structure projects[J]. Washington, DC: World Bank, 2007: 5-6.

[171] KUMAR M, BROCK G. Developing credibility in public-private partnerships: The case of manila water supply[R]. Rochester, NY: Social Science Research Network, 2012.

[172] KURNIAWAN F, MUOJANARKOS W, OGUNLANA S. Best practice for financial models of PPP projects[J]. Procedia Engineering, 2015, 125: 124-132.

[173] YUAN J, ZENG A Y, SKIBNIEWSKI M J, et al. Selection of performance objectives and key performance indicators in public-private partnership projects to achieve value for money [J]. Construction Management & Economics, 2009, 27(3): 253-270.

后 记

PPP 模式是在基础设施和公共服务领域建立的一种长期合作关系,它在中国并不是一个新生事物,早在 20 世纪 80 年代就开始应用。三十多年来,伴随着经济的发展,PPP 模式在中国的发展历经多个阶段,有高低起伏,也出现过反复。如今,PPP 模式已成为中国提供公共产品或服务的重要手段之一,被赋予新的历史使命,是国家一项重大的经济改革任务,对整合政府与社会的资源优势、提高公共服务的质量与效率至关重要。因此,对它进行深入、全面的研究具有重要的理论和实践价值。然而近几年,PPP 模式开始大幅降温,有业内人士称,从 2017 年开始,中小商业银行对 PPP 项目已经开始收紧并逐渐退出了 PPP 项目,PPP 模式该何去何从引发了各界的思考。金融风险需要防控,市场行为需要规范,PPP 模式也需要从亢奋状态中冷静下来。正确理解 PPP 模式,规范运作,使其可持续发展显得尤为重要。

本书立足于实践,结合国外发展经验,对新形势下中国 PPP 模式发展的状况进行了总结、反思,重点着墨于风险管控、项目融资、财务测算及会计处理等方面,以期为今后 PPP 模式的发展贡献绵薄之力。从 2015 年下半年,笔者就开始执笔撰写本书,翻阅了大量相关书籍和文献,在已有研究成果的基础上,围绕实践从政策法规、理论指引、典型领域实务、会计处理等角度展开探索,陆陆续续写了一些分析性或总结性文章。就这样一路走来,通过点点滴滴的学习,积累了一些见解,便希望将此形成体系,集结成册。

写作的过程并不是一帆风顺的,难免会遇到一些困难与瓶颈,在这里要感谢那些给予过帮助的每一个人。感谢各位同仁的思想碰撞;感谢中国财政科学研究院研究生院的博(硕)士研究生李化龙、田琳、韩彬、许诺、李京等的辛勤付出,他们帮助搜集整理了大量资料,并对书稿进行了多次校对。本书在写作过程中学习参考了大量前人的研究成果,在此对 PPP 领域专家学者们已有的贡献表示敬意和感谢。感谢北京大学出版社及任京雪编辑为本书出版所做的辛勤工作,尤其是任京雪编辑的耐心与付出,使得本书的出版成为可能。当然,由于PPP研究内容丰富且发展变化迅速,书中仍不乏疏漏与错误之处,恳请广大读者批评指正。

徐玉德

2018 年 6 月于北京